KB149731

외식창업 실무 지침서

The Practical
Guideline in Start-up
Food Service Business

3판
Preface

2017년 출간한 '외식창업 실무지침서'의 개정판을 6년이 지난 시점에서야 출간하게 되었다. 먼저 그동안 본서를 채택해 주신 교수님들과 전공 관련 학생, 그리고 외식산업 종사자분들께 감사한 마음을 전하고 싶다.

본서를 처음 출간할 때는 창업을 준비하고 있거나 창업을 해서 경영하고 있는 경영주분들에게 아무리 거대한 불황의 파도가 밀어닥치더라도 생존하고 성장할 수 있는 저력의 밑거름이 되길 바라는 마음이 컸다. 푸드테크의 발전, 외식창업 아이템의 빠른 변화, 코로나 팬데믹, 대기업의 골목상권 진출, 양극화의 심화 등 외식창업 환경을 위협하는 외부 요소는 과거에도 현재에도 존재하고 있다. 외식창업 실무지침서는 내외부 환경의 극복과 리스크 감소를 위한 경험과 연구의 결과 또는 수단이 될 수 있다.

외식산업 관련 기업·학생·창업자들에게 강연하고 다양한 책도 쓰면서 이제는 우리가 하고 있는 것들이 어쩔 수 없는 외식업의 숙명임을 실감하고 인정하며, 사회적 책임감과 소명의식을 갖고 더욱 적극적으로 인생을 살아가고 있다. 이 책은 외식분야의 창업을 준비하고 계신 분, 각각 다른 점포를 다양한 방식으로 운영하고 계신 분, 매장은 물론 식품 제조, 가공 및 유통, 물류까지 함께 하고 계신 외식인들, 외식을 공부하는 학생과 지도자 등 독자분들에게도 좋은 실무 지침서가 될 것이다. 소중한 본인의 인생과 외식 사업 경험을 녹여 본서를 출간할 수 있게 도움을 주신 모든 분들께 깊은 감사의 마음을 전하고 싶다.

외식창업은 지금까지 해왔던 방식대로만 한다면 절대 성공하지 못한다. 인력난과 물가상승은 가중되며 과거와는 달리 빅데이터 활용과 푸드테크의 발전으로 창업시장의 진입장벽이 높아지는 현실에 마주하게 된다. 외식창업의 생존력을 높이려면 외식산업 종사자들의 의식변화와 '장사'가 아닌 '경영'을 교육받고 경험하는 시간을 가져야 한다. 외식창업에 대한 확고한 비전과 목표, 계획 없이 단순히 생계를 위해 외식창업에 나서는 것보다 어리석은 일이 없다. 결국은 트렌드를 알아야 하며 지속적으로 연구를 하지 않고는 외식이라는 '정글' 속에서 생존하기 어렵다는 것이다.

저자는 주변의 평범한 직장인이 외식업으로 성공한 사례와 실패담, 소자본 창업으로 최선을 다해 운영하는 외식 CEO, 주인장의 손때 묻은 점포를 놀이터 삼아 열정적으로 운영하는 진심 어린 이야기들을 접할 때마다 스스로 깨닫고, 반성하고, 더 연구하며, 아낌없는 충고들을 수십 수백 번 곱씹어서 외식창업 실무지침서를 개정하고자 노력했다.

본서는 2판에서 미진했던 부분을 수정하고 보완하였으며, 최신 통계자료와 데이터로 객관성을 높이고자 하였다. 또한 외식창업을 희망하는 많은 분들과 매너리즘에 빠져 있는 기존 외식산업 종사자분들에게는 자극이 될 만한 현실적인 내용을 담고자 노력하였다. 향후 많은 연구자들이 저자의 부족함을 채워줄 것으로 기대해 본다.

본서는 총 12장으로 구성되어 있다. 1장은 외식산업의 특성과 창업환경, 2장은 외식프랜차이즈 창업, 3장은 창업 아이템의 선정, 4장은 사업계획과 자금계획, 5장은 외식산업의 인·허가 관리, 6장은 상권조사와 입지분석, 7장은 창업메뉴 구성과 개발, 8장은 외식사업의 창업 인테리어, 9장은 식음료 구매 저장관리, 10장은 인적자원관리와 교육·훈련, 11장은 외식업 창업 판매촉진전략, 12장은 외식사업 경영관리로 수록하였다. 최신 외식트렌드와 변천사, 가맹사업거래법률의 개정, 최신 통

계자료, 바뀐 세법과 노동법, 임대차보호법 등 다양한 내용과 최신 자료를 활용할 수 있게 구성하였다.

특별한 외식창업을 꿈꾸고 있다면 실천과 행동도 특별해야 한다. 꿈은 특별하게 꾸면서 실천과 행동이 평범하다면 그냥 보통 창업이 될 수밖에 없다. 행복한 외식인, 특별한 외식전문가가 될 수 있도록 조금이나마 도움이 되었으면 한다. 단순히 '외식창업은 무엇인가?' 하는 의문점을 풀기 위한 전문서적이 아니라 이 분야를 공부하고 연구하려는 학생 및 전문가, 외식 CEO, 외식업을 준비 중인 예비창업자들이 실패 없이 안정적인 창업을 할 수 있고 유지할 수 있게 안내자 역할을 하고자 한다.

저자의 식견이 부족하여 관련 자료를 인용한 부분에 일일이 주석으로 처리를 하여야 하나 그 출처가 불분명하여 그렇게 하지 못한 점 용서를 구하며 먼저 지면으로 감사를 드린다.

외식창업은 단순 돈벌이만을 위한 창업으로 여기면 안 되며 본연의 신념과 경영철학을 갖추고 자신감도 필요하다. 융복합산업의 외식업을 경영하기 위해서는 끊임없이 연구하고 노력하는 자세와 강인한 체력, 정신력의 단련이 있어야 하며, 시대의 환경변화에 적응할 수 있는 위기관리와 결단력, 자기관리도 필요하며 고객중심의 사고방식을 가지도록 노력해야 한다. 과거에 집착하지 말고 충분한 준비기간을 통해 외식창업 시장에 들어오기를 권한다.

끝으로 본서가 많은 사람들에게 사랑받을 수 있도록 길을 열어주신 한올출판사 임순재 사장님과 편집부의 노고에 감사드리며, 책이 출간되도록 수고해 준 많은 분들께 감사한 마음을 전한다.

2023년 1월
저자 일동

외식창업 실무지침서

인공지능(AI), 빅데이터, 사물인터넷(IoT), 로봇 등의 4차 산업혁명 시대가 도래 하였으나, 작금의 우리나라 경제 상황은 녹록치가 않다. 가계부채가 무려 1300조원에 이르렀고 물가, 유가, 금리는 지속적으로 상승하고 있다.

고용불안, 청년실업, 비정규직의 양산, 인구의 고령화, 노후준비의 미비, 빈부격차의 심화 등 불확실한 경제상황은 수많은 퇴직자들과 청년들을 진입장벽이 낮은 외식업 창업으로 몰아내었고, 그 결과 현재 외식업은 과포화상태이다.

불황과 과포화된 외식창업 시장에서 살아남고 성공할 수 있는 길은 기본과 디테일의 충실. 높은 가성비, 그리고 차별화라고 할 수 있다.

현재의 외식업창업 아이템들은 너무 단순하다. 그리고 차별성이 없다. 창업자 대부분이 단순 모방창업 또는 생계형창업을 하다 보니 눈앞의 이익에 급급할 뿐 장기적인 안목을 가질 수 없는 것이다. 외식업 창업자의 마인드는 변화되어야 한다. 음식장사로 하루하루의 이익에 급급한 장사치의 마인드를 넘어 장기적인 계획과 안목으로 끊임없는 연구, 개발을 통해 결과물을 창출하는 경영인의 마인드를 갖춘 경영인으로 변신해야한다.

진입장벽이 낮다는 이유로 사전 준비없이 외식업에 뛰어드는 창업자들이 많은데 준비가 미진한 창업자는 백에 백, 폐업을 하게 되고 이런 현상은 연일 매스컴에서 보도되고 있다. 그동안 대학에서 배출된 외식관련 전공자들과 현장에서 갈고 닦은 전문가들, 막강한 자금력의 대기업과 수많은 프랜차이즈와 해외 유명브랜드 속에서 살아남기란 쉬운 일이 아닌 것이다.

특히나 맛집, 대박집, 먹방 등의 매스컴 영향으로 많은 분들이 자신도 음식 만들기를 좋아하며 맛을 잘 보는 미식가라고 자평

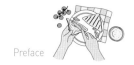
하며, 외식업을 하면 성공할 수 있으리라는 짧은 생각으로 창업을 하는 경향이 있는데, 외식창업은 그렇게 단순한 것이 아님을 알아야 한다.

외식사업은 특히 소규모 식당일수록 경영주의 역량이 성패를 좌우한다고 해도 과언이 아니다. 외식업창업은 창업자에게 식재료구매에서부터 조리, 서빙, 종업원관리와 교육, 영업, 홍보판촉, 원가관리, 신메뉴개발, 클레임처리 등 식당에서 일어나는 모든 일련의 업무들을 혼자서 처리하고 책임을 질 수 있는 능력을 요구하고 있다. 또한 외식업창업자는 경영능력 외에도 다른 점포와 비교하여 우위의 경쟁력을 키워야 하는데, 그러기 위해서는 많은 정보를 수집하여 끊임없이 공부하여 그 지식을 내 것으로 만들기 위한 연구개발 노력이 필요하다.

'영원한 대박집은 없다.' 경쟁 식당은 끊임없이 생겨나는 만큼 고객들의 니즈에 부응하기 위한 더 좋은 메뉴, 더 좋은 맛, 더 낮은 원가, 더 좋은 분위기, 더 만족할 수 있는 서비스가 제공되지 않는다면 고객은 발길을 돌릴 것이다.

준비를 철저히 한 외식업창업자는 큰돈을 벌 수 있을 뿐만 아니라 미쉐린가이드에 선택받는 명예도 얻을 수 있다. 더불어, 자신의 브랜드로 해외 진출하여 맥도날드나 스타벅스와 같은 세계적 브랜드로 만들 수 있는 기회도 얼마든지 있는 것이다.

이 책은 외식업창업을 준비하는 예비창업자에게는 든든한 준비를, 창업을 해서 경영하고 있는 경영주 분들에게는 거대한 불황의 파도가 밀어 닥치더라도 생존하고 성장할 수 있는 저력을 제공하기 위한 간절한 마음에서 저술하였다.

끝으로 본서가 많은 사랑을 받을 수 있도록 도움을 주신 한올출판사의 노고에 감사를 드린다.

2017년 2월
저자 일동

Preface

끝없는 불황속에서 생존 키워드는 기본과 디테일에 충실해야 한다. 그럼에도 불구하고 외식업계는 죽을 맛이다. 음식을 판매하는 사업주와 이를 구매하는 고객 모두가 느끼는 경기지수는 상상을 초월한다.

이런 경기불황이 앞으로도 계속될 것이란 전망에 모두들 민감하게 반응하는 가운데 외식사업을 해서 과연 돈을 벌 수 있을까? '무조건 음식장사는 남는다.'는 말은 이미 옛말이 된지 오래다.

지금 외식업의 시장 환경은 망하기 쉽지만 성공하긴 어렵다는 말이 나올 정도로 치열한 생존경쟁 상황에 놓여 있다. 그렇다면 돈을 벌고 싶은 사람은 외식사업을 하면 안 되는 것일까?

문제는 외식사업을 단순이 '음식장사'로 볼 것인가, 하나의 '외식사업'으로 볼 것인가 하는 가치관의 차이에서 온다. 말만 그럴 듯하게 바꿨을 뿐이지 결국 똑같은 게 아니냐고 반문하는 사람도 있다.

하지만 모든 변화와 혁신은 사소한 생각의 차이에서 비롯된다. 식당을 경영하면서 단순히 음식을 만들어 판매한다는 것 즉, 말 그대로 '음식장사'로 생각한다면 그는 한낱 하루하루 이익에 급급한 장사치일 수밖에 없다.

반대로 작은 기업을 경영한다는 생각으로 장기적인 계획과 안목으로 끊임없이 연구 · 개발, 접목하는 사람은 유능한 경영인이요, 전략가, 행동가가 되는 것이다.

지금은 외식업이 하나의 산업으로 분류되는 시대가 되었다. 누구든지 외식업에 뛰어들기 위해서는 사전에 철저한 준비를 하지 않으면 안 된다. 그런데도 많은 예비창업자와 기존창업자들은 아직도 '창업만 하면 잘 되겠지'라는 막연한 생각을 갖고 있다.

그도 그럴 것이 신문, TV 할 것 없이 여기저기서 연일 '최고의 맛집'이다, '최고의

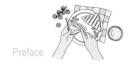
요리'라며 소위 '대박'이라도 난 것처럼 떠들어내니 말이다. 실제로 컨설팅상담을 하다보면 종종 본인의 점포수준을 생각하지도 않고 무조건 매스컴에 나오게 해 달라고 조르는 사람을 보게 된다.

어떻게 해서든 매스컴에만 노출되면 대박집이 될 것이라는 생각은 망상일 뿐이다. 우리는 이미 언젠가부터 '00TV 나온 집', '00신문 보도'이러한 문구들에 식상함을 느낀다. 이제는 진정한 경쟁력을 길러야 한다.

그러기 위해서는 많은 정보를 수집하고 끊임없이 공부해야 한다. 그리고 그것을 내 것으로 만들기 위해서는 실행해야 한다. 많은 정보를 수집하고 끊임없이 공부해 장사꾼이 아닌 경영인이 되어야 한다.

지금은 대기업의 활발한 외식업진출과 대형 외식프랜차이즈의 성장 등으로 외식산업에 대한 인식이 많이 바뀌었다. 그러나 많은 사람들이 막상 자신이 식당을 창업하게 되면 '그런 건 유명하고 돈 많은 큰 식당에나 해당되는 말이지'라며 자신과는 상관없는 일로 치부 해 버린다.

기업을 경영하려면 많은 준비가 필요하다. 전문적인 지식도 있어야 하고 풍부한 현장실무경험에서부터 기업경영의 전체적인 부분까지 모두 총괄할 수 있어야 한다. 외식사업도 다를 바 없다.

오히려 소규모 식당일수록 경영주의 역량이 중요하다. 경영주가 식재료 구매에서부터 조리, 서빙, 종업원 관리와 교육, 영업, 홍보판촉, 원가관리, 신메뉴 개발, 클레임처리 등 식당에서 일어나는 모든 일련의 업무들을 혼자서 처리하고 책임질 수 있어야 한다.

이미 많은 식당 경영주들이 이러한 생각으로 업소와 자기계발에 많은 투자를 하고 있다. 창업을 준비하고 있거나 창업을 해서 경영하고 있는 경영주분들에게 이빈 저서가 아무리 기대한 불황의 파도가 밀어 닥치더라도 생존하고 성장 할 수 있는 저력의 밑거름이 되길 바라는 마음 간절하다.

끝으로 본서가 많은 사랑 받을 수 있도록 도움을 주신 한올출판사의 노고에 감사드리며, 이 책이 개정되도록 수고를 해 준 ㈜핀외식연구소 직원들에게도 감사한 마음을 전한다.

2012년 8월 10일

저자

외식창업 실무지침서

Contents

외식창업
실무지침서

Chapter *1*

외식산업의
특성과
창업환경

01 외식산업의 주변 환경

1 외식산업의 개요와 특성

1. 외식산업의 정의

일반적으로 외식업이라 하면 '음식을 만들어 파는 일' 정도로 여긴다. 단순히 음식을 만드는 것은 가정에서 일상적으로 하는 일로 여길 수 있지만, 대가를 받고 지속적으로 판매하기 위해서는 맛이나 서비스에서 독특한 차별성을 지녀야 한다. 이를 위해 지속적인 메뉴개발과 마케팅, 경영기법들이 적용되었고 점차 분화 발전하면서 하나의 산업으로 인정받기에 이르렀다.

1980년대 초만 하더라도 우리나라의 외식업은 요식업으로 불리며 단순한 소매업 정도로 여겨졌다. 하지만 국민경제 규모가 증가하고 가계별 가처분소득이 증가하면서 외식업에 대한 수요가 커졌고, 하나의 문화적 범주에서도 가치가 부각되고 있다. 즉, 단순 노동집약적 산업이 아니라 제2, 제3의 가치를 만들어내는 부가가치 산업으로의 가치를 인정받고 있다. 이제 외식사업을 한다는 것은 단순히 음식을 판매하는 것이 아니라 서비스를 파는 것이고, 이미지를 파는 것이며, 브랜드를 파는 것이고, 문화를 파는 것이다.

'외식'은 말 그대로 가정 밖에서 음식을 먹는 것으로, 조리의 주체가 세대 외의 사람이고, 조

표 1-1_ 음식장사와 외식산업의 차이

음식장사	외식산업
· 경영주의 개성과 아이디어	· 시스템화, 신속화, 전문화
· 점포분위기 중시	· 작업 동선을 고려한 효율성 중시
· 경험과 직감에 의존한 관리 및 교육	· 매뉴얼에 의한 체계적 관리 및 교육
· 지역의 소상권 지향	· 상권의 지역성 탈피(광역권 상권)
· 원재료를 사용	· 반가공 재료를 사용
· 육감적 외관 중시	· 최신 시스템과 기기 도입(푸드테크 발전 등)
· 개인의 능력이 중시	· 팀워크가 중시
· 전통, 개성을 중시	· 경제성, 규모의 경제

리의 장소는 원칙적으로 가정 외에 있는 것을 의미했다. 그러나 현대적 개념의 식사에서는 출장연회, 단체급식, 배달서비스, 테이크아웃 등을 통해 가정 내에서도 외식의 개념이 자리를 잡게 되었다. 가정 내에서 반조리 식품 혹은 완전조리 식품의 형태로 얼마든지 매식이 가능하게 되면서, 원재료를 구입하여 가정 내에서 조리과정을 거친 가정식을

제외한 모든 식생활 행위를 외식으로 보는 것이 현시점이다.

이러한 의미에서 외식업의 개념은 외식행위를 가능케 하는 사업으로 해석될 수 있다. 보다 구체적으로 외식업을 정의한다면 '새로운 고객창출과 그 고객들이 재내점할 수 있게 하여 단골고객을 확보하며, 이 단골고객들이 즐겁게 먹고 그 만족에 따른 비용지불을 통해 이익을 창출해 나가는 사업', 즉 가치창출의 사업으로 이해할 수 있다. 또 다른 측면에서는 '사람이 음식에 대한 욕구(식욕)를 요리나 음료, 주류를 통해서 직접 충족시켜 주기 위한 인적서비스가(주방의 조리사, 홀의 서빙 등) 연출되고, 때로는 분위기가 있는 휴식 공간(장소)까지 제공되어 생활에 새로운 활력을 얻게 해주는 것'으로도 정의될 수 있다.

외식업에 '산업'이란 개념이 더해지게 된 것은 미국의 경우 1940~50년대 산업화 단계에 진입한 이후였으며, 일본은 1970년 일본 정부의 공식문서인 경제백서에 내용이 포함되면서부터로 보고 있다. 우리나라는 그보다 늦은 1979년 근대적 프랜차이즈 시스템을 도입한 '롯데리아'의 개점을 기점으로 외식업이 하나의 산업군으로 인정받은 만큼 확대, 발전하기 시작했다.

외식산업은 인간의 식생활을 풍부하고 건강하게 한다는 점에서 영리를 목적으로 판매행위를 하는 기업성뿐만 아니라 가정적인 개념의 인적, 물적 서비스가 함께 이뤄져야 하고, 그에 따른 일정한 영업장(공간)과 시설도 구비되어야 한다. 이 외에도 외식산업은 식재료를 이용해 요리를 한다는 점에서 제조업의 기능을, 고객에게 직접 판매한다는 점에서 소매업의 기능을, 그리고 판매된 메뉴를 맛있고 즐겁게 먹을 수 있도록 하는 서비스업의 기능을 가지면서 푸드코디가 겸비되고 Ubiquitous(시간과 장소에 구애받지 않고 언제 어디서나 정보통신망에 접속을 하여 다양한 정보통신서비스를 활용할 수 있는 환경), POS(Point of Sales) 등을 활용하는 복합적인 종합예술성 문화산업이라고 할 수 있다.

2. 외식산업의 분류

외식산업의 분류에 있어서 가장 혼동되고 있는 부분이 업종·업태의 구분이다. 업종이란 무엇을 먹을 것인가를 기준으로 판매할 메뉴의 대분류상의 종류로 한식, 일식, 양식, 중식, 단란주점, 유흥주점 등의 분류를 말하며, 업태는 업종에 대한 소분류를 나타내는 것으로 어떻게 먹을 것인가가 핵심이 되어 시간, 장소, 목적에 따라 취급하는 상품의 분류 및 가격, 질, 운영매뉴얼, 특정의 영업방법, 서비스를 제공하는 방법, 점포분위기 등에 차별을 둔 것을 말한다. 예를 들면 양식의 경우 패밀리레스토랑, 스페셜레스토랑, 디너레스토랑 등으로 구분하고 한식의 경우에는 우동·김밥 등의 분식점, 탕이나 찌개류, 돼지갈비 등의 일반음식점, 호텔 등과 같은 고급한정식전문점 등으로 구분하는 것을 말한다.

(1) 식품위생법상 식품접객업에 의한 분류

식품위생법에서는 외식업을 식품접객업으로 명명하고, 그 정의는 '음식류 또는 주류 등을 조리하여 주로 음식점 내에서 고객에게 판매하는 영업행위'로 규정하고 있다. 식품접객업에는

🥄 표 1-2_ 식품위생법상의 식품접객업 분류

식품접객업	분류 내용
휴게음식점영업	음식류를 조리·판매하는 영업으로서 음주행위가 허용되지 아니하는 영업(주로 다류를 조리·판매하는 다방 및 주로 빵·떡·과자·아이스크림류를 제조·판매하는 과자점형태의 영업을 포함한다). 다만, 편의점·슈퍼마켓·휴게소 기타 음식류를 판매하는 장소에서 컵라면, 1회용 다류 기타 음식류에 뜨거운 물을 부어주는 경우를 제외한다.
일반음식점영업	음식류를 조리·판매하는 영업으로서 식사와 함께 부수적으로 음주행위가 허용되는 영업
단란주점영업	주로 주류를 조리·판매하는 영업으로서 손님이 노래를 부르는 행위가 허용되는 영업
유흥주점영업	주로 주류를 조리·판매하는 영업으로서 유흥종사자를 두거나 유흥시설을 설치할 수 있고 손님이 노래를 부르거나 춤을 추는 행위가 허용되는 영업
위탁급식영업	집단급식소를 설치·운영하는 자와의 계약에 의하여 그 집단급식소 내에서 음식류를 조리하여 제공하는 영업
제과점영업	주로 빵, 떡, 과자 등을 제조·판매하는 영업으로서 음주행위가 허용되지 아니하는 영업

휴게음식점업, 일반음식점업, 단란주점업, 유흥주점업, 위탁급식, 제과점이 있으며, 행정업무와 관련해서는 대부분 이런 분류방법에 의해 통제와 관리가 되고 있다.

　분류의 특성을 살펴보면 판매상품(메뉴) 또는 장소에서 먹거나 마시는 것(곳)인가 아닌가, 고객한테 주류를 마실 수 있도록 판매를 할 수 있는가 없는가, 그리고 노래를 부를 수 있는가 없는가, 유흥시설을 할 수 있는가 없는가, 유흥종사자를 두고 가무를 할 수 있는가 없는가 등에 따라 분류를 해보면 더욱 쉽게 이해할 수 있겠다. 그 개념을 좀 더 자세히 살펴보면 다음과 같다. 그리고 식품접객업 분류에 따른 시설기준은 〈표 1-3〉과 같다.

🍴 표 1-3_ 식품접객업의 시설기준

구 분	시설 기준
휴게 음식점 영업 일반 음식점 영업 및 제과점 영업	가) 일반음식점의 객실에는 잠금장치를 설치할 수 없다. 나) 휴게음식점에는 객실을 둘 수 없으며, 객석에는 높이 1.5미터 미만의 칸막이(이동식 또는 고정식)를 설치할 수 있다. 이 경우 2면 이상을 완전히 차단하지 아니하여야 하고, 다른 객석에서 내부가 서로 보이도록 하여야 한다. 다) 기차·자동차·선박 또는 수상구조물로 된 유선장·도선장을 이용하는 경우 다음 시설을 갖추어야 한다. 　① 1일의 영업시간에 사용할 수 있는 충분한 양의 물을 저장할 수 있는 내구성이 있는 식수탱크 　② 1일의 영업시간에 발생할 수 있는 음식물 찌꺼기 등을 처리하기에 충분한 크기의 오물통 및 폐수탱크 　③ 음식물의 재료(원료)를 위생적으로 보관할 수 있는 시설 라) 소방법령이 정하는 소방·방화시설을 갖추어야 한다. 마) 휴게음식점 및 일반음식점의 영업장에는 손님이 이용할 수 있는 자막용 영상장치 또는 자동반주장치를 설치하여서는 아니 된다. 바) 일반음식점의 객실 안에는 무대장치, 음향 및 반주시설, 우주볼 등의 특수 조명시설을 설치하여서는 아니 된다.

구 분	시설 기준
단란 주점 영업	가) 영업장 안에 객실이나 칸막이를 설치하고자 하는 경우에는 다음 기준에 적합하여야 한다. 　① 객실을 설치하는 경우 주된 객장의 중앙에서 객실내부가 전체적으로 훤하게 보일 수 있도록 투명한 유리로만 설비하여야 하며, 통로형태 또는 복도형태로 설비하여서는 아니 된다. 　② 객실로 설치할 수 있는 면적은 객석면적의 2분의 1을 초과할 수 없다. 　③ 주된 객장 안에는 높이 1.5미터 미만의 칸막이(이동식 또는 고정식)를 설치할 수 있다. 이 경우 2면 이상을 완전히 차단하지 아니하여야 하고, 다른 객석에서 내부가 서로 보이도록 하여야 한다. 나) 객실에는 잠금장치를 설치할 수 없다. 다) 소방법령이 정하는 소방·방화시설 등을 갖추어야 한다.
유흥 주점 영업	가) 객실에는 잠금장치를 설치할 수 없다. 나) 소방법령이 정하는 소방·방화시설 등을 갖추어야 한다.

(2) 업태별 소분류 사례

업태별(Type of service)이라 함은 미국에서 처음 시작된 용어로 서비스방식에 따라 구분되어지는데 다음 〈표 1-4〉와 같다.

표 1-4_ 우리나라 외식업의 업태 분류

구 분	패스트푸드	패밀리레스토랑	패밀리다이닝	디너하우스
객단가	5,000~8,000원	10,000~20,000원	20,000~40,000원	5만원 이상
대상고객	어린이~20대	20~30대	회사원 20~40대 후반	특수층모임, 단체 등
이용빈도	수회/주	1~2회/주	1회/주	1~2회/월
구매동기	간 식	중식, 석식	석 식	석 식
서비스 방식	셀프 및 카운터 서비스	정형화된 풀 서비스	풀 서비스	풀 서비스
메 뉴	한정 (20~40종류)	폭넓은 상품구성 (60~200종류)	선택의 폭이 있는 상품구성	한정된 상품구성 (60종 이상)
제공시간	3분 이내	15분 이내	15분 이내	30분 이내

구 분	패스트푸드	패밀리레스토랑	패밀리다이닝	디너하우스
한 식	한솥도시락, 신떡, 김밥천국, 국대떡볶이, 얌샘, 바르다 김선생, 고봉민김밥, 봉구스밥버거	원할머니보쌈, 청주버섯, 놀부보쌈, 싱글벙글복어, 채선당 등의 대중한식점	용지봉, 인사동 등의 대중 한정식	고상, 벽제갈비, 고메홈, 석란, 안압정 등의 고급 한정식과 호텔 한식
일 식	스시990, 오니기리 유나인	기소야, 이찌로, 일본 생라면	삼수장어, 토다이, 군산횟집 등의 일반 일식집	스시 효, 코오라 등의 호텔 일식당
중 식	만두전문점	일반대중의 중식당	선궁, 로터스가든	만리장성, 금룡, 팔선
양 식	롯데리아, KFC, 맥도날드, 버거킹	스파게티아, 서가엔쿡	T.G.I. 프라이데이, 아웃백스테이크, 빕스	아테네 호텔 양식당
요리주점 (선술집)	투다리, 꼬챙이	치어스, 하이트광장, 홍가, 피시앤그릴, 오뎅뎅	기린비어페스타	요정 호텔의 클럽

3. 외식산업의 특징

외식산업의 특성을 정리해보면 다음과 같다.

❶ 상품의 시간적, 공간적 제약을 받는다. 음식은 시간이 지나게 되면 품질이 떨어지고 쉽게 변질되므로 철저한 위생관리가 요구된다. 수요예측을 잘못하면 막대한 손실을 가져올 수 있다. 또한 상품을 소비할 공간도 필요한데, 그 공간의 위치나 시설, 분위기 등이 매출에 큰 영향을 미친다.

❷ 계절, 시간 등에 따른 수요의 편차가 뚜렷하다. 메뉴의 특성 및 계절적 요인, 사회적 환경 변화 등에 의해 수요의 편차가 나타나고, 이로 인해 수요예측이 매우 어렵다. 아침, 점심, 저녁 한정된 시간 내에 매출이 집중되어 있고, 기후변화에 따른 수요변동이 많아 인력의 수급과 공간 활용이 쉽지 않다.

❸ 유형의 상품과 무형의 서비스가 결합된 형태이며, 특히 인적서비스에 의존도가 높다. 음

식의 조리에서부터 제공까지 모두 인적서비스가 요구되며, 오랜 근무시간과 강한 육체노동으로 타 산업에 비해 이직률이 매우 높은 편이다.

④ 모방이 용이하다. 미묘한 맛의 차이는 있을 수 있으나 메뉴에 대한 모방이 쉬워 차별화하기가 쉽지 않다. 특히 인터넷과 매스미디어의 발달로 외식정보와 아이디어가 활발히 공유되고 있어 상품의 라이프사이클이 점점 짧아지고 있다.

⑤ 메뉴의 규격화, 표준화가 어렵다. 음식은 언제 어디에서 만드느냐, 어떤 식재료를 사용했느냐, 누가 만들었느냐 등에 따라 맛이 달라질 수 있는 요인이 많다.

외식산업은 식품제조업, 소매업(유통), 서비스업의 특성을 가진 복합 산업으로 다음과 같은 특징을 가지고 있다.

① 생산과 판매가 함께 동시에 이루어지는 서비스산업이다.

② 고객, 종업원, 경영주가 하나가 되어 고감도 서비스연출(인간관계)로 이루어지는 사람중심의 인재(People)산업이다.

③ 상권과 입지분석을 통해 경제성을 고려하여 점포의 입지에 의존하는 입지산업이다.

④ 표준화, 전문화, 단순화 등의 시스템을 체계적으로 기본화하는 매뉴얼 산업이다.

⑤ 식당 운영 경험과 고도의 노하우 등을 통한 다점포 전개에 따른 규모의 경제와 표준화가 가능한 프랜차이즈 산업이자 창업선호 산업이다.

⑥ 식당의 기본요소(품질, 청결, 서비스)에 분위기를 가미시켜 고객 만족의 가치를 추구하는 가치판매 산업이다.

⑦ 복합산업(식품, 식재, 급식, 조리, 제조, 호텔, 관광, 레저, 유통, 부동산, 패션, IT산업 등)의 최종산물인 종합예술성첨단문화산업이라고 할 수 있다.

이 외에 외식산업의 장점으로는 자금회전율이 높고, 원가관리 여부에 따라 타 산업에 비해 아직도 높은 영업이익을 실현할 수 있다는 것이다.

반면에 노동집약적 경영구조가 대다수인 데 따른 경영합리화와 서비스 수준 향상이 쉽지 않으며, 수요예측의 어려움과 식재료의 높은 부패성, 조·중·석식의 시간과 공간의 한계가 있으며, 종업원의 이직률이 높고, 개별 주문이 강한 업종이기도 하다. 또 식당의 건물, 설비, 분위기의 영향이 높으며, 다품종 소량생산과 경영주의 개인적 성향이 경영전반에 영향을 미칠 수 있다는 단점도 지닌 산업으로 아직도 생계형으로 영세성을 면치 못하고 있는 점포가 많다고 할 수 있다.

② 외식산업의 변천과정과 새로운 환경

1. 외식산업의 문제점과 발전 배경

(1) 외식산업의 문제점

외식업은 나날이 발전하고 있다. 특히 양에서 질적으로 변해 오면서 식당운영과 이용한 고객이 느끼는 가치가 더욱 중요시되고 있으므로 그에 따른 당면한 문제점을 파악해야 하는데 그 문제점은 다음과 같다.

첫째, 경영주의 의식 문제다. 외식업은 식품제조, 판매, 서비스의 복합 산업으로서 경영에 관한 지식이 풍부해야 함에도 불구하고 식당경영에 관한 지식이 부족해서 운영상의 문제점을 드러내기도 하고 타 업종에 비해 상대적으로 직업관이 다소 결여되어 있는 점 등을 들 수 있다.

'창업만 있고 경영은 없다'는 말이 나올 정도로 외식업체의 경영적인 부분의 문제점은 심각하다. 외향은 최신을 따라가려고 하지만 실질적인 경영은 1980년대 수준을 반복하고 있어 시대변화에 적응하지 못하고 있다는 지적이 나오고 있다. 경영주들의 지속적인 교육과 자기계발이 필요한 것이다.

둘째, 인적자원의 관리가 이루어지지 않고 있다. 식당종사원의 직업윤리관이 제대로 정립되지 않아 높은 이직률을 보이고 있고 거기에 전문적인 교육 및 훈련의 부재 등으로 외식업을 발전시킬 수 있는 우수한 인적자원의 부족현상이 심각하다. 그러나 최근 외식업에도 고급인력이 많이 유입되고 있고, 많은 대학에서 신규 전문인력을 양성하고 있으며, 또 경영주의 의식변화에 따른 기존 직원들의 외식 및 조리 관련 교육·훈련이 강화되고 있는 추세가 나타나고 있다.

셋째, 지속적인 메뉴 개선 및 개발의 의지가 부족하다. 고객의 욕구파악이나 기존메뉴, 신규 메뉴에 대한 분석능력 부족, 데이터 자료부족, 고객지향적인 메뉴가치 창출미비와 점점 짧아지고 있는 메뉴 사이클에 대한 인지부족 등의 문제점과 이를 극복하고자 하는 노력이 부족하다.

넷째, 품질관리가 미비하다. 레시피에 의한 품질기준과 실제 품질과의 차이가 발생되는데 규정에 맞는 식재료를 사용하며 당도계, 염도계, 타임기, 전자저울 등을 사용한 보다 과학적이고

체계적인 레시피에 의한 품질관리가 필요하다.

다섯째, 원가 관리의식의 결여로 손익계산에 의한 최적 원가 산정능력과 의식이 부족하다. 주먹구구식계산법으로 단순이익만 생각하다보니 감가상각비나 투자비에 대한 금리, 부가세액에 대한 부분을 원가에 넣지 않는 경우가 많아 많은 이익을 발생시킨 것 같은데 실제 그다지 이익이 발생하지 않는 점이 여기에 있다고 하겠다.

여섯째, 주방설비 및 기기의 취약성을 들 수 있다. 고품질의 상품 가치를 만들기 위해서는 우수한 주방의 설비와 기기가 필요한데, 먼저 이에 대한 전문지식이 부족하다는 점과 기기의 소량소비 소량공급 풍토로 좋은 품질의 주방기기 구입이 좀처럼 쉽지 않다는 점이다.

일곱째, 입지의존성이 높다보니 초기 투자비가 높다. 식당은 입지가 승패를 좌우하기 때문에 성공 시 점포의 확장이전이 쉽지 않고, 입지선정 잘못으로 실패 시 원상복구가 어려운 업종이다.

여덟째, 점포 운영상의 문제점으로 열악한 근무환경과 중간관리자의 부족, 능력의 한계, 외식업 관련 법률, 세무, 행정상의 어려움이 많은 업종이다.

아홉째, 운영자금의 부족인데, 여유자금 없이 외식업을 창업하는 경우가 대부분이라 장기적인 계획수립이 어렵고 창업 후 수익이 발생하기까지의 금융비용 부담 등으로 인해 운영상의 문제점이 빈번하게 발생하고 있다.

(2) 외식산업의 성장요인

외식산업의 성장요인은 다음과 같이 크게 4가지로 요약할 수 있다.

❶ 사회적 요인

여성의 사회 진출과 맞벌이 부부의 확산, 고령화, 1인가구 증가, HMR 간편식과 온라인 택배 배송 밀키트 활성화(마켓컬리, 쿠팡로켓 프레시지 등), 대량생산, 대량판매 대량소비사회, 생활관, 가치관의 변화, 새로운 세대(MZ세대), 뉴 패밀리 층의 출현, 레저패턴의 다양화, 가정개념의 변화(이혼 증가, 독신자 증가), 건강식 욕구증대, 건강 레저의 관심고조, 소득증가로 인한 개별화, 고급화, 핵가족화 농촌의 도시형 생활 확대, 소비자편의주의 확산 등

❷ 경제적 요인

국내총생산[GDP, 1조 6310억 달러(약 1832조원)], 가처분소득 증가, 여가시간 확대(노동시간 감소),

WTO에 따른 국제화, 세계화, 경제 조류, 시장개방에 따른 수입자유화, 대기업 외식시장 참여, 시장 환경의 세분화·다양화, 경영기술 개선, 자가용의 보급확대, 경쟁력 강화(UR, GR), UR 협상(Globalization), 주5일근무제 도입, 대형국제행사의 유치, 대내외 경쟁력 강화 등

❸ 문화적인 요인

고객의 욕구변화, 식생활 패턴의 변화(외래음식문화 서구화추이), 전통음식 상품화, 한식의 세계화(K-Food), 사회 구성원 가치관 변화, 2030세대가 신규 외식소비 세력으로 등장, 외식산업종사자의 직업의식 개선, 식당의 이미지 전환(먹는 장소에서 대화나 여가의 장으로), MZ세대 디지털문화 확산(빠른 정보 파급력), 신속 간편 단순화 선호, 건강지향의 안전 안심욕구, 민속 민족 복고풍 음식문화 부상, 문화생활 의식의 향상 등

❹ 기술적 요인

주방기기의 현대화, 과학화(설비 기구 장치의 발달), 식당용 컴퓨터 기기 보급 확산(과학화 컴퓨터화 전산화), 인터넷을 통한 정보화(IT), 스마트폰의 활용, 4차산업혁명 및 푸드테크의 발달, 해외 유명 브랜드 도입 기술제휴, 첨단산업의 기술도입(신기술, 신기법 도입〈기술혁신〉)과 주방설비 및 기기의 자동화, 보존 보관 저장기술과 포장기술의 발달(자동성형 진공포장기),

주변환경의 변화, 국제품질인증제도, HACCP, FSSC22000, Central Kitchen System, Manual System, 프랜차이즈 시스템의 가속화, Cold Chain System 보급 및 확산, 효율적인 식당관리방식 도입, 전자상거래(E-commerce), CRM(고객관계관리), Data Mining, POS시스템에 의한 관리, SNS의 확산 등

2. 외식산업의 변천과정과 향후전망

(1) 우리나라 외식산업의 변천과정

외식산업은 소득수준과 밀접한 관계가 있는데 그 변화과정을 살펴보면 다음과 같다.

🥄 표 1-5_ 우리나라 외식산업의 변천사

연대별구분	특 징
고조선~ 삼국시대	• 주·부식 분리형의 식문화(주식: 쌀, 보리, 조 등) (부식: 장류, 장아찌, 생선포, 구이 등)
통일신라~ 고려시대	• 숭불사상에 의한 다류, 한과류, 채소음식 발달 • 고기숭상과 요리법 재현 • 일상식과 다른 상용 필수 식품화
조선시대	• 유교사상을 근본으로 한 공동체의식 • 대가족제도와 식생활의 규범정착 • 김치의 발달과 상용 필수 식품화
해방 이전	• 전통 음식점 중심의 요식업 태동 • 식품 소비형태의 침체화 • 식량부족과 빈곤으로 인한 식문화 침체(1945년 166점포) • 1902년 우리나라 최초의 양식당(손탁호텔) • 이문설렁탕(1907), 용금옥(1930), 한일관(1934), 안동장(1934) 등 설렁탕, 해장국이 주류
해방 후 1960년대	• 식생활의 궁핍 및 침체기 • 밀가루 위주의 식생활이 유입(UN 원조품) • 개인업소와 노점상의 출현 • 소득 1인당 GNP(100~210$) • 뉴욕제과 • 원조이동갈비 • 자장면, 떡볶이, 부대찌개, 오뎅찌개 • 분식의 장려운동과 서구식 식생활의 유입
1970년대	• 영세성 요식업의 출현 • 경제발전과 핵가족화로 인한 식생활 수준향상 • 영양가와 맛의 추구 • 한식, 분식, 중식중심의 대중음식점 우후죽순 출현 • 해외 브랜드도입 및 프랜차이즈의 태동(서구식 외식시스템) - 햄버거: 롯데리아 상륙(79년 10월 25일 롯데백화점 내 소공점), 난다랑 1978(국내효시) • 250~1,600$(1인당 GNP)

연대별구분	특 징
1980년대 초반	• 음식에 대한 가치관의 변화 • 외식산업의 태동기(요식업 → 외식산업) • 영세 체인의 난립(햄버거, 국수, 치킨, 생맥주 등) • 해외 유명브랜드 진출 가속화 • 1,600~2,200$(1인당 GNP) (아메리카나 '80, 버거킹 '80, K.F.C '84, 피자헛 '84 등)
1980년대 후반	• 외식산업의 성장기(중소기업, 영세업체 난립) • 식생활의 외식화, 국제화, 레저화, 가공식품화 • 건강식에 대한 관심고조, 다이어트식 증대 • 패스트푸드 및 프랜차이즈 중심의 시장 확대 • 패밀리 레스토랑의 도입, 커피숍, 호프점, 양념치킨 약진 (맥도날드 '86, 코코스 '88, 크라운 베이커리 '88, 놀부보쌈 '88, 쟈뎅 '89, 등) • 보쌈, 족발의 선호 • 2,200~4,100$(1인당 GNP)
1990년대 초반	• 외식산업의 전환기(산업으로서의 정착: 1995년) • 중, 대기업의 신규진출 가속화 및 해외유명 브랜드 도입 • 프랜차이즈의 급성장 및 도태(외식 근대화) • 92년 히트아이템 - 쇠고기 뷔페 • 시즐러 '93, 스카이락 '94, T.G.I F '92, 등
1990년대 후반	• IMF 시대 외식산업의 최대 위기 돌출 • 중산층의 붕괴 및 소자본 창업의 증가 • 외식산업의 혼돈의 시대 • 이탈리안 음식의 신장세 지속 • 퓨전 푸드 출현으로 음식의 무국적시대 및 복합점화 • 저렴하고 실속 있는 단체급식의 급성장 • 가격 파괴점 속출, 고단가 음식의 신장세 지속, 마르쉐 '96, 아웃백 스테이크 '97 • 전원카페 등 이색업소 등장 '99(비행기, 열차, 배 카페 등)

연대별구분	특 징
2000년대	· 이탈리안 음식(파스타, 스파게티 등)의 전성시대 · 한국 고유음식의 재등장(보쌈, 두부요리, 버섯요리, 감자탕, 순대국 등) · 생돈가스, 요리주점, 참치 등 일본식과 에스프레소커피 등 T/O 음식의 발전 · 기능성식품(DHA 등), 건강지향식(웰빙)과 다이어트음식의 가속화 · 허브 등의 향신료와 신선한 재료를 이용한 음식의 소비량 증가 · 매운맛 열풍(불닭, 떡볶이, 낙지볶음 등) · 패스트푸드의 쇠퇴, 웰빙 트렌드와 함께 슬로푸드 급성장 · 가격파괴, 트레이딩업 현상 등 양극화심화(가격, 규모, 매출, 개설금액 등) · 동남아 및 제3세계 음식 등장 · 한식시장의 성장과 한식의 세계화선언 · 커피 및 디저트 카페 급성장 · 한식뷔페, 무한리필고깃집, 한점포 2~3아이템의 컬래버레이션 등
2010년대	· 수제햄버거와 일본 대중식 · 한류열풍으로 인한 한류드라마, 케이팝, 케이푸드 등 · 수제고로케와 스몰비어의 창업 가속화 · 샤브샤브와 포차주점 · 합리적인 가격에 명품을 소비하는 매스티지(Masstige)트렌드 · 프리미엄 김밥과 빙수, 한식뷔페 · 프리미엄 어묵과 저가 커피, 대왕카스테라 · 집밥 콘셉트의 1인 상차림 · 소자본 청년 창업자들을 중심으로 푸드트럭이 주목 · 핫도그와 에스닉푸드 · 꼬막 비빔밥과 흑당 버블티, 샌드위치 · 쇼핑몰의 유통 및 서비스 플랫폼 기업까지 배달 플랫폼 서비스에 진출

외식산업은 인간의 식생활문화의 변화와 함께 발전하고 변화해왔다. 우리나라의 경우 본격적으로 외식업이 부각되기 시작한 것은 1970년대 이후로 볼 수 있다. 그 전까지는 전쟁으로 인한 절대적 빈곤과 사회적 침체기로 중국집, 요정 정도가 외식업의 주를 이루고 있었다. 그 규모 또한 작고 영세한 수준이었으며, 그나마 쌀 부족을 채우기 위해 실시됐던 분식장려운동은 라면, 빵 등과 같은 서구식 식문화가 자리 잡게 된 계기가 되었다.

그 후 70년대 본격적인 경제개발이 시작되면서 절대적 빈곤이 해소되고 풍요로운 삶에 대한 관심이 높아지게 되었다. 또한 서구 문물의 영향으로 점점 다양하고 고급스러운 먹거리에 대한 수요가 증가하기 시작했다.

1980년대로 넘어오면서 눈부신 경제발전을 이룩하며 사람들은 이제 삶의 질에 대해 관심을 갖기 시작하였고, 식생활에 있어서도 더욱더 다양화, 전문화되었으며 업종의 다양화, 전문화가 뚜렷하게 나타나 양적으로나 질적으로 괄목할 수준의 발전이 이루어졌던 시기였다.

이러한 양적, 질적 성장은 1990년대에도 그대로 이어졌다. 소득의 증가와 여가생활의 증가, 여성의 사회진출로 인한 외식의 생활화, 대기업의 외식업 진출, 학교급식의 증가, 해외 패밀리 레스토랑 론칭 등의 사회현상이 외식산업의 확대와 변화로 이어지게 되었다. 그러나 과도한 외식 점포의 출점과 중소프랜차이즈의 난립 등으로 시장포화 상태에 이르게 되었고 양적 성장에 비해 질적인 성장은 매우 저조한 시기였다. 이러한 현상은 1997년 말 국제통화기금(IMF)을 겪으면서 더욱 악화되게 되었다. 많은 외식업체가 출혈경쟁으로 도산하였으나 그럼에도 불구하고 대량 실업사태로 인한 많은 실업자들이 진입장벽이 낮은 외식업으로 진출하게 되었다.

IMF 이후 지금까지 장기불황이 계속되면서 외식산업 또한 고전을 면치 못하고 있다. 그러나 2000년대 들어서며 시작된 웰빙 열풍은 우리네 식생활에 있어서 건강과 안정성을 생각하게 하였고 보다 안전한 먹거리, 건강한 먹거리에 대한 요구가 높아지게 되었다. 이러한 현상은 광우병, 구제역, 조류독감 등 잇따른 식품사고로 인해 더욱 강해지게 되었다. 또한 심각한 경제적 양극화 현상은 외식산업에도 양극화 현상을 가져왔다.

시대별 선호메뉴로는 1970년대 면류 및 돈가스, 자장면, 1980년대 육류(갈비종류 등), 1990년대 육류(패밀리레스토랑), 2000년대 매운맛 열풍과 씨푸드 등 로하스(LOHAS: Lifestyles Of Health And Sustainability)로 정리할 수 있다. 특히 2010년대에는 현재의 웰빙의 영향에 이어서 친환경 자연식과 사찰음식, 효소를 활용한 발효음식, 한식뷔페, 힐링(healing)식이 선호받는 메뉴였다.

2010년대부터는 옥외가격표시제(2013년)가 시행되었고 금연구역이 확대되었다. 또한 퓨전요리, 퓨전문화로 빅블러(Big blur), 에스닉 푸드(Ethnic food), 가정간편식, 푸드 테크, 팝업 스토어, 워라밸(Work-life balance) 등이 소비자들의 구매 행동으로 이어지고 있다.

이렇듯 고객의 기호와 욕구, 입맛에 따라서 시대별 선호메뉴는 시시각각 변화한다. 이를 충족시키는 업소는 불황 속에서도 호황을 누리기도 하지만 그렇지 못한 업소는 도태될 수밖에 없는 것이 현실이다.

(2) 우리나라 외식산업의 최근 동향

소셜네트워크를 활용한 마케팅과 시장확대, 1인가구의 증가, 진화하는 콘텐츠의 소비경험,

IT 기술력의 진화로 인한 라이프스타일의 변화 등 정보통신기술과 외식업의 변화가 이뤄지고 있고 스마트폰 앱(APP)을 활용한 서비스를 제공한다. 예를 들면 스타벅스의 사이렌오더, 베스킨라빈스의 해피포인트앱, SK플래닛의 시럽오더 등이 있다. 또한 스마트 쿠킹 기술이 주목받으며 셰프의 스마트폰에 연결되어 음식을 만드는 과정에서 온도와 시간을 조절하여 완벽한 음식이 제공된다.

기술기반 셀프서비스는 언택트시대에 적합한 터치스크린, 무인 단말기(키오스크), 테이블 셀프주문, 로봇 서비스 등으로 빅데이터를 활용한 고객관리를 하면서 고객의 선호, 비선호음식, 알레르기 유발음식 파악 자료를 확보하기도 한다. 그리고 레스토랑 경험과 가상증강현실을 활용한 테마레스토랑, VR레스토랑 등이 런칭되었으며 블록체인을 활용한 식품이 유통된다. 월마트, 돌푸드, 네슬레 등은 투명한 관리를 위해 블록체인 기술 도입 등이 외식업계의 급속한 변화로 이어지고 있다.

❶ 장기적인 경기침체로 인해 소비가 위축되고 거기에 경영노하우가 없는 신규 외식업소들이 대거 등장함에 따라 매출이 급격하게 감소하고 있는 반면, 세계적인 환경기후변화에 따른 식자재값 폭등에 따른 원재료비, 인건비, 임차료 등 제경비의 원가는 상승하여도 정부의 음식가격 특별관리 정책에 일정한 수익을 내기가 점점 힘들어지고 있다.

❷ 중산층이 사라지고 소득의 격차가 커지면서 사회 전반에 걸쳐 양극화 현상이 심각하게 나타나고 있다. 외식업의 경우 규모·시설의 양극화, 가격의 양극화, 매출의 양극화가 심화되고 있다. 그중에서도 메뉴는 대중적인 저가메뉴를 지향하면서 시설이나 규모, 서비스 등은 고급식당의 형태를 띠는 경우가 늘고 있다.

❸ 외식업 트렌드가 급변함에 따라 아이템의 라이프사이클이 점점 짧아지고 일부 유행아이템에 의해 시장이 좌우되기도 한다.

경기침체 속 각종 식품사고와 악재들이 공존하는 변화무쌍한 환경 속에서 창업자들이 외식시장의 흐름을 가늠하기란 점점 더 쉽지 않게 되었다. 최근 고객들의 소비성향은 그 변화속도가 매우 빠르며 외식업계는 이러한 고객들의 니즈파악에 총력을 기울여야 한다. 이제는 불황이라고 해서 무조건 소비를 줄이는 것이 아니라 반드시 필요하고 가치가 있다고 생각되는 것에 적극 투자하는 시대이다.

❹ 주5일 근무제의 시행과 여성의 사회진출, 배달 및 테이크아웃 확대 등의 영향으로 변화

가 및 오피스 상권에서 주택가상권으로 소상권화가 진행되고 있다.

❺ 평생직장의 개념이 무너지고 청년창업, 투잡스족 등이 늘어남에 따라 젊고 유능한 고급 인력이 대거 유입되고 있다.

❻ 최근 우리나라는 양과 질은 좋으면서 가격이 싼 것을 선호하는 추세다. 이제 웰빙은 세계적인 트렌드가 된 지 오래이며 안전한 먹거리의 선호도는 날로 증가하고 있다. 우리나라 역시 웰빙과 퓨전음식을 선호하고 있으며, 장기적인 불황 속에서 익숙하고 편한 음식을 선호하게 되면서 전통·토속음식 등의 인기가 지속되고 있다. 특히 채소류, 장류 등의 발효식품 중심의 토속음식이 각광을 받고 있다. 또한, 2003년부터 대중매체를 중심으로 웰빙(Wellbeing)의 개념이 도입되면서 육류를 선호하던 것에서 채식과 씨푸드, 유기농 등을 선호하는 방향으로의 전환이 가속화되었다. 이에 대기업의 참여를 통해 씨푸드뷔페가 발전하게 되었으나 높은 식재료비와 인건비 등의 문제로 성장이 주춤한 상태이다. 패밀리레스토랑업계 또한 핵가족화의 빠른 진행, 1인가족의 증가로 어려움을 겪고 있다.

❼ 최근 '장사해봤자 적자'라는 말이 심심치 않게 나올 정도로 자영업의 위기가 심각하다. 가장 큰 원인으로는 자영업자 비중이 24.5%로 OECD 국가 35개국 중 6번째로 높아 많은 공급초과 현상을 들 수 있으며, 내수 부진, 유통채널의 변화, 경쟁력 약화, 유행성 감염병의 지속적인 등장(코로나, 사스, 메르스), 경제 대국들의 무역분쟁 등의 원인도 존재한다.

여기에 수시로 나타나는 외식산업분야의 각종 악재들(AI, 구제역, 일본의 원전사고, 식자재값 폭등, 메르스 사태, 세월호 참사)도 더해져 소규모 외식업경영주들을 힘들게 하는 형국에 2016년 9월 28일에 발효된 '부정청탁 및 금품 등 수수의 금지에 관한 법률'(김영란법)의 영향으로 외식업계는 더욱더 큰 어려움을 겪고 있다. 특히 법 적용대상인 식비 '3만원' 이상 업소의 피해가 컸으며, 이익을 볼 것으로 기대했던 3만원 이하 업소들도 매출이 하락한 것으로 나타나고 있어 정부에서는 보완책을 만들고 있다.

이런 와중에도 대표적인 한국 음식들이 세계적 권위의 식당 평가·안내서인 미쉐린 가이드의 선택을 받았다. '미쉐린 가이드 서울 2021'판에는 2개의 3스타 레스토랑, 7개의 2스타 레스토랑, 23개의 1스타 레스토랑이 등재됐으며, 60개의 빕구르망과 86개의 플레이트 레스토랑을 포함해 총 178개의 레스토랑이 등재됐다. 이번 2021 셀렉션에는 총 4개의 1스타 레스토랑이 새롭게 추가됐는데, 이 중 3곳은 플레이트에서 1스타로 올라갔다. 미쉐린 가이드 2021 셀렉

션의 선정 과정은 코로나바이러스 위기가 시작되기 전 2019년부터 진행됐다. 안전, 위생 등 여러 가지 난관에도 불구하고 이번 2021 셀렉션은 새롭게 스타로 선정된 레스토랑들로 더욱 풍성해졌다. 이번에 선정된 전체 레스토랑 숫자는 전년과 동일하지만 스타 레스토랑 숫자는 늘었다.

식당을 평가하는 5가지 기준은 식재료의 품질, 요리기술의 능숙함, 요리사와 식당만의 독창성, 가성비, 일관성 등이 엄격하게 적용된다. 식당은 별(스타) 개수로 평가를 하는데 별 3개는 맛보러 일부러 여행을 떠날 만한 가치가 있는 식당, 별 2개는 멀리 찾아갈 만한 식당, 별 1개는 음식이 훌륭한 식당을 뜻한다.

별을 받은 식당들은 매출의 급성장과 더불어 한국 외식산업이 성장하는 데 기여할 것이라는 전망이다.

또 미쉐린(미슐랭)가이드의 '빕 구르밍' 리스트에 오른 서울의 61개 레스토랑도 있는데, '빕 구르밍'은 미쉐린 공식 평점인 별 1~3개를 받진 않았어도 '가성비(가격 대비 성능)가 좋은 맛집'이라는 것을 의미하는데 저년 1인분 식비가 평균 45,000원 이하인 식당이 대상이었으며 미쉐린가이드에 포함된다는 것 자체로도 미디어 홍보 효과를 톡톡히 누릴 수가 있다.

(3) 외식업계별 최근 현황

최근 우리나라의 외식업계별 현황을 알아보면 다음과 같다.

❶ 한식업계

장기화된 경기침체와 세월호 침몰사고, 메르스, 코로나19 여파 등으로 인해 소비심리가 바닥을 치면서 외식업 경기가 끝없이 추락했다. 이런 가운데 외식기업들은 살아남기 위한 자구책 마련을 위해 다양한 사업을 전개하고 있다.

국내 간편식 시장 선두에 있는 CJ제일제당은 늘어난 간편식 수요에 맞춰 2018년 진천식품 통합생산기지를 세우고 2020년까지 5,400억원을 투자해 최첨단 기술을 접목한 생산라인을 확장할 계획이며, 현대그린푸드는 833억원을 투자한 '스마트푸드센터'를 본격 가동하고 식품제조사업에 나섰다. 롯데푸드도 930억원을 들여 2022년 4월말 목표로 경북 김천시에 신규 간편식 생산라인 증설하고 있다. SPC그룹도 지난해 간편식 설비 확충에 1,000억원을 들이는 등 투자를 아끼지 않고 있다. 한국농촌경제연구원에 따르면 간편식 출하액은 2013년 2.8조에서 2020년 4조원을 돌파했다. 간편식 시장은 70% 이상을 차지하는 즉석섭취·편의점 식품류, 간

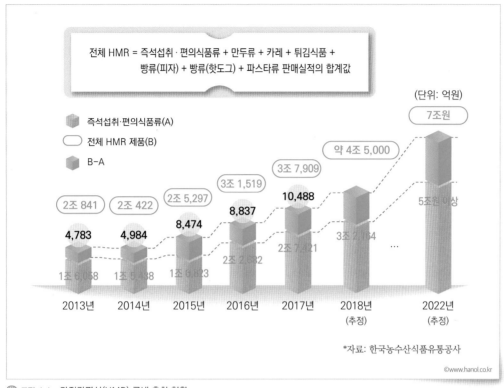

전체 HMR = 즉석섭취·편의식품류 + 만두류 + 카레 + 튀김식품 +
빵류(피자) + 빵류(핫도그) + 파스타류 판매실적의 합계값

(단위: 억원)

- ▨ 즉석섭취·편의식품류(A)
- ▢ 전체 HMR 제품(B)
- ▨ B-A

연도	B-A (억원)	전체 HMR(B)	B-A 값
2013년	4,783	2조 841	1조 6,058
2014년	4,984	2조 422	1조 5,438
2015년	8,474	2조 5,297	1조 6,823
2016년	8,837	3조 1,519	2조 2,682
2017년	10,488	3조 7,909	2조 7,421
2018년 (추정)		약 4조 5,000	3조 2,164
2022년 (추정)		7조원	5조원 이상

*자료: 한국농수산식품유통공사

©www.hanol.co.kr

🍔 그림 1-1_ 가정간편식(HMR) 국내 출하 현황

편식 제품의 2022년 출하액이 5조원을 넘을 것으로 예상하고 있다. 시장 규모가 점차 확대되면서 식품업체들도 간편식 경쟁력 강화에 힘을 쏟고 있다.

또한 캠핑족, 1인 가구가 늘어나면서 대형 유통업체들은 유명 맛집의 대표메뉴를 가정간편식(HMR) 또는 밀키트(Meal-kit) 제품화하여 선보이고 있다. 간편식 시장은 양적 성장과 함께 배달 음식부터 완제품, 밀키트까지 그 범위가 점점 더 확대되고 있고, 그에 따라 F&B 산업에서 외식서비스와 제조유통업의 경계가 점점 허물어지고 있다.

❷ 패밀리레스토랑업계

패밀리레스토랑은 20세기에 가장 트렌디한 음식점으로 손꼽혔지만 21세기에 들어서는 1인 가구의 증가 등으로 레드오션 시장에 접어들면서 아예 시장에서 철수하거나 순차적으로 폐점하는 등 대대적인 구조조정에 들어갔다. 이는 동반성장위원회의 규제로 외형 성장이 묶인 데다 불황에 내수침체까지 겹치면서 경영악화를 이기지 못하자 결국 몸집 줄이기에 나선 것으로

풀이된다. 패밀리 레스토랑들은 각자 다양한 콘셉트, 메뉴 부분의 질적인 성장, 저렴한 가격 등을 차별화 전략으로 내세워 성장보다는 내실을 다지는 정책을 쓰고 있다.

❸ 커피업계

커피 프랜차이즈업계는 양극화현상으로 먼저 스페셜티 커피를 선보이며 보다 특별한 커피 수요를 원하는 고객창출에 주력했다. 비싼 가격 논란에도 불구하고 원두커피가 대중화되면서 개인의 기호에 따라 차별화된 맛을 원하는 수요층이 생겨났기 때문이다. ㈜스타벅스 코리아는 지난 2015년 스페셜티 커피 수요 증가와 커피 애호가들의 높아진 기호를 반영해 프리미엄 커피매장 「스타벅스 리저브」를 추가해 전국 12개 도시에서 86개의 매장을 운영하고 있으며 「엔제리너스커피」도 「엔제리너스커피 스페셜티」 매장을 열고 스타벅스 뒤를 이어가고 있다.

그러나 고급화 추구에 반하여 스마트 소비니즈에 맞춰 저가콘셉트가 인기몰이를 하고 있는데 이들은 가성비를 앞세운 제품들을 전면에 내세워 소비자들을 공략하고 고성장을 하고 있다. 이디야, 빽다방, 커피베이, 컴포즈, 더 벤티 등이 대표적 브랜드이다.

❹ 피자업계

피자업계는 코로나19뿐 아니라 장기불활 등으로 진퇴양난에 빠졌고 이를 극복하기 위한 대책 마련으로 다양한 이벤트와 프로모션 행사를 추진하고 있다.

국내 프랜차이즈 피자시장 규모는 약 2조원가량 추정하고 있으며 국내 빅3 피자도미노피자와 한국파파존스, 한국피자헛 외 '가성비 버거'로 성공한 '맘스터치'가 '맘스피자'로 피자시장에 진입하였으며 '굽네치킨'의 '굽네피자', 1인 피자로 성장가도를 달리고 있는 '고피자' 등 신규 진입 브랜드들의 돌풍 또한 피자업계를 이끄는 원동력으로 꼽히고 있다.

❺ 패스트푸드업계

장기불황 속에서도 패스트푸드업계는 고객 니즈를 파악한 프로모션과 마케팅, 서비스 다양화를 통해 꾸준한 성장을 보이고 있다. 중소기업 적합업종 계획이 최종 철회됨에 따라 제약 없이 확장이 가능한 점도 꾸준한 성장에 한몫했다. 중소형 수제버거 브랜드와 해외브랜드의 국내 시장 진입 등으로 치열한 경쟁이 예상된다.

특히 맘스터치가 싸이버거로 히트치면서 매장 수가 급격히 늘어났으며 또한 국내 두 개의 법인으로 운영되던 맥도날드가 하나로 통합·운영되면서 가맹사업을 강화하고, 또 버거킹, KFC가 외국계 사모펀드에 매각되면서 본격적으로 가맹사업에 뛰어들어, 지속적인 가맹점개설과 성장으로 이어질 전망이다.

❻ 치킨 프랜차이즈 업계

치킨 업계는 메르스와 세월호, AI, 코로나19 등 이중, 삼중고를 겪었다. 주춤한 소비심리로 인해 기대만큼의 매출을 올리지 못했고 특히 족발시장의 성장과 스몰비어 브랜드 등 경쟁업종의 성장에 따라 심각한 시장위축현상을 겪기도 하였다.

한편 치킨시장의 트렌드가 급격히 변해가고 있다. 치킨시장의 변천사로 두 마리 치킨과 세 마리 치킨 순으로 시장에 진입하였다 그러나 이제는 고급화 추구를 전략으로 시장에 진입하는 치킨업계 기업들이 나오고 있다. 세계적인 한류를 통하여 K-FOOD의 열광 속에 국내 치킨 프랜차이즈 기업들은 치열한 생존경쟁 속에 셀럽마케팅을 통한 고급스러운 포장 패키지와 세련된 매장 인테리어 서비스를 고객들에게 제공하여 새로운 뉴트렌드를 제시하고 있다. 또한, 브랜드의 성장 가능성과 경쟁력을 인정받으며 예비 프랜차이즈 창업자에게 새로운 트렌드를 제시하고 있다. 예비 프랜차이즈 창업자들은 대부분 가맹본부 브랜드를 선정할 때 창업비용이 좀 비싸더라도 대기업 프랜차이즈를 우선 선호하는 이유는 대기업에서 제공하는 브랜드 신뢰도 및 광고홍보의 시너지효과 혜택이 많을 것이라는 생각과 큰 기업회사이니 안정적으로 가맹점 관리를 잘 받을 수 있을 것이라는 기대심에 선택하는 경우가 많다.

❼ 디저트 프랜차이즈 업계

국내 디저트시장 역시 빠르게 진행되고 있다. 일본과 미국 등 해외 다른 나라에 비해 아직 국내 디저트 시장의 규모는 최대 1/10에 불과해 외식시장 내 블루오션이라 할 수 있으며 해외 오리지널 디저트 브랜드의 국내 진출이 활발히 이루어지고 있다. 국내 외식트렌드 경향을 살펴보면 소비자들이 점점 구매 경험을 우선시하고 합리적인 럭셔리 사품을 구매하는 '스몰 럭셔리(작은 사치)' 경향을 두드러지게 보이고 있다. 그에 따라 디저트 시장은 마카롱, 초콜릿, 눈꽃빙수 등의 아이템뿐만 아니라 해외 명품 디저트 브랜드들의 국내 진출이 많아지는 변화를 보이고 있다.

❽ 분식 프랜차이즈 업계

분식 업계는 프리미엄 김밥과 컬래버레이션 메뉴 출시 등 불황을 이겨내기 위한 시도를 하고 있다. 비용을 더 지불하더라도 건강에 좋은 고품질의 먹을거리 선호 트렌드 확산으로 프리미엄 김밥전문점의 약진이 두드러지고 있다.

「바르다 김선생」, 「가마솥김밥」, 「로봇김밥」, 「고집쟁이 김팔이」, 「고봉민김밥」 등 프리미엄 김밥브랜드가 사업을 본격화하며 치열한 경쟁과 소비 심리 침체 속에서도 '나홀로' 성장을 보이고 있다.

⑨ 주점 프랜차이즈 업계

주점 업계 전반이 침체되어 있는 상황에서 불황을 넘어 반등하기 위한 업계의 노력은 지속됐다. 특히 오랜 연혁의 메인브랜드를 업그레이드해 새로운 콘셉트로 포지셔닝, 브랜드 리뉴얼을 진행한 기업들이 적지 않았다. 주점 업계를 휩쓸었던 스몰비어 열풍은 잠시 주춤한 가운데, 대형규모의 크래프트 비어펍이 이슈로 떠오르는 등 주점 업계의 양극화도 지속되고 있다. 즉 간단히 즐길 수 있는 음식에 대한 니즈가 스몰비어로 구현됐다면 이와 반대로 고객의 주류 취향이 다변화됨에 따라 세계맥주와 수제맥주를 비롯한 칵테일 등 다양한 주류를 한곳에서 즐길 수 있는 '펍(PUB)' 형태의 대형매장이 증가 추세에 있다.

한편, 수제맥주가 주류시장 진입하고 있다. 수제맥주는 국내 수제맥주 관련 업장을 지키자는 "서포트 로컬" 캠페인은 보틀샵, 양조장, 펍 등을 이용하자는 취지로 활발하게 움직이고 있으며 우리나라 전국을 8개 권역으로 나누어 독특하고 다양한 맛을 선사하는 수제맥주 양조장 100여 곳 정도가 운영을 하고 있다. 국내 수제맥주 매출 증가의 결정적인 계기는 '일본 불매 운동'이었다. 소비자들이 지난해 일본 불매 운동을 계기로 일본 혹은 수입 맥주 대신, 국산 수제맥주로 선택지를 돌렸다. 실제 수제맥주 매출신장률은 일본 불매 운동이 시작된 2019년 7월부터 증가했다. 업계 처음으로 말표 흑맥주가 OB맥주(한국), 칭따오맥주(중국), 아사히, 기린, 삿뽀로(일본) 등 대형 제조사 상품 및 수입맥주를 제치고 맥주 매출 4위에 오르기도 했다. 2020년에 국산 수제 맥주 매출은 CU편의점 매출자료를 보면 전년 동기 대비 546% 증가했다.

2014년 완화된 주세법 개정으로 인해 국내 수제 맥주 시장은 폭발적인 성장을 기록하고 있으며, 국내 시장성에 대한 검증도 이미 완료돼 수제 맥주 시장은 긍정적인 평가와 함께 빠르게 성장하고 있다.

(4) 국외 외식산업의 흐름

전 세계적으로 웰빙 아이템이 각광받고 있다.

일본은 2004년 저지방요쿠르트아이스크림과 테이크아웃요리점, 2005년 자연식뷔페, 샤브샤브, 패스트캐주얼, 건강보조식전문점, 2006년 식품음료전문점 등의 인기에 이어 최근에는 친환경뷔페가 인기를 얻고 있다.

미국의 경우 건강, 친환경, 웰빙지향이 생활화되어가고 있으며 이에 따라 최근에는 아시안푸드가 강세를 보이고 있다.

유럽은 20세기 후반 이탈리아를 중심으로 '슬로푸드운동'이 확산되어 '슬로시티운동(Slow cities Movement)'으로 발전되는 결과를 낳기도 했다.

(5) 우리나라 외식산업의 변화 전망

한국농수산식품유통공사에 따르면 우리나라 외식산업 시장은 2020년 기준으로 약138조를 상회할 것으로 추정하고 있으며, 앞으로도 지속적인 성장을 할 것으로 예상된다.

❶ 업종·업태가 더욱 세분화될 것이고 국제화 세계화와 더불어 해외 브랜드의 국내 유입뿐만 아니라 국내 브랜드의 해외진출 등이 더욱 활발하게 전개될 것으로 예상된다. 성장의 가속화와 함께 각 영역별 경쟁이 더욱 치열해질 것이다.

❷ 복고·신토불이 메뉴 등 전통적 외식업의 발전은 가속화될 것이나 패밀리레스토랑(F/R)업계는 더욱 어려움을 겪게 될 것이다.

❸ 인터넷의 보편화와 디지털문화의 확산 등 정보사회로의 진행에 따른 고객관리가 보다 체계적으로 이루어질 것이며, 보다 과학적인 관리 및 Net-work 구축을 위한 외식업의 기업화, 아웃소싱, 푸드테크 등이 더욱 가속화될 전망이며 SNS가 한층 활성화될 것이다.

❹ 외식업 프랜차이즈 산업이 보다 양극화되어 검증받은 가맹본부는 지속적인 성장이 될 것이며, 이에 따른 프랜차이즈사업의 대기업화, M&A 성사가 빠르게 진행될 것이다.(놀부가 모건스탠리에, BHC가 씨티은행 펀드에, 공차코리아가 유니슨캐피탈에, 할리스커피가 사모펀드에 각각 인수됨)

❺ 센트럴 키친화(C/K)와 이를 통한 반 가공된 식재료 물류화, 레토르트 식품 등의 지속적인 증가가 예상된다.

❻ 이미지 업을 위한 외식업이 메뉴나 인테리어, 사인물의 디자인화 등 보다 전문화될 것이며 새로운 업태가 다양하게 등장할 것으로 예상되는데 예를 들면 복합화, 퓨전화, 택배화, 음식백화점화 등을 들 수 있다.

❼ R&D투자, HACCP 인증제 도입, 인재육성, 전문성 제고를 위한 교육·훈련 등이 더욱 강화될 것이다.

❽ 규모의 경제나 효율적인 경영전략을 추구할 것이며, 때로는 이업종(취영루 만두전문업체와 CJ 식품물류업체, 스타벅스커피와 동서커피 등) 간의 전략적인 제휴 및 이업종(편의점의 즉석식품과 패스트푸드점) 간의 경쟁도 치열하게 이루어질 것이다.

이제는 외식산업이 주변 환경의 변화에 발 빠르게 대처하기 위해서 기존의 경영전략의 근본적 재검토가 필요한 시점이 되었다. 지금까지의 기본적인 규칙이나 질서가 붕괴되어 불확실성의 시대로 접어들면서 선택의 다양화, 자기만의 맞춤 상품 등을 선호하는 경향이 더욱 증가될 전망이다. 또 라이프 사이클의 단축과 함께 이업종 간의 경쟁처럼 경쟁상대도 수시로 바뀌는 등 경쟁의 규칙이 없어지는 시대를 맞이하게 될 것이다. 그 예로 피쉬앤그릴&치르치르, 가르텐호프&레스트, 홍합퓨전포차 '홍합이야기', 전기구이치킨전문점 '미스터치킨'과 같은 융복합 프랜차이즈의 탄생을 들 수 있는데, 외식브랜드끼리의 결합, 외식 브랜드와 주점형 브랜드의 결합 등으로 다양한 형태의 컬래버레이션이 이루어지고 있다. 또한 불황에 따른 현상으로 분식점에 많이 팔리던 1,000원대의 김밥이 물가급등에 따라 가격이 상승하면서 고객들이 편의점의 삼각김밥을 선호하게 되어 결국은 분식점의 경쟁상대는 편의점이 되고 있다는 점도 주목해야 할 사례가 될 것이다. 외식업계도 이러한 변화에 따른 대비로 외식산업의 구조개편, 미래지향적인 연구 등 시대 흐름에 맞는 단기, 중장기전략 수립과 사업목표를 명확히 하는 등의 준비들을 해나가야 할 것이다.

3. 20세기와 21세기의 새로운 환경

(1) 20세기의 외식업 환경

20세기까지 외식업의 성장 배경을 간략하게 살펴보면 제2차 세계대전 후 태어난 베이비붐 세대들이 20세기 외식산업을 발전·유지시켜 왔으며, 이들에 의한 대량생산과 대량소비로 이어졌고, 단순히 품질, 서비스, 청결이라는 기본적인 관리만으로도 고성장이 가능했다. 특히 패스트푸드와 패밀리 레스토랑을 그 대표적인 예로 들 수가 있겠다.

(2) 21세기의 새로운 외식산업의 환경

21세기부터 경제가 장기불황으로 접어들면서 외식산업도 깊은 불황에 허덕이고 있다. 불

황 초기에는 과도한 가격파괴와 출혈경쟁을 불사하며 불황탈출을 시도했었지만, 불황이 장기화되면서 새로운 메뉴 및 아이템 개발, 서비스 업그레이드, 최신경영전략 도입 등 질적 성장을 통한 불황극복에 힘이 실리고 있다. 이것은 오히려 불황이 외식시장의 옥석을 가리고 질적 경쟁력을 갖추는 촉발제가 되었다고 해석할 수도 있다. 다시 말해서 21세기는 과거와 같이 기본만으로는 살아남을 수 없다.(음식장사는 무조건 남는다는 안일한 생각과 주먹구구식 경영으로는 결코 성공할 수 없다는 뜻과도 일맥상통한다)

특히 21세기에는 20세기 외식업의 발전을 주도해 온 베이비붐 세대들이 노인층 세대가 되어 실버세대로서도 많은 영향을 끼치게 될 전망이다. 이들 실버세대들은 주어진 여건상 주거지역 중심의 특정지역에서 한정적인 외식생활을 하게 됨에 따라 상권의 축소현상도 가속화될 것이다. 21세기의 새로운 외식산업 환경을 몇 가지 요약해 보면 다음과 같다.

첫째, WTO 체제가 굳어지면서 국제화가 가속화되었고, 이에 따라 24시간 비즈니스 시대가 이미 도래하였다. 따라서 외식업도 24시간 영업이 늘어날 것이고 그에 따른 심야메뉴 개발과 운영시스템 등을 개발하여 국제화시대에 발맞추어 나가게 될 것이다.

둘째, IT산업의 발전에 따른 최첨단 장비를 통한 고객관리, 인터넷, 푸드테크, SNS와 같은 다양한 마케팅 구사 등 고객을 더욱 세분화시켜 관리해 나갈 전망이다.

셋째, 고객의 다변화된 욕구에 따른 퓨전화와 복합화, 개별화, 신토불이화가 가속화될 전망이다.

넷째, 주5일근무제에 따른 외식업의 발전과 고급인력의 재활용, 정부의 프랜차이즈 활성화정책 등으로 우리 외식산업이 많이 발전될 것이다.

최근 가맹사업공정거래에 관한 법률이 개정되면서 가맹사업의 공정한 거래질서를 확립하고 가맹본부와 가맹점사업자 간의 균형 있는 발전을 위해 정부가 노력하고 있다. 그 예로 정보공개서등록제와 가맹금예치제 등을 들 수가 있다.

20세기와 21세기의 외식산업을 비교해 보면 〈표 1-6〉과 같다.

🍳 표 1-6_ 20C 외식산업과 21C 외식산업의 비교

구분 ＼ 항목	20세기의 외식산업	21세기의 외식산업
1. 핵심고객	① 1946~1964년에 태어난 베이비붐세대 ② 단란한 가족 고객	① 개성파, 신인류를 지칭하는 베이비붐 세대의 2세들 ② 의학의 발달과 건강영양식품의 개발로 수명연장에 따른 65세 이상의 실버세대
2. 성장 업종·업태	① 롯데리아, 맥도날드와 같은 패스트푸드 ② 스카이락, 코코스와 같은 패밀리레스토랑 ③ T.G.I.F, 아웃백스테이크, 베니건스와 같은 대형 레스토랑 ④ 놀부, 투다리, 제너시스 등과 같은 다브랜드 프랜차이즈 기업	① 하드락카페, 푸드카페 등 캐주얼 레스토랑 ② 피자, 햄버거, 스파게티, 우동, 국수, 만두, 냉면 등과 같은 소규모 전문점 ③ 가정대용식 전문점(Home Meal Replacement) ④ 배달전문의 택배업(Home Delivery) ⑤ 도시락 등의 T/O(take out) 전문식당 ⑥ 전원카페 등과 같은 민속요리점(Ethnic) ⑦ 한, 중, 일식 등을 같은 식당에서 제공하는 종합 레스토랑이나 푸드코트 ⑧ 시간대별로 분위기, 메뉴, 서빙방법 등 운영차별화한 일업태 다기능점포 ⑨ 산업체와 같은 단체급식이나 전문 식재료 납품업체 ⑩ 유기농, 자연식과 같은 웰빙, 로하스, 슬로푸드, 사찰음식, 발효음식, 힐링 등 ⑪ 노인인구의 증가로 개인 맞춤형 식당(환자식) ⑫ 인건비 상승으로 인한 무인 간편식 전문점
3. 소비형태	① 대량생산과 대량소비패턴 ② 획일적인 소비인 모방소비와 저가주의 형태 ③ 빠른 조리, 신속한 서비스가 효율성의 기준	① 개성화(탈일상화)와 차별화 ② 개식화(個食化)와 소식화 ③ 1일 3식에서 5식화 ④ 다이어트를 위한 편식화, 기능식화, 건강식화 ⑤ 주5일 근무 확대실시에 따른 여행, 오락에 관련된 외식업 발전 ⑥ 지산지소의 로컬푸드 소비의 확산
4. 인구동태, 사회구조	① 주니어세대인 10~20대의 증가 ② 노인층의 점진적 증가(7~8%) ③ 핵가족	① 의학발달에 따른 실버족의 증가(2030년에 23~24% 로 추정) ② 아이를 갖지 않는 맞벌이 부부인 딩크(DINK, Double Income No Kids)족의 증가 ③ 출산기피에 따른 10대 인구의 격감현상(다양한 출산장려정책) ④ 이혼 및 독신증가에 따른 독신세대의 증가 ⑤ 1인가구 33.4%(2021년 기준)

이제는 우리 외식산업이 주변 환경의 변화에 발 빠르게 대처하기 위해서 기존의 경영전략의 근본적 재검토가 필요한 시점이 되었다. 지금까지의 기본적인 규칙이나 질서가 붕괴되어 불확실성의 시대로 접어들면서 선택의 다양화, 자기만의 맞춤 상품 등을 선호하는 경향이 더욱 증가될 전망이다. 또 라이프 사이클의 단축이나 이업종 간의 경쟁(F/F: CVS) 등 경쟁상대도 수시로 바뀌는 등 경쟁의 규칙이 없어지는 시대를 맞이하게 될 것이다. 우리 외식업계도 이러한 변화에 따른 대비로 외식산업의 구조개편, 미래지향적인 연구 등 시대 흐름에 맞는 단기, 중장기 전략 수립과 사업목표를 명확히 하는 등의 준비들을 해나가야 할 것이다.

02 외식산업의 창업

1 외식업 창업의 개요

대부분의 인간은 누구나 본인이 선호하는 분야에서 창업을 하여 자기 자신을 성취하고 이를 통해 사회에 기여하려는 경향이 있다. 창업에 대한 일반적인 정의는 "인간이 보다 나은 경제적 생활을 하기 위해 필요한 상품을 만들어 판매하고 서비스하는 조직을 만드는 일" 정도로 정의할 수 있다. 단지 돈벌이만을 위해 창업하는 것은 단순히 일하는 것(노동)에 지나지 않는 것이며 특히 외식업 창업은 신념과 경영철학을 바탕으로 생성되고 이루어지는 것으로 기업(경영)이념, 기업가 정신, 기업윤리를 갖고 있어야만 진정한 외식업 창업이라고 할 수가 있겠다.

외식업창업에는 기본적으로 3요소가 있는데

첫째, 창업을 진행하는 주체인 '창업자'로 창업자는 경영마인드, 마케팅 능력, 위기대처능력, 육체적·정신적 건강 등을 갖추는 것이 가장 중요하다.

둘째, '자금'으로서 창업 시 필요자금, 창업 후 운영자금이 필요하므로 확보방법 등에 관하여 명확한 계획이 필요하며 창업 후 자금관리 방법도 철저하게 준비가 되어 있어야 한다.

셋째, 창업하고자 하는 '아이템'으로, 즉 업종·업태의 추진방향, 방법, 라이프사이클 상의 도

입기 후반이나 성장기 업종·업태, 시대의 적합성 등 상표의 선택과 성질이 확실해야 한다.

여기에 '입지', 즉 점포를 추가한다면 4요소가 되는데, 외식업은 입지산업이라고 해도 과언이 아닐 정도로 입지는 충분한 사전분석이 필요하기 때문에 6장에서 자세히 다루도록 한다. 그리고 5요소에는 창업자의 필수조건인 '자신감'으로 창업에 필요한 창업자, 자금, 아이템, 입지 4요소를 충분히 갖추었다고 하더라도 자신감이 없다면 예비창업자 본인은 창업을 할 수가 없게 된다. 창업자는 반드시 자신감에 차 있어야 하나 너무 지나쳐도 문제가 된다.

1. 외식창업의 환경

식당 창업 시 고려해야 할 환경상황들을 체크해 본다면 다음과 같다.

❶ 창업박람회나 창업교육 수강생을 대상으로 한 예비창업자 설문조사를 실시한 결과 주변의 여건 등을 모두 감안하여 예비창업자가 가장 선호하는 업종이 다름 아닌 외식업으로 조사되었다. 외식업은 제도적으로도 어느 누구나 쉽게 할 수 있는 업종이다 보니 그만큼 경쟁이 치열한 업종[허가받은 곳만 휴게음식(다방, 제과점 포함), 일반음식, 단란주점, 유흥음식점들을 포함하면 약 74만여 개 정도이며, 허가받지 않은 포장마차나 노점상까지 포함한다면 엄청난 점포 수일 것이다]이라고 할 수 있다. 기존의 식당들을 살펴보면 제법 잘 되는 식당은 전체의 5% 이내, 좀 되는 식당은 20%, 그저 그런 식당(별 수익 없이 운영만 하고 있는 정도)이 50%, 적자를 면치 못하고 있는 식당은 25% 정도로 약 75% 정도의 식당이 운영에 어려움을 겪고 있다. 그만큼 외식업은 치열한 생존 경쟁(연간 17만여 개의 식당이 업종전환이나 폐업)의 시대에 있다고 하겠다.

❷ 지금까지의 식당들은 맛만 있으면 괜찮았는데 이제는 맛이 기본이 된 시대가 되었다. 따라서 맛, 서비스, 청결은 기본이고 여기에 부가적으로 분위기와 자기 식당만의 개성, 차별화를 통해 고객이 지불한 식비보다 이용 후 느끼는 가치가 높아 높은 만족을 느낄 수 있어야만 한다는 것이다.

❸ 식당운영에 따른 관리적인 면에서도 원가관리에서 손익분기점 관리로 변화되고 있다. 즉, 지금까지는 매출 목표달성, 다점포화에 의한 대량 판매전략, 식재료의 원가관리를 중시해 왔는데 원가율이 F/F 35~45%, F/R 30~40%, 한정식 30~35%, 한식류 35~40%, 일식 45%, 육류전문점은 평균 38~45%이며 재료비 원가에 인건비를 합하면(Food + Labour cost) 60~65% 정도 유지를 해왔었다. 이제는 손익분기점 관리(이익관리)를 해나가야 한다.

매출 목표관리의 어려움이 있지만 투자규모의 축소, 직원 등 인원축소, 메뉴 종류의 축소 등으로 손익분기점 매출을 낮추어야 하는 시대에 직면하고 있으므로 이제 식당운영은 외형보다는 실속 중심으로 운영이 되어야 한다는 것이다.

④ 외식업 노동환경의 변화로 주5일 근무실시에 따른 인력의 재활용, WTO 체제 속의 24시간 비즈니스 시대에 따른 직원의 확보, 관리에 새로운 시각으로 접근을 해야 하는 점이다. 외식업의 특수한 근무조건(열악한 근무환경, 일반적인 식당의 경우 대부분 12시간이라는 장시간 근무에 월 3~4회 휴무)을 감안한다면 이에 따른 직원의 근무환경 개선, 비전 제시 등을 통한 유능한 인재확보가 바람직하겠다.

⑤ 실버인구의 증가, 맛의 평균화, 식당 수의 증가, 음주단속강화 등에 힘입고 또 주5일근무제에 따른 오피스가 상권에서 주택가상권의 발달로 이어져 큰 상권에서 중상권 및 소상권으로의 상권의 축소현상이 가속화될 것이고 따라서 이제는 특별히 멀리까지 가서 외식을 할 필요성이 줄어들고 있다는 것이다.

⑥ 정보화 시대에 따른 신용카드제도의 정착, 주류카드제, 현금영수증 도입 등에 의한 식당경영의 투명성으로 100% 매출이 노출되고 있다. 그리고 직원에 대한 4대 보험 및 각종 보험료 부담, 퇴직금보장, 과세특례제도 폐지 등 과다한 세금으로 수익은 점차 줄어들고 있다. 외식업 경영이 투명성과 경영악화 초래로 먹는장사도 망하는 시대에 접어든 지 오래되었으며, 더욱 이런 현상이 두드러질 전망이다.

⑦ 가맹사업거래의 공정화에 관한 법률에 의한 프랜차이즈 운영형태도 시대에 맞게 수시로 수정되고 있다. 프랜차이즈수준평가제와 정보공개서 및 계약서 등록제에 따른 부실가맹본부의 사기행위 등의 방지책이 더욱 강화될 것이고 원칙을 지키는 본부는 지속적인 발전을, 그렇지 않은 본부는 정부의 규제가 가해질 것이다. 이뿐만 아니라 창업 관련 기본지식을 습득한 예비창업자가 증가하면서 발전과 도태가 자연스럽게 이루어질 전망이다.

⑧ 식당 창업에 대한 고정관념도 파괴되고 있는데, 대표적인 예가 업종·업태(아이템)의 라이프 사이클이 보통 5년에서 4년, 3년으로 단축되더니 최근 들어서는 2년 이하로 줄어들고 있는 현상을 보이고 있다. 이에 따라 항상 잘되는 업종·업태(아이템)가 존재하지 않을 것이며, 항상 연구하고 교육·훈련 등을 통해 노력하는 식당만이 살아남을 수 있는 시대임을 알아야 한다.

2. 창업 시 고려사항

창업을 해서 돈을 버는 데는 첫째, 많은 돈을 투자해서 입지나 규모면에서 비교우위에 서는 방법(대형화, 특급상권, 최고브랜드 등) 둘째, 건강한 신체를 이용을 해서 부지런하게 일하는 방법(음식 택배업 등) 그리고 셋째, 앞서가는 아이템과 아이디어로 승부를 하는 방법(전문화, 차별화 등)이 있는데 경기침체 시에 위험을 줄이는 방법은 소규모로 건강한 신체와 아이디어로 승부를 해보는 것이 좋은 방법이라 하겠다.

❶ 건강한 신체는 외식업 성공에 지대한 영향을 끼친다고 하겠다. 왜냐하면 근무시간이 길고 육체적인 노동을 많이 하는 업종이며 앞으로 치열한 경쟁에서 이겨나가기 위해서 체력이 반드시 필요하기 때문이다.

❷ 외식업을 하려면 가족의 동의가 필수적인데 인건비 절약 차원도 있지만, 내 식당처럼 믿고 맡길 수 있는 것은 역시 가족밖에 없다. 갑자기 단체고객이 내점한다거나, 혹은 직원의 갑작스런 결근이나 퇴직 시 동원할 수 있는 인력이 내 가족이므로 외식업은 가족의 노동력이 필요한 업종·업태이다.

❸ 창업 준비시점에서 반드시 직원과 고객의 입장이 되어 보고, 고객을 배려하고 봉사할 자신이 있을 때 창업을 해야 한다. 고객 중심이 아닌 경영주 중심의 경영마인드는 고전할 가능성이 많고, 내가 가장 자신 있는 업종이 외식업이고 소비자의 입장(고객우선 및 배려)에서서 충분히 이해할 수 있는 경우라야 성공확률이 높다.

❹ 틈새업종을 개척해 보아야 한다. 기존 업종·업태 중에서 틈새를 찾아 개척한다면 성공하기가 쉽다. 여기서 틈새시장은 아이템만을 지칭하는 것이 아니고, 경영형태나 콘셉트도 포함된다. 한때 전국적으로 돌풍을 일으킨 5천 원대의 저가치킨형태는 기존 1만 원대 이상으로 형성되어 있던 가격의 틈새를 적절히 이용한 예라고 할 수 있겠다. 틈새시장을 개척하면 이미 검증받은 메뉴(아이템)인 만큼 성공하기가 쉽다.

❺ 고객이 오지 않으면 고객을 찾아갈 수 있어야 하며 배달이나 포장이 가능해서 고객을 찾아갈 수 있는 업종이면 더욱 좋다. 적극적인 마케팅 구사 없이는 성공하기 어려운 시대이므로 적극적으로 전력투구를 해야 한다.

❻ 정보화시대인 만큼 컴퓨터나 인터넷을 적극적으로 활용해야 한다. 이를 잘 관리 운영하면 시간과 경비를 절감할 수 있고 무엇보다도 고객서비스에 충실할 수 있다.

⑦ 주변에서 계속 의구심을 가지면서 50% 이상이 어렵다고 하면 고집을 부려서 하지 말아야 할 것이며, 기대수익을 낮추고 투자규모도 줄여 손익분기점을 최대한 낮추어 창업을 하는 것이 좋다.

⑧ 창업은 엄연한 현실이므로 충분한 준비 특히 직접 체험을 한 후에 창업을 해야 하며 참고로 내 능력범위 내에서 시대 흐름에 적합한 아이템을 선정하여야 하는데 이때 조급하게 추진해서는 위험하다.

이 외에 최근 창업의 동향을 보면 창업하는 연령이 점점 낮아지고 있으며, 또 아이디어만 있으면 어디든 파고들고 있다. 특히 크게 보면 정보통신, 유통, 서비스 업종을 선호하고 있다. 세분화시켜 보면 우리 외식업이 창업 선호도 1~2위를 항상 차지하고 있다. 이는 경쟁자가 그만큼 많다는 것이므로 충분한 준비나 노하우가 없이 창업하는 경우하고 창업 후 지속적인 연구, 노력이 없으면 안정적으로 외식업을 계속 영위할 수 없다는 뜻이기도 하다. 식당이 망하지 않는 시대는 끝이 났다. 남보다 더 연구하고 노력하지 않는 점포는 곧 망하는 점포가 될 것이라는 점을 깊이 인식하고 있어야 한다.

3. 외식업 창업의 기초지식

외식창업 프로세스는 〈그림 1-2〉와 같다.

❶ 창업준비   가정 및 사회적인 환경을 직시하며 자금마련계획도 세워본다.

❷ 정보입수   방송, 신문, 잡지, 서적, 정보지 등을 통한 정보와 창업 강좌, 인터넷 검색, 외식 컨설팅 전문기관과 상담하여 가장 유망하고 적합한 아이템을 체크한다.

❸ 아이템 물색   적합한 아이템 중 도입기 후반이나 성장기 업종으로 자금과 적성에 맞는 업종을 선택한다.

❹ 후보아이템 선택   2개 정도의 후보업종을 우선순위로 선택한다.

❺ 아이템 비교   현장을 다니면서 직접 비교·검토한다.

❻ 사업계획서 작성   창업 준비 및 창업계획서 작성, 전문가 또는 경험자와 상담한다.

❼ 타당성 검토   업종의 안정성, 발전성 및 적합성을 판단한다.

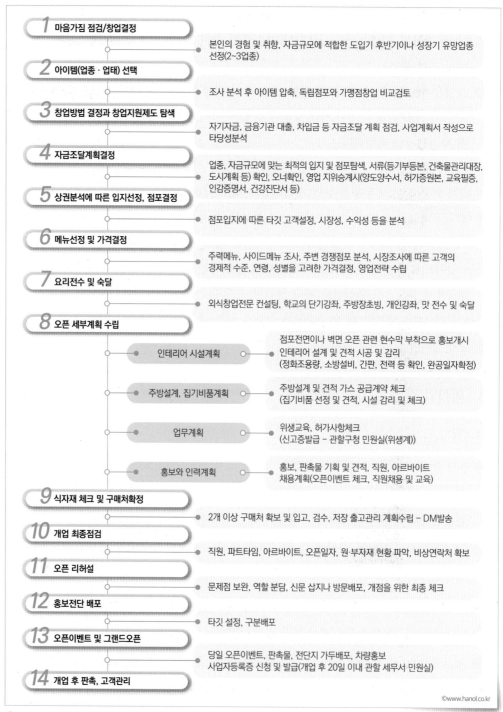

1 마음가짐 점검/창업결정

본인의 경험 및 취향, 자금규모에 적합한 도입기 후반기이나 성장기 유망업종 선정(2~3업종)

2 아이템(업종·업태) 선택

조사 분석 후 아이템 압축, 독립점포와 가맹점창업 비교검토

3 창업방법 결정과 창업지원제도 탐색

자기자금, 금융기관 대출, 차입금 등 자금조달 계획 점검, 사업계획서 작성으로 타당성분석

4 자금조달계획결정

업종, 자금규모에 맞는 최적의 입지 및 점포탐색, 서류(등기부등본, 건축물관리대장, 도시계획 등) 확인, 오너확인, 영업 지위승계시(양도양수서, 허가증원본, 교육필증, 인감증명서, 건강진단서 등)

5 상권분석에 따른 입지선정, 점포결정

점포입지에 따른 타깃 고객설정, 시장성, 수익성 등을 분석

6 메뉴선정 및 가격결정

주력메뉴, 사이드메뉴 조사, 주변 경쟁점포 분석, 시장조사에 따른 고객의 경제적 수준, 연령, 성별을 고려한 가격결정, 영업전략 수립

7 요리전수 및 숙달

외식창업전문 컨설팅, 학교의 단기강좌, 주방장초빙, 개인강좌, 맛 전수 및 숙달

8 오픈 세부계획 수립

인테리어 시설계획 — 점포전면이나 벽면 오픈 관련 현수막 부착으로 홍보개시 인테리어 설계 및 견적 시공 및 감리 (정화조용량, 소방설비, 간판, 전력 등 확인, 완공일자확정)

주방설계, 집기비품계획 — 주방설계 및 견적 가스 공급계약 체크 (집기비품 선정 및 견적, 시설 감리 및 체크)

업무계획 — 위생교육, 허가사항체크 (신고증발급 – 관할구청 민원실(위생계))

홍보와 인력계획 — 홍보, 판촉물 기획 및 견적, 직원, 아르바이트 채용계획(오픈이벤트 체크, 직원채용 및 교육)

9 식자재 체크 및 구매처확정

2개 이상 구매처 확보 및 입고, 검수, 저장 출고관리 계획수립 – DM발송

10 개업 최종점검

직원, 파트타임, 아르바이트, 오픈일자, 원·부자재 현황 파악, 비상연락처 확보

11 오픈 리허설

문제점 보완, 역할 분담, 신문 삽지나 방문배포, 개점을 위한 최종 체크

12 홍보전단 배포

타깃 설정, 구분배포

13 오픈이벤트 및 그랜드오픈

당일 오픈이벤트, 판촉물, 전단지 가두배포, 차량홍보 사업자등록증 신청 및 발급(개업 후 20일 이내 관할 세무서 민원실)

14 개업 후 판촉, 고객관리

©www.hanol.co.kr

그림 1-2_ 외식업의 창업 프로세스

⑧ 사업성 분석   투자규모 대비로 예상수익성을 분석한다.

⑨ 사업장 탐색   투자금액 및 주거지와의 거리를 고려한다.(시장성, 발전가능성 등을 반드시 체크)

⑩ 메뉴선정   주메뉴, 부메뉴 선정에 따른 가격결정, 맛 전수 및 숙달

⑪ 점포 꾸미기   메뉴계획에 따른 주방설계시공, 집기비품, 동선을 고려한 인테리어, 업무계획, 판촉계획 등

⑫ 식재료 구매   시장조사를 통한 구매처를 확보한다.(최소 2개 업체)

⑬ 오픈 전 최종 점검   맛 점검, 시설, 인·허가, 광고, 홍보사항, 직원서비스 및 건강상태 등을 점검한다.

⑭ 창업   오픈당일 체크 리스트를 통한 체크, 오픈 후 재점검해서 피드백을 반드시 하여야 한다.

② 창업 준비와 경영자의 조건

1. 외식업 예비창업자에게 필요한 자세

❶ 평소에 장사의 안목을 길러야 한다.

안목은 하루아침에 생기는 것이 아니므로 평소에 미리 안목을 기르는 것이 중요하다. 먼저 창업 관련 정보나 유망업종에 관련된 것을 보고 스크랩도 하고 또 길을 가다가 길가에 걸려 있는 간판을 보면서 어떤 아이템들이 많은가, 어떤 식당들이 잘되고 있는가 등을 체크해 보는 것도 좋다. 좀 더 적극적으로 식당을 운영하는 사람들과 가끔씩 대화를 나누어 볼 수도 있고, 여기에서 느끼는 점 등을 메모해 두는 습관을 길러 나가야 한다.

❷ 입지에 맞는 업종을 선택해야 한다.

식당 창업은 가능하면 주변상권에서 식당의 비중이 50%를 넘는 곳에서 유사아이템이 30% 정도일 때가 가장 좋다. 이때 점포 앞 통행객 조사와 점포주변 환경조사를 해야 하며 가능하면 규모와 입지 면에서 경쟁점보다 비교우위에 설 수 있으면 더욱 좋다.

❸ 1등만이 살아남는 것은 아니다.

지나치게 1등을 하려고 하다보면 건강을 해칠 수 있으므로 음식장사는 꼭 1등이 아니라

2등만 해도 충분하다는 생각(마음의 여유)을 가져 볼 필요가 있다. 또한 틈나는 대로 벤치마킹을 많이 해야 한다.

❹ 창업 초에는 수익보다는 매출에 신경을 써야 한다.

창업 초에는 얼마를 남기는가가 중요한 것이 아니고 초창기에는 목표한 매출액 달성에 최선을 다해야 할 것이다. 장사가 좀 덜 된다고 해서 직원을 줄이거나 좋은 식재료 사용을 기피하거나, 지나친 전기(전등, 냉·난방 등)·가스절약 등 관리비용을 줄이다 보면 고객의 가치적인 만족도가 떨어져 내점을 기피할 우려가 있다는 점을 반드시 기억해야 한다.

❺ 자기관리와 점포관리를 철저히 해야 한다.

자기 마인드관리와 점포 이미지관리에 최선을 다해야 하는데 외식업은 구전광고의 위력이 대단하다는 사실을 꼭 인지하고 이미지관리에 신경을 써야 한다. 특히 지역상권인 경우 더욱 이미지관리를 해야 하며, 나쁜 이미지로 소문이 나면 치명적일 수 있다.

❻ 투자비를 줄여야 한다.

대부분 첫 사업이라는 핑계로 새것만을 고집하는 경우가 많은데 주방집기나 비품은 잘 보이지 않는 곳에 배치가 되며 또 재질이 스테인레스가 대부분이라 새것과 별 차이가 없다는 것을 인지하고 중고제품을 적절히 사용하여 초기 투자비를 줄여야 한다.

❼ 사전에 외식업소에서 체험을 해보아야 한다.

해당 아이템에 대한 사전 현장실습도 해보고 충분한 사전지식을 습득 후 창업을 해야 한다. 대부분 지금까지 고생해서 모은 전 재산을 투자하는 것에 비하면 신중을 기하여야 하는데도 불구하고 조급하다 보면 미비한 점을 소홀히 여겨 실패하기 쉬우므로 사전에 충분한 준비가 필요하다. 고객은 식당운영자를 항상 프로라고 생각하고 있으므로 실수 없이 완벽하게 진정한 프로가 되어야 성공할 수가 있다.

❽ 지나친 기대와 환상은 금물이다.

예비창업자들은 창업만 하면 큰돈을 벌 것 같은 지나친 기대나 환상을 가지는 것이 대부분인데 냉정하게 현실을 직시해 나가는 자세가 필요하다. 처음부터 큰돈을 벌 것이라는 기대는 버리고 최소 3~4개월 정도의 기본생계비는 미리 비축해 두도록 한다.

이 외에도 처음 창업하는 경우에는 자금이 있더라도 크게 하는 것보다 작게 시작해서 경험과 노하우를 축적한 다음 규모를 점차 키워나가야 할 것이며 과거 내가 누구인데, 대기업에서 부장·이사를 했는데, 또는 명문대 출신인데 하는 불필요한 자존심도 버려야 한다. 현실을 직시하고 프로의식으로 재무장하여 일정기간 동안 고생하겠다는 각오를 해야 하며 더불어 가족의 동의를 얻어 부부가 공동으로 일한다면 시너지효과를 최대한 발휘할 수 있을 것이다. 그리고 창업을 추진함에 있어 혼자 결정하지 말고 경험자나 전문가의 자문을 받아 창업을 해야 실패를 줄일 수 있다. 다시 한번 준비사항을 점검하고 또 점검하여 완벽한 창업으로 성공을 해야 할 것이다.

2. 소자본 식당 창업의 성공하는 길

소규모 식당을 창업하려면 경영주가 만능이 되어 직접 모든 것을 운영해 나가야 하므로 건강이 그 무엇보다 중요하다. 분식점처럼 메뉴를 이것저것 다양하게 하지 말고 규모에 맞게 가장 자신 있는 메뉴로 단순화하고 전문화하여야 하며, 외국이나 어느 특정지역에서 잘되고 있는 특별한 메뉴보다는 대중적인 메뉴를 차별화해서 하는 것이 안정적이다. 또 소규모인 만큼 직원을 채용할 경우 이익금의 대부분이 인건비로 지출되어 결국 남는 것이 별로 없으므로 경영주가 직접 또는 가족경영으로 운영을 하는 것이 좋다. 따라서 경영주는 조리에 대한 기초지식과 점포운영에 대한 전반적인 지식을 반드시 습득한 다음에 창업을 해야 한다.

3. 소규모 식당 창업의 실패사례

소규모 식당을 창업해서 몇 개월 지나지 않아 문을 닫게 되는 경우를 자주 보게 되는데 이유는 사전에 식당 창업과 운영이 쉽지 않다는 것을 파악하지 못 하고 그에 따라 최선을 다하지 않은 경우이다. 그리고 동업을 하여 의견이 맞지 않아 분쟁이 야기되는 경우, 메뉴는 많은데 먹을 것이 없다는 말이 나올 정도로 차별화가 되어 있지 않는 경우, 또 잘 안 팔린다고 해서 메뉴를 자주 바꾸는 경우, 직원관리를 잘못하여 배달판매를 못 하는 경우 등을 들 수 있겠다.

이 외에 서비스가 제대로 되지 않은 경우, 개업한 지 얼마 되지 않았는데도 손익에 지나치게 얽매여 음식의 양이나 직원을 줄여 고객의 발길을 끊게 하는 경우(식당사업은 푸짐한 양이나 정을 베푸는 마음이 중요)를 들 수 있겠다. 또한, 소규모식당에서 가장 많이 간과하는 것 중 하나가 마케팅이다. 동네에 작은 상권의 소규모식당이라 할지라도 SNS 마케팅을 통해서 줄을 서는 식당들이 꽤 많은 모습이 인터넷을 통해서 확인할 수 있다. 스마트폰의 발달로 이제는 누구라도 상권이

좋지 못해도 맛과 메뉴의 콘셉트가 좋다면 충분히 사람들을 불러 모을 수 있는 도구가 있으며, 자신의 메뉴를 훌륭하게 만들었다면 많은 사람이 이용할 수 있게 마케팅을 해야 한다. 하지만 대부분 소규모식당의 창업실패자들은 마케팅이란 것을 실행하지 못하고 하루하루 식당 앞으로 지나가는 손님을 기다리다가 문 닫는 경우가 많다.

4. 직장인이 외식업 경영주가 되기 위한 준비

(1) 실패원인분석

최근 들어 평생직장의 개념이 사라지고 몇 년 전부터 내 업을 갖기 위한 직장인들이 증가하고 있는 등 실제 많은 직장인들이 창업을 준비하고 있다. 봉급생활자들의 식당 창업 시에 주의해야 할 몇 가지 사항을 짚고 넘어가기로 하겠다.

첫째, 식당에 대한 고정관념을 버려야 한다. 직장생활을 할 때 자주 이용했던 맛있는 식당과 번성하는 식당들은 결코 하루아침에 이루어진 것이 아니다. 그동안 고생하며 노력한 업력(점포경영의 역사)을 절대 간과해서는 안 된다. 직장이라는 조직체제 속에서 대부분 특정 1~2분야에서만 근무해 온 직장인이 식당 창업을 너무 쉽게 생각하는 경우가 많은데, 오늘날의 식당은 결코 단순한 밥장사가 아니다. 식당은 식재료에 관한 지식, 요리, 영업, 서비스, 관리, 구매, 회계, 직원관리 등의 복합적인 사업으로 경영주는 다재다능해야 하며 전문적이어야 한다.

둘째, 식당 운영 시 개점에서 폐점까지 장시간 근무(국제화로 24시간 영업점이 늘어나고 있다)를 해야 하는 것을 잊고 단순하게 직장생활 당시의 근무시간을 생각해서는 안 된다. 식당운영 시 다른 어떤 직장인들보다도 일찍 출근하고 늦게 퇴근해야 하며, 대부분 주말이나 공휴일이 피크이므로 제대로 쉬는 날도 없다는 점도 충분히 고려하여야 한다. 과거 직장생활이 몸에 배어 있거나 그에 따른 인간관계의 어려움 등으로 최선을 다하지 않는 경우, 이로 인하여 실패하는 경우가 적지 않다.

셋째, 식당운영에 있어서는 경영주 중심이 아니라 철저한 고객 중심이 되어야 한다는 것이다. 맛은 물론 식당의 분위기, 음악, 고객마저도 경영주의 취향에 맞추려는 경우를 자주 보게 되는데, 외식업은 서비스업종인 만큼 고객중심의 고객 제일주의가 되어야 한다는 점을 유념하여야 할 것이다.

넷째, 현재 식당수가 계속 증가하고 있으며 치열한 경쟁(생존경쟁) 속에 있다는 사실을 간과한

채 어느 정도는 안 되겠느냐 하는 안일한 생각을 버려야 한다.

마지막으로 현실을 직시하고 과거에 집착해서는 안 된다. 내가 대기업에서 은행에서 임원이고 부장이었는데 어떻게 저런 일을 할 수가 있겠냐 해서 힘들고 비위생적인 일은 직원들에게 맡기거나 직원을 더 채용하는 등으로 해결하고자 하는데, 이는 수익구조의 악화를 초래하는 동시에 현실에 최선을 다하지 않는 최악의 경우를 가져오게 된다.

이렇게 많은 직장인들이 충분한 준비기간 없이 우선 눈에 보이는 겉모습만 보고 식당창업을 했다가 고전을 하는 경우가 많다. 사전에 식당경영지식과 요리 등 기술을 습득하고 외식업에 대한 뚜렷한 신념과 이념을 정립하고, 그런 다음 최종적으로 냉정하게 자신의 성격이나 능력을 재분석한 후에 비로소 창업을 한다면 식당창업 성공의 길은 노력한 만큼 성공이 보장될 것이다.

(2) 준비하는 창업 정신

❶ 내가 식당을 할 수 있을 만큼 몸이 건강한지를 체크하고 왜 내가 꼭 외식업을 하려는지 신념과 이념을 재정립해야 한다. 또한 내가 적극적으로 식당 내에서 활동할 수 있는가, 영업장(업소) 밖으로 나가 판촉을 위한 방문영업도 할 수 있는 의지가 있는가 등도 냉정하게 재분석해야 한다.

❷ 내 가족으로부터 반드시 동의를 얻어야만 가정생활의 원활한 내조와 장시간 근무에 따른 이해, 차후 바쁠 때나 긴급한 일(직원의 결근이나 퇴사, 그리고 불시에 단체손님 입점 시 등)이 생겼을 때 가족의 지원을 받을 수 있어 점포운영이 원활해진다.

❸ 식당의 조리기술과 운영기법 등 기초지식을 습득해야 한다. 창업하려는 유사업체에 취업해 보든지, 창업요리 전문가나 전문컨설팅기관 등에서 반드시 지식을 습득해서 창업을 해야 일정한 맛과 주방관리로 식당 운영이 원활해진다고 하겠다.

5. 외식업 경영자의 조건

21세기 생존경쟁 시대 속에 능력 있는 식당경영자가 되기 위해서는 지금까지 외식업에 대한 고정관념을 버려야만 앞으로 식당생존경쟁에서 살아남을 수 있다. WTO 체제와 IT산업이 가속화되어 가는 시대에는 고정관념 파괴만이 필수조건이라 할 수 있다.

먼저 우리가 갖고 있는 고정관념으로 어떤 시기, 어느 지역에 특히 잘되는 업종이나 점포가

있다는 고정관념이 그 대표적인 예인데 외식업의 라이프 사이클은 점점 짧아지고 있다. 또 고객의 선호도도 너무 빠르게 바뀌고 있으므로 이에 따른 수정전략이 필요하다. 지금까지 운영해 온 영업형태를 식당운영의 모델인 것처럼 생각하는 경향이 많은데 고객의 욕구 변화에 따라 빠른 대처와 변화가 필요하다. 그리고 능력 있는 주방장만 있으면 '만사 OK'라고 생각하는데 그 주방장은 모든 요리에 최고가 아니고 어느 특정 요리에만 최고일 뿐이며, 주방배치, 기기상태, 조리사 능력 등의 기본적인 조건이 충족되어야 최상의 메뉴가 나온다는 것도 잊어서는 안 될 것이다. 또 경영자도 주방에 대해서 기본적인 지식은 알고 있어야 한다. 조리사에 대한 지나친 의존은 악순환만 되풀이할 수 있다. 가능하면 경영하고 있는 식당의 메뉴에 대해서는 조리하는 방법에 대해서 숙지하고 있어 조리사가 그만둘 시에도 새로운 조리사에게 관련 조리방법을 알려주어 그 맛을 유지시켜 줄 수 있어야 한다.

외식창업 시 성공할 수 있는 외식업경영자의 조건은 재차 강조해도 지나친 것이 아닌데,

첫째, 제조업, 소매업, 서비스업 등의 복합 산업인 외식업을 경영하기 위해서는 끊임없이 연구 노력하는 자세와 강인한 체력, 정신력의 단련이 있어야 한다.

둘째, 시대의 환경변화에 적응할 수 있는 위기관리능력과 결단력, 인내력이 있어야 하며, 항상 철저한 자기관리와 점포관리를 해야 한다.

셋째, 상담이나 교육 등을 통한 정보수집능력과 내가 최고인데, 나는 다 알고 있다는 생각과 우리 식당이 가장 맛있고 잘하는데 하는 고정관념을 버려야 한다. 동시에 교육이나 벤치마킹 등을 통해서라도 항상 새로운 것을 받아들이려고 하는 겸손한 자세가 필요하다.

넷째, 직원에 대한 아낌없는 투자, 즉 중간관리자교육, 신메뉴 조리교육, 서비스친절 교육 등에 대한 아낌없는 지원과 직원의 입장이 되어 애로사항을 들어주고 이해를 하려고 하는 마음이 필요하다.

다섯째, 원가관리에 대한 지식과 운영능력 향상을 위해 시대를 읽는 눈을 가질 수 있도록 꾸준히 노력하는 동시에 SNS나 블로그, 페이스북, 카카오스토리를 이용하는 마케팅이나 인터넷 운영능력 향상을 위해 노력해야 한다.

외식창업
실무지침서

Chapter *2*

외식
프랜차이즈
창업

01 외식 가맹점 창업의 개요

1 프랜차이즈의 개요와 가맹본부의 기본조건

1. 프랜차이즈 시스템의 정의

프랜차이즈 비즈니스는 계약시스템으로 계약서를 기초로 한 상호 권리와 의무가 주어지며 상호 신뢰를 원칙으로 이루어진다. 만일 위반 시 벌칙이 가하여지는 관계이며 또 교육과 지도 사업으로 장소별(가맹본부, 가맹점, 외부연수원), 시간대별(개업 전, 중, 후), 대상별(가맹점사업자, 점장, 사원, 파트타이머), 방법별(매뉴얼, 외부특강, 각 직급별 교재)로 이루어지고 있다. 또 WIN-WIN사업으로 가맹본부, 가맹점, 관련 협력업체들과의 성장 밸런스와 의사소통이 원활하게 이루어져야 하고 매출과 이익, 경비의 밸런스, 제공노하우와 가격의 밸런스 등이 적절하게 이루어진 사업형태로 이루어져 있어 보다 안정적인 창업에 많은 기여를 하다보니 최근 들어 독립점포 창업에 비해 비교적 위험부담이 적은 가맹점 창업을 선호하는 경향이 높아지고 있으며, 정부도 자영업 구조조정의 일환으로 건전한 프랜차이즈 산업을 적극 지원, 육성할 계획을 밝힌 바 있다.

또한, 가맹사업거래의 공정화에 관한 법률 등 각종 제도적 장치가 마련되고 강화되어감에 있어 앞으로 보다 다양한 업종으로의 확대와 질적인 성장이 이루어질 것으로 예상된다. 또한 이를 바탕으로 하나의 가맹본부가 여러 개의 복수 브랜드를 가지는 프랜차이즈 기업이 증가하고 있으며, 대기업의 참여, 외국계 브랜드의 국내진출과 함께 국내브랜드의 해외진출도 활발하게 이루어지고 있다.

이렇게 사회적 트렌드를 형성하고 있는 프랜차이즈에 대해서 알아보기에 앞서 먼저 '프랜차이즈(Franchise)'의 어원에 대해서 알아보면 '자유를 주다', '특권을 부여하다' 등의 뜻으로 특허, 특권, 독점권, 판매권의 개념 정도로 여겨졌다. 시간이 흐름에 따라 사회·경제적 환경이 변화하면서 오늘날에는 '가맹본부와 가맹점간에 계약에 의한 상호 협력 시스템'으로 설명한다.

미국 프랜차이즈 협회(The International Franchise Association)가 정의한 프랜차이즈란 '어느 한 조직(Franchisor)이 일정 지역의 다른 조직(Franchisee)에 대하여 자기의 상호, 상표 등 영업을 상징하는 표지를 사용하여 제품 또는 서비스를 판매하거나 기타 영업을 할 수 있는 권리를 부여함과 동시에 영업에 대한 일정한 지시, 통제를 하는 한편 선택적으로 그 영업에 대한 노하우를 제공하거나 상품을 공급하고, 이에 대하여 프랜차이즈는 프랜차이저에게 대가로서 가맹비, 보증금 또는 로열티나 제품대금 등을 지급하는 지속적인 계약을 체결하는 것'을 말한다.

우리나라의 경우 프랜차이즈 사업, 즉 가맹사업에 대하여 공정거래위원회는 다음과 같이 정의하고 있다. '가맹본부(Franchisor)가 다수의 가맹점사업자(Franchisee)에게 자기의 상표, 상호, 서비스표, 휘장 등(영업표지)을 사용하여 자기와 동일한 이미지로 상품판매, 용역제공 등 일정한 영업활동을 하도록 하고 그에 따른 각종 영업의 지원 및 통제를 하며 가맹계약자는 가맹사업자로부터 부여받은 권리 및 영업상 지원의 대가로 일정한 경제적 이익을 지급하는 계속적인 거래관계'로 설명하고 있다.

즉, 프랜차이즈는 독립된 두 개체, 가맹본부와 가맹점의 계약에 의해 가맹점은 가맹본부에 가맹금, 로열티, 교육비 등을 지불하는 대신 가맹본부는 가맹점에 상호·상표 사용권 및 판매권, 영업독점권 등을 부여하는 동시에 상품공급, 운영노하우전수 및 경영지도 등을 하는 유통 및 마케팅 시스템이라 할 수 있다. 가맹본부와 가맹점은 종속적 관계가 아니라 각각 독립된 주체로서 영업에 대한 일정한 지시, 통제가 계약에 의한 일정 범위 내에서만 가능하다.

가맹계약의 성립 요건은 첫째, 가맹본부와 가맹점 간의 영업표지(상표, 상호, 휘장 등)의 사용관계에 있어야 하고 둘째, 가맹점이 가맹본부의 통제와 조직 등에 의해 시스템적으로 움직이는 관계이어야 하며 셋째, 가맹본부와 가맹점의 관계는 상호 경영의 독립적이어야 하고 넷째, 가맹본부와 가맹점은 가맹금 등을 지급하는 유상적인 대가관계로 이루어져야 하며, 다섯째는

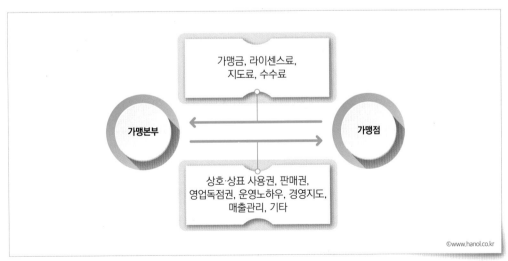

🍔 그림 2-1_ 프랜차이즈 시스템

동일한 외관을 사용하는 관계이며 마지막으로 계속적인 거래관계로 이루어져야 한다.

따라서 체인시스템 중에서 대부분을 차지하고 있는 프랜차이즈를 중심으로 기본적인 사항들에 대해서 알아보고자 한다.

그리고 프랜차이즈 사업을 성공하기 위해서는 아래의 내용 정도는 미리 숙지하고 있어야 한다.

첫째, 가맹본부와 가맹점은 상호협력을 통해 서로의 이익을 추구하는 이익공동체로서 가맹본부는 사회환경분석 등을 통한 대안이나 사업추진방향을 가맹점 사업자에게 제시하여 실행시켜나가야 할 것이다.

둘째, 프랜차이즈사업은 시스템(매뉴얼)과 노하우로 할 수 있는 사업이니만큼, 직영점운영에 따른 노하우를 매뉴얼화하여 가맹점에 전수시켜 나가야 한다.

셋째, 가맹본부는 가맹점들이 지속적인 이익을 발생시킬 수 있도록 확실한 수익모델을 제시해야 하며, 지속적으로 신메뉴 개발이나 마케팅전략을 세워 나갈 수 있어야 한다.

넷째, 가맹본부는 가맹점의 매출증대, 효율적인 점포운영기법 제공 등을 통한 고객만족을 유지·발전시켜 나가야 하며 사업성패의 핵심은 매뉴얼사업이라는 것을 명심하고, 체계화된 매뉴얼(운영시스템과 노하우)을 가지고 사업을 전개해야 할 것이다.

2. 체인 형태에 따른 분류

(1) Regular chain(본사직영체인점형태)

레귤러 체인의 경우 가맹본부에서 직접 운영하는 직영점형태를 말하며 체인 본부가 직접 점포마다 투자를 하고 직원들을 파견하여 관리해 나가는 형태로 브랜드의 이미지를 보다 강력하고 일관되게 통제하여 소비자에게 접근할 수 있는 장점이 있다. 그러나 많은 자본이 있어야 하므로 점포전개 등의 효율성이 다소 떨어지는 단점도 있다. 대표적인 예로는 KFC나 TGIF, 아웃백, 베니건스 등과 같은 패밀리레스토랑 등을 들 수 있다.

(2) Voluntary chain(임의적 체인점형태)

직영형태와 프랜차이즈의 중간 형태로서 공동브랜드와 동일업종을 조합하여 전개하는 방식으로 체인 본부는 최소한의 기능을 담당하고 점포주가 특징을 살려 경영을 하며 가맹본부와 가맹점 간의 수평적 관계로 운영되고 있다. 가격경쟁이나 상품취급의 한계를 극복할 수 있으나 체인 본부의 브랜드 이미지를 만들기 어려운 것이 단점이며 외식업에는 별로 없으나 유통업의 대표적인 예로 썬마트 등 소매유통업 형태를 들 수 있다.

(3) Franchise chain(직영·가맹점 형태)

가맹본부와 가맹점은 각각 독립된 자본에 의한 별개의 사업자이지만 운영의 주체는 가맹본부에 있는, 일반적인 가맹점형태이다. 즉, 가맹본부가 개인에게 사업의 기회를 주는 방식으로 사업지원형 가맹사업의 가맹점사업자는 소매마진을, 가맹본부는 도매마진을 지속적으로 확보하는 절약형 유통사업 전개 방식이며, 전체점포의 이미지 관리를 위해 강력한 통제와 관리가 필요하며 이에 따른 가맹점주의 순응이 요구되는 주종관계로 형성되어 있다.

선진국의 경우 프랜차이즈 사업은 유통의 꽃이라 불리며 소매업 매출의 절반 이상을 점유하고 있을 정도로 급속도로 발전하고 있다. 우리나라의 경우, 롯데리아를 비롯한 국내 대부분의 프랜차이즈업체들이 이 방법을 채택하고 있으며, 현재도 지속적인 성장세에 있다고 하겠다.

3. 국내외 프랜차이즈의 역사 및 현황

(1) 한국

우리나라의 외식산업의 발전은 프랜차이즈 시스템과 매우 밀접한 관계에 있다. 메뉴의 표준화, 전문화를 통한 외식업의 프랜차이즈화가 오늘날 거대한 외식산업으로 성장할 수 있는 밑거름이 된 것이다.

국내 프랜차이즈의 효시를 1975년 '림스치킨'으로 보는 견해와 1979년 커피전문점 '난다랑'으로 보는 견해가 있지만, 1979년 10월 25일 소공동 롯데백화점 내에 개점한 '롯데리아'로 보는 것이 일반적 견해이다. 롯데리아의 성공에 힘입어 80~90년대를 거치면서 패스트푸드, 양념치킨류, 제과점 등의 외식산업을 중심으로 프랜차이즈가 성장하였고, 90년대에 들어서면서는 외식산업뿐만 아니라 편의점, 부동산 중개업, 세탁소, 사설 학원, 약국, PC방 등 유통·서비스업 등 다양한 업종으로 확대되어 1997년 IMF 사태를 겪었음에도 불구하고 현재까지 급속한 성장을 거듭하고 있다.

산업통상자원부에 따르면 2002년 42조원이던 국내 프랜차이즈 시장 규모는 2018년 기준 119조원으로 16년 동안 3배가량 확대되었다. 제과제빵, 커피 프랜차이즈와 편의점 등이 지속

적으로 생겨나면서 2015~2020년 가맹본부 및 브랜드는 1.4배, 가맹점은 1.2배 증가했다. 증가추세를 보면 가맹점은 2015~2017년에는 연평균 5% 정도의 일정한 속도로 증가하였으나, 18년부터 증가폭이 감소하고 있다.

공정거래위원회 자료에 따르면 국내 가맹본부가 2015년에 3,910개, 가맹점 및 직영점이 약 20만 개 였으나, 2020년에는 가맹본부가 5,602개, 가맹점 및 직영점이 약 26만 개로 가맹본부는 약 30%, 가맹점 및 직영점은 약 25% 증가하였다.

프랜차이즈 산업은 250여 업종이 있지만 그중 외식업종이 전체 가맹점수의 약 50%를 차지하고 있다. 또한, 가맹점 수 100개 이상인 대형 브랜드는 5.7%에 불과한 반면, 가맹점수 10개

표 2-1_ 국내 프랜차이즈 산업의 변천사

시대별	구 분	주요 브랜드 및 이슈
1970년대	· 태동기 · 프랜차이즈 산업모델 국내 첫선 · 기업형 프랜차이즈 탄생	· 1977년 림스치킨 · 1979년 7월 국내 프랜차이즈 1호점 난다랑(동숭동) · 1979년 10월 롯데리아 소공동
1980년대	· 도입 및 성장기 · 패스트푸드 도입에 따라 대기업의 외식업 진출 · 해외 패스트푸드 프랜차이즈 국내 진출 · 한식 프랜차이즈 시작(놀부보쌈/송가네왕족발/감미옥 등) · 88서울 올림픽 개최	· 1982년 페리카나 · 1983년 장터국수 · 1984년 KFC/버거킹/웬디스 · 1985년 피자헛/피자인/베스킨라빈스31 · 1986년 파리바게트 · 1987년 투다리 · 1988년 코코스 · 1989년 도미노피자/놀부/멕시카나
1990년대	· 성숙기 · 국내 프랜차이즈 기반 구축 · 국내 최초 패밀리레스토랑 개념 도입 · 1988년 외환위기 · 1989년 (사)한국프랜차이즈 산업협회 설립	· 1990년 미스터피자 · 1991년 원할머니보쌈/교촌치킨 · 1992년 맥도날드/TGI프라이데이스 사업개시 · 1993년 한솥도시락/미다래/파파이스 · 1994년 데니스/던킨도너츠 · 1995년 베니건스/토니로마스/씨즐러/BBQ · 1996년 김가네/마르쉐/쇼부 · 1997년 빕스/아웃백스테이크/칠리스/우노 · 1998년 쪼끼쪼끼/스타벅스커피/코바코 · 1999년 BBQ 국내 최초 가맹점 1,000호점 달성 · 1999년 (사)한국프랜차이즈협회 설립인가

시대별	구 분	주요 브랜드 및 이슈
2000년대	· 해외진출 초창기/일부 업종 포화기 · 국내 외식브랜드 중국, 일본 등 해외진출 가속화 2002년 한일 월드컵 개최 · 치킨프랜차이즈 붐업	· 2000년 미소야,투다리 중국 청도 진출 · 2001년 퀴즈노스/매드포갈릭/사보텐/파스쿠찌 · 2002년 파파존스/본죽, 분쟁조정협의회 설치 · 2003년 프레쉬니스버거/명인만두/피쉬앤그릴BBQ 중국 진출 · 2004년 크리스피크림도넛 · 2005년 뚜레쥬르 중국 진출 · 2006년 토다이, 놀부 일본 진출 · 2007년 BBQ 싱가포르 진출
2010년대	· 저성장기/해외진출 가속화 · 식재료 수급 불안정 · 해외진출가속화 · 외식업관련 법과 제도 정비 · 중소기업 적합업종 선정 · 대기업 빵집 사업 철수 · 공정위 모범거래기준안 발표 · 가맹사업법 추진 · 음식점 금연구역 전면시행(2015) · 디저트 업종 활성화 · 일본, 유럽 등 해외디저트브랜드 도입 활발 · 소프트아이스크림, 팥빙수, 츄러스 등 브랜드 활성화	· 2015년 하남돼지집 국내 100호점 · 2016년 빽다방 국내 500호점 · 2017년 비비고 해외 370호점 출점 · 2017년 한솥 국내 700호점 · 2018년 GS25 베트남 진출 · 2018년 4월 CU 몽골진출 · 2018년 커피베이 미국진출 · 2019년 신세계푸드 '노브랜드버거' 출시 · 2019년 명륜진사갈비 국내 400호점 · 2019년 연안식당 국내 200호점
2020년대	· 2020년부터 불어닥친 RMR 열풍 · 가맹점 창업 문의부터 점포 오픈까지 만나지도 않고 비대면 창업 · 콜라보의 '빅블러(Big Blur)' 시대 · 코로나19 확산과 경기 불황이라는 유례없는 악조건' 변화에 대한 빠른 대처, 본사와 가맹점의 상생 협력, 차별화된 경쟁력과 서비스' 등으로 어려움을 이겨내고 있는 브랜드 · 중저 가격대 커피전문점으로 창업자들의 시선 · 수입맥주 대신 수제맥주 … 주세법 개정에 '골든존(음료 진열대)' 인기 코너 수제맥주	· 2020년 설빙 태국, 일본 진출 · 2021년 이디야 가맹점 국내 3,000호점 출점 · 2021년 메가커피 국내 1,600호점 출점 · 2021년 컴포즈커피 국내 1,100호점 출점 · 2021년 파리바게트 인도네시아 1호점 출점 (해외 430호점) · 2021년 고피자 싱가포르 10호점 출점 · 2021년 교촌치킨 두바이 1호점 출점 · 2021년 BBQ치킨 해외 76호점 출점

출처: 가맹사업진흥을 위한 중장기 발전발안 연구, 변명식, 지식경제부, 2008. 재구성

미만인 브랜드는 전체 65.3%에 달한다. 전체 브랜드 중 63.7%가 직영점을 운영하지 않고 있으며, 서비스업종이 66.2%로 미운영 비율이 가장 높게 나타나고 있다.(공정거래위원회. 2020년도 가맹사업 현황 발표)

이는 자영업을 구상할 때 익숙한 외식업종을 최우선으로 생각하며 생계형 창업이 많아 상대적으로 진입장벽이 낮은 외식업으로 몰리기 때문이다. 또한 가맹본부들의 영세성과 업체 간의 격차가 큰 것도 하나의 특징이다.

한편 오늘날 많은 외식기업들이 프랜차이즈 개념을 외식시장에 도입하여 국내는 물론 세계로 진출하여 국제화에 성공하고 있다.

향후 빠른 발전을 위해서는 확고한 브랜드 콘셉트나 맛, 즉 품질관리, 소비자 기호도 변화에 따른 신속한 대처, 서비스의 차별화, 지속적인 가맹점에 대한 마케팅이나 경영관리의 지원, 슈퍼바이징, 생산 및 유통단계의 축소 및 물류시스템구축 등이 필요하다.

(2) 미국

프랜차이즈의 본고장이라고 할 수 있는 미국의 경우 남북전쟁 당시 1850년경 싱거(Singer) 재봉틀 회사에서 자본 확보를 위한 판매 촉진의 일환으로 처음 프랜차이즈 시스템을 도입하였다. 이후 1979년 연방 "프랜차이즈 거래법"이 제정되었고 IFA(International Franchise Association - 미국 프랜차이즈협회)와 같은 연합기구가 결성되면서 프랜차이즈 사업은 성장일로를 달리게 되었다.

외식업에 최초로 프랜차이즈를 도입한 것은 1919년 알렌과 라이트(Allen&Wright)로 캘리포니아에서 A&W라는 상호로 프랜차이즈를 전개하였다. 이후 1950년대 경제부흥기를 거치면서 외식산업과 호텔에 프랜차이즈 시스템과 혁신적인 경영관리체제가 도입되었고, 이때 KFC(1952년), 피자헛(1953년), 버거킹(1955년), 맥도날드(1955년), 웬디스(1959년) 등이 나타났다. 특히 맥도날드는 포드(Ford)의 대량생산체제를 외식산업에 도입하여 메뉴의 단순화, 조리공정의 개선, 셀프서비스, 품질의 균일화 등을 시도함으로써 표준화 및 원가절감으로 대형의 프랜차이즈 사업을 전개할 수 있는 토대를 마련하였다.

국제 프랜차이즈 협회인 IFA에 따르면 현재 미국에는 3천여 개의 프랜차이즈 브랜드들이 있으며 500여 사업체들이 프랜차이즈를 통한 사업 확장을 고려하고 있다. 미국 프랜차이즈 전문 리서치 기관인 FRANdata 조사에 따르면 2016년 미국의 프랜차이즈 점포수는 7만여 개 이상 규모로 성장하였고 외식업 프랜차이즈가 차지하는 비중은 약 42%에 달하며 패스트푸드는 전체 프랜차이즈 산업의 31%나 차지하고 있다.

2021년 글로벌 외식업 전문지 '네이션스 레스토랑 뉴스'에 따르면 미국 내 가장 빠르게 성장한 외식 브랜드 25위에서 BBQ가 5위를 차지하기도 하였다.

미국에서는 대도시나 중·소도시 구분 없이 많은 프랜차이즈 가맹점이 영업 중이며 세계 100대 프랜차이즈에 선정된 기업 중 약 80%가 미국의 프랜차이즈일 정도로 프랜차이즈 산업이 크게 번성한 국가로 뽑힌다.

미국의 프랜차이즈 시장은 오랜 연혁을 지닌 브랜드가 시장을 꾸준히 선도하고 있는데 샌드위치, 피자, 커피 브랜드 등의 브랜드가 인기이며, 맥도날드와 KFC를 필두로 하는 패스트푸드 등 비교적 간단한 메뉴를 취급하는 아이템의 선호도가 꾸준하다. 하지만 최근 몇 년 새 변화의 조짐이 서서히 보이고 있다. Kotra에 따르면 2021년 미국 식품 트렌드로 웰빙 추구, 아침식사 증가, 맛을 더한 식재료, 머그컵 너머의 커피, 성장한 어린이 식품, 업사이클 식품, 새로운 식용유, 병아리콩, 말린 과일 및 채소 등이 꼽힌다.

미국 시장에 성공적으로 진출하기 위해서는 철저한 기초 시장조사를 통해 본국과 현지와의 문화적 차이 극복 방안을 마련해야 하며 현지의 경쟁사항을 체크하고 경제 환경이 고려된 적절한 가격을 책정하는 것이 중요하다. 이 외에도 필수 인력 확보, 본국과 현지와의 인건비 차이 극복, 필요한 물품 공급, 현지 납품업체 선택, 세금과 수입 관련 관세 확인 등이 중요한 성공 요소로 작용된다.(출처: 식품외식경제)

(3) 일본

일본의 경우도 1960년대에 해외 브랜드 업계로부터 프랜차이즈를 통한 다점포 전개와 점포 운영의 매뉴얼화 등의 새로운 경영기술과 노하우를 얻게 됨으로써 외식기업이 급성장하는 계기가 되었다. 지금도 일본의 프랜차이즈는 성장하는 산업분야로 분류되고 있다. 2018년 기준으로 프랜차이즈 브랜드수는 1,328개, 직영 및 가맹점주는 26만 4,556개 점포이며, 26조 2,118억엔(한화 약 281조 원)의 매출액을 나타내고 있다. 일본의 외식 프랜차이즈는 크게 6가지 시장으로 분류되고 있다. 패스트푸드, 라멘·만두, 카레·소고기덮밥, 경양식(피자·파스타), 일반 레스토랑(야끼니꾸), 커피숍 등으로 나뉜다.

(사)일본프랜차이즈 체인협회의 통계에 의하면 일본의 프랜차이즈 산업 규모는 약 20조엔 규모로 GDP(명목)의 3~4%를 차지하며 미국시장(약 160조엔 규모로 GDP 약 10%를 차지함) 다음으로 세계 제2의 시장규모이다. 약 200만~300만 명이 관련 업계에 종사하고 있는 것으로 추정된다.

과거 일본 외식 프랜차이즈업계는 소규모 라멘전문점, 타코야키점 등 퇴직자의 독립수단이라는 이미지가 강했으나 최근에는 기업의 신규사업 수단으로 관심을 가지고 비교적 안정된 수익을 내는 프랜차이즈 경영에 참여해 사업의 다각화를 모색하고 있다.(참조: 식품외식경제)

(4) 중국

중국 요리협회자료에 따르면 외식산업 규모는 중국사회 전체 소비 판매액의 10.8%를 차지하고 있으며 465만 개, 영업점 800만 개, 종사자 3,000만 명으로 조사되었다. 중국의 외식산업의 급속한 성장 요인으로 중국의 14억 인구와 모바일 결제의 대중화, 배달앱 서비스의 보편화, 빠르게 변화하는 소비 트렌드를 들 수 있다. 또한 2018년 중국 프랜차이즈경영협회가 발표한 '2018년 중국 프랜차이즈 100대 기업 명단'에 따르면 프랜차이즈 시장은 2.4조 위안(한화 약 413조 원)으로 나타났다. 100대 프랜차이즈 기업의 점포수는 약 13.8만 개, 온라인 매출액은 전년대비 55.5% 증가하였고 패스트푸드와 중식, 디저트류, 훠궈, 커피숍 등의 시장이 점유하고 있는 것으로 나타났다. 중국인들은 중국식 샤브샤브인 훠궈처럼 전통적인 매운맛을 선호하고 젊은 층이 소비의 중심으로 부상하면서 베이커리 및 디저트 등의 단맛 메뉴가 성장하고 있는 추세이다.

중국 최초의 외식업 프랜차이즈는 현지 국유기업과 합작투자형태로 1987년 1호점을 개설한 KFC이며, 1990년에는 맥도날드와 피자헛 등의 미국 패스트푸드 기업이 뒤를 이어 진출하면서 외식업 프랜차이즈의 물꼬를 텄다. 그 후, 외국 프랜차이즈를 모델로 중국 기업이 프랜차이즈 방식을 채택하여 시장에 대거 진입하기 시작했는데 그 예로 1993년 췐쥐더(全聚德)와 마란라멘(馬蘭拉面), 1996년 동라이슌(東來順) 등을 꼽을 수 있다. 중국 외식업 프랜차이즈 시장이 확대됨에 따라 중국 정부는 1997년 최초로 관련 법규인 사업프랜차이즈관리 시범방법을 발표하였다. 이를 계기로 외국 프랜차이즈 기업의 진출이 급성장하여 2003년 말 중국은 세계 최다 프랜차이즈 기업보유국으로 부상하였고, 2004년 이후부터는 프랜차이즈와 외식업 관련 법규가 전면 도입되고 제도가 정비되면서 외국 프랜차이즈 기업의 진출이 본격화되었다.

4. 프랜차이즈 가맹본부의 기본조건

(1) 외식 프랜차이즈 가맹본부의 기본조건으로는

❶ 주방장 없이도 조리할 수 있는 시스템을 갖추어 식당 관련 경험이 전혀 없는 외식업 관

련 초보자들을 확보할 수 있어야 한다. 중앙공급식(C·K) 시스템이란 초보자도 식당운영이 가능하도록 본부(중앙)에서 식재료나 소스를 공급하고 점포에서는 1차 가공된 것을 간단히 조리할 수 있는 방법을 말하는데, 현재 조리사의 인력난과 비싼 임대료에 따른 협소한 공간에서 1차가공의 애로사항이 있으므로 프랜차이즈 가맹본부는 조리에 대해 가맹점에서 간단하고 편리하게 운영할 수 있도록 조리에 대한 확실한 노하우가 필요하다.

❷ 중앙공급식(C·K) 시스템 구축으로 품질(맛)이 전국 어느 지역, 어느 점포에서나 항상 동일하도록 주요 식재료나 소스는 가맹본부에서 공급을 해야 하므로 이에 따른 생산과 물류 등의 시스템화도 필요하다.

❸ 프랜차이즈 가맹본부가 되기 위해서는 2021년 11월 19일부터 직영점 운영 의무화를 실시하여 직영점을 1개 이상, 기간은 1년 이상 운영한 후에 가맹점을 모집할 수 있게 개정이 되었다. 그래서 반드시 가맹본부의 직영점 운영 경험이 필요하다. 법 개정을 통해 요건이 높아지긴 하였으나 그렇지 않더라도 눈에 보이지 않는 식당경영의 노하우를 직영점 영업실적을 통해 보여줄 수 있고 메뉴에 대한 시식이나 점포 운영에 대한 사실들을 예비창업자가 직접 점검해 볼 수 있으며, 또 무엇보다 활성화된 직영점이 있다는 자체만으로 가장 큰 신뢰를 줄 수 있다는 점에서 그러하다. 대부분의 프랜차이즈 가맹본부들이 직영점도 없이 가맹점모집을 하고 있는데 프랜차이즈 본부의 직영점(모델)운영이 왜 필요한가에 대해 좀 더 구체적으로 알아보면 다음과 같다.

· 가맹본부의 경영이념과 사업 콘셉트를 함축하고 있어 사업의 추진방향을 제시하는 역할을 한다.

· 프랜차이즈 사업은 직영점 운영의 노하우로 하는 만큼, 하고자 하는 아이템에 대한 위험부담은 1차적으로 가맹본부가 감당해야 한다. 다시 말해서 검증되지 않은 아이템에 대한 위험부담을 가맹점에 모두 전가시켜서는 안 되며 반드시 프랜차이즈 가맹본부에서 직영점을 통해 검증을 거친 다음에 프랜차이즈 가맹사업을 전개해야 하는 것이다.

· 직영점운영을 하다 보면 가맹본부도 미처 생각하지 못했던 운영상의 문제점들을 발견할 수 있고 신메뉴나 새로운 정책의 경우 직영점에서의 1차적 테스트를 통해 개선해야 할 사항이나 미비점 등을 체크하고 수정할 수 있다. 즉, 잘못된 메뉴선정이나 영업 전략으로 인한 피해를 사전에 예방하여 효과적인 브랜드 이미지 관리를 할 수 있다.

· 직영점의 메뉴종류와 메뉴별 판매실적, 매출실적, 고객층별 매출 파악, 시간대별, 지역별, 상권별, 입지별 매출 등을 산출하는 근거자료로 활용할 수 있으므로 개점될 예비가맹점

의 상권이나 입지 유형에 따라 유추해석이 가능하도록 기여할 수 있다.

- 직영점의 직원들은 현장감이 뛰어나므로 특히 점장은 차후 슈퍼바이저(S.V)로 양성할 수 있어 사업전개에 따른 가맹점 관리가 용이하다.
- 직영점 운영 시 직영점의 영업활성화 정도를 직접 보여줄 수 있고 필요시 시식, 직접 참여 근무, 가맹점이념의 교육 등을 할 수 있으므로 예비 가맹점사업자에게 신뢰를 줄 수 있다.

표 2-2_ 프랜차이즈 가맹본부 현황

사업의 개요				
프랜차이즈 가맹본부 내용	본부명		브랜드명	
	대표자		설립일자	
	홈페이지주소		주 소	
	사업 책임자		연락처	
	직영점 현황	· 점포수: · 규 모: · 평균 직원 수:	자본금	
			상시 직원 수	
	현 가맹점수		조직구성 형태	
프랜차이즈 본부 연혁			가맹비	
창업동기 및 사업의 기대효과			교육비	
사업 전개 방향 및 향후계획			인테리어비	
메 뉴 구 성	주메뉴		간판비	
	사이드 메뉴		의·탁자비	
취급메뉴의 유형			주방비품·기물비	
메뉴 가격대			홍보·판촉비	
마케팅 전략			보증금	
동종업계 중 시장에서의 위치			평균수익	
타깃(Target)고객층			매출최고점포 매출최저점포	
SWOT 분석	· 강점: · 약점: · 기회요인: · 위협요인:		특이사항	· 평균매출은? · 소송 건은? · 본부의 직영점 및 업력은? · 임원의 구성은? · 브랜드에 대한 평은? · 기 타(SV 유무 등)

표 2-3_ 점포방문 기록지 양식(슈퍼바이저용)

점포방문기록-지도업무편–(SV용)

점명	구분( )	년 월 일 / 시 분~ 시 분	S.V명	연담자성명 (인)	점장 (인)

QSC 인스펙션(평점)

구분	항목	평점
서	1. 복장을 기준에 맞게 하고 있다.	점
	2. 항상 재매장에의 인사는 밝게 하고 있다.	점
	3. 안내 유도는 활성하게 하고 있다.	점
	4. 스마일 표정을 짓고 있다.	점
	5. 메뉴의 제공은 신속하게 하고 있다.	점
비	6. 권장판매는 자연스럽게 하고 있다.	점
스	7. 고객과의 대화는 자연스럽게 하고 있다.	점
	8. 기다리는 고객을 의식하고 있다.	점
	9. 홀의 안내는 확성하게 하고 있다.	점
	10. 트러블 처리는 스피드하다.	점
	평균평점	점
청	1. 점포입구 주변은 깨끗하고 청결하게 느껴진다.	점
	2. 자동문·전면유리·스테인리스는 깨끗하다.	점
	3. 행거·POP는 깨끗하다.	점
	4. 졸의 의·탁자는 깨끗하다.	점
	5. 조명기구·천정·벽면은 깨끗하다.	점
	6. 카운터 주변은 깨끗하게 정리·정돈되어 있다.	점
결	7. 화장실의 깨끗하게 느껴진다.	점
	8. 주방내부는 깨끗하고 청결하다.	점
	9. 주방내 휴지통 등도 깨끗하다.	점
	10. 창고, 사무실 등도 정리·정돈되어 있다.	점
	평균평점	점
품	1. 음식류의 장식 및 포장이 깔끔하게 되고 있다.	점
	2. 콜라테카드(제품할)를 사용하고 있다.	점
	3. 음식류의 기준시간을 지키고 있다.	점
	4. 신선한 재료를 사용하고 있다.	점
	5. 드링크류는 적온·적량을 지키고 있다.	점
질	6. 소스의 품질은 양호하며 작업하다.	점
	7. 식재료의 유효기간을 준수하고 있다.	점
	8. 냉장·냉동고의 온도를 지키고 있다.	점
	9. 식재료의 신선도 및 선입선출을 지키고 있다.	점
	10. 냉동·냉장고의 내부도 청결하다.	점
	평균평점	점

활용도

점장	SV	GM	항목	운영팀 / 본부장
			시간대별 체크표	**운영계획서**
OX		OX	1. 매출증대를 위한 시간대별 관리를 하고 있다.	사원간미팅진행도 %
OX			2. 정시매출 체크를 하고 있다.	매출목표·BSP 진행도 %
OX		OX	3. 연락 및 인수업무를 지키고 있다.	카드 판촉 결과표
			아르바이트 개인평가리스트를 진행하고 있다. / 평가리스트에서 교육성과, 진행을 체크하고 있다.	카드 판촉 결과표 %
			근무시간표	회원이용횟수 회
OX		OX	1. 목표 인건비 및 생산성 향상을 위하여 노력하고 있다.	**주간 위생 체크표**
			1. 주간 위생 체크표를 활용하고 있다.	**시간 대 추 이 표**
OX		OX	2. 아르바이트 및 파트타이머에 대한 지시나 교육을 하고 있다.	2. QSC 체크표, 근무시간표를 활용하고 있다.	금월초과시간대매상고 원
OX		OX	3. 아르바이트는 근무시간을 잘 지키도록 하고 있다.	전월초과시간대매상고 원
			QSC 체크표	**성장·경쟁점 동향**
OX	%	%	1. 개점시 체크사항을 지키고 있다.	**점포 P/L 관리표**
OX	%	%	2. 닫버되는 부분을 체크하고 있다.	전월변동비율
OX	%	%	3. 청소항목을 체크하고 있다.	전월운영영손익률
			매상목표 관리표	
	%	%	금월목표달성율	
	%	%	금월매상잔대비	
	%	%	금월객수잔대비	
	%	%	금월노동시간목표달성률	
	원	원	금월매상수지예측	
			◎ 개선사항(중점지도항목과 기본적 방법)	
			◎ 전국적인만족·지역적인판촉 상황(결과분석)	
			◎ 사간면담(점장·주방장·홀직원·주방직원)	

★평점은 10점만점(8점 이하는 중점지도)

★평가 OX(X는 중점지도)

· 프랜차이즈 가맹본부는 초기 운영 시에는 관리비, 인건비, 홍보비, 개발비 등 많은 비용이 소요되므로 직영점 운영 수익으로 가맹본부 운영에 기여할 수 있어 더욱 안정적이다.

(2) 프랜차이즈 가맹본부의 주요 업무

프랜차이즈 가맹본부는 프랜차이즈 패키지를 꾸준히 개발할 수 있어야 하며 동시에 가맹본부시스템이 목표로 정한 효과를 추정, 원인분석과 개선이 가능하도록 해야 한다. 즉, 가맹본부는 지속적으로 식재료를 개발하고 고객이 선호하는 독창적인 메뉴나 서비스 체계를 개발할 수 있어야 하며, 특히 가맹점 경영자의 능력향상 및 마인드향상을 위한 교육시스템과 이익증대를 위한 수준 높은 경영 훈련시스템을 갖추어야 한다.

이 외에도 가맹점창업자를 위해 금융기관과 연계하여 금융지원 기능도 갖추어야 하며, 탁월한 마케팅력과 뛰어난 판매촉진 기능도 갖추어야 한다. 또한 정보수집기능 및 점포운영 관리기능, 슈퍼바이저를 통한 매뉴얼 지도 기능도 필수적으로 갖추어야 할 것이다.

슈퍼바이저는 매뉴얼 관리, 메뉴체크 점검, 가맹점 경영전달 및 가맹점 지도, 그리고 가맹본부의 지시사항 등을 전달하는 임무를 가지는데 이를 위해서는 유능하고 우수한 슈퍼바이저를 확보하고 있어야만 가맹점으로부터 신뢰를 받을 수 있다. 현재 소위 잘나가고 있다는 패스트푸드, 패밀리 레스토랑, 대형피자전문점들의 경우, 초창기 직영점에서 충분한 노하우를 쌓은 우수한 점장들을 바탕으로 슈퍼바이저를 구성하여 가맹사업을 전개한 것이 하나의 성공요인이 되었다. 그럼에도 불구하고 오늘날 많은 업체들이 직영점도 없이, 우수한 슈퍼바이저도 없이 광고부터 내고 가맹점을 모집하는 데만 주력하고 있다. 이렇듯 검증받지 못한 프랜차이즈 가맹본부는 적극적인 시장대응이 불가능하며 가맹본부로부터 충분한 지도와 지원을 받을 수도 없어 아직까지도 많은 가맹점들이 피해를 입고 있는 것이다.

(3) 가맹점의 의무

가맹점은 판매활동과 관계되는 모든 비용을 부담해야 하는 등 분담의 의무를 갖고 있는데 그 의무사항을 요약해 보면 다음과 같다.

광고비 부담 및 판촉이벤트에 동참의 의무, 가맹본부지시사항에 대한 준수·통제·용인의 의무, 가맹본부가 제공하는 운영매뉴얼 준수의 의무, 가맹본부와 계약서에 계약된 가맹본부 공급품 구입 및 본부의 대고객 서비스 공급의 의무, 영업 비밀보장의 의무, 가맹비나 로열티 지급의 의무 등이 있으며 상호 독립된 사업자 간의 계약이므로 반드시 준수를 하여야 한다.

02 가맹사업거래에 관한 법률과 표준약관

1 가맹사업거래의 공정화에 관한 법률

이미 2002년 11월부터 시행되고 있는 '가맹사업거래의 공정화에 관한 법률'은 가맹본부에 의한 정보 공개, 불공정거래행위 금지, 계약해지 제한 등의 제도를 통해 공정하고 투명한 가맹사업 거래질서를 확립하고 법 위반행위의 시정 및 가맹점사업자 피해의 구제를 위한 절차를 규정하고 있다.

그리고 2020년 공정거래위원회가 추진해 온 프랜차이즈 가맹사업법 개정안이 통과되어 2021년 11월부터 시행됨에 따라 가맹사업거래에 있어서 가맹본부와 가맹희망자 또는 가맹점사업자간 정보의 불균형으로 인하여 발생할 수 있는 부작용을 예방하고, 상대적으로 불리한 지위에 있는 가맹희망자와 가맹점사업자의 권익을 보호할 수 있을 것으로 기대된다.

개정된 주요 내용을 살펴보면 다음과 같다.

❶ 가맹희망자의 범위 확대 및 권리보호 강화

가맹희망자의 범위를 정보공개서 제공의 서면신청 여부와 관계없이 가맹계약을 체결하기 위하여 가맹본부나 가맹지역본부와 상담하거나 협의하는 자로 규정하여, 사실상 가맹점사업자가 되기 위하여 가맹본부와 상담하거나 협의하는 자라면 누구나 정보공개서를 반드시 제공받을 수 있고, 일정한 경우 가맹금의 반환을 요구할 수 있게 됨으로써 사회적 약자에 대한 권리보호에 충실하게 되었다.

❷ 정보공개서 등록 제도의 도입

2008년 8월 4일부터는 가맹본부가 가맹점사업자를 모집하기 위하여 가맹희망자에게 정보공개서를 제공하는 경우, 반드시 공정거래위원회에 등록된 정보공개서를 제공하도록 하였다. 이렇게 함으로써 정보공개서의 투명성 및 신뢰성이 확보되고 가맹사업의 건전한 거래질서가 확립될 수 있게 되었다.

❸ 가맹금 예치제도의 도입

가맹희망자·가맹점사업자가 계약체결일부터 2개월 이내에 가맹본부에 지급하는 가맹금을 제3의 기관에 예치한 후, 가맹희망자가 정상적으로 영업을 개시하거나 가맹계약체결일부터 2개월이 경과한 후에 예치한 가맹금을 가맹본부에 지급하도록 하여 가맹본부로부터의 안정적 영업지원과 사기거래의 위험을 방지할 수 있을 것으로 기대된다. 다만, 가맹본부 피해보상보험을 체결한 경우에는 가맹금 예치제의 적용을 배제할 수 있다.

예치해야 할 가맹금은 계약금, 가입비, 교육비, 가맹비 등 처음 계약체결을 위해 지급한 대가와 계약의 이행을 위한 계약이행보증금에 한한다. 따라서 가맹점포 개설을 위한 물품공급대금, 인테리어 공사비용 등은 예치 대상에서 제외된다.

가맹본부에 가맹금이 지급되기 전 문제가 있다고 판단될 경우 소송을 제기, 분쟁조정협의회에 조정신청을 하거나 공정거래위원회에 신고를 하면 된다. 이 경우 분쟁의 결과가 나올 때까지 가맹금 지급이 보류되므로 가맹희망자나 가맹본부는 안심할 수 있다.

TIP! 정보공개서란?

· 창업을 하려는 '가맹본부'의 재무상황, 가맹점 수, 가맹금, 영업 조건, 교육 내용 등을 가맹사업법에 따라 70여 가지로 기재한 것

정보공개서의 주요 내용

· 가맹본부의 일반 현황   가맹본부의 기본정보, 계열회사 정보, 임원명단 및 사업 경력 등
· 가맹사업 현황   최근 3년간 가맹점 현황(출점, 폐점 수 포함), 가맹본부가 운영하는 다른 브랜드 정보, 전년도 가맹사업자 평균 매출액(추정치)
· 법위반 사실   최근 3년간 공정거래법 및 가맹사업법 위반, 가맹사업과 관련된 민사, 형사상 법위반 내역
· 가맹점사업자의 부담   영업개시 이전(가맹금, 보증금, 설비 등 기타 비용), 영업 중(로얄티, 가맹본부의 감독 내역), 계약 종료 후(재계약, 영업권 양도 시 부담 비용)
· 영업활동 조건 및 제한   상품 판매, 거래 상대방, 가격 결정에 따르는 제한, 영업지역 설정, 변경 등에 관한 내용, 계약기간, 계약연장·종료·해지 등에 관한 내용
· 영업 개시 절차   영업개시까지 필요한 절차, 기간, 비용
· 교육·훈련   교육·훈련의 내용, 이수 시간, 부담 비용, 불참 시 불이익

④ 가맹금 반환 요구 요건 확대

앞으로는 가맹희망자나 가맹점사업자가 가맹본부로부터 가맹금의 최초 지급일 또는 가맹계약 체결일 중 빠른 날부터 14일 전(변호사, 가맹거래사 등의 자문을 받은 경우에는 7일 전)까지 공정거래위원회에 등록된 정보공개서를 제공받지 못한 경우에도 정보제공과정에서 허위, 과장정보를 제공하는 경우 등에도 가맹금의 반환을 요구할 수 있게 하였다. 이렇게 함으로써 성실한 정보공개서 제공을 유도하고, 정보공개서를 적기에 제공받지 못한 자의 권리보호에 기여하도록 하였다.

⑤ 가맹점사업자의 영업구역 보호

가맹본부나 계열회사가 계약기간 중에 가맹계약을 위반하고 가맹점사업자의 영업지역 안에 가맹점사업자와 동일한 업종의 직영점이나 타 가맹점을 설치하는 행위를 금지함으로써 가맹본부로부터 부당하게 영업구역을 침해당하는 것을 방지하고 안정적으로 영업을 수행할 수 있도록 하였다.

⑥ 가맹점사업자의 가맹계약 갱신 요구 제도 도입

가맹본부는 가맹점사업자가 가맹계약서에 게재된 가맹금 등의 지급의무를 지키지 아니하거나 가맹사업의 유지를 위해 필요한 가맹본부의 중요한 영업방침을 지키지 아니한 경우 등을 제외하고는 가맹점사업자의 갱신 요구를 거절하지 못하도록 함으로써 가맹점사업자가 지속적인 거래를 위해 투자한 자본을 적절하게 회수할 수 있도록 하였다.

⑦ 가맹사업거래분쟁조정협의회의 이관

「독점규제 및 공정거래에 관한 법률」에 따라 설립되는 제3의 기관인 한국공정거래조정원에 가맹사업거래분쟁조정협의회를 설치함으로써 분쟁조정업무의 신뢰성을 높였다.

⑧ 가맹사업거래상담사 제도를 가맹거래사 제도로 변경

가맹사업거래상담사의 명칭을 가맹거래사로 변경하고, 그 업무범위에 가맹사업 관련 분쟁조정 신청과 정보공개서 등록 신청의 대행 업무를 추가하여 가맹거래사의 활동이 활발해졌으며 이로 인해 가맹사업거래에 대한 신뢰성이 제고되고, 가맹사업의 공정한 거래질서가 확립되는 데 기여하였다.

② 프랜차이즈(외식업) 표준약관

1990년대를 기점으로 국내에서 프랜차이즈산업이 비약적인 발전을 거듭해 오고 있고 특히 외식업은 전체 프랜차이즈 산업의 반 이상을 차지할 정도로 비중이 높아지고 있지만 아직까지도 법적·제도적 장치는 여타의 선진국수준에 미치지 못하고 있는 실정이다.

공정거래위원회에서는 이렇게 양적인 성장만을 추구해오던 프랜차이즈의 본사와 업체 사이에 있을 수 있는 불만 사항과 이해부족으로 인한 폐해를 다소나마 해소하기 위하여 프랜차이즈(외식업) 약관을 제정, 시행하고 있다. 그 전까지 가맹계약이 가맹사업자에 유리하도록 일방적으로 작성되는 경우가 많아 가맹계약자가 불이익을 당하는 경우가 많았다. 표준약관의 제정, 시행과 더불어 불공정약관으로 인한 분쟁을 사전에 예방, 가맹계약자의 피해를 줄이고 사업실패의 위험을 감소시키는 동시에 가맹사업자의 효율성 제고 및 신뢰 확보를 기대할 수 있게 되었다.

표준약관의 주요내용은 다음과 같다.

❶ 계약기간　종래는 주로 1~2년을 계약기간으로 정하였는데 표준약관을 통해서 가맹계약자가 개점 초기에 점포 개설비용과 가입비 등 거액을 투자하는 점을 감안하여 가맹계약자의 생계안정과 투자비 회수를 위한 갱신요구권제 도입을 통하여 가맹점의 영업을 보장토록 하였다.

❷ 가맹비 반환　가맹사업자의 귀책사유로 사업이 중단된 경우, 종래는 가맹비를 전혀 반환해주지 않았지만 표준약관을 통해서 최초 계약시점을 기준으로 잔여 계약기간에 해당하는 만큼의 가맹비를 반환토록 하였다.

❸ 영업지역　종래는 가맹사업자가 일방적으로 직영매장이나 타 매장을 설치할 수 있어 기존 가맹계약자의 이익 침해 우려가 있었지만, 표준약관을 통해서 기존 가맹계약자의 영업지역 내에 직영매장 또는 다른 가맹계약자의 점포를 신설할 경우, 기존 가맹계약자의 동의를 얻도록 하였다.

❹ 영업양도 시 양수인의 가입비 면제　종래는 모든 양수인에 대해 가입비를 청구하였지만 표준약관은 영업양수를 통해 새로이 가맹계약자의 지위를 승계한 자에게는 가입비를 받지 않도록 하였으나 소정의 교육비는 부담하도록 하였다.

❺ 점포 인테리어 시공업자 임의선정　가맹점포의 실내·외 장식이나 설비 등의 설치에 있

어 종래는 가맹사업자 자신 또는 가맹사업자가 지정한 업체만이 시공 가능하였지만 표준약관을 통해서 가맹계약자가 직접 시공하거나 가맹사업자가 지정한 업체를 선정할 수 있도록 하였다.

❻ 상품공급처의 제한　가맹사업의 목적달성 범위를 벗어나거나 가맹사업자가 정당한 사유 없이 공급을 중단하는 경우 종래는 브랜드 동일성 유지와 상관없는 상품에 대해서도 자사제품의 사용을 강요하거나 억지로 공급하기도하였는데 표준약관을 통해서 가맹계약자가 원·부자재를 직접 조달·판매할 수 있도록 하였다.

❼ 반품 및 교환　종래는 반품시기를 즉시로 제한하거나 상품의 반품 가격을 매우 낮게 책정하는 사례가 빈번하였는데 표준약관을 통해서 상품 특성상 즉시 하자를 발견할 수 없는 경우 6개월 이내에 통지·교환토록 하고, 계약 해지로 인한 정상품의 반품은 출고가격으로 상환토록 하였다.

❽ 광고·판촉　가맹계약자에게 광고·판촉비를 분담시킬 경우 종래는 가맹계약자에게 광고·판촉비용 일체를 부담시키기도 하였는데 표준약관을 통해서 산출근거를 서면으로 제시토록 하고, 판촉비 분담을 요구하려면 가맹계약자의 동의를 얻도록 하였다.

❾ 금전채무보상　종래는 가맹계약자에게만 지연이자 납입의무를 규정하였지만 표준약관을 통해서 가맹사업자와 가맹계약자 둘 모두에게 계약의 중도 해지에 따라 발생한 자신의 채무를 일정기간 내에 상환할 의무를 부여하여 이를 이행치 않을 경우 상호 지연이자를 부담토록 하였다.

❿ 가맹사업자의 의무　종래는 가맹계약 전 필요자료 공개에 관한 약관조항이 없었지만 표준약관을 통해서 가맹 희망자들이 가맹여부를 적정하게 판단할 수 있도록 가맹사업자의 재무상황, 최근 3년간 사업경력, 상품·자재의 공급조건 등의 자료 및 정보를 공개하도록 하였다.

❸ 가맹사업 진흥에 관한 법률

2007년 11월 23일 '가맹사업진흥에 관한 법률'이 국회에서 통과되어 또 하나의 새로운 프랜차이즈 관련 법규가 제정되었다. 주요내용은 다음과 같다.

1. 제정 이유

가맹사업(프랜차이즈)은 가맹본부(프랜차이즈본부)가 가맹점사업자(가맹점)에게 상호·경영 노하우(Know-How) 등을 지속적으로 제공하면서 가맹점을 통해 상품과 서비스를 판매하는 시스템으로서, 1970년대에 우리나라에 처음 도입된 이후로 지속적으로 급격히 성장을 하였다. 그리하여 현재 표준산업분류표상 도매 및 소매업, 숙박 및 음식점업, 기타서비스업 등 광범위한 산업 분야로 나뉘어 존재하고 있으며 이 가맹사업은 향후에도 성장가능성이 높아 차세대 성장동력 산업으로 육성 및 보급이 필요하다. 그러나 사실 도·소매업종을 영위하는 가맹사업자에 대한 경영개선지원을 규정하고 있는 유통산업발전법 등 개별법을 제외하고는 가맹사업자를 체계적으로 관리·육성할 수 있는 제도적기반이 없는 실정이다. 따라서, 가맹사업진흥시책의 수립, 가맹사업의 진흥 및 지원, 가맹사업의 창업지원 등에 관한 「가맹사업 진흥에 관한 법률」을 제정함으로써 가맹사업을 체계적으로 지원하여 차세대 성장동력 산업으로 육성하고 자영업의 가맹사업화를 유도하여 국민경제의 안정에 이바지하고자 한다.

2. 주요내용

❶ 가맹사업진흥계획의 수립·시행

- 산업자원부장관은 가맹사업 발전에 대한 기본방향을 설정하고, 5년마다 가맹사업진흥을 위한 기본계획을 수립·시행하여야 한다.
- 산업자원부장관은 매년 기본계획 시행을 위한 가맹사업진흥 시행계획을 수립·시행하여야 한다.

❷ 가맹사업 진흥을 위한 협조체제 구축

- 기본계획 및 가맹사업 진흥을 위한 중요사항 심의를 위하여 산업자원부에 "가맹사업진흥심의회"를 설치·운용하도록 한다.
- 산업자원부장관은 심의회의 심의를 거친 사항에 대하여 관계행정기관의 장 및 지방자치단체의 장에게 협조를 요청할 수 있도록 한다.

❸ 가맹사업에 대한 실태조사

- 산업자원부장관은 가맹사업에 대한 실태조사를 할 수 있으며, 실태조사를 위하여 필요한 경우에 관계 중앙행정기관의 장, 지방자치단체의 장, 공공기관의 장 등에 필요한 자료

를 요청할 수 있도록 한다.

❹ 가맹사업의 진흥 및 지원

- 산업자원부장관은 가맹사업 물류 및 정보화의 촉진과 가맹사업 부문의 전자거래기반을 넓히기 위하여 가맹사업 물류 및 정보화 시책을 수립·시행하도록 한다.

- 산업자원부장관 또는 중소기업청장은 가맹사업자의 전문성 제고를 위하여 교육연수사업을 할 수 있도록 한다.

- 정부는 가맹사업과 관련된 기술 및 지적재산권의 개발을 촉진하기 위한 시책을 추진하고 이에 소요되는 자금을 지원할 수 있다.

- 정부는 가맹사업 지적재산의 개발을 지원하고 육성하기 위하여 가맹사업과 관련된 지적재산권 보호시책을 강구하여야 한다.

- 산업자원부장관은 가맹사업의 진흥과 관련하여 교류·협력 사업을 수행하고, 국제화를 촉진하기 위한 사업을 추진할 수 있다.

- 산업자원부장관은 가맹사업의 진흥, 창업 및 사업전환을 촉진하기 위하여 관련 정보가 효과적으로 생산·관리 및 활용될 수 있도록 데이터베이스 및 정보제공시스템의 구축 등 시책을 추진할 수 있다.

❺ 가맹사업의 창업지원

- 정부는 가맹사업의 창업을 활성화하고 가맹사업 창업자의 안정적인 성장·발전을 위하여 필요한 지원과 창업에 관한 지도사업 및 컨설팅 사업을 실시할 수 있다.

- 정부는 창업 및 가맹사업의 성장·발전에 필요한 자금·인력·기술·판로 및 입지 등에 관한 정보를 제공하기 위하여 필요한 시책을 강구하여야 한다.

- 산업자원부장관 또는 중소기업청장은 중소기업자가 가맹사업자로 전환하는 것을 지원하는 시책을 수립·추진할 수 있도록 한다.

- 정부는 가맹사업으로 전환을 추진하는 중소기업자와 업종전환·사업전환 기타 폐업을 추진하는 가맹사업자 등에게 판로·기술 및 진출업종 등 사업전환에 관한 정보의 제공과 경영·기술·재무·회계 등의 개선에 관한 컨설팅지원을 실시할 수 있다.

- 「중소기업진흥 및 제품구매 촉진에 관한 법률」에 의한 중소기업진흥 및 산업기반기금을 당해 기금운영계획에 따라 가맹사업자에게 지원할 수 있다.

- 「지역신용보증재단법」에 의한 신용보증재단은 가맹사업자에 대하여 신용보증을 할 수 있도록 한다.
- 산업자원부장관은 가맹사업에 대한 국민의 인식제고와 창업촉진을 위한 사업과 창업 아이디어를 사업화하는 데 필요한 기업을 알선하거나 사업화하는 기업에 대하여 소요되는 자금을 융자할 수 있다.

⑥ 산업자원부장관은 가맹사업 육성의 체계적·효율적 추진을 위해 전담기관을 지정하여 운영할 수 있고, 전담기관은 가맹사업과 관련한 국내외 정보의 수집·분석 및 보급, 가맹사업자의 전문성 제고를 위한 연수교육, 가맹사업자에 대한 상담 및 정보제공 등 업무를 담당하도록 한다.

⑦ 산업자원부장관은 권한의 일부를 대통령령이 정하는 바에 따라 중소기업청 장·시·도지사 또는 시장·군수·구청장에게 위임하거나 전담기관·사업자단체에 위탁할 수 있다.

⑧ 기금 지원 또는 신용보증을 받고자 하는 자는 가맹사업에 관한 현황 또는 사업계획을 대통령령이 정하는 바에 따라 전담기관의 장에게 신고하여야 한다. 다만, 「가맹사업 거래의공정화에 관한 법률」에 의하여 정보공개서를 등록한 가맹본부와 이에 속한 가맹점 사업자에 대하여는 그 등록을 신고한 것으로 본다.

⑨ 부칙 제2조(다른 법률의 개정)

- 「중소기업창업지원법」 제3조 단서를 다음과 같이 개정 "다만, 숙박 및 음식점업·부동산업 등 대통령령이 정하는 업종의 중소기업(「가맹사업 진흥에 관환 법률」 제2조제1호의 규정에 의한 가맹사업은 제외)에 대하여는 이를 적용하지 아니한다."
- 「산업발전법」 제28조제7호 및 제31조제6호를 다음과 같이 신설 "「가맹사업 진흥에 관한 법률」 제2조제1호의 규정에 의한 가맹사업의 발전을 위한 사업"

④ 가맹사업거래의 공정화에 관한 법률시행령 개정(2011.01.14시행)

1. 제안 이유

가맹희망자 및 가맹점사업자의 권익을 보호하기 위하여 가맹본부가 정보공개서 등록 신청

시에 제출하여야 하는 서류에 가맹계약서 양식 사본 등을 추가하고, 정보공개서 신규등록 처리기간을 14일에서 30일로 조정하며, 가맹계약서 기재사항에 가맹본부의 지식재산권 유효기간 만료 시 조치사항 등을 추가하고, 가맹점사업자가 자격취소 등 그 시정이 불가능한 행정처분을 받은 경우에는 가맹본부가 그 가맹계약을 해지할 수 있도록 하는 등 현행 제도의 운영상 나타난 일부 미비점을 개선·보완하려는 것이다.

2. 주요내용

❶ 정보공개서 등록 신청 시의 제출서류 추가 및 처리기간 조정(안 제5조의2)

- 현행 정보공개서 등록 신청 시에 제출하는 서류가 너무 간략하고, 등록 처리기간이 실제 업무 처리기간에 비하여 지나치게 짧아 정보공개서 심사가 형식적으로 진행되는 문제점이 있음

- 정보공개서 등록 신청 시에 제출하여야 하는 서류에 가맹계약서 양식 사본, 임직원수를 확인할 수 있는 서류 등을 추가하고, 정보공개서 신규등록 처리기간을 14일에서 30일로 연장함

- 정보공개서 내용 및 등록심사가 내실화됨에 따라 보다 충실하고 정확한 정보가 가맹사업 관련자에게 전달될 수 있을 것으로 기대됨

❷ 가맹계약서 기재사항 추가(안 제12조)

- 현행 가맹계약서의 기재사항에는 가맹사업 당사자의 권리·의무에 관한 일부 중요 사항이 빠져 있어 분쟁 발생 시 그 해결책을 판단하기 어려운 문제점이 있음

- 가맹본부의 가맹사업 양도 시 종전 가맹점사업자와의 계약에 관한 사항 및 가맹본부의 지식재산권 유효기간 만료 시 조치사항을 가맹계약서의 기재사항으로 추가함

- 가맹본부와 가맹점사업자 간에 권리 등에 관한 분쟁이 발생하였을 때 보다 신속하게 해결할 수 있을 것으로 기대됨

❸ 가맹본부의 가맹계약 해지사유 명확화(안 제15조)

- 가맹본부의 가맹계약 해지사유에 관한 현행 규정은 그 일부 내용이 불분명하여 이를 명확히 규정할 필요가 있음

- 가맹점사업자가 자격취소 등 그 시정이 불가능한 행정처분을 받은 경우에는 가맹본부가 그 가맹계약을 해지할 수 있도록 하고, 가맹점사업자가 1년 이내에 동일한 계약 위반행위를 반복할 경우에도 가맹본부가 그 가맹계약을 해지할 수 있도록 함
- 가맹본부가 가맹계약을 해지할 수 있는 사유를 보다 명확하게 규정함으로써 가맹사업 당사자의 분쟁 발생을 사전에 방지할 수 있을 것으로 기대됨

❹ 정보공개서 기재사항 추가 및 변경등록기한조정(안별표1, 안별표1의2 신설)
- 현행 정보공개서에는 가맹희망자가 반드시 검토하여야 할 가맹계약 위반 시 손해배상에 관한 정보 등이 빠져 있고, 상당수 가맹본부가 재무제표의 작성 등으로 인하여 정보공개서 정기 변경등록 기한을 준수하지 못하는 문제점이 있음
- 정보공개서 기재사항에 가맹계약 위반 시 손해배상에 관한 사항, 가맹본부 영업비밀에 관한 사항, 목적별 광고판촉비용 분담비율에 관한 사항 등을 추가하고, 정보공개서 정기 변경등록 기한을 매 사업연도 종료 후 100일에서 120일로 연장함
- 가맹본부가 가맹희망자에게 보다 충실한 정보를 제공하게 됨으로써 가맹계약 체결이 보다 공정하게 이루어지고, 가맹본부의 정보공개서 변경등록 부담이 완화되어 보다 자유로운 경영활동이 보장될 것으로 기대됨

❺ 정보공개서

1. 정보공개서 목적

정보공개서는 가맹희망자에게 실효적인 정보공개서를 제공하고 가맹본부의 업무편의를 높이며 나아가 가맹사업의 공정한 거래관행이 정착되게 함을 목적으로 하고 있다.

2. 정보공개서 작성원칙

❶ 정보공개서는 가맹희망자나 가맹점사업자의 입장에서 읽기 쉽도록 명확하면서도 구체적으로 작성되어야 한다.
❷ 정보공개서는 읽는 사람의 이해를 쉽게 하기 위하여 표, 그림, 그래프 등 시각적 효과를

높이는 도구를 가능한 한 많이 사용하고 중요한 내용은 별도의 색상, 글꼴, 글씨 크기 등으로 작성하여야 한다.

③ 정보공개서의 내용 중 사실과 가맹본부의 의견(전망, 예상, 추정 등을 포함한다)은 분리하여 작성하여야 한다.

④ 정보공개서는 기재사항 순서대로 작성하여야 한다.

3. 정보공개서 양식

정보공개서의 표준양식은 다음과 같으며, 정보공개서의 표준양식은 가맹본부 또는 가맹본부로 구성된 사업자단체에 그 사용을 권장하고 있다.

공정거래위원회 가맹사업거래(http://franchise.ftc.go.kr)의 홈페이지를 활용하며 다양한 서식과 관련 법령 등 다양한 정보들과 현재 정보공개서 등록상황이나 정보들을 접할 수 있다.

6 표준계약서

1. 표준계약서의 목적

표준계약서는 외식업을 운영하는 가맹사업에 있어서 가맹본부와 가맹점사업자 간에 공정한 계약조건에 따라 가맹계약(프랜차이즈계약)을 체결하도록 하기 위한 표준적 계약조건을 제시함에 그 목적이 있다.

2. 표준계약서의 양식

표준계약서의 양식은 다음과 같으며, 표준계약서에는 외식업 가맹사업의 운영에 있어서 표준이 될 계약의 기본적 공통사항만을 제시하였으므로 실제 가맹계약을 체결하려는 계약당사자는 이 표준계약서의 기본 틀과 내용을 유지하는 범위에서 이 표준계약서보다 더 상세한 사항을 계약서에 규정하거나 특약으로 달리 약정할 수 있다.

또한 이 표준계약서의 일부 내용은 현행 「가맹사업거래의 공정화에 관한 법률」 및 그 시행령을 기준으로 한 것이므로 계약당사자는 이들 법령이 개정되는 경우에는 개정내용에 부합되도록 기존의 계약을 수정 또는 변경할 수 있으며 특히 개정법령에 강행규정이 추가되는 경우에는 반드시 그 개정규정에 따라 계약내용을 수정하여야 한다.

공정거래위원회 가맹사업거래(http://franchise.ftc.go.kr)에서 법령 및 제도를 클릭하면 관련 표준계약서 양식이 나오므로 잘 활용하면 된다.

 **프랜차이즈 외식가맹점 창업**

① 프랜차이즈 시스템 창업 시 장단점과 창업과정

1. 프랜차이즈 가맹본부의 장단점

(1) 프랜차이즈 가맹본부의 장점

❶ 소규모 조직으로 큰 위험 부담 없이 단시간에 전국적·국제적인 광범위한 규모의 가맹점 확보가 가능하며, 이윤획득을 할 수 있다.

❷ 가맹본부의 상호나 상표 등의 브랜드 이미지에 대한 가치를 단시간에 큰 투자부담 없이 제고시킬 수 있다.(가맹점주의 자질이나 우수한 인재의 확보에 의해 브랜드 이미지 향상효과 가능)

❸ 직영점 운영에 필요한 직원만 있으면 운영이 가능하고 가맹점 운영은 별도의 직원 없이 운영이 가능하므로 직원관리가 용이할 뿐만 아니라 고용한 점장보다는 가맹점사업자의 높은 관리의욕과 판매능력향상을 기대할 수 있다.

❹ 가맹점 운영은 그 지역 사정에 익숙한 사람이 운영을 할 수 있어 효율적이다.

❺ 전반적인 환경조건을 체크하면서 가맹점 모집을 유동적으로 할 수 있다.

❻ 가맹비나 로열티를 확보할 수 있어 사업운영을 보다 안정적으로 영위할 수 있다.

⑦ 다점포화를 통한 구매력증대와 물류비용의 감소 등을 통한 규모의 경제실현으로 가격 경쟁력을 증가시킬 수가 있다.

⑧ 생산과 유통 면에 있어서 규모의 이익이 발생되며 합리화와 상승효과를 활용한 경영상의 유효한 효과가 증대된다.

⑨ 마케팅의 정보활용력의 증대와 고효율의 광고, 판촉효과를 기대할 수 있다.

(2) 프랜차이즈 가맹본부의 단점

❶ 직접적인 통제의 어려움과 지속적인 관리(지도, 원조 등)를 위해 비용과 노력이 필요하다.(슈퍼바이징 시스템 운영, 광고, 홍보, 메뉴개발 등)

❷ 가맹점에 대한 지속적인 지도와 원조는 차후 경쟁자를 양산할 수 있다. 가맹점 운영을 통해 노하우와 경험을 축적시킨 가맹점주가 독립하기도 하고 최적의 입지와 상권에 위치한 영업실적이 좋은 가맹점의 경우 가맹본부의 지시에 잘 따르지 않으려는 경향이 있다. 실례로 노하우를 습득한 후 계약종료가 되면, 유사 본사로 독립을 하거나 고의적으로 가맹점의 내부관리를 미흡하게 하여 브랜드 이미지를 실추시키고 부실을 초래하는 등 가맹본부와의 트러블을 야기하여 폐점키도 하며, 또 심지어는 타 브랜드로 상호변경을 하겠다는 협박까지 하는 경우도 있다.

❸ 가맹점의 물품대금이나 판촉대금 등이 회수되지 않아 부실채권이 발생하기 쉽다. 이는 가맹점이 많을수록 미수금액이 클 수가 있다.

❹ 가맹본부가 투자효율성에 치중하여 운영하기 쉽고 수익성을 위해 직영점 운영을 기피하는 현상이 나타날 수 있다.

❺ 가맹본부와 가맹점 간의 의사소통 문제나 불신이 소송으로 이어지는 경우가 많아 시간적, 금전적인 손실을 초래, 프랜차이즈 사업에 전념할 수 없는 경우도 있다.

❻ 가맹점에 대해 지속적인 교육과 관리(품질, 서비스 등의 매뉴얼)를 해야 하며 물류 관련 사항이나 인테리어시설, 비품, 물품, 소모품 등에 의견대립이 빈번하게 발생할 수 있다.

❼ 매출액에 따른 로열티를 정할 경우 매출액 누락이나 세금기피 현상으로 관리가 쉽지 않아 평당 로열티를 산정하기도 한다.

❽ 부진점이나 불량점에 대한 처리의 제한성과 가맹점에 대한 철저한 경영과 관리의 제한성이 있다.

⑨ 브랜드가 추구하는 동일한 이미지를 유지하는 데 한계성이 있다.

⑩ 가맹점운영을 통한 이익이 직영점의 이익보다 낮은 경우에 대한 대응책의 한계성이 있다.

2. 가맹점 창업의 장단점

(1) 프랜차이즈 가맹점의 장점

❶ 가맹본부에서 정해준 규정대로만 영업하면 되기 때문에 특별한 사업경험이나 능력이 없어도 점포운영이 가능하며, 사전에 기존 점포 방문 등으로 검증을 할 수 있어 실패 위험성이 적고 안정적이다.

❷ 가맹본부의 시스템과 축적된 노하우로 제품을 개발, 공급하기 때문에 실패 위험이 적다.

❸ 다변화 시장에 대처하기 위해 가맹본부에서 지속적으로 신제품(메뉴)을 개발하고 불황을 타개할 수 있는 대책을 강구해 준다.

❹ 개업 초기에 예상되는 재고부담(패스트푸드점의 경우 대량으로 일회용 포장 소모품을 전부 제작해야 하나 가맹점 시 필요 수량만큼만 주문 가능)과 제품(메뉴)의 신빙성 정도를 걱정할 필요가 없다.

❺ 가맹본부에서 일괄적으로 영업, 광고, 판촉 등을 지원하므로 개별 판촉보다 큰 효과를 거둘 수 있고 처음부터 지명도가 높은 효과적인 점포운영이 가능하기 때문에 곧바로 매출과 직결되고 아이템에 따라 다르지만 투잡도 가능하다.

❻ 점포설비와 집기비품 등을 가맹본부에서 일괄 구입하여 설치하기 때문에 경비절감의 효과를 얻을 수 있고 소액투자가 가능하다.

❼ 가맹점주는 법률, 세무회계, 영업 외의 행정업무, 매장 디스플레이 등 경영에 관한 지도를 가맹본부로부터 받을 수 있다.

❽ 단일 가맹점으로 성공하면 또 다른 가맹점을 경영할 수 있기 때문에 여러 개의 가맹점 소유가 가능하다. 패스트푸드 프랜차이즈인 L브랜드의 경우 한 가맹점주가 동일한 브랜드의 8개 가맹점을 실제 운영하고 있다.

(2) 프랜차이즈 가맹점의 단점

❶ 가맹본부의 적극적인 지원·지도로 가맹점을 경영할 때 스스로 문제해결이나 경영 개선의 노력을 게을리할 수 있다.

② 동일시스템의 타 가맹점이 실패할 경우나 어느 특정가맹점에서 위생 등의 문제가 발생하게 되면 모든 가맹점의 신용이나 지명도 면에서 타격을 받을 수 있다.

③ 가맹본부가 운영능력을 상실하거나 여러 가지 사유로 사세가 기울 때 가맹점은 저절로 폐업하는 경우가 발생한다.(의사결정에 참여할 수가 없다)

④ 가맹본부규정이 마음에 들지 않거나 보다 좋은 아이디어가 있어도 반영이 힘들다. 하지만 최근 들어 일부 가맹본부는 가맹점주협의회를 거쳐서 의견반영을 요청해 올 경우 검토하여 반영을 하고 있다.

⑤ 판촉업무와 광고가 지역이나 지점의 특성에 맞는 광고나 영업활동이 이루어지지 않아 가맹점이 영업에 타격을 입을 수도 있다.(개별 가맹점보다는 전 가맹점에 초점을 맞추어 광고나 영업활동에 주력하므로)

⑥ 서로 이해가 상반되는 경우 상호 독립 사업가이기 때문에 가맹본부에서 가맹점주의 의사를 무시한다.

⑦ 계약서 내용 그대로 업무가 추진되기 때문에 가맹점사업자의 특별한 요구사항이나 조건 등에 대한 반영이 어렵다는 자율성이 결여되어 있다.

⑧ 계약기간의 제약, 즉 계약종료, 갱신 및 양도 등에 제약이 따른다.

3. 프랜차이즈 가맹점 창업 과정

프랜차이즈 가맹점으로 성공하기 위해서는 본인, 상품과 서비스, 시장, 가맹본부, 계약 등 반드시 아래와 같은 내용을 검토하고 평가해야 한다. 프랜차이즈 사업의 성공 여부는 창업하기 이전에 이미 여기에서 결정 난다 해도 과언이 아니기 때문에 주의 깊은 객관적 검토가 요구된다.

(1) 본인결정사항

❶ 자기 자신을 관리할 수 있고 자본과 노력을 투자해서 결코 후회하지 않을 것인가?

❷ 가맹본부에서 제공하는 이점(프랜차이즈 패키지)을 얻기 위해 본인의 주관을 포기할 수 있는가?

❸ 스스로가 직원이 되고 고객이 될 수 있는가?

❹ 가맹본부의 관리에 순응할 수 있으며 능동적으로 솔선수범할 수 있는가?

⑤ 동시다발적인 업무를 충분히 소화할 수 있는가?

⑥ 물질적, 육체적, 정신적으로 부족함이 없는가?

⑦ 친지나 주위사람으로부터 도움을 받을 수 있겠는가?

⑧ 외식분야의 경험이나 기술 또는 이론적 지식이 있는가?

⑨ 외식분야의 정보입수나 공부에 적극적인가?

⑩ 실패를 무릅쓰고 할 수 있는가, 성공이 눈에 보이는가?

(2) 상품(아이템) 결정

① 열의를 다해 일할 가치가 있고 제3자에게 아이템을 설명했을 때 긍정적인 반응인가?

② 상품(메뉴)이나 서비스에 대해 경쟁력(메뉴나 경쟁점에 대해서) 등 비교 검토하였는가?

③ 상품(메뉴)에 대한 보호나 의장, 서비스표, 상표 등과 같은 특허 관련 등록은 되어 있는가?

④ 성숙되는 상품(메뉴)인가, 성장되는 상품(메뉴)인가에 대해 검토하였는가?

(3) 시장결정 사항

① 관련 시장성이 점차 커지면서 경쟁점포에 비해 경쟁력이 있는가?

② 계절이나 시간에 제약을 받고 있는 업종은 아닌가?

③ 주변 배후지 세력이 흥하는 곳인가?

④ 주변 환경에 비해 유행아이템은 아닌지, 또는 라이프사이클이 짧지는 않은지 충분한 검토는 했는가?

(4) 가맹본부결정 시 검토내용

① 공정거래위원회에서 고시한 가맹사업거래의 공정화에 관한 법률 준수와 가맹본부에 대한 정보공개서(재무구조, 자본구조, 연간 매출액, 영업개시일, 직영점보유여부, 임원의 경력사항, 직원 수, 가맹점 수 등)와 계약서는 표준약관을 지키고 있는가?

② 가맹본부 설립연도와 법인회사인가, 개인회사인가, 평판에 대해서 확인했는가?

③ 회사의 지명도와 조직구성원(최소 5명 정도로 구매 및 배송담당자, 총무 및 경리담당자, 기획 및 마케팅담당자, 가맹상담 및 점포개발담당자, 점포관리 및 매뉴얼교육담당자)은 확인된 사실인가?

④ 각 가맹점의 평균매출액을 확인시켜 주는가?

⑤ 현재 운영체계와 향후 발전 방향이 뚜렷한가?

⑥ 충분한 연구개발 노력과 경쟁업체에 대한 정보 흡인력은 양호한가?

⑦ 1년간 기존가맹점의 폐점율과 인수인계 건은 몇 건인가?

⑧ 가맹본부직원이 가맹본부를 보는 견해가 합당한가?

⑨ 특정한 국가 또는 지방색을 보이거나 특수집단의 이미지는 없는가?

(5) 계약결정 사항

❶ 창업 준비 과정에서부터 경영지도에 이르기까지 모든 항목이 포함되어 있는가?

❷ 계약에 대한 독점 상권과 관련 규정 및 약관은 정확한가?

❸ 계약서 양식이 너무 간단하고 조잡하지 않은가?

❹ 가맹본부의 입장만 주장하는 일방적인 계약내용이 아닌가?

❺ 만약에 계약내용에 하자가 발생 시 보호받을 수 있는가?

❻ 회사의 광고 및 홍보활동, 기타 지원체제는 충분한가?

❼ 가맹본부가 제공하는 모든 지원 사항이 정확히 명시되었는가?

(6) 주의해야 할 프랜차이즈 가맹본부

❶ 소규모 자본투자로 엄청난 수익을 보장하겠다는 가맹본부

❷ 가맹점 희망자가 프랜차이즈 사업 내용에 대한 타당성 검토를 채 하지 않았음에도 불구하고 늦기 전에 시작해야 한다고 재촉하는 가맹본부

❸ 프랜차이즈 가맹본부의 총매출액과 이익금, 원가율, 매장위치 등에 대한 자료를 영업비밀이라고 하면서 공개하지 않거나 가맹점 희망자를 무시하는 가맹본부

❹ 파트타임이나 아르바이트로 운영 등 사업은 어렵지 않고 쉽게 돈을 벌 수 있다고 부추기는 가맹본부

❺ 회사경력이나 직원의 신상 등에 거부감을 보이는 가맹본부

❻ 피라미드 조직이나 네트워크 시스템을 운운하는 가맹본부

❼ 가맹점 가입 시 가맹비, 로열티가 아주 싸거나 없는 가맹본부(삽인삽 전문 가맹본부일 경우 식재료, 양념소스에서 수익을 창출하기 때문에 가맹비와 로열티가 없는 경우가 있음)

❽ 상권보장기능이 애매모호하거나 짧은 기간 내에 복수 브랜드를 출시하거나 한 업력이 있는 가맹본부

최근 잘되고 있는 유행아이템을 쫓아다니는 경우, 최근 잘되고 있는 유행아이템을 쫓아다니는 경우, 사업설명회에 연예인 등을 동원하는 경우, 무조건 모집에만 열중하는 영업사원을 활용하고 있는 경우, 노하우가 없는 경우, 신메뉴 개발과 마케팅전략 등 가맹본부의 기능을 제대로 못하는 경우 등을 들 수 있다.

참고로 예를 들어보면 1980~1990년대는 생맥주전문점들이 호황을 누렸으나, 그 당시 유명했던 점포들을 지금은 거의 찾아볼 수가 없을 정도다. 그렇다고 호프를 즐기는 소비자가 줄어든 것도 아닌데 이는 시대의 흐름을 잘 파악하지 못하고 적응하지 못했을 뿐만 아니라 메뉴개발이나 인테리어감각 등에 대해서도 전혀 노력하지 않았기 때문에 고객들이 외면하게 된 단적인 예가 되겠다.

(7) 계약체결 전 확인사항

가맹점 창업을 위한 계약단계에서도 마지막으로 다음의 사항들을 점검해볼 필요가 있다.

❶ 프랜차이즈는 매뉴얼 사업이므로 매뉴얼이 있는지 확인했는가?

❷ 외식업표준약관을 적용한 계약서와 정보공개서를 사전에 확인하고 충분한 검토를 하였는가?

❸ 상표나 서비스표 등 특허 관련 등록이나 출원이 되었는지 확인했는가?

❹ 가맹본부가 직영점을 운영하고 있으며 가맹점에 대한 지속적인 교육을 하고 있는지 확인을 했는가?

❺ 가맹본부 조직구조와 슈퍼바이저의 활동여부를 확인했는가?

❻ 영업 중인 기존 가맹점을 세 곳 이상 방문하여 가맹본부와의 상담내용이 일치하는지 확인을 하였는가?

(8) 계약체결 시 주의사항

가맹사업의 참여결정은 계약서 작성 시점이 된다. 따라서 계약서를 작성하고 서명하기 전에 최종적으로 반드시 체크를 해보아야 한다.

❶ 계약서 작성 시 확인해야 할 사항

• 가맹 시 내야 하는 가맹비, 보증금, 기타비용에 관한 사항은?

• 개점 전 필요한 자금 및 운영 규모는 파악되었는가?

- 비용의 금액 또는 산정 방법에 타당성이 있는가?
- 가맹비, 보증금, 비품대, 기타비용의 성격은?(점포임차비용, 인테리어비용, 초도상품비, 마케팅, 광고 등에 투자해야 할 자금은 얼마인지)
- 가맹본부가 지원하는 항목의 비용은 누가 지불하고 있는가?
- 입지선택, 계약지원, 점포 임차에 관한 선택권과 인테리어, 서비스 및 유지보수에 관한 계약 등의 구체적인 항목은 어떤 것(징수시기와 징수방법)이 있는가?
- 가맹점 점포임차 및 시설설치 등에 대해 가맹본부의 금융지원방법은?
- 비용이 반환되는 것일 경우, 반환조건은?
- 가맹본부가 제시하는 가맹점 예상수익(원가율 등 산출근거의 타당성)은?
- TV, 라디오, 신문, 잡지 등을 이용한 매스컴 광고 횟수는 어느 정도인가?
- 월간 슈퍼바이저의 점포방문 횟수와 판촉비 배분은 어느 정도인가?

❷ 가맹점사업자에게 상품을 판매하는 조건에 관한 사항

- 가맹점사업자에게 판매하는 식재료나 관련 상품의 종류(상품 및 서비스에 제약이 따르는가)는?
- 가맹점이 판매할 상품 구매가격에 경쟁력이 있는가?
- 판매메뉴 선택권은 누가 갖고 있는가?
- 상품대금 결제방법은?
- 가맹본부가 제공하는 상품 및 서비스에 대한 일정지역의 독점권은 보장받았는가?

❸ 경영지도에 관한 사항

- 조리, 서비스 등에 대한 전반적인 교육이 이뤄지고 충분히 인지시켜 주는가?
- 교육의 내용은 가맹점 운영전반을 이해하는 데 도움이 될 만큼 실질적인가?
- 경영지도는 지속적으로 이루어지고 있는가?
- 가맹점 관리 차원의 지원 항목은?(정기적인 매장방문 및 지도, 매뉴얼제공, 신메뉴 개발 제공, 각종 양식제공, 고객관리 매뉴얼 제공 등의 여부)
- 가맹본부가 상품정보, 회사경영 방침, 시장정보 등을 지속적으로 가맹점에 제공하는지?
- 우수가맹점 포상제도나 지원하는 보험(화재보험, 교통사고 관련 보험, 식중독예방, 제조물 책임법 관련 보험 등)의 여부는?
- 다른 가맹점과 정보 및 의견 교환할 수 있는 프랜차이즈 가맹본부 차원의 정기적인 회의(가맹점주 회의, 가맹점주 협의회)가 있는지?

④ 가맹점주가 사용할 상표, 상호, 기타의 표시에 관한 사항

- 가맹점주가 사용할 상표, 상호, 캐릭터, 기타 표지는?(사용에 관한 제한 규정이 합리적인지?)
- 사용조건이 있을 경우에는 그 내용은?
- 상표등록이나 서비스표, 의장 등 보호 장치는 되어 있는지?

⑤ 계약기간 및 계약의 갱신, 해제에 관한 사항

- 계약기간은 몇 년이며 규정의 명시는?
- 가맹점 양도 및 매매 시 프랜차이즈 가맹본부에 거부권이 있는가?
- 계약당사자가 직접 운영해야 하는가?
- 계약갱신과 해제의 조건 및 절차는?
- 계약해제로 인하여 발생하는 손해배상금의 지급여부와 기타 의무 사항이 있는지?
- 가맹점사업자가 계약서에 서명날인한 이후부터 실제사업 개시까지 소요되는 비용과 시간은?

⑥ 가맹자로부터 정기적인 징수비용에 관한 사항

- 정기납입금의 부과여부와 비용 산정방법은?
- 상호사용료, 경영지도료, 기타비용의 성격은?
- 징수시기와 징수방법은?
- 프랜차이즈 가맹본부가 제공하는 교육 프로그램은 있는가?(교육내용과 교육비 부담은 가맹본부인지 가맹점인지)
- 로열티는 지속적으로 지불해야 하는가?(동업종의 로열티와 비교)

⑦ 기존 가맹점을 방문하여 체크할 사항

- 투자비 내역과 점포운영에 필요한 직원 수는?
- 실제 매출액 및 마진율은?
- 브랜드 및 가맹본부에 대한 신뢰도는?[오픈 전 상권분석, 오픈 관련 체계적인 오픈스케줄 관리 등, 오픈 후 지원 및 사후관리(식재료 공급, 마케팅, 상권보호, 교육, 하자나 반품, 신규 메뉴개발 등)]

② 우수본부 선별과 피해유형사례

1. 우수본부 선별

❶ 하청업체, 납품업체, 거래은행, 가맹점 등을 통해 가맹본부의 신뢰도, 운영 노하우 등을 확인과 가맹계약서 및 정보공개서를 반드시 확인하고 꼼꼼하게 살펴보아야 한다.

❷ 직영점이 있는지 확인이 필요한데 많을수록 좋다. 이는 가맹본부의 재무상태가 양호하고 사업아이템에 수익성이 있다는 증거인 동시에 주요 수입원이 될 수 있으므로 보다 안전하다.

❸ 가맹점 수가 많을수록 성공확률이 높은 만큼 확인이 필요한데 최소 20개 이상은 되어야 한다.(지나치게 많으면 치열한 경쟁과 신규개설의 부진으로 가맹본부의 제2브랜드 개발에 치중할 수 있으므로 검토가 필요)

❹ 제품개발과 센트럴키친, ISO(국제표준화기구), HACCP 등과 같은 식품위생 관련 규정의 제조시설로 안정적인 제조, 유통물류 라인이 구축되어 있는지 확인해야 한다.

❺ 가맹점 지원·관리를 위한 종합 매뉴얼이 있는지 체크가 필요하고 점포관리를 위한 슈퍼바이저 활동여부 등 가맹점을 방문하여 계약내용대로 지켜지고 있는지 직접 체크를 해야 한다.

❻ 가맹비나 로얄티가 없다는 말에 현혹되지 말고 단기간에 떼돈 벌려는 사업은 망하기 쉬우므로 모집광고를 지나치게 많이 하는지 확인한다.(우수 프랜차이즈 가맹본부는 브랜드 인지도향상을 위해 투자를 하고 가맹점모집광고보다는 제품광고를 주로 한다.)

❼ 급부상하는 신종업종은 추이를 지켜본 후 판단하고 개점 시 무엇을 얼마나 지원해주는가 체크한다.

❽ 관련 법규가 없어 제재가 예상되는 신흥업종은 피한다.

❾ 여러 개의 가맹 브랜드를 운영하고 있는 등 유행을 쫓아가며 신규 브랜드를 마구 늘리거나 계약직 영업사원들을 동원해서 가맹점을 모집하는 가맹본부를 주의해야 한다.

❿ 지역상권 내 독점영업권을 주는지 확인하고 복수브랜드를 출점하는지도 알아보아야 한다.

⓫ 기존 브랜드가 포화되어 관련 있는 안을 내세워 유사 브랜드를 출시한 경험이나 할 우려가 없는지 확인을 해야 한다.

⑫ 계약체결 전에 가맹본부에 요구할 수 있는 정보와 자료는 최대한 요구하여 검토하여야 하며 계약 시에는 특약사항이나 구두약속 등을 반드시 서면으로 기재하여야 한다.

⑬ 업종과 업태도 중요하지만 가맹본부의 능력이 더 우선이 되어야 한다.

가맹점 창업 시 우수한 가맹본부를 선정했을 경우에는 사업성공의 지름길이지만 그렇지 못할 경우 고전을 면치 못한다. 가맹점이 주로 망하는 가장 큰 이유는 가맹본부를 잘못 선택하는 경우와 상권분석·입지분석이 잘못된 경우로 동네상권에 분식점이 아닌 고급 스파게티 전문점을 창업하는 경우가 단적인 예가 되겠으며, 또 점포의 목이 좋지 않은 경우와 가맹점주의 운영능력부족 등을 들 수가 있겠다.

2. 가맹점 가입에 따른 피해유형

① 계약금을 노린 사기로 고수익 보장, 최대, 최고, 마지막 기회라고 감언이설 및 판매와 운영은 가맹본부가 알아서 해준다는 경우

② 가맹본부가 고의로 도산하고 다른 업종으로 재창업하는 경우

③ 가맹본부의 총체적 부실

④ 가계약 시 낸 가맹비의 착복

⑤ 과다한 가맹비

⑥ 시공상의 하자와 과다비용 징수

⑦ 해약 시 보증금의 착복

⑧ 안 팔리거나 하자 있는 제품 떠안기기

⑨ 반품거부 및 늑장처리

⑩ 번번이 늦는 제품공급

⑪ 보장받지 못하는 독점 영업권(상권 미보호)

⑫ 인력지원 불이행 및 비전문가 파견

⑬ 일방적인 해지조항

⑭ 융통성 없는 결제기한

⑮ 상권분석 실패 및 권리금 장난

⑯ 너무 높게 제시하는 예상 수익

⑰ 전문화된 관리지원 조직의 부재

⑱ 부실한 교육과 신상품 개발의 미비

⑲ 브랜드 홍보를 전혀 하지 않거나 판촉활동의 미비

⑳ 부가 비용이 발생하는 행사를 자주하거나 이런저런 명목의 비용을 자주 요구

㉑ 다른 브랜드로 유사 아이템의 새로운 사업전개나 같은 직원이 여러 브랜드를 관리하는 경우

3. 프랜차이즈 분쟁의 효과적인 대처요령

가맹본부나 가맹점을 경영하다 보면 가맹본부와 가맹점주 간에 분쟁이 일어나는 경우가 많이 발생하게 되는데 양자 간 이해의 대립이나 프랜차이즈에 대한 이해 부족 등으로 여러 가지 분쟁 요인이 발생되고 있다.

분쟁 대상을 살펴보면 주로 가맹본부의 지원에 대한 문제, 인테리어나 비품, 기물에 대한 문제, 배송품의 하자나 반품문제, 배송품에 대한 결제나 상권구분에 관한 문제, 예상매출이 달성되지 않는 경우, 사후관리의 미비 등이 있다.

이러한 문제를 해결하는 방법으로는 공정거래위원회에서 고시한 가맹사업거래의공정화에 관한 법률을 준수하는 가맹본부인지 계약서는 표준약관을 지키고 있는지를 반드시 확인하고 아래 사항들을 체크해나가야 한다.

❶ 계약서상의 분쟁을 예방하기 위해서 가맹계약서를 꼼꼼하게 읽어보면서 의문시되는 점은 반드시 확인을 하고, 분쟁예상 항목에 대한 해결책 등을 구체적으로 명기하여 사전에 그 대책을 반드시 마련한다.

❷ POS시스템을 구축하면 데이터에 의한 거래 물품과 반품의 여부, 운영(매출, 고객층 등), 마케팅의 효율적 관리가 가능하므로 보다 효과적이다.

❸ 물류 배송에 대한 시스템, 즉 물류 관련 내용을 치밀하게 구축하여 운영으로 인한 분쟁의 여지를 최소화하거나 물류 관련 계약서를 보다 구체화(배송장소, 배송일자, 배송시간, 배송방법 등)하여 계약을 한다면 효과적이다.

❹ 프랜차이즈 가맹본부는 브랜드 이미지 향상을 위해서 계속적이고 적극적인 활동을 전개해야 한다. 즉, 지역사회에 기여할 수 있는 사업이나 친환경적인 사업에 적극적으로 참여하거나 획기적인 판촉기법을 전개하는 등 꾸준한 브랜드 홍보와 광고를 해야 한다.

⑤ 가맹점의 효과적 관리를 위해 관련 프로그램을 지속적으로 관리하고 개발해야 한다. 이러한 체계적인 전산프로그램을 이용한 데이터분석을 통하여 보다 효과적인 대처나 전개가 가능해진다.

⑥ 기존 메뉴나 점포전개 등 전반적으로 정체시기에 돌입하고 있다고 판단되거나 포화상태에 직면하고 있다면, 기존점포를 재단장하거나 신규메뉴를 도입, 기존 점포를 재활용할 수 있는 제2브랜드를 출시하는 등과 같이 새로운 활력소를 통해 정체국면을 정면 돌파해 나갈 수 있는 능력이 우선시되므로 그러한 능력을 갖춘 가맹본부를 선택해야 한다.

또, 아무리 계약서를 잘 작성하고 대처요령을 활용하였다 하더라도 계약내용대로 이행되지 않을 때는 법적으로 대응할 수밖에 없는데 먼저 가맹본부와 가맹점이 최대한 타협하여 스스로 해결방법을 찾도록 하는 것이 최선의 방법임을 알아야 한다. 실제로 개인이 기업을 상대로 법적 절차를 밟는다는 것이 그리 쉬운 일은 아니며, 대부분의 계약서가 가맹본부에 유리하게 작성되어 있기 때문에 사전에 공정거래위원회에서 고시한 외식업표준약관을 사용하는 가맹본부와 계약을 하도록 한다.

분쟁 발생 시 관련 기관이나 언론기관과 소비자 보호단체에 호소한다든지 해야 하며 계약 분쟁 및 피해 시 도움이 되는 공공기관은 한국공정거래조정원(www.kofair.or.kr, 1588-1490), 가맹사업거래(www.franchise.ftc.go.kr, 02-2023-4010) 등이 있다.

4. 프랜차이즈 산업의 발전과제

50여 년 안 되는 짧은 프랜차이즈의 역사와 법적·제도적 장치가 미비한 가운데도 불구하고 지금까지 우리나라 외식프랜차이즈 산업은 놀랄 만한 속도로 발전을 거듭해 왔으며 경제발전에도 큰 기여를 하고 있다. 앞으로 외식프랜차이즈 산업의 질적 성장을 위하여 다음과 같은 핵심역량을 강화하기 위해서 노력하여야 할 것이다.

(1) 확실한 브랜드 이미지 확립

롯데리아나 놀부, 원할머니보쌈, BBQ와 같은 몇몇 대형 브랜드를 제외하고는 패스트푸드, 패밀리레스토랑, 피자업계에서 국내 고유 브랜드를 찾아보기 힘들다. 이처럼 한국은 경영관리에 있어서 브랜드 관리 및 브랜드 홍보 차원의 관리가 선진국에 비하여 많이 떨어지는 상황에서 좀 더 브랜드 관리에 투자를 해야 할 것이다. 앞으로의 글로벌화에 있어서 브랜드의 위력은 더욱더 높은 차원의 힘을 발휘할 것으로 예상된다. 즉, 맥도날드와 코카콜라가 미국을 대변하듯 몇 개의 세계적인 브랜드가 그 나라의 위상과 권위를 대변해 주는 시대에 살고 있는 것이다. 그러므로 우리 고유의 브랜드가 세계적인 브랜드로 발전할 수 있도록 부단한 노력이 필요할 것이다.

(2) 체계적인 교육 및 시설 확충

외식 프랜차이즈 산업에서는 서비스의 중요성에 대한 업체의 인식은 높지만 이에 따른 교육 수준은 매우 낮은 편이다. 서비스는 시설적인 면도 중요하지만 고객에게 감동을 주는 서비스는 사람에게서 온다고 할 수 있을 만큼 무엇보다도 체계적인 교육이 중요하다. 세계 어디에서나 똑같은 양질의 가치 있는 음식과 서비스를 제공할 수 있는 것, 그리고 세계 어디서나 똑같이 직원 한 사람 한 사람에게 무한한 자기성장의 기회를 제공할 수 있는 것이 곧 교육이 가지는 힘인 것이다. 그러므로 매장운영 방식, 고객만족 및 가치의 서비스 정신, 장비관리 기술, 리더십, 경영기획에 이르기까지 각 단계별로 다양하고 완벽한 교육이 이루어져야 한다. 이처럼 직원들의 만족이 결국은 고객의 만족으로 이어진다는 사실을 직시해야 할 것이다.

(3) 외식프랜차이즈의 차별화

해외 브랜드의 유입으로 인한 과도한 경쟁이 이루어지는 만큼 단순히 선진 외식기업의 브랜드를 모방만 하는 차원에서 탈피하고 차별성을 창출하여 국제 경쟁력을 갖추어야 할 것이다.

위의 내용들도 중요하지만 앞으로 외식프랜차이즈산업이 보다 높은 이익창출과 장기존속을 하기 위해서는 무엇보다도 외식프랜차이즈 가맹본부와 가맹점 간의 긴밀한 관계유지도 절실히 요구된다. 그러므로 가맹본부와 가맹점들 간의 관계만족에 대한 인식이 재정립되어야 할 것이다.

5. 외식 프랜차이즈 산업의 현황과 발전방향

(1) 외식 프랜차이즈 산업의 현황과 성장요인

우리나라에 프랜차이즈가 도입된 이래 지금까지 비약적인 발전을 이룩하였다. 특히 외식분야의 프랜차이즈 산업은 전체 프랜차이즈 산업에서 큰 비중을 차지하며 괄목할 만한 양적·질

적 성장을 거듭해 오고 있다. 공정거래위원회의 2020년 정보공개서 등록기준에 의하면 국내 프랜차이즈 가맹본부 5,602개 중 4,208개, 즉 74.5%가 외식업종으로 조사되었다. 가맹점수 또한 129,126개로 전체 가맹점수 258,889개의 49.9%를 차지하고 있다.

표 2-4_ 가맹본부·가맹점·브랜드 수 증감표

구분	2015		2016		2017		2018		2019		2020		'15년 대비 증감률
	개수	증감율	개수	증감율	개수	증감율	개수	증감율	개수 (B)	증감율	개수 (B)	증감율	
가맹 본부	3,910	12.3	4,268	9.2	4,631	8.5	4,882	5.4	5,175	6.0	5,602	8.3	143.3%
브랜드	4,844	13.0	5,273	8.9	5,741	8.9	6,052	5.4	6,353	5.0	7,094	11.7	146.4%
가맹점	218,997	5.2	230,955	5.5	243,454	5.4	254,040	4.3	258,889	1.9	-	-	118.2%

그림 2-2_ 브랜드 및 가맹점 수 증감

🍔 그림 2-3_ 업종별 브랜드 수(좌) 및 가맹점 수(우) 비중

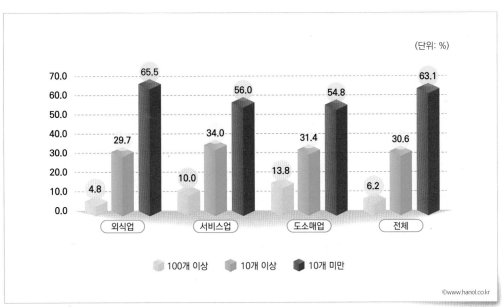

🍔 그림 2-4_ 업종별 가맹점수 분포

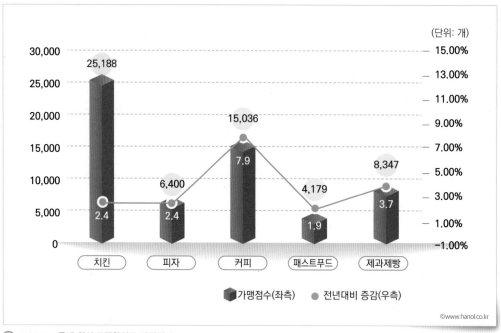

🍔 그림 2-5_ 국내 외식 프랜차이즈 가맹점 수

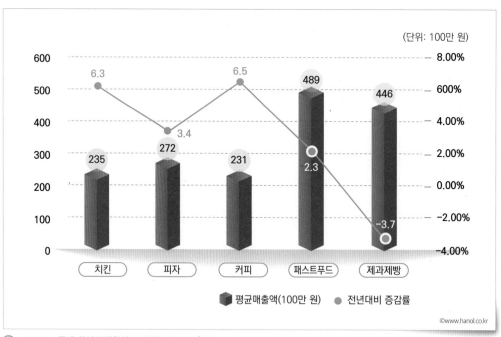

🍔 그림 2-6_ 국내 외식 프랜차이즈 가맹점 평균 매출액

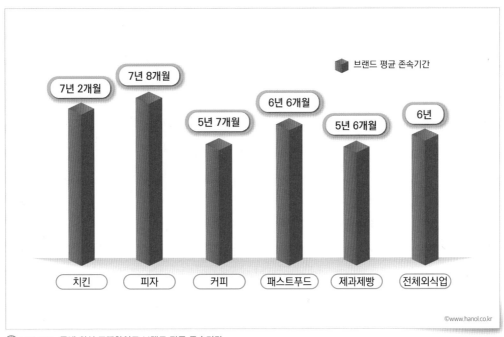

🍔 그림 2-7_ 국내 외식 프랜차이즈 브랜드 평균 존속기간

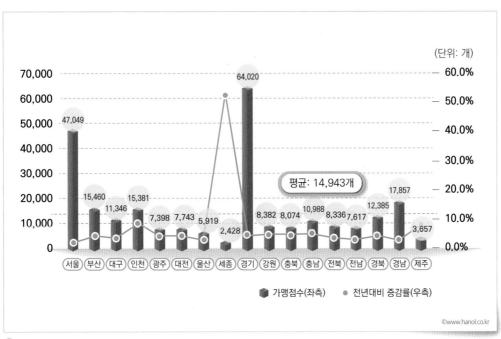

🍔 그림 2-8_ 국내 프랜차이즈 지역별 가맹점 수 현황

그러나 이러한 양적 성장에도 불구하고 질적인 면에서는 많은 문제점을 드러내고 있다. 아직도 많은 가맹본부가 프랜차이즈에 대한 기본적인 개념도 없이 단지 장사가 잘되니까, 남들이 다 하니까, 많은 돈을 벌 수 있을 것 같아서 무작정 프랜차이즈 사업에 뛰어드는 경우가 다반사다. 상황이 이렇다보니 프랜차이즈 가맹본부에서 기본 시스템이나 매뉴얼조차도 없이 주먹

구구식으로 운영되는 것이 당연하고 그 피해는 고스란히 가맹점으로 돌아가게 되는 것이다. 물론 가맹점 또한 충분한 사전 조사 없이, 외식업에 대한 막연한 희망을 품고 가맹계약을 맺는 경우가 많다보니, 자신이 경영주체임에도 불구하고 어떠한 문제나 난관에 봉착했을 때 모든 책임을 가맹본부에 떠넘기는 경우를 많이 보게 된다.

그럼에도 불구하고 대기업과 외국계 브랜드의 외식 프랜차이즈 사업 진출과 질적인 성장을 이룩한 우수한 외식가맹본부의 증가, 가맹사업거래의 공정화에 관한 법률 등 제도적 장치 강화, 예비창업자들의 수준 향상 등으로 질적인 성장도 이루어지고 있는 실정이다. 나아가 성공한 국내 외식브랜드의 해외진출이 활발히 이루어지고 있어 앞으로 질적인 면에서의 성장도 가속화될 전망이다.

외식 프랜차이즈 산업이 성장할 수 있었던 가장 큰 요인은 프랜차이즈사업방식이 타 사업기법에 비해 장점이 많은데 가맹본부만의 자금이 아닌 각 가맹점사업자들이 창업자금을 투자하다보니 창업자금조달이 용이하였으며 성공한 사업모델로 가맹점을 모집하다보니 급성장이 가능하고 가맹점에 의한 위험분산이 가능하는 등 규모의 경제를 실현할 수 있었다는 것이다. 또 전문품에 대한 욕구가 강하였으며, 산업의 중심이 제조업에서 서비스업종으로 이동하였기 때문이다. 그리고 서비스업종 중 프랜차이즈 산업은 비중 있는 산업으로 비약적인 성장을 가져왔는데 그 배경은 가처분소득과 여성의 사회진출, 맞벌이 부부의 증가에 의해 외식 빈도도 급격하게 증가한 것이라고 할 수 있으며 여기에 컴퓨터를 통한 전산화와 인터넷으로 새로운 메뉴와 맛집 등의 외식정보의 확산과 공유는 더욱 빠른 촉매역할을 하였다. 또한, 편리성추구, 교육수준의 향상, 기술발전으로 중앙 공급식 주방시스템화, 중식시장의 성장, 신메뉴에 대한 젊은층의 호기심 등을 들 수 있다.

외식창업
실무지침서

Chapter *3* 아이템의
선정

01 아이템 선정의 개요

1 아이템선정의 방법

· 돈을 많이 벌 수 있는 업종·업태

· 위험부담이 낮은 안정적인 업종·업태

· 성장 잠재력이 있는 유망한 업종·업태 ——— 창업아이템으로 선정

· 지속적으로 운영이 가능한 업종·업태

· 시대흐름에 맞고 운영이 가능한 업종·업태

· 경쟁업체들의 무분별한 진입이 힘든 업종·업태

　창업을 하려고 계획을 세우다 보면 가장 힘들고 어려운 과제가 바로 아이템 선정과 입지 선정이다. 아이템 선정은 창업의 성패가 달렸다고 해도 과언이 아니므로 신중한 자세로 다양한 아이템과 관련된 정보와 자료를 검토하고 사업 타당성을 분석한 후에 결정을 하여야한다. 소자본창업의 경우 가장 중요한 것이 입지와 아이템, 가맹희망자와의 궁합이라고 할 수 있다.

　일반적인 외식업의 창업 같은 경우는 초보창업자나 비전문가들의 경우 아이템을 먼저 정하고 입지를 선정하는 경우가 많은데, 이것은 특히 외식업의 경우 대부분의 예비창업자들이 업종·업태 선정을 너무 쉽게 생각하기 때문이다. 이들은 대부분 창업시점에 가장 인기 있는 메뉴를 선택하거나 잘되고 있는 식당(지역에서 이름난 곳, 맛있는 곳, 전통이 있는 곳, 손님이 많은 곳 등) 혹은 소문(구전)을 근거로 그와 유사한 업종·업태를 선정하는 경우가 많다.

　그러나 외식업은 순간적으로 잘되는 업종이나 업태, 즉 아이템은 있지만, 지속적으로 잘되는 아이템은 있을 수 없기 때문에 히트아이템이라고 해서 무조건 성공할 것이라는 생각은 버려야 한다. 사업의 성패는 물론 아이템도 중요하지만 그 외 식당 운영의 전문성, 즉 경영자나 관리자의 능력 및 노력 여하에 달려 있기 때문이다.

　아이템개발은 우선 일상생활에서 부족하거나 아쉬움 점, 불편한 점을 개선하거나 색다른 먹거리에서, 저가나 고가전략에서 먼저 찾아보고 또 현재 트렌드를 반영하거나 틈새시장 공략의 가능성, 물류공급의 원활성, 부가메뉴개발의 용이성 등에서 찾을 수 있다고 하겠으며 더불어 라이프사이클, 시장성, 지명도, 지속성, 필요성, A/S, 가맹본부의 업력과 노하우 등도 검토를 하여야 한다.

여기에 덧붙여 결코 무시할 수 없는 것이 바로 사회 환경이나 입지적인 환경, 시대적인 환경이다. 일례로 최근 광우병을 시작으로 조류인플루엔자, 감염병(코로나19, 사스, 메르스, 원숭이두창), 기생충김치, 만두파동, 김치파동 등 예상치 못한 식품안전사고들로 인해 관련된 많은 식당들이 폐점 또는 큰 타격을 입었다.

최적의 아이템을 선정하기 위해서는 우선 체계적인 노하우 전수가 가능해야 하고 균일한 맛이나 일정한 메뉴의 생산이 가능해야 하며 지속적인 식재료의 공급이 가능하다는 것을 전제로 예비창업자인 본인의 현재 사정과 여건을 고려하여야 한다. 우선 본인의 주어진 환경, 성격, 체력, 전문성, 능력, 자금, 선호하는 아이템의 윤곽이 어느 정도 정리되고 나면 아이템의 수요성, 경쟁성, 수익성, 지속성을 분석해야 하며 분석결과에 따라 최종 아이템 선정이 이루어 질 것이다.

🍔 그림 3-1_ 아이템 선정순서

(1) 아이템 선정 시 체크 항목

❶ 음식점들도 각 업종·업태마다 적정 자금규모가 있으므로 본인의 자금규모에 맞는 아이템 중에서 선정을 해야 한다. 최소한 자기자본비율이 70% 이상은 되어야 하는데 그렇지 않고 많은 자금을 차용하여 무리하게 창업할 경우, 수익의 많은 부분이 이자비용으로 들어가 식당을 운영하는 데 흥미를 잃고 소홀하게 되는 경우가 있다.

❷ 본인의 생각이나 가치관, 나이, 성별, 체력조건 등을 따져 적성에 맞고 내가 좋아하는 메뉴로 선정을 해야 한다. 그렇지 않을 경우 아무래도 적극성이 떨어질 수밖에 없다. 일반적으로 한정식전문점은 남성보다는 여성이, 제과점&커피, 디저트 전문점은 젊은층이 운영하는 것이 효과적이다. 또한 연령이나 성별, 취향 등이 주고객층과 잘 어울리는 경영주라면 고객층의 빠른 심리파악으로 공감대형성이 가능하고 고객의 욕구에 빨리 대처해 나가는 등 점포를 보다 활성화시킬 수 있을 것이다.

❸ 가맹점이나 회원점으로 창업할 것인가, 독립점포로 할 것인가 결정해야 한다. 각 부분의 장단점을 분석하여 본인의 여건이나 적성에 맞추어 결정을 해야 한다.

❹ 주변의 유능한 식당경영주나 식당전문가, 외식전문컨설턴트에게 자문을 받으면 더욱 좋은데, 이때 식재료 납품업자, 인테리어, 주방의 설비나 기물 관련 납품업자처럼 영업을 목적으로 전문가 행세를 하는 비전문가들에 대한 주의가 요구된다.

❺ 내 주변에서 나에게 도움을 줄 수 있는 연관성이 있는 업종이면 더욱 좋겠다. 예를 들면 식재료 공급을 해준다든가, 식당이용 고객증가에 기여를 할 업체, 마케팅을 도와줄 광고사나, 기획사 등이 있으면 도움이 된다.

❻ 개인조직이냐 법인조직이냐를 생각해야 하는데 동업이 아니라면 우선은 개인조직을 하는 것이 바람직하다. 동업 시에는 반드시 동업계약서를 작성하여 발생할 수 있는 모든 사항에 대해서 기입해 두면 차후 문제발생 시 원만한 해결책이 될 수 있다.

❼ 사전에 창업할 업종·업태에 근무를 해보는 것이 좋으며, 철저히 수익성을 분석해야 한다.

❽ 불황 속 창업은 기본적으로 안정성이 우선시돼야 한다. 반짝 인기 아이템보다는 대중적이고 오랫동안 지속 가능한 창업아이템을 선정하는 것이 바람직하다.

❾ 최근 취업의 어려움으로 청년 실업자들이 창업시장으로 눈을 돌리고 있지만 시간이나 비용적인 부분에서 부담이 크다.

그렇기 때문에 이들은 소자본 창업이나 외식창업 아이템에서도 남녀노소 모두 좋아하는 간식 같은 부담은 적은 아이템, 푸드트럭, 전통시장 내의 청년창업지원제도를 활용한 청년창업 등을 선호한다.

아이템 선정에 가장 큰 영향을 미치는 요소는 트렌드라 할 수 있는데 장기간의 경기침체와 인력난, 각종 규제 정책의 강화, 기후환경 변화에 따른 원재료 수급의 이상현상, 인건비, 임대료 등의 상승으로 인한 원가 상승, 동종과 타업종 간의 과다 경쟁 등으로 외식창업 시장은 쉽게 접근하기 어렵다. 그러나 경영환경의 변화에 맞는 소비자 트렌드의 변화에 대응할 수 있는 아이템 선정 및 전략을 세운다면 이 또한 앞으로 더 큰 규모로 발전하게 될 외식시장의 퍼플오션이 될 수 있을 것이다.

최근 주목할 만한 소비자 트렌드로는 1인 가구의 급진적 증가세로 1인 소비자가 증가해서 작고 간편하고 빠른 시간에 해결 가능한 상품들이 주목받고 있다. 그래서 경쟁이 치열한 시장에서 고급화를 통한 차별화, 즉 틈새 전략을 통한 성공 사례가 속속 나타나고 있는 것이다.

하나를 먹더라도 제대로 된 것을 먹자는 가치 소비는 앞으로도 외식소비 트렌드로서 외식창업 아이템 선정 시 반드시 고려해야 할 것이다. 또한 사업아이템 선정을 위해서는 유망아이템에 대한 선입견 배제, 창업자의 여건을 최우선적으로 고려해야 함을 잊지 말아야 한다.

(2) 기피해야 할 아이템

❶ 마진폭이 낮으면서 투자비가 많이 들어가 투자비 회수기간이 긴 업종·업태는 고려해 보아야 한다. 특히 최근 들어 라이프사이클이 점점 짧아지고 있으므로 장기적인 투자보다는 단기적인 계획에 초점을 두고 결정을 해야 한다.

❷ 메뉴의 라이프사이클이 짧거나 관련 종업원(특히 주방장 등) 구인이 쉽지 않은 업종·업태로, 특정 메뉴의 경우 주방장에 의지해야 하는 문제점과 그에 따른 대체인력 문제로 운영이 원만하지 못하다.

❸ 누구나 좋다고 하는 아이템은 일단 고려해 보아야 한다. 모방하기 쉽거나 경쟁점 출현이 예상되는 업종·업태는 과다·과열 경쟁으로 라이프사이클을 짧게 할 수 있으며 때로는 식당주변에 대형화나 보다 나은 입지조건으로 경쟁점이 출현, 식당운영에 타격을 줄 수도 있다.

❹ 너무 조급하게 아이템을 결정하지 말고 충분한 정보수집 단계를 거쳐 결정하도록 한다.

경기에 민감한 아이템이나 국내·외 최초 신개발품과 같은 미확인된 아이템은 일단 경계하는 것이 좋다.

⑤ 계절성이 지나치게 강한 아이템은 피하는 것이 좋다.

(3) 성격에 맞는 창업아이템

창업아이템을 정할 때 무엇보다 앞서 생각해야 할 것이 바로 창업자의 성격이다. 아무리 유망하고 높은 수익을 올릴 수 있는 아이템이라 하더라도 경영자의 성격이나 성향에 반하는 것이라면 성공하기가 어렵다.

① 성격이 외향적이고 사교적인 사람은 홀이나 세일즈사업 등 대인접촉이 비교적 많은 업종(한정식, 중화요리, 카페, 포장마차)이 유리한 반면 내향적이고 소극적인 사람은 고객이 일상적으로 찾아오는 전통찻집이나 취미사업 분야가 적합하다.

② 침착하고 연구형인 성격에는 요리교육사업, 채식전문점, 생식전문점, 건강식품전문점, 컨설팅 사업 등 지식형 사업이 적합하고 탐구적이고 아이디어가 많은 사람은 일식, 제사음식 배달업, 생과일주스, 샐러드 전문점, 비건 전문점, 퓨전요리전문점 등 모험성이 있는 미래지향적 사업이 유리하다.

③ 고지식하고 원칙을 중요시하는 사람은 공급자 중심의 사업이 적합하고 우직하고 인내심이 많은 사람에게는 외식업에 가장 적합한 사람으로 전문식당업, 단체급식업, 출장요리 등을 들 수가 있으며, 저돌적이고 추진력이 강한 사람은 종업원 통제와 고객접대 노하우가 필요한 주점업, 유흥주점업 등에 적합하다.

창업자는 가장 경쟁력 있는 분야를 아이템으로 선정해야 하는데 그 아이템 중에서도 시대에 반 발 정도 앞선 아이템, 자금회전율이 빠른 아이템, 계절을 타지 않거나 덜 타는 아이템이 좋으며 재료가 수입품인 경우도 주의를 기울여야 한다.

표 3-1_ 창업아이템 체크리스트

검토항목	구분항목	검토 내용	점수	평균
1. 아이템 조사	업종요소	상품적인 가치가 있는가		
		사업전망은 밝은 편인가		
		성장가능성이 있는 아이템인가		
		입지는 안정적인 곳인가		
		위험이 큰 아이템은 아닌가		
2. 창업자 분석	개인요소	사업에 적합한 연령인가		
		체력은 건강한 편인가		
		사업과 적성은 맞는 편인가		
		사업에 관한 메뉴개발 운영능력은 갖고 있는가		
		자신이 위화감을 주는 인상은 아닌가		
		자신의 생각을 잘 전달하는 편인가		
		사업에 필요한 지식은 충분한가		
		사업에 관한 직장 경력이 있는가		
		사업과 취미가 상반되지 않는가		
		사업운(運)이 있다고 생각하는가		
	사업요소	투자금액이 과다하게 투자되지는 않는가		
		근무시간이 너무 길지 않는가(특히 심야근무 유·무)		
		손익분기점 달성기간이 길지 않는가		
3. 상품성 분석	상품성격	상품 라이프사이클은 성장기인가		
		가동시간이 길며 소비성이 큰 메뉴인가		
		계절성이 있는 메뉴는 아닌가		
		개인의 명예를 손상시키는 메뉴는 아닌가		
		관리 및 운영이 쉬운 메뉴인가		
		인건비 비중이 높은 메뉴는 아닌가		
	상품특징	대중적인 인기가 있는 메뉴인가		
		지명도를 갖고 있는 메뉴인가		
		지속적으로 판매될 수 있는 메뉴인가		
		창업자가 잘 아는 메뉴나 요리방법인가		
		지역에 맞는 메뉴인가		

검토항목	구분항목	검토 내용	점수	평균
	상 품 경쟁력	식재료의 발주와 입고가 신속하고 구하기는 쉬운가		
		구입 식재료의 결제방식은 적절한가		
		판매가격은 시대상황에 맞게 소비자에게 적절한가		
		상품의 품질은 타깃에 적절한 수준인가		
		상표등록을 보유하고 있는 가맹본부인가		
		경쟁업체는 많지 않은가		
4. 시장성 분석	시장조사	자료조사를 실시하였는가		
		현장조사를 실시하였는가		
		경쟁업체 조사를 하였는가		
	시장동향	경제전망은 밝은 편인가		
		시장의 참여가 제한받지 않는가		
		시장의 수요가 증가하고 있는가		
		경쟁업체의 견제는 심하지 않은가		
		유사메뉴가 등장하지 않는가		
5. 상권(입지) 분석	위치선정	식당의 위치는 선정하였는가		
	상권 및 입지조사	해당지역의 통계조사를 실시하였는가		
		해당지역의 구매습관을 조사하였는가		
		주변지역의 상권은 조사하였는가		
		교통과 도로는 편리한 지역인가		
		점포 앞 통행인 수는 많은 편인가		
		주변 업체의 영향을 받지는 않는가		
		사람들이 접근하기 쉬운 곳인가		
		사람의 눈에 잘 띄는 곳인가		
합계				

② 유망아이템 선별방법

유망아이템과 유행아이템을 구별할 수 있다면 식당 창업에 70% 이상은 성공할 수 있다고 필자는 자신할 수 있다. 그만큼 쉽지 않다는 것이다.

유망아이템과 유행아이템을 선별하기 위한 몇 가지 사항을 요약해 보면 다음과 같다.

➊ 음식의 기본적인 요소는 맛과 포만감, 즐거움을 들 수 있는데 기본요소를 충족시켜 주지 못하는 아이템은 유행아이템일 가능성이 높아서 대부분 복합 메뉴형태로 운영을 해야 한다.

➋ 요리주점, 참치회, 안동찜닭, 불닭, 등갈비, 짬뽕, 감자탕, 대패삼겹살, 마라탕, 6천원대 저가치킨 등과 같은 유사한 아이템으로 프랜차이즈 가맹본부가 난립하고 있는 경우는 대부분 유행아이템이다.

➌ 노하우가 없는 업종·업태는 대부분 유행아이템인데, 노하우가 없어 모방하기 쉬우므로 오래가지 못한다. 진입장벽이 높은 업종이면 좋다. 예를 들면 칵테일 전문점의 경우 칵테일에 대해서 일정부분(경험, 경력, 실습 등) 노하우가 있어야 성공하기 쉽다.

➍ 사계절 장사가 아닌 업종이나 수요의 반복성과 지속성이 없어 라이프 사이클이 짧은 업종인 경우이다. 예로 냉면전문점이나 아이스크림, 보양탕, 생과일주스, 팥빙수전문점 등을 들 수 있으며, 계절성이 많이 희석은 되었으나 삼계탕 전문점도 여전히 계절성을 띄고 있다.

➎ 검증받지 않은 도입기 업종이나 수요가 유행에 민감한 업종, 창업 후 경상비용의 지출이 많은 업종은 반짝 유행아이템이거나 차후 법적인 문제의 소지가 있다.

➏ 칼국수나 생선구이 같은 아이템은 가동시간이 짧고 코스요리처럼 테이블 회전율이 낮은 업종인 경우가 좋다.

➐ 창업 관련 비용이 너무 높은 업종이나 신상품, 신메뉴 개발이 어려운 업종, 문화적인 환경이나 국민정서에 맞지 않는 업종·업태인 경우다.

➑ 아이템과 소비자와의 조화여부를 체크해야 하는데, 즉 기존 또는 유사아이템과 기존 또는 신소비자와의 조화와 신아이템과 기존 또는 신소비자와의 조화여부를 확인해야 한다.

유행 업종의 단점을 극복하기 위해서 관련 업종이나 유사업종과 함께 운영하는 복합식당이나 숍인숍 도입 또는 흡수 마케팅 전략을 세운다면 효과가 높다. 예를 들면 이용(가동)시간과

야간매출을 기대하기 어려운 생선요리전문점이나 칼국수 전문점에 생태탕, 생선전골이나 생선찜, 수육을 접목해 본다면 이로 인한 야간의 술안주로 활용되어 매출을 증가시킬 수 있다.

현재 잘 접목되고 있는 경우의 예로는 떡 또는 죽과 전통차를 접목한 떡카페와 죽카페, 칼국수전문점에 수육, 찜 등의 안주류를 개발 접목한 경우, 돈가스전문점의 경우에 돈가스안주나 과일안주를 개발하여 간단한 호프를 도입한 경우로 추가매출을 기대한다든가 이런 방법 등을 지속적으로 모색해 나가야 한다.

02 ● 아이템선정 과정과 유망업종

1 아이템선정과 라이프 사이클

1. 선정방법

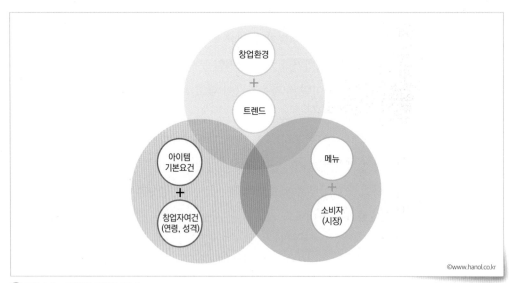

🍔 그림 3-2_ 아이템 선정의 3요소

아이템 선정을 위해서는 먼저 상품의 성격인 현금회전율, 계절성, 반복성, 라이프사이클, 운영성, 인건비, 명예 등을 알아야 하며, 그에 따른 아이템의 성격, 즉 지명도, 인기도, 지속성, 위험성, 필요성 등을 잘 파악해야 한다. 또 시장성인 소비경향이나 경기 동향, 유행성 등을 파악해야 하며 그리고 창업예정자의 전문성으로 노하우, 자격증, 경영능력, 영업력 등을 체크해야 한다.

또 외부적 환경과 내부적 환경도 검토를 하여야 하는데 외부적인 부분은 경쟁점포와 잠재고객파악과 구매처를 1~2곳을 파악해 두어야 하며 또한 사업에 대한 위험부담이 낮고 법적인 문제가 없는 사업 아이템이어야 하며 내부적인 사항은 창업자가 경험이 있는 아이템이나 적합한 성격소유, 건강한 체력, 전문성, 적합한 자금규모나 능력에 맞아야 한다는 것이다. 이때 아이템 선정에 있어 가장 큰 애로사항은 창업자의 전문성 부족으로 최적의 아이템선정이 쉽지가 않다.

몇 가지 선정방법들을 살펴보면 다음과 같다.

❶ 창업 시 복어조리사자격증을 필요로 하는 복어전문점처럼 진입장벽이 높은 업종 또는 점포 운영의 업력과 노하우가 쌓임과 동시에 진입장벽이 더욱더 높아져 타인의 신규참여가 어려운 업종을 선택해야 한다. 예비창업자 중 가장 선호하는 업종이 바로 외식업일 정도로 누구나 창업이 가능한 업종이므로 그만큼 경쟁자가 많다고 할 수 있다. 따라서 가능하면 경쟁자가 모방할 수 없는 노하우를 익힌 다음 창업하는 것이 좋다. 또한 사회적 변화와 경기변동에 따라 유연하게 대응이 가능한 아이템이 유리하다.

❷ 경쟁이 치열한 업종·업태를 선정할 때에는 가맹점 창업을 선택하는 것도 좋은 방법이다. 이때는 비용이 더 추가되더라도 인지도가 높은 우수한 프랜차이즈 본부를 선택하는 것이 좋다. 대외적인 인지도가 높으면 그만큼 고객이 신뢰할 수 있으므로 성공하기가 쉽기 때문이다. IMF 이전만 하더라도 중소브랜드들의 난립으로 대형패스트푸드 브랜드를 제외하고는 이렇다 할 프랜차이즈 브랜드를 찾아보기 힘들었으나, 최근 대기업의 활발한 외식사업 참여와 전문성과 노하우로 성장한 전문 외식브랜드들이 등장하면서 높은 인지도와 명성을 쌓아가고 있으며, 해외진출 또한 가속화되고 있다.

❸ 신규업종 중에는 아직까지 시장에서 검증이 되지 않았고 언론상에만 소개되었을 뿐 성공한 사례가 없는 경우가 있으므로 구체적인 시장조사로 타당성을 검토해야 한다. 특히 최근 들어 반짝 하다가 사라지는 유행아이템(대만 카스텔라, 등갈비, 마라탕, 벌집 아이스크림, 핫도그)

이 너무 많다는 사실을 인지하고 아직까지는 소비층이 두텁지 않은 업종은 반드시 사전에 충분한 검토를 해야 한다.

④ 제품의 수명주기(Life Cycle)상 도입기 후반이나 성장기 초반에 있는 업종이나 틈새업종을 개발하여 공략한다. 특히 틈새업종은 검증된 업종이므로, 조금만 더 생각하고 노력한다면 성공확률이 높다고 하겠다.

⑤ 점포의 입지에 적합한 업종·업태를 선택한다. 이를 위하여 상권의 규모나 타깃 고객의 유무 등을 분석해야 하며 경쟁점과 비교하여 강·약점, 기회요인과 위협요인도 반드시 체크해야 한다.

⑥ 가족의 찬성과 협조를 얻을 수 있는 업종이어야 한다. 특히 외식업의 경우 단체고객이 입점하는 경우나 종업원의 갑작스런 결근 또는 퇴사 시 가족의 협조가 필수적이다.

⑦ 식재료 공급이 원활하고 또 가격변동이 심하지 않아야 한다. 식재료의 품귀현상으로 가격 급등문제, 수입품은 그 나라의 국내사정에 따른 변화나 대량구입에 따른 보관상의 문제로 품질저하나 현금의 사장화가 될 수 있으므로 충분한 검토를 해야 한다.

⑧ 중저가나 단품메뉴 중심으로 구상해야 효과적이다.(전문화, 차별화의 필요) 또한 투자대비 수익성이 높고 자금과 상품회전율이 높은 업종을 선택하도록 한다.

⑨ 인력채용이 어렵지 않은지 고려해야 한다. 최근 인건비 상승으로 인하여 동일 시급이면 쉬운 업무를 찾는 경향이 강하기 때문에, 외식사업체도 업태나 업종에 따라 인력채용에 큰 어려움이 없는 아이템을 선택하는 것 또한 사업의 성패를 좌우한다.

2. 업종의 발전단계

(1) 업종별 라이프 사이클에 따른 단계별 특성

유행아이템이 아니라면 대부분 도입기, 성장기, 성숙기, 쇠퇴기 과정을 거치는데 좀 더 자세히 알아보면 〈표 3-2〉와 같다.

(2) 업종별 라이프사이클에 따른 사업성 판단

❶ 도입기

소수의 초기 수용층이 선도적인 이용패턴을 보이며 시장의 선점이 가능한 반면 모험성이 높다고 하겠다. 이때 전체적인 인지도를 높이기 위해 많은 투자를 해서 구매를 자극해야 하며, 가격정책도 고가정책이나 시장침투를 위해 저가정책을 구사할 수도 있다.

❷ 성장기

초기 수요층에서 2차 수요층으로 고객층이 확산되면서 빠르게 확산되는 시점이며, 유행성을 가지고 파급되는 시점으로 수익성과 성장성이 높은 장점을 지니게 되었으나 투자금액이 커지는 등 과잉경쟁의 우려가 있다. 규모의 경제를 통해 관리와 조리원가가 낮아져 이익이 높아진다.

❸ 성숙기

일반고객들이 업종·업태에 친숙해지고 쉽게 이용하는 단계로 안정성은 높으나 이미 경쟁관계가 형성되어 수익성이 떨어지고 생존경쟁이 치열한 상황이 되었다. 이때는 유지전략이나 방어 전략을 구사해야 한다.

표 3-2_ 수명주기에 따른 단계별 특성

구 분	도입기	성장기	성숙기	쇠퇴기
소 비 자	소비준비	소비시작	소비절정	소비위축
경쟁업소	미 약	증 대	극 대	감 소
창업시기	창업준비	창업시작	차 별 화	업종변경
매 출	조금씩 증가	최고로 성장	평 행 선	하 락
제 품 (메 뉴)	지명도 낮다	지명도 급상승 및 모방 시작	지명도 최고 제품의 다양화	신메뉴로 대체시기
유 통 (판 매)	저항이 높고 점두판매 위주	저항 약화되고 주문이 쇄도	주문감소 가격파괴현상	가격파괴절정 생존경쟁으로 재정비
촉 진	광고 및 PR 활동성행	상표를 강조 하고 경쟁적	캠페인활동 성행및 제 품의 차별성강조	수요는 판촉에 비해 효 과가 미흡
가 격	높은 수준	가격인하 정책실시	가격최저로 가격에 민감	재정비에 따른 가격 인상정책
진행기간	1년차	2년차	3년차	4년차

❹ 쇠퇴기

유행에서 밀리면서 일반 고객의 이탈 현상이 가속화되는 등 수익성이 급격하게 저하되고 안정성과 성장성도 동반 하락하는 추세이다.

과거에는 새로운 아이템이 생겨나고 쇠퇴기에 이르기까지의 라이프 사이클의 주기가 4년 정도였으나 최근 들어 2년 이하로 급격하게 빠른 움직임을 보이고 있는 추세이므로 아이템 선정에 보다 신중을 기하여야 될 것이다.

② 유망업종과 아이템

1. 유망업종

유망업종은 엄격한 의미에서 성장성과 장래성이 있고 사업의 궁극적인 목적이라 할 수 있는 수익률이 높은 업종으로, 안정적인 매출실현이 가능할 뿐만 아니라 자금회전율이 높은 업종을 말한다. 다른 말로 표현을 해보면, 실패율이 낮은 업종으로서 어느 정도 부가가치가 있고 기본시장이 존재하여 향후 수요가 큰 업종을 말하기도 한다.

그런데 제아무리 유망업종, 유망아이템이라 할지라도 예비창업자가 경험해 본 적이 없고 적성이나 관심사항과도 거리가 먼 업종이라면 그 업종은 유망업종이 될 수가 없다.

이를 요약해 보면 창업을 해서 경기에 민감하지 않고 수익이 지속적으로 발생하면서 업종의 라이프 사이클이 4년(최근 들어 2년 정도로 줄어들고 있다) 정도에 걸쳐 도입기, 성장기, 성숙기, 쇠퇴기로 자연스럽게 진행되는 업종으로 정리할 수 있겠다.

(1) 유망업종의 특징

정말 요즘은 여기저기 새로운 사업아이템이 생기고, 새로운 매장이 오픈한다. 유독 상권에 비하여 장사가 잘되거나 최근 트렌드에 의해 뜨기 시작하는 업종들이 있다. 하지만 그런 모든 업종들이 다 유망업종이라고 할 수 없다. 단순히 일시적으로 유행하는 업종일 수도 있기 때문이다. 그렇기에 어느 정도 안정적인 경영과 실패확률을 줄이기 위해서는 반드시 유망업종을 이해하는 것이 무엇보다도 중요하다.

유망업종의 특징을 살펴보면 다음과 같다.

우선, 해당 아이템의 성장성을 보아야 한다. 꾸준히 발전할 수 있는 성장성을 가지고 있다는 것은 그만큼 시장에서의 수요가 발생하고, 잠재 수요를 가지고 있는지를 보면 된다. 그리고 라이프 사이클상 어느 정도 성장기에 접어든 종목이어야 안전하다고 할 수 있다.

그리고 수익성을 계산해야 한다. 총 투자되는 자금의 규모와 비교하여 적절한 수익률이 나오는지 계산해 보아야 하며, 외형의 규모보다 수익성에 주안점을 두고 보아야 한다. 아이템에 따라 투자규모나 외형은 크고 그럴싸하지만 수익성이 떨어지는 경우가 종종 있기 때문이다.

마지막으로, 환금성을 평가해야 한다. 자금회전의 기간이 어느 정도 되는지 카드와 현금비율은 어느 정도 나오는지 점검해야 하며, 만에 하나 실패했을 경우 2차 아이템으로 업종전환이 가능한지, 투자금액을 얼마나 회수할 수 있는가도 매우 중요하게 보아야 하는 부분이다.

이뿐만이 아니라 안정성, 경쟁력, 성장가능성, 실패 시 탈출방법 등을 종합분석하다 보면 이 모든 기준을 다 만족시키는 업종은 없으므로 자신의 객관적인 여건을 살펴보아 어느 정도 극복이 가능하다면 창업을 할 수 있는 외식프랜차이즈 창업자의 과감한 결단도 필요하다.

(2) 건물 층별 적정아이템과 연령별 창업

외식업창업 관련 업종·업태의 적정층은 1층이 가장 좋으나 비싼 임대료 때문에 그 특성이나 투자대비 수익성 등을 충분히 고려해야 하며 일반적으로 다음과 같다.

❶ 1층　대부분의 음식점으로 최적 층인데 특히 패스트푸드점, 아이스크림전문점, 피자, 전문분식점들(우동, 김밥 등), 커피숍, 일식전문점, 닭갈비, 찜닭, 요리주점, 생돈가스 전문점 등과 같은 전문 음식점

❷ 2층　커피숍, 전통찻집, 호프집, 레스토랑 등

❸ 고층　커피숍, 레스토랑, 뷔페 등

❹ 지하층　호프집, 소주방, 주점, 중국집, 배달전문점 등

그리고 또 창업자의 나이를 고려해서 창업을 해야 하는데 20대는 모험적인 창업을, 30대 초반은 선택적인 창업, 후반은 기반창업을, 40대는 전문창업을, 50대는 안정 위주로 창업아이템을 고려해야 한다.

(3) 상권에 따른 아이템별 유형

❶ 유동인구 의존형

김밥, 닭갈비, 분식점, 떡볶이, 샌드위치, 우동이나 라면점, 아이스크림, 패스트푸드, 핫도그 등

❷ 상주인구 의존형

소고기, 부대찌게, 해물탕, 냉면, 횟집, 보쌈, 버섯요리전문점 등

❸ 집재성 아이템

주로 찾아오는 고객이 위주이므로 모여 있어야 잘되는 아이템으로 족발, 똥집, 막창, 곱창, 순대전문점 등

❹ 산재성 아이템

상권이 작을수록 경쟁이 되므로 떨어져 있어야 잘되는 아이템으로 피자, 김밥, 커피, 도시락, 치킨, 호프전문점 등

(4) 외식업 아이템의 종류들

❶ 한식전문점

추어탕전문점, 순두부전문점, 보쌈전문점, 산채정식전문점, 곰탕, 설렁탕전문점, 콩나물해장국전문점, 재첩국전문점, 전통한식전문점, 버섯요리전문점, 된장·청국장전문점, 부대찌개전문점, 다슬기전문점, 북한요리전문점, 소머리국밥전문점, 보리밥전문점, 해장국전문점, 돌솥밥전문점, 영양탕전문점, 테마카페전문점, 사찰음식전문점, 한식뷔페전문점, 순대요리전문점, 돼지국밥전문점, 야식전문점, 채식전문점, 카페테리아, 삼계탕전문점, 민속요리전문점, 도가니탕전문점, 감자탕전문점, 쌈밥전문점, 냉면전문점, 비빔밥전문점, 새싹비빔밥, 약선요리, 굴요리전문점, 묵은김치찜전문점, 등뼈찜·뼈다귀해장국전문점, 가정식백반전문점, 전골전문점, 곱창전골전문점, 묵요리전문점, 볶음밥전문점, 이바지·폐백음식전문점, 제사상차림전문점 등

❷ 수산물전문점

해물탕전문점, 황태요리전문점, 복어전문점, 장어구이전문점, 씨푸드전문점, 산낙지전문점, 선어회전문점, 활어회전문점, 참치전문점, 문어구이전문점, 대구탕전문점, 꽃게탕전문점, 조개

구이전문점, 고래고기전문점, 회뷔페전문점, 생선구이전문점, 홍어요리전문점, 곰장어전문점, 잉어찜전문점, 아구찜전문점, 오징어, 갈치찌개전문점, 굴국밥전문점, 흑태찜전문점, 매운탕전문점, 메기매운탕전문점, 아나고전문점, 간고등어전문점, 쭈꾸미볶음전문점, 멍게비빔밥전문점, 낙지볶음전문점, 과메기요리, 대구뽈찜전문점, 낙지전골전문점, 해산물뷔페 등

❸ 일식전문점

로바다야끼전문점, 철판요리전문점, 덮밥전문점, 오꼬노미야끼전문점, 초밥전문점, 일식우동전문점, 생돈가스전문점, 소바전문점, 도시락전문점, 꼬치구이전문점, 일본식 라면전문점, 요리주점, 튀김전문점, 일본식 게요리전문점, 야끼니꾸전문점, 이자까야전문점, 주먹밥전문점, 오뎅바전문점, 타코야끼전문점 등

❹ 중식전문점

일반중화요리전문점, 탕수육전문점, 깐풍기전문점, 딤섬전문점, 수타손짜장면전문점, 고급중화요리전문점, 북경요리전문점, 북경오리전문점, 퓨전중화요리전문점, 전가복요리전문점 등

❺ 육류전문점

샤브샤브전문점, 말고기전문점, 소갈비살, 등심전문점, 불고기전문점, 꿩요리전문점, 돼지갈비전문점, 삼겹살전문점, 족발전문점, 두루치기전문점, 고기뷔페전문점, 바비큐전문점, 치킨전문점, 닭갈비전문점, 찜닭전문점, 유황오리전문점, 곱창전문점, 막창전문점, 찜갈비전문점, 생고기전문점, 보신탕전문점, 타조고기전문점, 양고기전문점, 기러기고기전문점 등

❻ 양식전문점

햄버거전문점, 패밀리레스토랑, 캐주얼레스토랑, 디너 레스토랑, 파스타전문점, 스파게티전문점, 피자전문점, 케밥전문점, 다국적 음식전문점, 샐러드전문점, 돈가스전문점, 카레전문점, 오므라이스 등

❼ 분식전문점

칼국수전문점, 국수전문점, 메밀국수전문점, 종합분식센터, 만두전문점, 냉면전문점, 튀김전문점, 떡볶이전문점, 빈대떡전문점, 생라면전문점, 김밥전문점, 수제비전문점, 찐빵전문점 등

❽ 기타

아이스크림전문점, 빙수전문점, 구슬아이스크림전문점, 천연과일아이스크림전문점, 호프전

문점, 샌드위치전문점, 인터넷카페전문점, 급식산업, 커피숍, T/O 커피전문점, 원두커피전문점, 에스프레소커피전문점, 핫도그전문점, 생과일주스전문점, 디톡스주스 전문점, 도너츠전문점, 샌드위치, 요리주점, 죽전문점, 달팽이요리전문점, 길거리음식점(붕어빵, 빠스, 솜사탕, 오뎅, 떡볶이, 웰빙호떡, 와플, 어묵, 꼬치구이, 토스트 등) 등

업종·업태별로 다양한 아이템들이 있는데 이 틈새시장을 잘 개척하든지 아니면 신메뉴개발, 고급화된 메뉴들을 대중화유도, 저가를 고급화, 새로운 아이템 도입이나 운영기법 등의 창업아이템들이 여러분의 창업을 기다리고 있다.

(5) 최근 외식창업의 흐름

외식산업의 선진화와 한식 세계화의 걸림돌이 되고 있는 외식산업의 영세성을 개선하기 위해서는 무분별한 외식업 진입에 대한 규제를 강화해야 한다는 여론이 높아지고 있다. 외식업은 누구나 자유롭게 진입할 수 있으나 경쟁심화로 창업과 폐업의 악순환이 거듭되고 있는 한 외식산업을 선진화시킬 수 없으며, 식품안전사고의 위험에도 크게 노출될 수 있다는 위기의식이 확산되고 있다.

최근의 외식트렌드를 살펴보면 맛을 찾아 어디든 찾아나서는 미각노마드 외식소비자가 많이 생기고 있고 보다 좋은 곳에서 자라는 원재료나 친환경 먹거리를 이용하는 프리미엄 창업 전략이 진행되고 있다는 것인데 이는 스마트폰의 보급 확산으로 언제 어디서나 음식과 관련된 정보를 쉽게 접할 수 있고 내 몸과 가족의 건강에 비중을 높이거나 삶의 질을 높이는 한 방편으로서 프리미엄 외식을 선호하는 경향이 확산되고 있기 때문이다.

이러한 트렌드에 맞는 추천 아이템은 저칼로리와 저지방 메뉴로서 두부요리전문점, 청국장전문점, 자연식 로컬푸드 전문식당, 전복요리 전문점, 20대를 겨냥한 다양한 디저트 전문점 등이 있으며 전체가구의 33.4%에 달하는 1인가구를 위한 가정간편식 식품 등 나홀로족을 겨냥한 솔로다이닝 창업아이템이 다방면으로 등장하고 있다.

또한 장기 경기 침체로 인해 위축된 소비 심리에 맞춰 질 좋은 재료를 활용해 효과는 극대화된 아이템, 즉 가성비가 좋은 상품에 대한 선호도도 계속 증가추세이다.

예를 들면 Size does matter(중요한 건 사이즈다)라고 1개만 주문해도 여러 명이 함께 먹을 수 있는 크기의 요리전문점 등이 있다.

일반적으로 경기가 불황일 때 과거로 회귀해 추억을 찾는 본성이 있으므로 필체뿐만 아니

라, 인테리어 분위기, 서비스, 복장에 이르기까지 옛것을 회상하는 트렌드가 선풍적 인기를 끌고 있는 복고 아이템이 등장하고 있다.

최근에는 각종 매체에 쿡방, 먹방 등 음식과 관련된 방송과 SNS, 유튜브, 인터넷 환경 등의 발달로 음식과 관련된 기술결합(푸드테크)의 변화 또한 빠르게 발전하고 있다.

1인가구의 증가와 점점 바빠지는 현대인의 일상으로 인해 앞으로도 외식인구는 계속적으로 증가 추세에 있으므로 건강한 가정식 집밥에 대한 관심과 트렌드는 외식 아이템으로 꾸준히 관심받을 것이다.

Chapter **4** **사업계획**과 자금계획

01 사업계획

1 사업계획과 사업 타당성 분석

1. 사업계획서의 개요

사업계획서란 사업을 개시하기 전에 영위하고자 하는 사업의 내용, 사업에 필요한 소요자금, 경영방식, 수익성, 사업추진일정 등을 일목요연하게 표현한 기록서를 말한다. 창업에 있어서 예비 단계인 사업계획과정을 번거롭게 생각하고 여기에 충분한 시간과 노력을 투자하지 않고 사업을 성급하게 추진하다 실패를 겪는 사람들을 많이 보게 된다. 특히 가맹점희망자들의 대부분이 사업계획서 없이 성급하게 창업을 추진함으로써 타 업종에 비해 실패확률은 더욱더 높은 실정이다.

사업계획서는 본인에게 절대적으로 필요하다는 것으로 사업계획서를 작성하다보면 그냥 지나치기 쉬운 일들도 잊지 않고 처리할 수가 있다. 그리고 사업계획서를 작성해보면 그 사업에 대해서 많은 것을 알게 된다. 사업계획은 실패를 예방하고 위험을 최소화하기 위해 창업에 있어서는 반드시 필요한 과정이며 사업계획서를 제대로 작성하고 제대로 활용하는 것은 사업을 영위하는 데 있어서 중요한 역할을 한다. 선진국가의 창업경영교육에도 사업계획서작성을 중심으로 커리큘럼이 구성되어 있는 이유도 그만큼 중요하기 때문이며 사업계획의 내용과 용도는 서로 다르다.

(1) 사업계획서 작성 이유

구상만 하고 있을 때는 잘 모르지만 구체적인 계획을 수립하고 사업계획서를 작성하다보면 미처 알지 못했던 불합리한 요소를 발견하게 된다. 즉, 계획과 실행의 차이를 미리 사업계획서를 통해 명확히 분석하고 장애요소에 대한 원인을 발견하는 등 창업의 첫걸음으로서 사업의 성패를 가르는 중요한 역할을 한다. 사업계획서를 작성하여야 하는 이유는 다음과 같다.

❶ 창업에 앞서 사업의 내용, 시장성 및 판매전망, 수익성, 경영방침, 소요자금, 실무계획 등에 관한 사항을 일목요연하게 정리할 수 있고 사업성공 확률을 향상시켜줄 뿐 아니라 창

업자의 인격과 성품까지도 알릴 수 있는 수단이 된다.

❷ 창업에 필요한 제반요소를 점검하고 부족한 부분을 파악함으로써 효율적으로 창업과정을 수행할 수 있고 구상만 하고 있을 때는 잘 모르지만 계획을 수립하다 보면 불합리한 요소들을 발견할 수 있다.

❸ 창업 전 계획과 실행차이를 통하여 현상을 명확히 분석, 장애원인을 발견하고 대책을 세움으로써 불확실성을 사전에 최소화할 수 있는 장치가 된다.

❹ 잘 작성된 사업계획서는 실제 기업을 경영하면서 사업진행 상황에 대한 점검과 평가의 기준이 되고 앞으로의 방향을 제시할 뿐 아니라 경영효율을 극대화할 수 있는 점포경영의 지침서이다.

❺ 계획을 검토하는 제3자로부터 본인이 생각하지 못한 것을 발견할 수 있고 그에 따른 대책을 수립할 수 있다.

❻ 외부(금융기관, 투자자 등)로부터 자금조달을 원하는 경우 외부 투자가에게 체계적으로 자신의 사업을 설명할 수 있어 신뢰성을 확보할 수 있다.

(2) 사업계획의 궁극적인 목적

사업계획서는 그 목적에 따라 다음과 같은 다양한 용도로 사용된다.

❶ 수익과 비용의 산출이 목적인 경우는 이 사업으로 언제부터 이익이 발생하고 돈을 얼마나 벌 수 있는지, 망하지는 않는지 검토가 가능하다.

❷ 투자규모의 산출이 목적인 경우는 돈을 벌기 위해 얼마가 투자되고 사용해야 하는지 계획이 가능하다.

❸ 자기자본 외 외부자금의 조달이 목적인 경우는, 은행, 보증기금, 신용재단, 부모나 지인 등에 제시하여 검증을 거친 후 자금조달이 가능하다.

❹ 필요부분 등에 관하여 가족의 동의와 공공기관의 인·허가를 받을 수 있다.

2. 사업계획서 작성 원칙 및 방법

(1) 사업계획서 작성 원칙

사업계획서는 성공적인 사업의 실현을 위한 지도이자 나침반이다. 따라서 사업계획서는 그

실행계획을 짜임새 있게 구상하여 명확하고 조리 있게 표현하여야 한다.

❶ 무리한 가정이나 예상은 피하고 이상적인 구상이 아닌 현실에 입각하여 확실한 근거와 함께 사실에 접근하여야 한다.

❷ 첫 장에서 마지막 부분까지 그 내용이나 수치에 있어서 일관성(지각적 통일성, 문체의 일관성)을 유지해야 하고 공신력 있는 기관의 증빙자료나 인증자료, 통계자료 등을 근거로 작성한 다면 보다 정확한 자료가 되어 활용성을 높일 수 있다.

❸ 사용용도에 따라 조금씩 차이가 있으므로 먼저 그 용도를 파악하여 경영관리, 금융지 원, 사업승인 등 그 목적에 적합하도록 작성이 필요하다.

❹ 구체적이고 자세하게 각 부분별로 충분히 설명하되 그 핵심내용을 부각하며 내용을 명 료하고 자신감 있게 표현해야 한다.

❺ 계획사업에 내재되어 있는 문제점과 사업의 위험을 인식하고 이에 대한 대비책인 대안 을 가지고 있어야 한다.

❻ 이해관계자(자본투자자, 사업승인자, 공공기관, 부모 등)에게 신뢰감을 줄 수 있도록 일관성을 유지 하면서 설득력 있게 작성되어야 한다.

❼ 관련 전문용어나 기술용어를 남발할 경우 이해를 떨어뜨릴 수 있으므로 독자가 이해하 기 쉽도록 작성한다.

❽ 계획에 따른 각각의 기대효과를 기술하고 추정재무제표와 재무분석을 통하여 계획사업 의 적정수익성이 검토되어야 한다.

❾ 사업계획의 체계나 목차에 맞게 설정되어 있는가 확인하며 계약서, 카다록, 견적서 등의 필요한 자료가 있으면 첨부한다.

❿ 사업계획서는 한 번 작성했다고 끝나는 것이 아니라 수시로 수정 보완해야 하며 특히 경 쟁점포를 너무 쉽게 보아서는 안 된다.

사업계획서 작성 시 주의할 사항들은 사업내용이 차별화되어야 하며 가능하면 틈새시장을 집중공략할 필요성도 있고 구체적인 수치로 객관화시키는 것이 좋고 경쟁관계를 과소평가하거 나 너무 낙관적인 자세는 좋지 않으며 관련비용을 현실성 있게 책정하여 너무 적게 책정되지 는 않았는지 확인하고 인력구성이나 기술력 또한 소홀히 하면 안 된다.

(2) 일반적인 사업계획서의 작성 순서와 내용

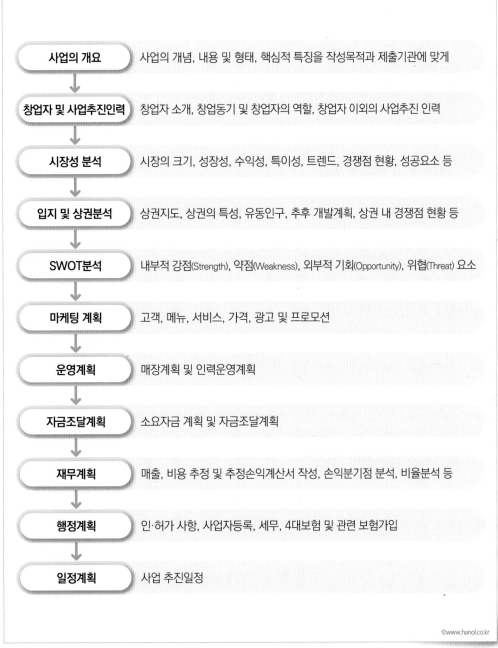

사업의 개요 — 사업의 개념, 내용 및 형태, 핵심적 특징을 작성목적과 제출기관에 맞게

창업자 및 사업추진인력 — 창업자 소개, 창업동기 및 창업자의 역할, 창업자 이외의 사업추진 인력

시장성 분석 — 시장의 크기, 성장성, 수익성, 특이성, 트렌드, 경쟁점 현황, 성공요소 등

입지 및 상권분석 — 상권지도, 상권의 특성, 유동인구, 추후 개발계획, 상권 내 경쟁점 현황 등

SWOT분석 — 내부적 강점(Strength), 약점(Weakness), 외부적 기회(Opportunity), 위협(Threat) 요소

마케팅 계획 — 고객, 메뉴, 서비스, 가격, 광고 및 프로모션

운영계획 — 매장계획 및 인력운영계획

자금조달계획 — 소요자금 계획 및 자금조달계획

재무계획 — 매출, 비용 추정 및 추정손익계산서 작성, 손익분기점 분석, 비율분석 등

행정계획 — 인·허가 사항, 사업자등록, 세무, 4대보험 및 관련 보험가입

일정계획 — 사업 추진일정

©www.hanol.co.kr

그림 4-1_ 일반적인 사업계획서 프로세스

3. 사업 타당성 분석

사업 타당성 분석은 창업뿐만 아니라 기존 기업에서의 신규 사업의 경제성을 검토하는 대단히 중요한 활동이다. 사업성 분석은 제조업의 경우나 소점포의 경우 모두 근본 원리는 같지만 사용하는 용어는 다르고 또 외식프랜차이즈에서의 사업 타당성 분석은 더욱더 다르다고 할 수 있다. 그러므로 외식프랜차이즈의 사업 타당성 분석의 절차를 알아보고 사업 타당성 분석 보고서에 포함되어야 할 내용을 살펴봄으로써 사업 타당성 분석 보고서를 이해 및 작성할 수 있어야 할 것이다.

(1) 사업 타당성 분석의 개념

사업 타당성 분석이란 고려하고 있는 사업아이디어를 경제주체가 수행 및 추진하고자 하는 사업활동의 타당성 여부를 사전에 조사, 분석, 검토하여 경영의사 결정에 필요한 자료를 제시하는 활동으로 사업아이템을 실현하는 기업을 설립하면, 어느 정도의 이윤을 실현할 수 있겠는가를 객관적으로 조사하는 활동이라고 정의할 수 있다. 이와 같은 목표를 달성하기 위하여 사업 타당성 분석은 세부적인 분석활동을 3가지로 나눌 수 있고 제품의 마케팅 및 판매와 관련된 시장분석(Market Analysis), 생산과 관련된 기술 타당성 분석(Technical Analysis) 그리고 이 2가지 분석의 자료를 기초로 하여 수익성을 평가하는 재무분석(Financial Analysis)이다.

사업계획과 사업 타당성 분석은 같은 의미로 사용되기도 하나 논리적인 순서로 보면 사업 타당성 분석을 통하여 그 결과가 긍정적이면 실행계획, 즉 사업계획을 추진하게 된다고 하겠다.

(2) 사업 타당성 분석의 필요성

사업 타당성 분석은 사업의 성공여부에 대한 평가도 중요하지만, 그 외에 창업자가 계획사업을 수행할 수 있는 능력, 재능, 적성 등에 대한 분석도 이루어져야 한다. 또한 환경적 요인이나 여건이 사업을 수행하는 데 유리하도록 형성되어 있는가, 사업에 필요한 자금을 문제없이 조달할 수 있는가 하는 것 등도 중요한 평가 대상이 된다. 즉, 사업 타당성 분석은 성공적인 사업을 하는 데 요구되는 모든 조건들을 객관적으로 분석하고 평가함으로써 주관적 판단에 의한 잘못된 결정을 내리지 않도록 하는 역할을 한다.

사업 타당성 분석을 통해 얻을 수 있는 효과는 다음과 같다.

❶ 계획하고 있는 사업에 대한 객관적이고 체계적인 타당성 검토는 소자본 창업의 성공률을 높일 수 있다.

❷ 사업의 전반적인 사항을 미리 파악함으로써 사업추진에 따른 문제점과 제약요소 파악으로 창업기간을 줄이고 효율적인 업무를 수행할 수 있다.

❸ 계획사업 사항인 기술성, 시장성, 수익성, 자금수지계획 등을 자세히 분석함으로써 미처 깨닫지 못했던 사업에 대한 미비점을 깨닫고 미리 철저한 준비를 통해 사업성공의 틀을 마련할 수 있다.

❹ 창업자의 경영능력 향상 및 사업에 대한 지식습득 등으로 불확실성에 대한 사전대응을 가능하게 한다.

(3) 사업 타당성 분석 절차

사업 타당성 분석의 일반적인 절차는 다음과 같다.

❶ 사업수행능력 및 적합성 평가 운영자의 자질, 적성, 경험, 지식, 능력, 시기 등과의 적합성 여부

❷ 사업의 시장성 평가 시장동향, 상품성, 경쟁적 지위, 수요예측, 시장 환경 등의 분석

❸ 사업의 안정성 평가 계약 관련 분쟁발생가능성, 상품 조달의 용이성, 수요의 변동, 경쟁업체의 진입 및 출혈경쟁의 가능성 등을 검토

❹ 수익성 및 경제성 평가 기대수익 결정, 수익전망 및 손익분기점, 투자금 회수기간 분석, 대안검토

2 사업계획서 작성과 운영계획서의 작성

1. 표준사업계획서의 작성

(1) 표준사업계획서의 내용

❶ 업체현황

- 회사개요
- 업체연혁

- 창업동기 및 사업의 기대효과
- 사업전개방안 및 향후계획

❷ 조직 및 인력현황

- 조직도
- 조직 및 인력구성의 특징
- 대표자 및 경영진 현황
- 주주현황
- 관계회사 내용
- 직원현황 및 고용계획
- 교육훈련 현황 및 계획

❸ 아이템(메뉴)현황 및 개발계획

- 상품의 내용
- 상품 아이템 선정과정 및 사업전망
- 기술현황
- 기술개발투자 현황 및 계획

❹ 생산과 주방시설계획

- 생산 및 시설현황
- 원·부자재 사용 및 조달계획
- 생산공정
- 시설투자계획

❺ 시장성 및 판매전망

- 관련 산업의 최근 현황
- 동업계 및 경쟁사 현황
- 시장현황
- 영업계획 및 마케팅 전략
- 상권 내 시장의 총규모 및 자사 아이템 수요전망

❻ 재무계획

- 재무현황
- 향후 수익전망
- 재무추정

❼ 자금운용 및 조달계획

- 소요자금
- 연도별 증자 및 차입계획
- 조달계획
- 자금조달상 문제점 및 해결방안

❽ 첨부서류

- 정관(법인인 경우)
- 상업등기부등본(법인인 경우)
- 사업자등록증 사본
- 최근 2년간 결산서류
- 최근월 합계잔액시산표
- 경영진/조리기술진 이력서
- 특서/실용신안 및 신기술 보유 관계 증빙서류
- 기타 필요서류

(2) 사업계획서 작성 후의 체크포인트

❶ 무리인 줄 알면서 계획을 세우지는 않았는가?

❷ 욕심만 내세워 현실을 무시하지 않았는가?

❸ 기초 자료는 부족하지 않았는가?

❹ 지나치게 낙관적이거나 비판적이지는 않았는가?

❺ 경쟁업체는 제대로 평가했는가?

❻ 잘못 보고, 듣고, 말하고, 생각하고, 기억하고, 실시하는 등과 같은 휴먼에러는 없었는가?

2. 운영계획서 작성내용

(1) 사업의 방향(배경)

사업자의 정책과 전략이 포함된 콘셉트(Concept)여야 한다.

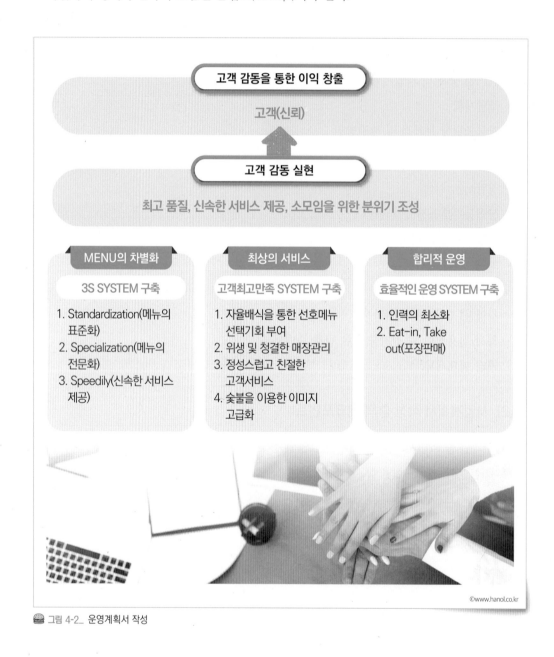

고객 감동을 통한 이익 창출

고객(신뢰)

고객 감동 실현

최고 품질, 신속한 서비스 제공, 소모임을 위한 분위기 조성

MENU의 차별화

3S SYSTEM 구축

1. Standardization(메뉴의 표준화)
2. Specialization(메뉴의 전문화)
3. Speedily(신속한 서비스 제공)

최상의 서비스

고객최고만족 SYSTEM 구축

1. 자율배식을 통한 선호메뉴 선택기회 부여
2. 위생 및 청결한 매장관리
3. 정성스럽고 친절한 고객서비스
4. 숯불을 이용한 이미지 고급화

합리적 운영

효율적인 운영 SYSTEM 구축

1. 인력의 최소화
2. Eat-in, Take out(포장판매)

©www.hanol.co.kr

🍔 그림 4-2_ 운영계획서 작성

🍴 **표 4-1_ 외식사업 성공포인트**

항 목	내 용	
상품 (S/W)	전제	고객에게 최고의 만족감을 줄 수 있는 상품
	요건	적정가격대로 최고의 Quality 지향
고객	전제	고정고객이 될 수 있는 지역주민과 상가고객
	요건	1차고객: 지역주민의 가족고객과 상가고객
		2차고객: 20~40대 회사원과 소모임
		3차고객: 유동고객
점포력 (H/W)	전제	고객의 접근 및 이용편의를 최우선적으로 배려한 시설 및 내부배치 지향
	요건	① 빠른 서비스
		② 휴식 및 편의공간 확보-놀이방 확대, 인터넷 설치
서비스력	전제	고객이 내 집처럼 느낄 수 있는 편안하고 친절하면서 정성이 담긴 서비스 지향
	요건	① 친절한 사전교육: 정신 + 실무교육
		② 계속적인 사후관리: 계획 → 실행 → 평가 → 조정(피드백 시스템도입)
		③ 기본 셀프서비스 + α서비스제공
기획· 관리력	전제	창업자의 외식사업 운영 및 관리능력
	요건	① 외식사업기획추진
		② 폭넓은 지역사회 및 대인관계 조성(혈연, 학연, 지연 등 각종 연고를 최대한 활용)
		③ 고객관리시스템 구축(고객카드)
		④ 인터넷을 통한 마케팅 전략시스템 구축

(2) 영업계획

❶ 기본콘셉트(업종, 업태, 단일독립전문점이냐 가맹점이냐 등)

❷ 운영일수

❸ 서빙방법

❹ 계산방법

❺ 예상메뉴

❻ 점포이미지

❼ 가격대

❽ 좌석 수

❾ 영업시간

❿ 부가서비스 등

No	분 류	콘셉트	비 고
1	업종업태	· 셀프방식의 고기뷔페전문점	
2	타깃 마켓	· 주 고객　　　　지역주민과 지역상가 고객 · 점심　　　　　지역소모임과 가정주부 · 아이들타임　　지역소모임 · 저녁　　　　　10-20대, 가족고객, 지역상가 이용객 및 종사원 · 주말·공휴일　가족고객, 소모임	
3	메 뉴 (상품가격)	· 뷔페大　　　　　(16,900원) · 뷔페小　　　　　(11,900원) · 영양갈비탕　　　(12,000원) · 참좋은냉면　　　(3,000원) · 음료수 · 주류	
4	점포내 시 설	· 좌식테이블 위주로 매장을 구성하고 룸 3곳을 설치 　- 인테리어는 편안하고 고풍스럽게 시설한다. 　- 가족단위와 소모임을 위한 놀이방 또는 게임방 설치	좌석수 132석
5	서비스 제공방법	· 셀프 서비스 방식운영 　- 서버　　숯불과 석쇠 　- 셀프　　물, 육류, 야채 등	
6	마케팅	· 개업 후 1개월은 마케팅 개념으로 영업한다. 　- 영업개시 14일 전 플랜카드 설치, 3일 전 전단 2-3회 배포, 오픈 후 1개월 　　까지 수회 전단배포(롤러작전) 　- 할인권을 만들어 1달간 적극적인 판촉을 한다. 　- 영업개시 1개월 후부터는 1달간 고객관리를 위한 각종 카드를 발행한다.	
7	영업방침	· 편안하게 부담 없이 식사할 수 있는 공간을 제공한다. 　※ 영업일수: 연중무휴(추석, 설날 임시휴업) 　　- 영업시간 11:30 ~ 22:30 　　- 셀프서비스 방식 　　- 영업형태: EAT IN, TAKE OUT(양념고기류)	
8	차별화	· 질 좋은 고기와 신선하고 풍부한 야채 제공 · 기계식 냉면과 영양갈비탕으로 점심고객 확대	
9	객단가	· 점심 객단가: 17,000원　　　　　아이들타임: 13,000원 · 저녁 객단가: 20,000원 · 평균 객단가: 19,000원	
10	부가서비스	· 고기 드신 분께 냉면 2,000원에 판매	개업 후 1개월간

(3) 메뉴계획과 메뉴설명

주력메뉴와 보조메뉴로 구분해서 설명

❶ 메뉴계획

뷔페 17,000원, 영양갈비탕 12,000원, 냉면 3,000원, 소주맥주 4,000원, 음료수 1,000원, 공기밥 1,000원(고기류는 최소 10~15종 구비)

❷ 메뉴설명

소고기와 돼지고기는 엄선된 ○○○사의 브랜드육을 사용하고 있으며 ○○○사의 신선육 닭고기 3종, 오리고기 2종, 돼지고기 4종, 소고기 3종, 기타 2종으로서 신선한 야채류 9종과 함께 드시고 싶은 양만큼 드실 수 있습니다.

* 상기메뉴의 가격은 매장의 여건과 재료비에 따라 변동될 수도 있습니다.

(4) 인력운영계획

❶ 인원계획

구 분		인 력		급 여
주방	주방장 1명	1	정직원	3,500,000
	보조조리사 (파출) 1명	1		2,500,000
	숯불 아르바이트	1		1,500,000
홀	카운터 겸 웨이트리스	1	정직원	2,800,000
	웨이트리스	1		2,500,000
	아르바이트(석식 시간대)	3		1,200,000
	주말 아르바이트	2		900,000
인건비 총계				14,900,000

* 사업주 인원 2명 포함(별도 시 9,600,000원)

* 영업이 활성화되면 아르바이트를 추가로 모집한다.

❷ 조직 구성계획

❸ 채용계획

모 집 직 종	인원	연 령	채 용 기 간
주방장(경력 5년 이상)	1	30세 이상	개점 전 45일까지
조리사(경력 3년 이상)		30세 이하	15일까지
찬모 겸 세척(경력 3년 이상)	1	~40세	15일 전
지배인 겸 점장(경력 5년 이상)		~35세	45일 전
웨이트리스(경력 1년 이상)	1	~35세	10일 전
캐셔(경력 1년 이상)	1	~25세	10일 전
아르바이트	3	~30세	7일 전

❹ 교육교재의 제작

항 목 \ 개 요	구성 내용	비 고
하우스 룰	업소의 제 규정 및 규칙	
접객 서비스	업소의 접객서비스의 정형	
청 소 관 리	업소의 청소관리 업무의 정형	
운 영 관 리	업소의 운영관리 업무의 정형	관리서식 일절
기타	기타 각종 기준 및 체크리스트	

❺ 교육 훈련 계획

· 조리교육은 개업 전 8일부터 개업 후 3일까지 시행한다.

　㉠ 개업 전 9일간 전 직원 대상 교육

　　→ 전 직원 합동교육/홀별 주방별 교육/정신교육, 이론교육, 기술교육으로 분류하여
　　　실시한다.

일 자	교 육 내 용	
	홀 직 원	주 방 직 원
제1일차 (D-9)	· 오전　점포콘셉트 소개 　　　　상품 및 메뉴 설명(조리장) · 오후　일일 영업흐름 소개 - (개점에서 폐점까지) 　　　　접객서비스 기본흐름 - (인사에서 배웅까지)	
제2일차 (D-8)	· 오전　접객서비스 실제 　　　　(인사요령, 서빙요령, 세팅요령) · 오후　접객서비스 실제 　　　　(주문접수 및 추가 요령)	· 오전　조리사전 준비 · 오후　조리절차, 방법
제3일차 (D-7)	· 오전　청소업무 실제 　　　　(청소방법, 요령, 시간) · 오후　청소 업무 실제 　　　　(주차장, 현관, 홀, 화장실)	· 오전　주방기기 취급방법 · 오후　주방기기 시운전
제4일차 (D-6)	· 오전　캐셔 업무 　　　　(기본적인 취급 요령) · 오후　카드조회기(취급방법 실습)	· 오전　식기/비품 확인 · 오후　식기/비품 세척 및 정돈
제5일차 (D-5)	· 오전　상품 및 메뉴 기본(주방책임자) 　　　　(상품 명칭, 가격대, 서빙요령) · 오후　상품 및 메뉴 실제(상품 특징)	· 오전　식자재 구매 방법 · 오후　발주, 사입, 저장, 출고
제6일차 (D-4)	· 오전　접객 서비스(롤 플레잉) · 오후　상품 및 메뉴 숙지연습	· 오전　청결 및 위생관리 · 오후　청소방법
제7일차 (D-3, 2)	· 오전　롤 플레잉 · 오후　실습(역할 연기)	· 오전　롤 플레잉 · 오후　실습
Pre-Open	Pre-Open	
Open	Grand Open	

(5) 시설 및 구매계획

❶ 점포계획

구 분	내 용		비 고
	2층		
평 수	100여 평		
주방면적	15평		
화장실, 놀이방	10평		확장, 깨끗하고 편리하게
홀 면 적	75평		
테이블수	4인석(33개)		
주 차 장	공용주차		

❷ 시설계획

기본테마	· 좌식테이블 위주로 매장을 구성하고, 소그룹 모임을 위한 룸 설치 · 인테리어는 편안하고 고풍스럽게 시설하며, 놀이방(오락실)을 부각시킴
업소내부	· 거리 제공을 위한 철판테마 요리와 놀이방 확대 및 부각으로 고객들의 편안한 휴식공간 제공

❸ 인허가 사항 체크

▶ 영업허가 신규 신고 시(일반음식점 영업) - 군·구청 위생과(민원실)

　➜ 영업허가 신규 신청 시 구비서류

· 식품 영업허가 신청서

· 건축물 관리대장 등본

· 영업시설 개요(서식의 뒷면에 객장과 주방이 구획된 평면도를 약식으로 기재)

· 위생교육필증

· 도장 및 주민등록증

· 액화석유 가스 사용신고서

· 건강진단서(보건증)

· 조리사 자격증사본(복어, 단체급식소)

· 소방·방화시설 완비증명서(해당 시)

▶ 영업허가지위승계 시

- 양도자 영업허가증원본

- 양도양수서(구청민원실에 비치-양식에 인감도장날인)

- 양도자 인감증명서 1통(명의변경용)

- 위생교육필증(신규사업자)

- 건강진단서(신규사업자)

- 복어요리인 경우(조리사 자격증 사본)

▶ 사업자 등록증 신청 및 확정 일자 신청

　→ 영업허가증 발급 후 20일 이내 관할 세무서 민원봉사실에 신청

[준비물]

- 사업자 등록 신청서 1부 작성
- 임대차계약서 원본 1부(건물임차의 경우)
- 주민등록 등본 1통
- 본인 신분증
- 영업 허가증 사본 1부
- 도면 1부(일부만 건물임차 시에 한함)

❹ 점포 Lay-out 설정(홀, 주방, 기타)

❺ 주방기구리스트(비품, 홀비품 등을 같은 양식으로 사용)

품 목	규 격	메이커	수 량	단 가	비 고
냉동고	업소용	LG	1	만원	
냉장고	업소용	LG	1	만원	
테이블형 냉장고		주문제작	1	만원	바트 3구
보온밥통	50인용	신일	1	만원	
가스밥솥	50인용	린나이	1	만원	
식기 세척기		린나이			
야채 냉장고					주문제작
냉·온수기					
육절기					
골절기					
파절기					
커피 자판기					
아이스크림 냉동고					

❻ 설비업체 일람표

구 분	업 체	TEL	담당자	비 고
기본설계	㈜핀외식연구소			
실시설계(주방)	신용주방			
인테리어	공간인테리어			
	모리스인테리어			
그 릇	이화주방			
가구공사	서울가구			
간판공사	JD 디자인			
공조설비				에어컨 등
전기공사				
전화공사				KT
가스공사				대구도시가스
현 수 막	JD 디자인			
상표등록	영남법무법인			
사업자등록				세무서
신용카드				
인터넷 설치				
P O S	테크노 C&C			
보안담당업체				
정화조설비				
테이블 벨	링크맨			
인쇄소	유진인쇄			
	색동인쇄			
이벤트	영남이벤트			
메뉴사진	석스튜디오			
가스	린나이			
하자보수	에이에스			

❼ 인쇄 및 용구 리스트(사무용품, 소모품 등)

품 목	규 격	메이커	수 량	단 가	비 고
오더빌지					
영업일보					
근무스케줄표					
발 주 표					
노동시간 집계표					아르바이트 포함
재고조사표					
전 단 지					
메뉴 북					
각종 POP					
명함					
상품권					
빗 자 루					
다스타(핑크, 그린, 옐로)					
쓰레받기	손잡이형				
대 걸 레					
스폰지 걸레					
윈 덱 스					
유리창 닦기	칼날				
타일 닦기 세제					
걸레 세제					
쓰레기봉투					

❽ 운영에 필요한 업체 리스트

수배사항	업체명	TEL	담당자	계약가격	계약내용
전화					
인 터 넷					
화재보험					
신용카드					
POS					
유니폼					
물수건					
식 목					
매 트					
사무용품					
인쇄물(초대장 등)					
주방기구					
쌀					
공산품					
주 류					
음료수					
주방기기 A/S					
육 류					
야채류					
디스플레이					
홀 비품					
백세주					
방향제					
방역업체					
일회용소모품					
지역상세지도					
광고 및 홍보					
인력알선					
숯					

❾ 오픈에 따른 반입스케줄

항 목	발주처	발주시기	납품일	담당자
식기류				
주방·팬추리 비품				
사무용품(레지카운터 등)				
도시락				
포장봉투(용품)				
판촉물(인쇄물)				
디스플레이 비품				
유니폼				
락카, 책장, 의자				
커피머신				
금전등록기				
타임카드				
메뉴·전표				
식재료				
카드 체크기				
디저트(껌, 사탕, 음료)				
컴퓨터				

❿ 점포레이아웃 설정

(6) 운영관리계획

❶ 식재료 리스트

구 분	품 명	규 격	단 위	단 가	상 호	TEL	비 고
육 류	불고기	생 육	KG				
	돈갈비						
	LA갈비						
	오리고기						
곡 류	쌀						
	조						
	보리						
	팥						
야채류	상 추						
	깻 잎						
	고 추						
	오 이						
부식류							
음료 및 주류	소 주						
	맥 주						
	설중매						
	생맥주						
기 타	숯						
	아이스크림						
	커피						
	사탕						
	차류						

❷ 일일/주간 운영관리계획

▶ 일일 운영 관리표/일일 작업 흐름도

구분	주요 업무 흐름도		비고 (관리자체크항목)
	홀	주방	
개점전	10:00 - 출근 　　　　개점 준비 작업 10:20 - 각부문 청소, 정리정돈 　　　(홀/펜추리/현관/창문/창틀/ 　　　쇼케이스/테이블 외) 　　　각 스위치 체크(보온고/냉장고/ 　　　정수기/자판기) 　　　예약 상담 체크, 준비	오픈 및 개점 준비 작업 주방 스위치 ON 각 부문 청소, 정리 정돈 · 주방 청소 청결 · 냉동냉장고, 가스렌지 등 · 기구류 작동 준비 · 식자재 준비 작업	① 사원의 출근상태 　(결근자, 환자여부, 복장상태 체크) ② 일간지 구독 　(고객, 직원 인간관계) ③ 전일 현금시재액 · 거스름돈 오늘 저금 액수 확인 ④ 조례주관 ⑤ 작업분담 지시
	11:00 회의 및 교육(전 종업원), 복장체크		
영업중	11:30 - 손님맞이 및 안내 　　　주문 접수 및 전달 　　　세팅 　　　요리 제공 　　　중간 서비스 　　　정산 및 배웅 　　　상 치우기 　　　정리정돈 　　　오더스톱 22:00 - 아르바이트 퇴근	주문 접수 및 조리 21:30 주방 청소 시작 　　　폐점 준비 22:00 아르바이트 퇴근	① 점포주변, 점포내부 청소 정리 　정돈 ② 화장실청소 ③ 테이블 세팅 ④ 냉난방 상태 ⑤ 배경음악 ⑥ 조명상태 ⑦ 직원 복장상태 ⑧ 직원의 접객 요령 ⑨ 인기요리/남김요리 ⑩ 잔반배출/위생관리 · 고객불만 처리 · 각종 장부작성
폐점후	22:30 - 폐점 및 점포 청소 　　　스위치 OFF 　　　각종 전기기구 OFF 　　　가스 OFF 　　　화재요인 점검 　　　조명 OFF	폐점 및 주방 청소 · 냉장/냉동고 체크 · 식기세척/잔반 정리 · 각종 전기기구점검, OFF · 가스 OFF · 화재요인 점검 · 조명 OFF	① 주방점검 　위생/청결/안전관리 ② 객석점검 　쓰레기통/재떨이/방석 등 화기 　여부 ③ 후방설비 점검 　식자재창고/놀이방/ 　룸 화기여부 ④ 가스, 전기안전 ⑤ 조명, 시건장치
	23:00 CLOSING		

▶ 일일 작업 흐름도

구분	주요 업무 흐름도	
	카운터	숯불담당
개점前	10: 00 - 출근 　　　　개점 준비 작업 10: 20 - 각 부문 청소, 정리정돈 　　　　(카운터 주변/자동문/공중전화기/화분) 　　　　각종 기기 체크 　　　　(보온고/냉장고/정수기/커피자판기/공중전화/아이스크림/쇼케이스) 　　　　잔돈 준비 　　　　보일러 및 냉방기 가동 　　　　음악 틀기(상쾌한 하루를 위하여) 　　　　고기, 야채 디스플레이 상태 체크 　　　　밥, 고추, 마늘 양 파악해서 주방에 알림 　　　　후식 준비(커피, 아이스크림) 　　　　예약 상담 체크, 준비	10: 00 - 출근 　　　　오픈 및 개점 준비 작업 · 각 부문 청소, 정리 정돈 　(창고, 숯불창고) · 홀냉장고 주류음료 채우기 　빈 병 정리 · 공산품, 주류음료 재고 파악
	11: 00 - 회의 및 교육(전 직원), 복장 체크	
폐점後	11: 30 - 계산 　　　　손님 안내, 배웅 　　　　홀 전체 파악 19: 00 - 익일 사입품 체크 　　　　(고기류, 야채류, 기타 식자재, 주류, 음료, 공산품, 물수건, 아이스크림, 기타) 　　　　익일 사입품 발주 22: 30 - 정산 준비 ~ 완료 　　　　(판매일보는 매일매일 작성할 것) 　　　　주변 청소 　　　　폐점 준비	11: 30 - 숯불 피우기, 치우기. 　　　　불판 세척 22: 00 - 퇴근
	23: 00 CLOSING	

▶ 운영 관리표/주간 청소 스케줄표

영업일	중 점 체 크 사 항		비고
	홀	주 방	
월	업소외관 및 주위환경 청소(주차장, 점포입구) · 업소 외벽, 유리창, 현관 체크 · 간판, 진입로, 식목체크 · 기타 옥외시설물 체크(來店力 제고)	메인 주방 청소 주방 바닥, 벽, 천장 청소	
화	업장 내부 환경점검 · 출입문, 깔판, 부착물, 손잡이 점검 · 신발장, 우산꽂이 정돈 · 액자, 화분 등 실내소품 정돈 · 배경음악, 조명점검(산뜻한 첫인상 연출) · 환풍기 외부 청소(부착한 채로)	식자재 창고 관리상태 점검 (냉동고, 냉장고, 상온창고 청소) · 기기 작동여부 체크 · 냉장테이블, 냉면기 등 설비 청소 · 정리정돈	
수	주요 설비 점검 · 야채, 고기 쇼케이스 · 냉·난방기, 정수기 · 오디오, 방송기기(설비 수명연장, 취급요령 습득)	전기배선 및 가스배관 점검 · 전기누전, 합선, 가스누출 여부	
목	업장 내부 환경 점검II · 서비스 스테이션 · 팬추리 키친 · 테이블세팅 정돈(접객편의성 제고)	제 설비류 청결 상태 점검 · 가스렌지 배기후드 · 그릴 · 냉동/냉장고 이물질, 성애, 악취	
금	화장실 점검 · 용변기, 화장지, 휴지통, 재떨이, 방향제, 소독제, 각얼음 · 세면대, 거울, 마른수건, 바닥면(위생 및 청결성 제고)	씽크대, 배수로 청소	
토	업장 내부환경 점검 III · 벽면, 바닥면, 천장 이물질 제거 · 유리창 및 파티션 청소 · 전열기구 교환 및 수리 · 복도, 계단, 난간 청소 체크 · 환풍기 내외부 청소(탈착 후)	수납장 전체, 작업대 내부 청소 · 도마, 행주 살균	
일			

* 작업시간대 - P.M 15:00 ~17:00

* 요일별 중점 청소 스케줄은 꼭 필요

▶ 주요 청소 내용

〈업소 주변〉

장 소	작업 내용	
진입로	· 입구의 청소 여부 - 쓰레기, 오물제거 · 쓰레기, 잔반 등의 청결상태, 악취여부 · 관상용 식목의 생기, 청결 여부 · 입구의 청소 여부 - 진입 장애물, 오물 제거	
외장/간판	· 간판의 먼지, 변색, 전구의 이상 유무 · 벽면 부착물 이상 여부 · 유리창 오물, 파손 여부	· 벽면의 거미집, 오물 여부 · 창틀 먼지, 오물 여부
현관/출입구	· 현관문 청소, 이상 유무 · 현관 바닥의 쓰레기, 오물 여부 · 현관 기둥, 천장, 청결 여부	· 현관 매트 등의 청소 여부 · 우산걸이 청결, 고장 여부

〈업소 내부〉

장 소	작업 내용
홀/룸	· 방바닥, 벽면, 천장의 청소 상태 - 거미줄, 오물, 얼룩제거 · 방바닥 적정 온도유지 여부 · 홀, 룸 창문 및 창턱 청소 여부 · 홀 고기, 야채 쇼케이스 청소 여부 · POP, 액자, 거울 등 벽면 부착물 이상 여부 · 바닥면 안전 여부 · 각종 조명기구 청소 상태 및 이상 유무 · 테이블 정리 정돈 - 테이블 세팅, 방석, 옷걸이 등 · 서비스 스테이션 청소 및 정리 정돈 여부 · 고객용 신문, 잡지류 관리상태(차후 검토)
카운터/현관	· 카운터 아래쪽 정리정돈 여부 · 카운터 위쪽 정리정돈 여부 - 전화기, 메모지, 카드조회기, 기타 사무용품 · 현관 자동문, 바닥, 벽면, 천장의 청소상태 - 거미줄, 오물, 얼룩제거 · 공중전화기, 자판기, 아이스크림통의 청소상태 · 각종 비품 정돈 - 쓰레기통, 재떨이, 옷걸이, 화장지, 구두주걱 등
화장실	· 청소 상태 - 변기, 바닥, 벽면, 거울, 쓰레기통, 재떨이 등 · 방향제, 각얼음 등 사용 및 관리 여부 · 환기상태 및 이상 여부 · 세면대 청소상태 및 배수관 이상 유무 · 화장지, 비누, 수건 관리상태 · 청소용구 관리 상태

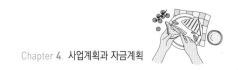

〈주방 내부〉

장 소	작업 내용
내부 공간	· 천정, 벽면, 바닥면 청소 상태 - 거미집, 얼룩, 기름때 유무 · 전등 이상 여부 및 조도의 적정 여부 · 창틀 먼지, 티끌 유무 · 배기후드 및 환기팬의 청소 상태 - 기름때, 그을음 및 먼지 유무 · 바닥면의 타일 손상 여부 및 배수구 이상 여부 · 잔반 등 청소 여부 · 바퀴벌레 서식 여부 · 소화기 점검 및 비치 여부
선반기물류	· 식기선반 정리정돈상태 · 식기선반 청소상태 · 식기의 파손상태 · 식기류 변색 여부 · 식기의 종류 및 수량 적정 여부
설비류	· 가스레인지 등 조리기구의 청소 및 관리 상태 · 가스버너의 火口 이상 유무 · 냉장 냉동고, 내부 청결 여부 - 부패물, 성애 제거 · 각종 설비의 작동 상태 및 고장 유무

〈후방 설비〉

장 소	작업 내용
창고	· 바퀴벌레 등 서식 여부 · 식자재 관리 상태 - 재고관리, 보관상태 · 환기 이상 유무 · 각종 비품의 정리 정돈 상태 · 합리적인 물품 배치 여부 - 이용 빈도가 높은 물품은 입구 근처로 배치 · 불필요한 물건 제거 · 청소상태 · 화로, 숯불공간 정리정돈
기타	· 장부, 서류 등 정리정돈 상태 · 월간 스케줄표, 영업 현황표 등 관리상태 · 방문, 창문 등 시건장치 안전성 여부

(7) 판매촉진 계획

❶ 판촉준비사항

- 현수막에 상호, 개점예정일, 업종이나 업태, 전화번호, 기타(위치 등)
- 간판(전면간판, 입간판, 돌출간판, 에어간판, 기둥간판 등)에 상호, 로고와 캐릭터
- 전화번호
- 전단지에 상호, 판매메뉴, 전화번호, 약도, 판촉행사안내 등
- 초대장(오픈일시, 모시는 글, 장소)에 전단지나, 무료시식권 동봉
- 상세상권안내지도(지역에 있는 지도사나 큰 문구점 이용)
- 판촉물(사은품)은 업종에 맞게 준비
- 개업 관련 떡(주변 상가에 배포)이나 과일에 스티커 부착하여 유동객에게 나눠 줌
- 인터넷을 통한 사전 홍보문구 기획
- 기타 인쇄물(명함, 할인권 등)
- 차량광고(현수막, 음향장비 등)

❷ 일정별 스케줄표

일 정 \ 내 용	개 요	비 고
D-15	초대장 발송(전단, 명함 동봉)	
D-2	상권 內, 전단 배포(3회) 직접배포, 상품권	
시식회 겸 리셉션(개업 1-3일 前) 2회 실시		
1	전단(상품권 포함) 배포	Pre-Open
오픈(開業)		

* 상품권은 30일간의 유효기간을 표시한다.

* 상품권은 전체 식사금액 중에서 할인해 준다.(1테이블에 1매)

❸ 세부항목별 판촉 계획

항 목	개 요	비 고	可否
개업예고 현수막	· 현수막내용 - 업소명, 업종 및 업태, 개업 예정일, 기타 참고사항 · 설치시기 - 건축 착공 시 · 제작 및 설치 - 건축업자	통행불편 등 사과안내문	
할인권	· 내용 - 증정상품(메뉴), 1인 1매 사용, 가격, 점포소개 · 보급시기 - 개업 7일 전부터 · 보급대상 - 거래처, 관공서, 주변상권 內	할인권 배포는 리스트를 작성하여 고객 관리	
개업고지 현수막	· 현수막내용 - 업소명, 업종 및 업태, 기타 홍보내용 · 설치시기 - 개업 2주 전 · 설치장소 - 메인간판 주변, 도로변 등 가시성이 양호한 지정 게시대	지정장소 (시청 신고 후)	
잡지 신문	· 광고내용 - 업소명, 업종 및 업태, 특전내용 개업 예정일, 위치 및 약도, 전화번호, 대표자 약력, 주메뉴 및 상품 등 · 광고방법 - 지역정보지, 각종 생활정보지, 음식점 가이드, 레저 가이드 등 관련 책자 · 광고시기 - 개업 1개월 前(신문은 오픈 전·후 1~3일 내)		
직 원 모 집 전 단	· 전단개요 - 업소명, 개업예정일, 모집내역, 연락처 · 전단내용 - 월 급여 수준, 우대조건, 면접일시, 장소, 연락처 · 전단규격 - A4 용지규격 · 배포시기 - 개업 1개월 前 ~ 20일	업소개업전단과 동시배포 앞면 - 개업안내 뒷면 - 모집안내	
시식회 겸 기 념 리셉션 초대장	· 초대장 개요 - 리셉션 행사 계획 참조 · 발송시기 및 대상 - 개업 15-20일 前 · 동봉자료 - 업소 홍보용 전단(개업 예고 전단), 메뉴 및 상품 안내 전단, 무료시식권, 기타		
할인권 배 포	· 배포준비 - 개업 10일 전부터 준비 · 할인권 및 전단 - 업소개요, 개업인사말, 약도첨부 · 발송대상 - 주변 상가, 관공서 · 발송시기 및 방법 - 개업 5일 前부터 배포 개시 · 배포내용 - 개업 예고전단, 메뉴 및 상품 안내, 할인권		
인터넷 광 고	· 홈페이지 제작, 배너광고, E-mail 광고 등을 통하여 자세한 내용 소개	할인쿠폰인쇄 이용	
Event	· Open에 병행하여 실시(도우미, 아치풍선, 삐에로 등)	애드벌룬	

❹ 오픈 후

항 목 \ 내 용	방법 및 개요	목 표	목 적
현수막	· 오픈 안내, 메뉴 안내 · 연회 예약의 안내 · 개업 후 약 2개월간 설치	· 객수 향상 · 객단가 향상	매출 증대
고객설문 실시	· 서비스 및 메뉴 체크 · 상권 체크/고객 명부작성 · 무료 시식권(쿠폰)제공	· QSC 향상 · 금후 판촉전략 · 재방문 유도	
개업 감사제 (개업 후 100일째)	· 전단배포 - 주요 메뉴 및 상품 · 사은품 · 식사권	· 고객유치 · 지명도 제고 · 재방문 유도	
P O P	· 주요 메뉴 및 상품	· 객수 · 객단가 제고	
테이블 플레이스	· 전문메뉴와 부메뉴/스폰스	· 매출확대	
Frequent 카드/ 누적카드	· 점포이용안내/무료 식사권 제공	· 내점빈도 높임	
생일파티	· 카드발송/15% 할인권	· 고객증대	
각종 소모임	· 단체리스트작성 10% 할인권	· 고객증대	
포스터 부착	· 주변 이용객 많은 점포에 부착(상품권제공)	· 고객증대	
인터넷	· 이벤트 행사 고지 및 할인쿠폰	· 고객 및 매출증대	

* 단골고객한테는 일정비율로 지속적인 가격할인정책(15~20%)이나 추가서비스 제공으로 고정고객화가 될 수 있도록 특별 관리가 필요하다.

(8) 투자예산 및 손익계획

❶ 투자비용 분석

(단위: 만원)

구 분	항 목	금 액	비 고
건축비	설 계 비		
	건축공사비		
	합계		
주방 시설	설비		
	기구/비품, 기물		
	가스, 물, 배수, 닥트, 후드		
내·외장공사	간판		
	내장공사, 전기, 배수, 지하수, 조경, 설비공사		
	의·탁자		
전통신	전산장비		컴퓨터, POS, 보안공사
	통신장비		전화, FAX, 인터넷
용역	컨 설 팅		
홍보 관련	광고·판촉		개업 이벤트, 전단, 현수막, 상품권 등
소품	장식재료		
초도 상품비			식재료, 소모품 등
보증금			
예비비			
합계			

❷ 고정비용의 분석(초기 조건)

(단위: 만원)

항 목			금 액	감가상각 계산방법
감가상각비	건축비			20년 기준
	감가상각 비용			
	주방, 비품 투자금			5년 기준 (소규모 3년)
	감가상각 비용			
	간판 및 개업제경비용			5년 기준 (소규모 3년)
	감가상각 비용			
	내부공사비 투자금			
	감가상각 비용			
소계	감가상각 비용			
지불금리	내·외장 공사비			연리 7% 적용
	건축비 인테리어			
	주방비품 구매비			
	개업 제경비			
소계				
합계				

* 초기 투자를 하여 식당을 개업하게 되면 점포 임대료, 은행 지불 금리, 감가상각비, 리스료, 본부 비용 등이 초기에 결정되어지며, 이 비용은 매출이 변동하더라도 고정적으로 지출해야하는 고정비용으로 초기조건이라고도 한다. 고정비용이 매출대비 18~20% 정도이면 통상적으로 경영 상태가 양호한 것으로 판단한다.

❸ 손익분기 매출의 계산

항 목		금 액	금액(%)	비 고(계산방법)
변동 비율 설정	원가율		35~40%	업계 평균 35%
	인건비율		20~25%	업계 평균 20%(오너는 포함하지 않음)
	제경비율		8%	업계 평균 8%
필요매출	금액			고정비용을 매출 대비 20%로 설정하면 필요 매출은 초기조건(고정비) × 100 ÷ 20으로 계산된다.
손익분기 매출	금액			변동 비율을 매출대비 63%로 설정하면 손익분기 매출은 초기조건(고정비) ÷ (1-0.63)으로 계산된다.

❹ 매출계획

구 분 \ 내 역	항 목	저조매출	평균매출	목표매출
중식 (11:00~14:00)	객석 회전율			
	고 객 수			
	객 단 가			
	매 출 액			
아이들타임 (14:00~18:00)	객석회전율			
	고 객 수			
	객 단 가			
	매 출 액			
석식 (18:00~22:00)	객석회전율			
	고 객 수			
	객 단 가			
	매 출 액			
합계	객석회전율			
	고 객 수			
	객 단 가			
	日 매출액			
	月 매출액			
	年 매출액			
비고	· 매출의 산정은 평일을 기준으로 하였다. · 최저 매출은 개업 후 1-2개월 정도의 개업 초기에 예상되는 매출임 · 표준 매출은 개업 후 3-6개월 경과 후 통상적으로 기대되는 매출임 · 목표 매출은 개업 후 영업력이 90% 이상 발휘되었을 때 예상되는 매출로서 개업 후 1년이 경과하였을 때 기대할 수 있다.			

❺ 월차 손익 계획 표준형 P/L

항 목		저조매출	%	평균매출	%	목표매출	%
총 매출액							
원재료비용							
인건비	소계						
	총인원						
	정직원						
	파트, 아르바이트						
제경비	소계						
	수도광열비						
	통신잡비						
	광고접대						
	연구교육						
	소모수리						
지출합계							
감가상각비							
지불금리							
세전이익							
부과세							
소득세							
세후이익							

이상의 내용 외에 입지환경 관련 조사, 상권분석조사, 유사 식당 실태조사 자료와 오픈 스케줄표, 메뉴별레시피, 소스레시피, 원가계획, 교육교재 준비를 한다면 더욱 효율적이다.

02 사업자금 계획

1 자금계획과 조달방법

1. 자금계획

식당을 창업하려면 자금이 필요한데 다행히 자기자금이 넉넉하게 있으면 좋겠지만, 거의 대부분은 부족해서 친·인척이나 은행, 카드사, 캐피탈 등 기타 금융기관에서 개업자금을 조달하거나 조달하려고 계획하고 있다.

식당 창업 시 금융기관으로부터 차입이 쉽지 않아 사채업자들로부터 차입하거나 제2금융권을 이용하여 무리하게 창업하는 경우, 금융이자 부담 등으로 영업실패에 따르는 피해 사례가 의외로 많다.

그러므로 사전에 철저한 자금계획을 세우지 않으면 안 된다.

(1) 창업 시 소요자금

❶ 개업 준비자금으로는 점포 개점비, 사업분석 조사비, 개점에 따른 행사비, 종사원 선발 및 교육비 등이다.

❷ 고정자본으로는 점포확보 비용, 점포 인테리어 비용, 간판, 집기 등 시설, 기자재 비용, 가맹점 가맹 시 가맹비 등이 있다.

(2) 개점 후 운영자금

개점 후 점포운영자금으로는 월임대료, 식재료 및 재고비용, 직원인건비, 광고홍보비, 제세공과금, 접대비 등이 필요하다.

2. 창업자금 조달 방법과 주의사항

❶ 자기자금 비율이 최소한 70~80% 이상은 되어야 하는데 차입금 비율이 너무 높으면 고생해서 번 수익금이 이자로 지출되는 데서 오는 의욕이 상실감을 느끼게 하고 재투자를 어렵게 한다.

❷ 정부의 창업자금 지원제도를 잘 활용하고 무리하게 사채나 카드, 마이너스 통장 등을 사용해서는 안 된다.

❸ 자금부족 시에는 같은 생각을 하고 있는 동업자를 구해 동업을 해도 무방한데 상호 불신 없이 투명한 운영이 전제가 되어야 하며 동업계약서를 반드시 작성해 두어야 한다.

❹ 개점 후 일정기간이 지나야 일정수준의 매상고를 달성할 수 있으므로 일정 수준 달성 시까지 버티어 나가는 기술터득도 필요하고 자금 계획과 집행도 필요하다.

❺ 예비창업자는 절대로 기대매출의 환상을 가지고 자금계획을 세워서는 안 된다.

❻ 개점 후 소형점포는 2개월 정도, 중·대형점포는 4~6개월 정도 지나서 도산분기점에 도달하도록 해야 어느 정도 안정을 찾을 수 있다.

❼ 만약의 경우를 대비하여 개업 후 최소한 3~6개월분 식재료 구입비 정도는 확보되어 있어야 하는데 초기에 영업이 활성화되면 문제가 없겠지만 그렇지 않을 경우 주변에 있는 사람들과 멀어질 수도 있으므로 꼭 필요하다.

❽ 가족의 생계비나 자녀의 학비도 확보가 필요하며 최소한 직원의 인건비는 해결할 수 있어야 한다.

② 창업자금 지원제도의 활용

1. 은행을 통한 창업자금 지원제도

(1) 은행을 통한 자금조달 시 알아두면 유리한 점

예비창업자나 자영업자 등은 일반적으로 담보가 취약하여 은행에서 자금을 차용하기가 어렵다고 대부분 생각하고 있다. 그러나 은행거래를 잘 이용하면 자기신용 또는 보증기관으로부터 보증서를 발급받아 대출을 쉽게 받을 수도 있다.

❶ 첫인상은 어느 누구에게나 대단히 중요하다. 특히, 은행의 여신담당자는 사람들과의 많은 접촉 경험으로 인상만 보아도 쉽게 신용도를 파악할 수 있으므로 상담자는 자기사업에 대한 자신감을 갖고 사업에 대한 열의, 창업자의 성공확신, 사업계획서 준비, 사업내용의 충실한 설명 등으로 대출이 가능하도록 만들어야 한다.

❷ 은행에서 대출취급 시 만약의 경우를 대비해 담보를 요구하는데 담보가 없는 경우 또는

신규 또는 추가자금 소요 시 신용보증기금, 기술신용보증기금, 지역신용보증재단 등을 적절히 활용하면 담보고민을 해결할 수 있다.

❸ 평소에는 별 생각이 없다가도 막상 돈이 필요할 때에는 그간의 은행거래 실적이 갑자기 중요해진다. 따라서 평소에 특정 은행을 집중 거래하는 것이 중요하다.

❹ 통장만 보면 고객의 생활정도 및 신용도를 어느 정도는 파악할 수가 있으며 통장평균잔액을 통한 자금력 등 카드결제 상황으로 신용도를 파악할 수 있다.

❺ 은행채무 불이행 등으로 불량거래 등록이 되어 있는 경우에는 불량거래 등록을 해제하는 것이 무엇보다 중요하다. 불량거래자는 대출대상에서 제외됨은 물론 상환을 하였더라도 불량거래등록 정도에 따라 몇 년 계속 나타나는 경우가 대부분이기 때문이다.

(2) 융자 절차 Flow

부동산담보	신용보증서담보	신용	사이버 대출
융자상담	융자상담	융자상담	인터넷접속(은행명) ex) www.kiupbank.co.kr
차용신청서 및 서류제출	차용신청서 및 서류 제출	차용신청서 및 서류 제출	대출요건등록
신용조사	신용보증기관과 보증상담	신용조사	대출가부 통지접수
담보물 감정 (시가조사)	신용조사	대출약정 및 실행	거래(예정) 영업점 서류제출
대출가부결정 (본부승인)	보증서 담보취득		신용조사 (담보취득)
담보권 설정	대출약정 및 실행		대출약정 및 실행
대출약정 및 실행			

(3) 제출서류

구 분	제출서류
공통서류	· 인감증명서 · 사업자등록증사본(최초 거래 시) · 법인등기부등본 및 정관사본(법인의 경우)
할인어음	· 세금 계산서 · 어음관련 시 사업자 등록증 사본
시설자금	· 건축허가서(건물자금) · 공사도급계약서(건물자금) · 물품공급(매매)계약서(기기자금) · 시공자 사업자등록증사본
부동산담보제공	· 부동산 등기부등본(대지, 건물) · 도시계획 사실관계 확인원(아파트 제외) · 기기·기물목록 및 배치도(점포저당)
연대보증	· 기타 보증인자격 확인서류
신용조사	· 신용조사자료 · 결산 재무제표 및 부속명세표 · 소득세징수액 집계표 · 기타 필요한 서류

2. 소상공인시장진흥공단(www.semas.or.kr)

정부에서는 매년 소상공인들의 창업활성화 및 경영개선을 촉진하기 위해 지난 1999년부터 '소상공인 창업 및 경영 개선자금'을 지원해 오고 있으며, 일반인들이 가장 손쉽게 창업자금을 지원받을 수 있는 제도이다.

자금지원이 필요한 소상공인들은 가까운 소상공인시장진흥공단의 소상공인지원센터로 문의하면 조건과 금리 등 자세한 안내를 받을 수 있으며, 상담 시 자신에게 가장 유리한 조건의 은행을 선택할 수 있다. 아울러 사업계획과 개인 신용정보 등 기초정보에 대한 간단한 평가와 조회를 거쳐 자금추천서를 발급받을 수 있다.

창업 외에도 경영개선을 하고자 하는 기존 사업체 인수, 이전·확장 또는 업종·업태 변경, 사업장 시설개선 또는 설비 구입 등이 해당되며, 사치 성향적 소비나 투기를 조장하는 업종, 금융기관의 불량거래자 또는 불량거래처로 규정 중인 예비 창업자는 제외된다.

지원대상 및 요건은 다음과 같다.

▶ 소상공업을 창업하고자 하는 자(창업한 지 12개월이 경과되지 않은 자 포함)

· 도·소매업, 기타 서비스업(상시 직원 5인 이하)

▶ 소상공업을 영위하는 사업자로서 경영개선을 하고자 하는 경우

· 기존 사업체 인수

· 이전·확장 또는 업종, 업태 변경

· 사업장 시설개선 또는 설비구입

▶ 지원 대상에서의 제외

· 사치성향적 소비나 투기를 조장하는 업종

· 금융기관의 불량거래자 또는 불량거래처로 규제 중인 자

자금지원절차

❶ 소상공인지원센터에서 창업·경영 상담

❷ 상담결과 자금지원이 필요하다고 인정된 경우 소상공인지원센터에서 신용보증기관, 대출 취급금융기관에 보증·대출 추천(상담확인서)

❸ 취급금융기관에서 신용대출 또는 채권보전절차를 거쳐 대출

❹ 구비서류(신청인의 사업장 관할 소상공인지원센터에 제출)

❺ 사업계획서

❻ 사업자등록증 사본(사업자등록증을 발급받은 자)

지원절차

❶ 대출추천 신청서류: 추천신청서, 사업계획서(센터에 비치), 사업자등록증 사본

❷ 평가 및 추천: 상담과 추천신청서류를 평가해 종합평점이 55점 이상인 경우 추천

· 신청인 경영능력, 사업계획 실현가능성, 자금조달능력, 신청금액의 적정성 등

· 여성창업자 및 여성 소상공인에게 추천 심사 시 가산점 5점 부여

❸ 자금추천 처리기간: 상담확인서 즉시발급

❹ 은행채권보전방법: 부동산 담보, 신용보증서(생계형, 일반), 연대보증

신청 및 문의는 각 지역별 소상공인지원센터로 하면 된다.

3. 식품진흥기금 저금리 대출

식품위생법 위반에 따른 과태료 등을 활용하여 식품접객업소의 시설개선, 즉 내부시설 및 화장실개선 등을 할 경우에 저리로 대출을 해주고 있는데 연리 1~3%로 1년 거치 3년 균등 분할 상환으로 문의는 각 구청의 위생과나 사회복지과에 문의하면 된다.

대구광역시의 경우 식품진흥기금 융자 중 위생업소 운영자금 지원사업은 '식품위생법'에 의하여 모범업소·우수업소로 지정된 업소에 한하여 업소당 3,000만원 이내로 연리 2%, 1년 거치 3년 균등분할상환 조건으로 대출이 가능하다.

TIP! 대구신용보증재단의(신용 보증서 발급) **취급기준**

운영자금

- 영업경력 1년 이상, 매출실적이 있을 것
- 사업장 대지 또는 건물 330㎡ 미만
- 간이주점업 등 주류 관련 식당(예 주류를 주로 취급하는 꾸이식당)은 대상에서 제외
- 기타사항은 대구신용보증재단의 내부규정 등에 따름

시설개선자금

- 보증기간
  - 사업장이 자기건물일 경우: 추천기간까지
  - 사업장이 임차건물일 경우: 임차기간까지
- 모범업소 지정받은 업소(신용보증재단 연합회 규정)
- 간이주점업 등 주류 관련 식당(예 주류를 주로 취급하는 식당)은 대상에서 제외
- 기타사항은 대구신용보증재단의 내부규정 등에 따름

보증수수료

- 보증금액의 연 1%(보증기간에 따라 보증기간 선납 등)

보증대상

- 재산세납세실적 증명원의 순수재산세 3만원 이상

이때 다른 법령 또는 금융기관 내부규정에 의거 대출취급이 제한된 자, 위생관리시설개선자금 및 위생업소 운영자금 중복 신청자, 융자금 대출 상환 진행 중인 자는 대상에서 제외된다.

융자 희망자는 해당 구·군 위생과 및 대구은행에 융자 가능여부를 사전 확인하여 융자신청서를 업소 소재지 구·군 위생과에 식품진흥기금 융자신청서, 영업시설개선 사업계획서(사업에 소요 자금내역을 확인할 수 있는 견적서 및 시방서 등 첨부)를 구비하여 접수하면 융자대상 적격여부를 결정하여 통보받게 된다.

Chapter 5

외식사업의
인 · 허가
관리

01 외식사업의 인·허가 관리

1 식품접객업 관련 인·허가

외식업을 경영하기 위해서는 창업하고자 하는 점포입지별로 제약조건이 있다. 최근 1년간 점포운영에 있어 위반행위로 행정처분 또는 영업정지를 받았던 곳이나 정화조의 용량 조건, 오폐수 관련 제한지역, 상수원보호지역 등에 관하여 제약이 있으므로 점포를 계약하기 전에 영업허가가 가능한지를 군·구청의 민원실(위생계)에 반드시 확인(전화로 문의가능. 단, 동과 번지를 정확하게 숙지) 후에 계약을 체결해야지 먼저 계약부터 했다가 허가가 나지 않아 낭패를 보는 경우가 있으므로 다음 사항들을 충분히 숙지할 필요가 있다.

1. 식품접객 영업자 준수사항과 시설기준

일반음식점, 휴게음식점 등을 경영하는 경영주는 식품위생법 및 관련 법규에서 규정하고 있는 식품접객영업자 준수사항을 지켜나가야 하며 이를 위반 시에는 행정제재, 과징금, 벌칙, 과태료 등이 부과된다.

(1) 영업자 준수사항

영업자 준수사항 중 중요한 사항들을 요약해서 정리해보면 다음과 같다.
1. 물수건·숟가락·젓가락·식기·찬기·도마·칼·행주 기타 주방용구는 식품첨가물인 살균제 또는 열탕의 방법으로 소독한 것을 사용하여야 한다.
2. 축산물가공처리법 제12조의 규정에 의하여 검사를 받지 아니한 축산물은 이를 음식물 조리에 사용하여서는 안 된다.
3. 업소 내에서는 도박 기타 사행행위나 풍기문란행위를 방지하여야 하며, 배달판매 등의 영업행위 중 직원의 이러한 행위를 조장하거나 묵인하여서는 안 된다.
4. 간판에는 영 제21조의 규정에 의한 해당 업종명과 허가를 받거나 신고한 상호를 표시하

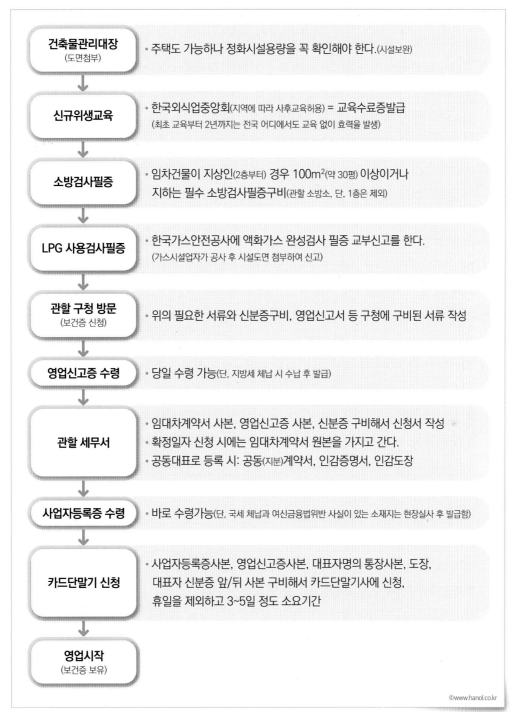

건축물관리대장 (도면첨부)	• 주택도 가능하나 정화시설용량을 꼭 확인해야 한다.(시설보완)
신규위생교육	• 한국외식업중앙회(지역에 따라 사후교육허용) = 교육수료증발급 (최초 교육부터 2년까지는 전국 어디에서도 교육 없이 효력을 발생)
소방검사필증	• 임차건물이 지상인(2층부터) 경우 100m²(약 30평) 이상이거나 지하는 필수 소방검사필증구비(관할 소방소, 단, 1층은 제외)
LPG 사용검사필증	• 한국가스안전공사에 액화가스 완성검사 필증 교부신고를 한다. (가스시설업자가 공사 후 시설도면 첨부하여 신고)
관할 구청 방문 (보건증 신청)	• 위의 필요한 서류와 신분증구비, 영업신고서 등 구청에 구비된 서류 작성
영업신고증 수령	• 당일 수령 가능(단, 지방세 체납 시 수납 후 발급)
관할 세무서	• 임대차계약서 사본, 영업신고증 사본, 신분증 구비해서 신청서 작성 • 확정일자 신청 시에는 임대차계약서 원본을 가지고 간다. • 공동대표로 등록 시: 공동(지분)계약서, 인감증명서, 인감도장
사업자등록증 수령	• 바로 수령가능(단, 국세 체납과 여신금융법위반 사실이 있는 소재지는 현장실사 후 발급함)
카드단말기 신청	• 사업자등록증사본, 영업신고증사본, 대표자명의 통장사본, 도장, 대표자 신분증 앞/뒤 사본 구비해서 카드단말기사에 신청, 휴일을 제외하고 3~5일 정도 소요기간
영업시작 (보건증 보유)	

©www.hanol.co.kr

🍔 그림 5-1_ 식품접객업 관련 인·허가 프로세스

여야 한다. 이 경우 상호와 함께 외국어를 병행하여 표시할 수 있으나 업종 구분에 혼동을 줄 수 있는 사항은 표시하여서는 안 된다.

❺ 손님이 보기 쉽도록 영업소의 외부 또는 내부에 가격표(부가가치세 등이 포함된 것으로서 손님이 실제로 내야 하는 가격이 표시된 가격표를 말한다.)를 붙이거나 게시하되, 신고한 영업장 면적이 150제곱미터 이상인 휴게음식점 및 일반음식점은 영업소의 외부와 내부에 가격표를 붙이거나 게시하여야 하고 가격표대로 요금을 받아야 한다.

❻ 영업허가증·영업신고증·조리사면허증(조리사를 두어야 하는 영업에 한한다)을 영업소 안에 보관하거나 게시하고 허가관청 또는 신고관청이 식품위생·식생활개선 등을 위하여 게시할 것을 요청하는 사항을 손님이 보기 쉬운 곳에 게시하여야 한다.

❼ 식품의약품안전처장이 국민에게 혐오감을 준다고 인정하는 식품을 조리·판매하여서는 안 되며, 멸종위기에 처한 야생동식물종의 국제거래에 관한 협약에 위반하여 포획·채취한 야생동·식물을 사용하여 조리·판매하여서는 안 된다.

❽ 유통기한이 경과된 원료 또는 완제품은 조리·판매의 목적으로 보관하거나 이를 음식물의 조리에 사용하여서는 안 된다.

❾ 허가를 받거나 신고한 영업 외의 다른 영업시설을 설치하거나 다음에 해당하는 영업행위를 하여서는 안 된다.

· 휴게음식점영업자·일반음식점영업자 또는 단란주점영업자가 유흥접객원을 고용하여 유흥접객행위를 하게 하거나 직원의 이러한 행위를 조장하거나 묵인하는 행위

· 휴게음식점영업자 또는 일반음식점영업자가 음향 및 반주시설을 갖추고 손님이 노래를 부르도록 허용하는 행위, 다만 연회석을 보유한 일반음식점에서 회갑연, 칠순연 등 가정의 의례로서 행하는 경우에는 그러하지 아니하다.

· 일반음식점영업자가 주류만을 판매하거나 주로 다류를 조리·판매하는 다방형태의 영업을 하는 행위

· 휴게음식점영업자가 손님에게 음주를 허용하는 행위

· 식품접객업소의 직원이 영업장을 벗어나 시간적 소요의 대가로 금품을 수수하거나, 직원의 이러한 행위를 조장하거나 묵인하는 행위

· 휴게음식점 영업 중 주로 다류 등을 조리·판매하는 영업소에서 청소년보호법 제2조의 규정에 의한 청소년인 직원에게 영업소를 벗어나 다류 등을 배달하게 하여 판매하는 행위

⑩ 유흥주점영업자는 성명·주민등록번호·취업일·이직일·종사분야를 기록한 직원명부를 비치하여 기록·관리하여야 한다.

⑪ 손님을 꾀어서 끌어들이는 행위를 하여서는 안 된다.

⑫ 업소 내에서 선량한 미풍양속을 해치는 공연·영화·비디오 또는 음반을 상영하거나 사용하여서는 안 된다.

⑬ 수돗물이 아닌 지하수 등을 먹는 물 또는 식품의 조리·세척 등에 사용하는 경우에는 먹는 물 관리법 제35조의 규정에 의한 먹는 물 수질검사기관에서 다음의 구분에 따라 검사를 받아 마시기에 적합하다고 인정된 물을 사용하여야 한다. 다만, 동일 건물에서 동일 수원을 사용하는 경우에는 하나의 업소에 대한 시험결과로 갈음할 수 있다.

· 일부항목 검사: 1년마다(전항목 검사를 하는 연도의 경우를 제외한다) 먹는 물 수질기준 및 검사 등에 관한 규칙 제4조의 규정에 의한 간이상수의 검사기준에 따른 검사.(잔류 염소검사를 제외한다) 다만, 시·도지사가 오염의 염려가 있다고 판단하여 지정한 지역에서는 먹는 물 수질기준 및 검사 등에 관한 규칙 제2조의 규정에 의한 먹는 물의 수질기준에 따른 검사를 하여야 한다.

· 전항목 검사: 2년마다 먹는 물 수질기준 및 검사 등에 관한 규칙 제2조의 규정에 의한 먹는 물의 수질기준에 따른 검사

⑭ 동물의 내장을 조리한 경우에는 이에 사용한 기계·기구류 등을 세척하여 살균하여야 한다.

⑮ 제12조 제3항의 규정에 의한 출입·검사 등 기록부는 최종 기재일부터 2년간 보관하여야 한다.

⑯ 행정처분기준에 의하여 시정명령·폐기처분·시설개수명령 등 사후조치가 필요한 행정처분을 받은 영업자는 그 명령에 따른 사후조치를 이행한 경우 그 이행결과를 지체 없이 처분청에 보고하여야 한다.

⑰ 식품접객영업자는 낭비 없는 식생활등 음식문화개선을 위하여 노력하여야 하고, 공통 찬통과 소형 또는 복합찬기를 사용하도록 하여야 하며, 손님이 남은 음식물을 싸서 가지고 갈 수 있도록 포장용기를 비치하고 이를 손님에게 알리도록 하여야 한다.

⑱ 일반음식점영업자, 휴게음식점영업자, 단란주점영업자는 영업장 안에 설치된 무대시설 외의 장소에서 공연을 하거나 공연을 하는 행위를 조장, 묵인하여서는 아니 된다. 다만

연회석을 보유한 일반음식점에서 회갑연, 칠순연 등 가정의 의례로서 행하는 경우에는 그러하지 아니하다.

⑲ 조수보호 및 수렵에 관한 법률에 위반하여 포획한 야생동물을 사용한 식품을 조리·판매하여서는 안 된다.

⑳ 식품접객업자는 손님이 먹고 남은 음식물을 다시 사용하거나 조리하거나 또는 보관(폐기용이라는 표시를 명확하게 하여 보관하는 경우는 제외한다)하여서는 아니 된다.

(2) 공통시설 기준

❶ 영업장

· 독립된 건물이거나 식품접객업의 영업허가 또는 영업신고를 한 업종 외의 용도로 사용되는 시설과 분리되어야 한다. 다만, 일반음식점에서 축산물 가공처리법시행령 제21조 제6호 가목의 식육판매업의 영업을 하고자 할 경우에는 그러하지 아니하다.

· 영업장은 연기·유해가스 등의 환기가 잘되도록 하여야 한다.

· 음향 및 반주시설을 설치하는 영업자는 영업장 내부의 노래소리 등이 외부에 들리지 아니하도록 방음장치를 하여야 한다.

· 공연을 하고자 하는 휴게음식점·일반음식점 및 단란주점의 영업자는 무대시설을 영업장 안에 객석과 구분되게 설치하되, 객실 안에 설치하여서는 아니 된다.

❷ 조리장

· 조리장은 손님이 그 내부를 볼 수 있는 구조로 되어 있어야 한다. 다만, 영 제7조제8호 항목의 규정에 의한 제과점영업소로서 동일 건물 안에 조리장을 설치하는 경우와 관광진흥법 시행령 제2조제2호 가목 및 동조 제3호 마목의 규정에 의한 관광호텔업 및 관광공연장업의 조리장의 경우에는 그러하지 아니하다.

· 조리장 바닥에 배수구가 있는 경우에는 덮개를 설치하여야 한다.

· 조리장 안에는 취급하는 음식을 위생적으로 조리하기 위하여 필요한 조리시설·세척시설·폐기물용기 및 손 씻는 시설을 각각 설치하여야 하고, 폐기물용기는 오물·악취 등이 누출되지 아니하도록 뚜껑이 있고 내수성 재질로 된 것이어야 한다.

· 1인의 영업자가 동일건물 안의 같은 통로를 출입구로 사용하여 휴게음식점 영업 및 일반음식점영업을 하고자 하는 경우와 일반음식점영업자가 당해 업소와 직접 접한 장소에서

도시락을 제조하는 즉석판매제조·가공업의 영업을 하고자 하는 경우에는 하나의 조리
장을 공동으로 사용할 수 있다.

- 조리장에는 주방용 식기류를 소독하기 위한 자외선 또는 전기살균소독기를 설치하거나
열탕 세척소독시설(식중독을 일으키는 병원성 미생물 등이 살균될 수 있는 시설이어야 한다. 이하 같다)을 갖추
어야 한다.
- 충분한 환기를 시킬 수 있는 시설을 갖추어야 한다. 다만, 자연적으로 통풍이 가능한 구
조의 경우에는 그러하지 아니하다.
- 식품 등의 기준 및 규격 중 식품별 보존 및 보관기준에 적합한 온도가 유지될 수 있는 냉
장시설 또는 냉동시설을 갖추어야 한다.

❸ 급수시설

- 수돗물이나 「먹는 물 관리법」 제5조의 규정에 의한 먹는 물의 수질기준에 적합한 지하
수 등을 공급할 수 있는 시설을 갖추어야 한다.
- 지하수를 사용하는 경우 취수원은 화장실·폐기물처리시설·동물사육장 기타 지하수가
오염될 우려가 있는 장소로부터 영향을 받지 아니하는 곳에 위치하여야 한다.

❹ 화장실

- 화장실은 콘크리트 등으로 내수처리를 하여야 한다. 다만, 공중화장실이 설치되어 있는
역·터미널·유원지 등에 위치하는 업소, 공동화장실이 설치된 건물 내에 있는 업소 및 인
근에 사용하기 편리한 화장실이 있는 경우에는 따로 화장실을 설치하지 아니할 수 있다.
- 화장실은 조리장에 영향을 미치지 아니하는 장소에 설치하여야 한다.
- 정화조를 갖춘 수세식 화장실을 설치하여야 한다. 다만, 상·하수도가 설치되지 아니한
지역에서는 수세식이 아닌 화장실을 설치할 수 있다.
- 위의 단서의 규정에 의하여 수세식이 아닌 화장실을 설치하는 경우에는 변기의 뚜껑과
환기시설을 갖추어야 한다.
- 화장실에는 손을 씻는 시설을 갖추어야 한다.

2. 식품접객업(일반음식점 영업의 경우)의 영업허가(신고제)

식품접객업은 음식류 또는 음료, 주류를 조리하여 식당 내에서 손님에 판매하는 영업을 말

하며, 이 경우 손님의 요구에 의하여 식당 인근의 가정 또는 일정한 장소에 배달, 판매하는 행위는 서비스 차원에서 제한적으로 허용을 하고 있다. 영업신고(허가)를 받기 위해서는 법령에 규정하고 있는 업종별 시설기준에 적합한 시설을 갖추어야 한다. 또 식품위생 수준의 향상을 위하여 모든 식품접객 영업자 또는 직원은 보건복지부 장관이 지정·고시한 위생교육전문기관에서 실시하는 교육을 영업개시 전 또는 후에 받아야 하는데 이 위생교육은 보건복지부장관 승인에 한국외식업중앙회에서 위탁실시하고 있다. 위생교육[주민등록증, 사진 2매, 교육 관련비 20,000원 정도(지역에 따라 다름) 등] 6시간을 반드시 대표자가 이수하고 일정한 구비서류를 갖추어 관할관청(구청이나 시청의 민원실 위생계)에 제출해야 하는데 예외적으로 도서, 벽지 등에서 영업하고자 하는 자와 부득이한 사유로 미리 교육을 받을 수 없는 경우에는 신고를 한 날로부터 3개월 이내에 교육을 이수하면 된다. 대표자가 영업에 직접 종사하지 않거나 2곳 이상의 사업장을 운영하고자 할 경우는 식품위생책임자를 지정하여 교육을 받게 할 수도 있다. 이때 주의할 점은 위생교육필증을 위한 교육은 매일 있는 것이 아니므로 한국외식업중앙회의 중앙교육원이나 지역분회 교육원에 사전문의를 해서 받아야 한다. 대구지역은 매주 목요일(지역에 따라 다름) 10:00~16:00까지 교육을 하고 있다.(공휴일 제외) 그리고 조리사 자격증은 집단급식소(1회 식사 시 50인 이상)와 복어요리를 하는 경우는 반드시 필요하다. 몇 년 전까지만 해도 영업장 면적이 120㎡(36.2평 이상) 이상인 식당의 경우는 조리사 자격증이 필요했으나 지금은 필수사항은 아니다. 이 위생교육은 여유가 있을 때 미리 받는 것이 좋은데 오픈 준비한다고 한창 바쁠 때 받고 있어 교육받으면서 안절부절못하는 경우를 종종 볼 수가 있다.(교육 수료한 후 전국 어느 곳에서 인·허가등록 신청 가능)

영업신고(허가) 처리절차는 시, 군, 구의 민원실(위생계)이나 식품위생과를 방문하여 문의 후 서류작성과 관계서류를 구비하여 여유 있게 오픈 5일 전 정도에 신청하면 담당직원이 서류 검토 후 점포 입지나 서류상의 하자가 없으면 바로 신고증을 교부하고 있으며 이때부터 영업을 하여도 무방하나, 확인이 필요한 곳은 접수 후 1개월 이내에 현장을 방문하여 신고내용과 동일한지 확인을 하고 있다. 이때 주의할 점은 신고내용과 일치하지 않거나 건물증축 또는 가설건축물설치, 주방의 기본요건변경 등을 했을 경우에는 문제가 되고 있으므로 특히 주의를 해야 한다.

조리사나 영양사가 식품 접객업을 하고자 하는 경우에는 신규 위생교육을 면제받고 있다.

한편 각종 규제의 완화 차원에서 폐지되었던 기존영업자 위생교육과정이 2004년 부활되어

🍤 **표 5-1_ 식품 등의 영업허가 및 신고 대상 업종**

구분	근거법령	업종	변경대상
허가업종	식품위생법 제37조 제1항 및 동법시행 규칙 제40조	· 식품접객업(단란주점영업, 유흥주점영업) · 식품조사처리업	· 소재지 변경
신고업종	식품위생법 제37조 제4항 및 동법시행 규칙 제42조	· 식품접객업(휴게음식점영업, 일반음식점영업, 위탁급식영업, 제과점영업) · 즉석판매제조가공업	· 영업자의 성명 · 영업소의 명칭 또는 상호 · 영업소의 소재지 · 영업장의 면적 · 추가로 새로운 시설을 갖추어 새로운 식품군을 제조가공하고자 하는 경우(식품제조가공업) · 즉석판매제조가공 대상식품중 식품의 유형을 달리하여 새로운 식품을 제조가공하고자 하는 경우 · 냉동, 냉장차량을 증감하고자 하는 경우(식품운반업) · 식품자동판매기의 설치대수 증감 경우

한국외식업중앙회 산하 지회 또는 지부에서 실시하는 위생교육을 매년 3시간 받아야 한다.
(기존영업자가 교육을 수료하지 않을 경우 과태료 20만원 부과)

(1) 영업허가 등 민원서류

영업허가는 아래의 내용대로 구비서류를 갖추어 신고하면 되는데, 소방 관련 시행령의 개정에 따른 소방·방화시설기준이 강화되었으므로 주의가 요구된다고 하겠다.

특히 사전에 확인사항으로는 건축물관리대장상의 용도, 도시계획확인원, 오수분뇨 및 축산물폐수처리에 관한 업종, 복어전문점인 경우 복어조리사자격증, 정화조용량 등을 꼭 확인해야 한다.

❶ 신규 영업허가 신고의 경우

식품접객신고서, 건축물관리대장등본, 위생교육 필증(외식업지회교육원), 주민등록증과 도장, 면허세, 액화석유가스 사용시설 완성 검사필증(또는 도시가스공급확인서), 소방방화시설완비증명서, 대표자 및 종사자는 건강검진 보건증을 소지해야 함

🍂 표 5-2_ 영업허가 및 신고절차

단 계	내 용
1단계 접수 전 상담	· 민원인이 재산상 손실을 최대한 방지하는 차원에서 영업허가, 신고 시 반드시 식품 등의 허가 또는 신고처리 담당자와 상담을 한 후 접수 · 신고에 대하여는 즉시 처리하나 다른 법령에 위반되거나 저촉되는 사항이 있는지에 대하여 신고인이 직접 확인 · 다른 법령에 위반되거나 저촉이 되면 그 법령에 의거 고발되거나 처분되므로 식품위생법령에 의하여 신고수리가 되더라도 영업하기가 어려움
2단계 접수	· 수수료: 수입증지 28,000원
3단계 서류검토	· 식품위생법령으로 규정한 구비서류의 완비 여부 검토 · 제출된 구비서류 검토 - 건축법, 소방법 등 이 법에 명시된 타 법령 관련 사항에 대하여는 그 법령에 위반되거나 저촉되는 사항이 있는지 여부 확인 - 이 법 및 관련 법령에서 규정한 사항에 적합한 때에는 즉시 처리하되, 적합하지 아니하거나 제출서류가 미비한 때에는 보완요청하거나 반려
4단계 현장실사 및 시설조사 (허가 시 해당)	· 식품위생법시행규칙상 업종별 시설기준에 적합한지 여부 판별
5단계 결재	· 영업허가의 경우 신원조회 필요(법 제24조제1항제5호 규정 참조), 영업신고의 경우 신원조회 불필요(법 제24조제2항의 규정 참조) · 서류검토로 적합하다고 판단될 경우 즉시 신고수리
6단계 허가신고증 교부	· 시설조사가 필요한 경우 신고수리 후 15일 이내에 실시 · 시설기준에 위반되거나 신고한 사항이 다를 경우 확인서를 징구하여 행정처분기준에 의거 시설개수명령을 하거나 영업정지 등 행정처분

- 액화석유가스 사용시설 완성검사 필증 1부(도시가스 공급 확인서 및 시설연결 영수증 가능)
- 교육 수료필증 1부(예전에 교육받은 사실이 있는 경우 2년 효력 유효)
- 소방법 제8조2의 규정에 의하여 영업소의 관할 소방서장이 발행하는 소방·방화시설완비 증명서 1부
  - 지상 2층부터(30평 이상 적용)
  - 지하는 필수(단. 1층은 제외)
- 건축물관리대장(평면도 포함=정화조 확인서 받아야 함)

- 대상업소: 유흥주점, 단란주점, 일반음식점 및 휴게음식점

  (지하층에 위치하고 영업장 바닥면적의 합계가 66㎡ 이상인 업소)

- 발행채권

  * 유흥·단란주점은 미리 학교 정화구역 해제승인을 받아야 함(해당되는 경우에 한함)

  * 사업장 예정소재지에 과거에 영업신고 경력이 있는지 꼭 확인해야 함

    [영업허가(신고)가 있으면 동일번지에 이중허가(신고)증이 발급 안 됨]

❷ 조건부 영업허가

조건부 영업허가 신청서, 교육필증, 소방·방화시설 완비 증명서, 액화석유가스 사용신고서 [지하실 내 식당과 조리장을 제외한 면적으로 영업장 면적이 66㎡ 이상인 경우, 조리장 포함 시 100㎡(30평)], 유선 또는 도선사업 면허증 또는 신고필증, 식품위생기관이 발행한 수질검사성적서(수돗물을 사용하지 않고 지하수 사용 시)

❸ 허가사항의 변경허가

변경허가 신청서, 허가증, 영업시설의 변경 내역서, 소방방화시설의 소급설치 관련 2006년 5월 30일부터 적용과 이전까지는 소급적용을 하므로 확인이 필요하다.

❹ 영업의 승계

영업자 지위 승계신고서(관할 구청에 비치, 인감도장 날인), 양도인의 인감증명서(명의 변경용), 양도자의 영업허가증 원본[위생교육 필증(신규 인수자)], 건강진단증(보건증, 신규 인수자), 도장, 소방방화시설의 소급설치 관련 2006년 5월 30일부터 적용과 이전까지는 소급적용을 하므로 확인이 필요하다.(휴게음식점, 일반음식점, 유흥주점, 단란주점 공통)

- 명의변경 신고서 1부
- 영업허가(신고)증 원본 1부(관할 구청별로 분실 시 재발급 또는 분실사유서 작성하면 가능)
- 전 업주(양도인) 인감증명서 1통 및 인감도장(구청에 동행하면 인감 필요 없음)
- 교육 수료필증 1부
- 발행채권

❺ 영업허가증재교부

허가(신고)증 재교부신청서, 사유서(분실의 경우), 훼손된 허가증(훼손의 경우)

❻ 휴업, 재개업, 폐업

영업의 휴업(폐업, 재개업)신고서, 허가증

❼ 허가사항변경(상호변경) 허가(신고)(일반 음식점, 휴게음식점, 유흥주점, 단란주점 공통)

- 상호변경신청서 1부나, 영업허가(신고)증

❽ 허가사항변경허가, 신고사항변경(장소이전)신고(휴게음식점, 일반음식점, 유흥주점, 단란주점 공통)

- 장소이전 신청서 1부
- 영업허가(신고)증 원본
- 액화석유가스 사용시설 완성검사 필증 1부(해당되는 경우에 한함)(도시가스 공급 확인서 및 시설연결 영수증 가능)
- 소방법 제8조2의 규정에 의하여 영업소의 관할 소방서장이 발행하는 소방·방화시설완비 증명서 1부
- 학교정화구역 해제승인(유흥, 단란주점 중 해당되는 경우에 한함)
  * 주의: 장소이전은 신규업소 신청서류 조건과 동일하나 위생교육을 안 받아도 되는 편리함이 있다.(단 해당 구청에만 적용)

❾ 폐업(휴게음식점, 일반음식점, 유흥주점, 단란주점 공통)

- 폐업신청서 1부
- 영업허가(신고)증
- 허가(신고)자 도장

❿ 영업허가 민원처리 제비용

- 수수료
  - **영업허가 및 신고** 신규 28,000원, 변경 26,500원
  - **영업자 지위승계** 9,300원, 허가증(신고증) 재교부: 5,300원
  - **조리사 면허** 신규 5,500원, 재교부 3,000원, 기재사항변경신청 890원
- 채권
  - **도시철도채권 매입대상 및 금액** 유흥주점영업 210만원, 단란주점영업 150만원, 33㎡ 이상의 일반음식점영업과 휴게음식점영업은 45만원을, 33㎡ 이하는 5만원 매입한다.
  - **국민주택채권 매입대상 및 금액** 유흥주점영업 70만원

- **단란주점영업** 서울시, 광역시 50만원, 도청소재지 30만원, 기타지역 10만원
- **연면적 33㎡ 이상의 휴게음식점영업과 일반음식점영업** 서울특별시
- 광역시 15만원, 각 도청소재지 10만원, 기타지역 7만원
- 면허세

  최저 3,000원~45,000원까지인데 인구 50만명 이상 도시와 기타 시, 군으로 구분되며, 30평 미만, 30평 이상, 91평 이상, 151평 이상, 303평 이상으로 구분해서 차등 적용한다.

(2) 음식점 원산지 표시 의무

수입 개방화 추세에 따라 값싼 외국산 농산물이 무분별하게 수입되고, 이들 농산물이 국산으로 둔갑 판매되는 등 부정유통사례가 발생함에 따라 공정한 거래질서를 확립하고 생산농업인과 소비자를 보호하기 위해 1991년 7월 1일 농수축산물 원산지표시제도를 도입하게 되었다. 원산지는 농산물이 생산 또는 채취된 국가 또는 지역을 말하며, 국제적 거래에 있어서의 원산지는 생산된 정치적 실체를 지닌 국가를 가르키고 국내적으로는 지역 또는 지방을 의미한다고 할 수 있다.

음식점 원산지 표시제는 음식점에서 조리하여 판매, 제공하는 식재료 중 농수축산물 '20종'에 대하여 일정 기준에 따라 원산지를 표시하도록 의무화한 제도이다. 2016년 2월 3일부터 음식점 원산지 표시 품목 확대 및 표시방법이 대폭 변경되어 시행되고 있다.

2021년부터 음식점 원산지 의무 표시품목은 24개 품목으로 확대되었고, 기존의 표시대상 중 일부 품목에 대해서는 그 표시사항을 강화하게 되었다.

🍴 **표 5-3_ 원산지 의무 표시품목**

축산물 6종	농산물 3종	수산물 15종
· 소고기 · 돼지고기 · 닭고기 · 오리고기 · 양고기 · 염소고기	· 쌀(밥, 죽, 누룽지) · 배추 및 고춧가루(얼갈이, 봄동 포함) · 콩(두부, 콩비지, 콩국수)	· 넙치(광어) · 조피볼락(우럭) · 참돔, 미꾸라지 · 민물장어, 낙지 · 고등어, 갈치 · 명태(황태, 복어 등 건조품 제외) · 오징어, 꽃게 · 참조기, 다랑어, 아귀, 주꾸미

❶ 음식점 원산지 표시 대상

음식점 원산지 표시 대상품목으로는 쇠고기, 돼지고기, 닭고기, 오리고기, 수산물, 쌀, 배추 김치를 조리하여 판매·제공하는 경우 원산지를 표시하게 되어 있으며 국내산 쇠고기는 식육의 종류인 한우, 육우, 젖소를 추가 표시하게 된다. 원산지 표시 대상 음식점은 일반음식점, 휴게음식점, 위탁급식소, 집단급식소가 되며 원산지 표시 방법은 다음과 같다.

🍴 표 5-4_ 주요 원산지 표시 방법

품 목	구 분	내 용
소고기	국내산	· 갈비(국내산 한우), 등심(국내산 육우), 갈비탕(국내산 젖소)
	수입산	· 갈비(미국산), 등심(호주산), 갈비탕(뉴질랜드산)
	국내산과 수입산을 섞은 경우	· 설렁탕(육수: 국내산 한우, 고기: 호주산) · 국내산 한우 갈비뼈에 호주산 쇠고기를 접착한 양념갈비의 경우 '소갈비(호주산)' 또는 '국내산 한우' 갈비뼈와 호주산 쇠고기 섞음 - 국내산 소고기의 경우 원산지와 식육의 종류(한우, 육우, 젖소)를 함께 표시 - 수입산 소고기의 경우 '수입 국가명'을 표시
돼지고기	국내산	· 갈비(국내산), 삼겹살(국내산)
	수입산	· 갈비(미국산), 삼겹살(호주산), 보쌈(돼지고기 미국산)
	국내산과 수입산을 섞은 경우	· 김치찌개(돼지고기: 국내산과 벨기에산 섞음) · 국내산 갈비뼈에 미국산 소고기를 접착한 양념갈비의 경우 '갈비(미국산)' 또는 '국내산 갈비뼈와 미국산 돼지고기 섞음'
닭고기	국내산	· 삼계탕(닭고기 국내산), 후라이드치킨(닭고기 국내산)
	수입산	· 닭볶음탕(닭고기 미국산)
	국내산과 수입산을 섞은 경우	· 닭갈비(닭고기: 국내산과 미국산 섞음) - 배달용으로 판매하는 닭고기 음식(치킨, 찜닭 등)은 포장재에 표시하되, 포장재에 표시하기 어려운 경우 영수증, 전단지 등에 표시 가능
오리고기	국내산	· 오리백숙(오리고기 국내산)
	수입산	· 오리훈제(오리고기 중국산)
	국내산과 수입산을 섞은 경우	· 오리로스(오리고기: 국내산과 중국산 섞음)

품 목	구 분	내 용
수산물		· 수족관 등에 보관·진열된 수산물 · 넙치(광어), 조피볼락(우럭), 참돔, 낙지, 미꾸라지, 뱀장어(민물장어) [2012.4.11.부터 시행] · 생식용, 구이용, 탕용, 찌개용, 찜용, 튀김용, 데침용, 볶음용으로 조리·판매: 광어회(국내산), 참돔회(연근해산), 참돔구이(원양산), 광어매운탕[원양산(태평양산)], 우럭회(국내산과 일본산 섞음), 낙지볶음(국내산과 중국산 섞음), 모듬회(광어: 국내산, 우럭: 중국산, 참돔: 일본산) 　- 국산은 '국내산' 또는 '연근해산'으로 표시하고, 원양산은 '원양산' 또는 '원양산 표시와 함께 해역명(태평양 등)'을, 수입산은 '수입국가명'으로 표시
쌀(밥류)		· 국내산: 쌀(국내산) · 수입산: 쌀(중국산), 잡곡밥(쌀: 중국산) · 국내산과 수입산을 섞은 경우: 쌀(국내산과 중국산 섞음) 　- 쌀은 찐쌀과 현미를 포함하며 원형이 유지된 밥류가 표시대상이며 죽, 식혜, 떡 및 면은 제외
배추김치		· 배추김치를 찌개·탕용으로 조리하여 판매·제공하는 경우: 김치전골(배추김치: 중국산), 묵은지 감자탕(배추김치: 중국산) [2012.4.11.부터 시행] · 배추김치를 반찬용으로 제공하는 경우 　- 국내산 배추 사용: 배추김치(배추 국내산) 　- 수입산 배추 사용: 배추김치(배추 중국산) 　- 배추김치를 수입: 배추김치(중국산) 　- 고춧가루, 젓갈 등 모든 원료를 국내산으로 제조한 경우: 배추김치(국내산) 　* 배추의 원산지를 표시하며 겉절이·씻은김치·보쌈김치 등도 표시 대상임
그 밖의 공통사항		· 쇠고기, 돼지고기, 닭고기 및 오리고기를 섞은 경우 각각의 원산지 표시 　예 햄버그스테이크(쇠고기: 국내산 한우, 돼지고기: 덴마크산) · 국내산 쇠고기, 돼지고기, 닭고기, 오리고기, 쌀 또는 배추를 사용한 경우에는 "국내산"으로 표시하는 대신에 이를 생산한 시·도명이나 시·군·자치구명으로 표시 · 쇠고기·돼지고기·닭고기·오리고기의 식육가공품을 사용한 경우에는 그 가공품에 사용된 원료의 원산지 표시. 단, 식육가공품 완제품을 구입하여 사용한 경우 그 포장재에 적힌 원산지를 표시 　예 햄버거(쇠고기: 국내산), 양념불고기(쇠고기: 호주산)

② 음식점 원산지 표시 규정

음식점 원산지 표시는 모든 메뉴판과 게시판의 바로 옆이나 밑에 표시하고, 크기는 음식명 글자크기와 같거나 그 이상으로 표시하게 되어 있다.

일반음식점 및 휴게음식점은 소비자가 알아볼 수 있도록 메뉴판과 게시판에 표시하되, 영업장 면적이 100㎡ 미만 업소에서는 메뉴판, 게시판, 푯말 중 하나를 선택하여 표시할 수 있다.

(원산지 표시 글자 크기는 메뉴판 및 게시판 등에 표시된 음식명 글자 크기의 1/2 이상) 집단급식소와 위탁급식소는 취식장소에 월간 메뉴표, 게시판 형태로 표시하며, 교육·보육시설은 원산지가 표시된 주간 또는 월간 메뉴표를 가정통신문으로 통보하거나 인터넷 홈페이지에 추가로 공개하여야 한다. 장례식장, 예식장, 병원 등 많은 사람이 이용하는 장소는 소비자가 쉽게 볼 수 있는 장소에 푯말, 게시판 등으로 표시하여야 한다. 또한, 냉장고 등에 보관 중인 축산물도 원산지를 표시하여야 한다.

(3) 한국외식업중앙회 중앙교육원 및 지회교육원

구 분 분원명	주 소	전화번호
중앙교육원	서울 중구 다산로 168 , 성원빌딩 2층	02-6191-2902
부산교육원	부산광역시 동구 중앙대로260번길 3-3 금정빌딩 2층, 3층	051-863-0300
대구교육원	대구광역시 북구 옥산로 69-8(침산동) 3층	053-353-9604
인천교육원	인천광역시 남동구 예술로192번길 40 서해빌딩 6층	032-429-5111
광주교육원	광주광역시 서구 상무중앙로 7 601호(치평동)	062-374-8434~5
대전교육원	대전광역시 서구 갈마로 95(갈마동) 1층	042-535-7744
울산교육원	울산광역시 울주군 범서읍 굴화2길 22-10 2층	052-247-9574
경기교육원	경기도 수원시 팔달구 경수대로 714 2층	031-241-5474
	경기 부천시 장말로 107 복사골 문화센터 5층 514호	
	경기 의정부시 의정부동 511-10 노동복지회관 3층	
강원교육원	강원 원주시 호저로 47(강원경제진흥원 B1층 대강의실)	033-255-7559
	강원 강릉시 주문진읍 신리대동길 25(주문진 문화교육센타 4층)	
충북교육원	충북 충주시 팽고리산길 45 충주여성문화회관	043-256-6412
	충청북도 청주시 청원구 무심동로 512 도광빌딩 3층	
충남교육원	충청남도 홍성군 홍북읍 충남대로 50 아르페온 2차 608호	041-563-4416
	충남 천안시 서북구 축구센터로 150 2층-대세미실	
전북교육원	전라북도 전주시 완산구 마전중앙로 3 양헌빌딩 5층	063-254-5980
전남교육원	전남 구례군 구례읍 구례로 508 전남교육원	061-284-0361
	전라남도 강진군 강진읍 남문길 13	
경북교육원	경북 안동시 축제장길 42 경북교육원	053-742-0406
	경북 구미시 이계북로 7(임수동)	
	경북 포항시 남구 대도동 169-3 경북교육원	
경남교육원	경상남도 창원시 의창구 의창대로 48 2층	055-292-8432
제주교육원	제주특별자치도 제주시 연삼로 30 조양상떼빌 203호	064-721-9955

② 전문 관광식당과 모범음식점 허가

1. 관광식당업

관광식당업은 '식품위생 법령에 의한 일반음식점영업의 허가를 받은 자로서 관광객의 이용에 적합한 음식제공시설을 갖추고 이들에게 특정 국가의 음식을 전문적으로 제공하는 업'으로 정의되며, 관광식당으로 승인받으면 관광식당으로서 일반식당과의 차별성부각, 관광 관련 매체물(관광안내도, 관광지도 등)에 광고게재 효과, 관광(통역)안내소 등에서 안내 및 홍보가능, 원자재 등을 한국관광용품센터로부터 공급받을 수 있는 이점, 외국인 관광객유치의 용이, 그리고 관공서 등에서 이용권장 등의 혜택을 얻을 수 있다. 그러나 회비납부와 사후관리 의무이행도 하여야 하기 때문에 신청 전 담당기관으로부터 충분한 설명을 들어두는 것이 좋다.

관광식당업 지정기준은 한국 전통음식을 제공하는 경우에는 국가기술자격법에 의한 해당 조리사 자격증 소지자를 두어야 하며, 특정 외국의 전문음식을 제공하는 경우에는 당해 외국에서 전문조리사 자격을 취득한 자, 혹은 국가기술자격법에 의한 해당 조리사 자격증 소지자로서 동종 분야에서의 조리경력이 3년 이상인자, 혹은 해당 외국에서 6개월 이상의 조리교육을 이수한 자(패스트푸드점의 경우에는 해당 외국에서 2주 이상의 조리교육을 받은 자로서 조리경력이 6개월 이상인 자)를 두어야 한다.

(1) 지정기관

지역별 관광협회에서 하고 있으므로 사전에 문의를 해보아야 한다.

(2) 신청서류

❶ 신청인(법인의 경우에는 대표자 및 임원)의 성명·주민등록번호·본적·호주성명 및 호주와의 관계를 기재한 서류(외국인의 경우에는 법 제7조제1항 각호에 해당하지 아니함을 증명하는 당해 국가의 정부 기타 권한 있는 기관이 발행한 서류 또는 공증인이 공증한 신청인의 진술서로서 재외공관공증법에 의하여 당해국가에 주재하는 대한민국공관의 영사관이 확인한 서류) 1부

❷ 법인의 등기부등본(법인의 경우에 한한다) 1부

❸ 업종별 면허증·허가증 또는 사업자등록증 사본 1부

❹ 시설의 배치도 또는 사진 및 평면도 1부

❺ 사업내용에 관한 설명서 1부

❻ 신청수수료: 20,000원

(3) 관광편의시설업 지정신청서 양식

[관광진흥법 시행규칙 별지 제19호 서식]			
관광편의시설업 신청서	· 지정		처리기간
	· 지정변경		17 일

신청인	① 성명(대표자)		② 주민등록번호 (외국인등록번호)	
	③ 주　　소	(전화:　　　　　　)		
	④ 본　　적			

⑤ 상 호(명 칭)	
⑥ 업 종	
⑦ 영 업 소 소 재 지	
⑧ 자 본 금	
⑨ 영업개시예정연월일	

⑩ 변 경 사 항	변 경 전	변 경 후

관광진흥법 제6조의 규정에 의하여 관광편의시설업의 지정(지정변경)을 신청합니다.

년　　　월　　　일

신청인　　　　　　(서명 또는 인)

〇〇시·도지사 또는

〇〇시·도 관광협회장 귀하

※ 구비서류	수수료: 20,000원
1. 신청인(법인의 경우에는 대표자 및 임원)의 성명·주민등록번호 및 본적을 기재한 서류(외국인의 경우에는 법 제7조제1항 각호에 해당하지 아니함을 증명하는 당해 국가의 정부 기타 권한 있는 기관이 발행한 서류 또는 공증인이 공증한 신청인의 진술서로서 재외공관공증법에 의하여 당해 국가에 주재하는 대한민국공관의 영사관이 확인한 서류) 1부 2. 법인의 등기부등본(법인의 경우에 한합니다) 1부 3. 업종별 면허증·허가증 또는 사업자등록증 사본 1부 4. 시설의 배치도 또는 사진 및 평면도 1부 5. 지정변경의 경우에는 변경사항을 증명하는 서류 1부	

(4) 관할기관: 한국관광협회 및 각 지부

지역별 \ 구분	주 소	전화번호
서울	서울 종로구 청계천로 85 삼일빌딩 8층 801호	02-757-7482
인천	인천 중구 연안부두로 53번길 4, 해강빌딩 202호	032-762-8000
대전	대전 유성구 대학로 7, 2층(봉명동, 대전종합관광안내소)	042-226-8417
대구	대구 달서구 공원순환로 46(두류동, 대구관광정보센터)	053-746-6407
울산	울산 남구 산업로 646(삼산동, 종합관광안내소)	052-275-2412
광주	광주 동구 중앙로 196번길 5, 5층(삼호센터)	062-233-6400
부산	부산 동구 대영로243번길 38(초량동, 부산관광안내소)	051-463-3111
세종	세종 연기면 세종로 1775(연기리)	044-867-6919
경기도	경기 수원시 장안구 경수대로 893,161호(주경기장내) (조원동,수원종합운동장)	031-255-8424
강원도	강원 춘천시 춘천로 19(온의동)	033-242-0089
충청남도	충남 홍성군 홍성읍 의사로36번길 13(대교리)	041-631-5465
충청북도	충북 청주시 흥덕구 풍산로 14(가경동)	043-231-5563
경상남도	경남 창원시 의창구 원이대로 362, 1층(대원동, 창원컨벤션센터)	055-212-1345
경상북도	경북 경주시 보문로 424-9(신평동, 경북관광홍보관)	054-745-0750
전라남도	전남 무안군 삼향읍 후광대로 311(남익리)	061-285-0832
전라북도	전북 전주시 덕진구 정언신로 95, 7층	063-287-6292
제주도	제주특별자치도 제주시 첨단로 213-65 제주종합비즈니스센터 3층	064-742-8861

2. 모범음식점 허가

(1) 모범음식점

식품위생법 제32조(위생등급)에 따르면 식품의약품안전청장 또는 시장·군수·구청장은 보건복지부령이 정하는 위생등급기준에 따라 위생관리상태 등이 우수한 식품 등의 제조·가공업소, 식품접객업소 또는 집단급식소를 우수업소 또는 모범업소로 지정할 수 있다고 했는데 좋

은 식단제, 맛, 시설, 직원의 서비스 등을 종합적으로 평가해서 모범업소로 지정되기도 한다.

우선 지정 대상지역은 주요관광지주변, 관광호텔, 숙박업소주변과 역, 터미널, 백화점, 관공서, 대기업사옥주변 등 다중이용시설 주변으로 교통편의성 및 접근성이 양호한 곳을 중심으로 지정하고 있다.

세부적인 지정기준(일반음식점)은 다음과 같다.

❶ 건물의 구조 및 환경

· 청결을 유지할 수 있는 환경을 갖추고 내구력이 있는 건물이어야 한다.
· 마시기에 적합한 물이 공급되며, 배수가 잘되어야 한다.
· 업소 내에는 방충시설 · 쥐막이 시설 및 환기시설을 갖추고 있어야 한다.
· 불법 가건축물이 없어야 한다.

❷ 주방

· 주방은 공개되어야 한다.
· 입식조리대가 설치되어 있어야 한다.
· 냉장시설 · 냉동시설이 정상적으로 가동되어야 한다.
· 항상 청결을 유지하여야 하며, 식품의 원료 등을 보관할 수 있는 창고가 있어야 한다.
· 식기 등을 소독할 수 있는 설비가 있어야 한다.

❸ 객실 및 객석

· 손님이 이용하기에 불편하지 아니한 구조 및 넓이여야 한다.
· 항상 청결을 유지하여야 한다.

❹ 화장실

· 정화조를 갖춘 수세식이어야 한다.
· 손 씻는 시설이 설치되어야 한다.
· 벽 및 바닥은 타일 등으로 내수 처리되어 있어야 한다.
· 1회용 위생종이 또는 에어타월이 비치되어 있어야 한다.

❺ 직 원

· 청결한 위생복을 입고 있어야 한다.

- 개인위생을 지키고 있어야 한다.
- 친절하고 예의 바른 태도를 가져야 한다.

❻ 기 타

- 1회용 물컵, 1회용 숟가락, 1회용 젓가락 등을 사용하지 아니하여야 한다.
- 그 밖에 모범업소의 지정기준 등과 관련한 세부사항은 보건복지부장관이 정하는 바에 의한다.

모범음식점 관련 지정절차 및 지정기관, 지원혜택사항에 관해서 살펴보면 다음과 같다.

🔍 지정대상

- 신규업소인 경우 신고 후 6개월이 경과한 업소
- 영업자지위승계업소인 경우 지위 승계 후 6개월이 경과한 업소
- 지정취소업소인 경우 지정취소일로부터 6개월이 경과한 업소

🔍 지정절차

❶ 지정희망 업소의 모범음식점신청서를 작성하여 지정신청
❷ 지정신청을 받은 구청장은 7일 이내에 음식문화개선운동추진위원회에 부의
❸ 음식문화개선운동추진위원회 위원장과 구 담당공무원과 지정기준에 신청업소에 대한 적합여부를 협의조사
❹ 음식문화개선운동추진위원회를 소집하여 그 지정여부를 심의
❺ 음식문화개선운동추진위원회 위원장은 심의결과를 구청장에 추천, 통보
❻ 지정된 업소에 모범음식점 지정증과 모범음식점 표지판을 교부

🔍 모범음식점 지정업소에 대한 지원

- 시설개선자금 및 운영자금 우선융자
- 안내홍보책자 발간, 배부
- 출입, 검사 면제
- 모범음식점 표지판 제작대금 지원
- 각종 행사 시 모범음식점 이용 권장
- 기타 지원시책(상수도료 감면, 쓰레기봉투 구입비 지원 등)

3. 음식점 위생등급제

(1) 음식점 위생등급제의 정의

2017년 5월 19일부터 시행되었으며 영업자가 자율로 위생등급평가를 신청하고 평가점수에 따라 등급을 지정하고 홍보하여 음식점의 위생수준 향상과 소비자에게 음식점 선택권을 제공하는 제도를 말한다.

(2) 음식점 위생등급제 시행 목적

소비자가 위생적인 음식을 선택할 수 있도록 해서 안전하고 건강한 식생활 문화를 정착시킬 목적으로 식품의약품안전처에서 표준화한 평가 기준에 의해서 실시한다.

평가 결과 우수업소는 위생등급 표지판 부착 및 광고도 가능하며 일정기간 동안 출입, 검수, 수거 등을 면제받을 수 있으며 식품진흥기금 지원을 활용한 위생설비, 시설개선에 지원도 가능하다.

(3) 신청 및 평가 절차

식당에 평가요원이 직접 방문하여 육안관찰 평가, 조리장시설 및 식품취급시설, 청결관리, 식재료관리, 화장실 위생, 조리장 청결, 개인위생 등의 44개 지표를 평가하여 각각 1등급(90점 이상), 2등급(80~89점), 3등급(70~79점)으로 등급을 판정한다.

(4) 취소 및 시정명령

식품접객영업자가 다음 사항에 하나라도 해당이 되는 경우 취소 또는 시정명령을 내릴 수 있다.

· 위생등급을 지정받은 후 그 기준에 미달하게 된 경우
· 위생등급을 표시하지 않거나 허위로 표시, 광고하는 경우
· 제75조에 따라 영업정지 이상의 행정처분을 받은 경우
· 그 밖에 제1호부터 제3호까지에 준하는 사항으로서 총리령으로 정하는 사항을 지키지 아니한 경우

02 사업자 등록과 기타 인·허가사항

1 사업자 등록증

1. 사업자 등록증 신청

신규로 사업을 개시할 때에는 사업장별로 관할 허가관청의 장에게 영업허가를 받은 후 사업을 시작한 날로부터 20일 이내에 다음 서류를 갖추어 세무서장(세무서)에게 사업자 등록을 신청하여야 하며, 사업개시 전에도 신청이 가능하다.

또한, 식품위생법에 의해 영업허가를 받은 장소에서 주류 판매업을 하는 자와 주류 판매를 주업(主業)으로 하지 않은 자는, 의제판매 면허 시험자로 규정하여 사업자등록 신청서에 판매하고자 하는 주류의 종류를 기재하여 소관 세무서장에게 제출(신고)하게 되면 사업자등록증을 교부받는 것으로 '주류 판매업 신고필증'을 교부받는 것으로 갈음하고 있다.

사업자 등록신청 시에는 부가가치세가 과세되는 사업자 유형의 선택, 주 업태와 주 종목의 선정과 사업자금명세서의 기입, 신용카드등록(가맹점을 분석)을 하여야 하며 등록신청 전일로부

TIP! 사업자등록 신청 시 구비서류(확정일자 신청 포함)

- 사업자등록신청서 1부(세무서 비치)
  신청서 기재를 위해 개인사업자의 경우에는 주민등록증등본이 필요할 수도 있다.
- 임대차 계약서(사업장을 임차한 경우) 원본(확정일자)과 도장
- 영업신고증(사본) 또는 영업허가증
  (신고 전에 등록을 하는 경우에는 식품접객영업신고 사본 또는 사업 계획서)
- 2인 이상이 공동으로 사업을 하는 경우에는 공동사업 사실을 증명할 수 있는 서류(동업계약서 등)
- 본인 신분증
- 도면 1부(건물 일부만 임차 시에 한함)

터 20일 이내에 매입한 것은 확인된 것에 한하여 매입세액공제를 받을 수 있으므로 각별히 주의하여야 하며 다음 서류를 구비해서 신청하면 된다. 이때 상가건물임대차 관련하여 확정일자도 같이 신청하면 좋다.

2. 사업자 등록신청서 작성 시 유의사항

① 일반과세자

직전 1년간 재화와 용역의 공급에 대한 대가가 8천만원 이상인 개인사업자

② 간이과세자

직전 1년간 재화와 용역의 공급에 대한 대가가 8천만원 미만인 개인사업자

신규로 사업자등록을 신청하는 경우에는 사업 개시일이 속하는 1년에 있어서 공급대가의 합계액이 간이과세 적용금액에 미달될 것으로 예상되는 때에는 사업자등록 신청 시 간이과세 적용 신고서를 제출하거나 사업자등록 신청서의 간이 과세적용 신고란에 그 내용을 기재한 경우에 적용한다.

참고로 과세사업과 면세사업을 겸업할 때는 부가가치세 과세사업자로 등록하면 된다.

3. 사업자 등록신청서 양식

■ 부가가치세법 시행규칙 [별지 제4호서식] <개정 2015.3.6.>
홈택스(www.hometax.go.kr)에서도
신청할 수 있습니다.

사업자등록 신청서(개인사업자용)
(법인이 아닌 단체의 고유번호 신청서)

※ 사업자등록의 신청 내용은 영구히 관리되며, 납세 성실도를 검증하는 기초자료로 활용됩니다.
　아래 해당 사항을 사실대로 작성하시기 바라며, 신청서에 본인이 자필로 서명해 주시기 바랍니다.
※ [　]에는 해당되는 곳에 √표를 합니다.

(앞쪽)

접수번호		처리기간	3일(보정기간은 불산입)

1. 인적사항

상호(단체명)		전화번호	(사업장)
성명(대표자)			(자택)
			(휴대전화)
주민등록번호		FAX번호	
사업장(단체) 소재지			층　　　호

2. 사업장 현황

업 종	주업태		주종목		주생산 요소		주업종 코드		개업일	종업원 수
	부업태		부종목		부생산 요소		부업종 코드			

사이버몰 명칭			사이버몰 도메인	

사업장 구분	자가 면적	타가 면적	사업장을 빌려준 사람 (임 대 인)			임대차 명세		
			성 명 (법인명)	사업자 등록번호	주민(법인) 등록번호	임대차 계약기간	(전세) 보증금	월 세
	㎡	㎡				･ ･ ･ ~ ･ ･ ･	원	원

허가 등 사업 여부	[　]신고　　[　]등록 [　]허가　　[　]해당 없음		주류면허	면허번호	면허신청
					[　]여　[　]부

개별소비세 해당 여부	[　]제조　　[　]판매　　[　]입장　　[　]유흥

사업자금 명세 (전세보증금 포함)	자기자금	원	타인자금	원

사업자 단위 과세 적용 신고 여부	[　]여　　[　]부	간이과세 적용 신고 여부	[　]여　　[　]부

전자우편주소		국세청이 제공하는 국세정보 수신동의 여부	[　]동의함 [　]동의하지 않음

그 밖의 신청사항	확정일자 신청 여부	공동사업자 신청 여부	사업장소 외 송달장소 신청 여부	양도자의 사업자등록번호 (사업양수의 경우에만 해당함)
	[　]여　[　]부	[　]여　[　]부	[　]여　[　]부	

210mm×297mm[백상지 80g/㎡ 또는 중질지 80g/㎡]

3. 사업자등록 신청 및 사업 시 유의사항 (아래 사항을 반드시 읽고 확인하시기 바랍니다)

가. 다른 사람에게 사업자명의를 빌려주는 경우 사업과 관련된 각종 세금이 명의를 빌려준 사람에게 나오게 되어 다음과 같은 불이익이 있을 수 있습니다.
   1) 조세의 회피 및 강제집행의 면탈을 목적으로 자신의 성명을 사용하여 타인에게 사업자등록을 할 것을 허락한 사람은 「조세범 처벌법」 제11조제2항에 따라 1년 이하의 징역 또는 1천만원 이하의 벌금에 처해집니다.
   2) 소득이 늘어나 국민연금과 건강보험료를 더 낼 수 있습니다.
   3) 명의를 빌려간 사람이 세금을 못 내게 되면 체납자가 되어 소유재산의 압류·공매처분, 체납명세의 금융회사 등 통보, 출국규제 등의 불이익을 받을 수 있습니다.

나. 다른 사람의 명의로 사업자등록을 하고 실제 사업을 하는 것으로 확인되는 경우 다음과 같은 불이익이 있습니다.
   1) 조세의 회피 또는 강제집행의 면탈을 목적으로 타인의 성명을 사용하여 사업자등록을 한 사람은 「조세범 처벌법」 제11조제1항에 따라 2년 이하의 징역 또는 2천만원 이하의 벌금에 처해집니다.
   2) 「부가가치세법」 제60조제1항제2호에 따라 사업 개시일부터 실제 사업을 하는 것으로 확인되는 날의 직전일까지의 공급가액에 대하여 100분의 1에 해당하는 금액을 납부세액에 가산하여 납부해야 합니다.
   3) 「주민등록법」 제37조제10호에 따라 다른 사람의 주민등록번호를 부정하게 사용한 자는 3년 이하의 징역 또는 1천만원 이하의 벌금에 처해집니다.

다. 귀하가 실물거래 없이 세금계산서 또는 계산서를 발급하거나 발급받은 경우 또는 이와 같은 행위를 알선·중개한 경우에는 「조세범 처벌법」 제10조제3항 또는 제4항에 따라 해당 법인 및 대표자 또는 관련인은 3년 이하의 징역이나 공급가액 및 그 부가가치세액의 3배 이하에 상당하는 벌금에 처해집니다.

라. 신용카드 가맹 및 이용은 반드시 사업자 본인 명의로 해야 하며 사업상 결제목적 외의 용도로 신용카드를 이용할 경우 「여신전문금융업법」 제70조제2항에 따라 3년 이하의 징역 또는 2천만원 이하의 벌금에 처해집니다.

대리인이 사업자등록신청을 하는 경우에는 아래의 위임장을 작성하시기 바랍니다.

위 임 장	본인은 사업자등록 신청과 관련한 모든 사항을 아래의 대리인에게 위임합니다. 본 인:　　　　　(서명 또는 인)			
대리인 인적사항	성명	주민등록번호	전화번호	신청인과의 관계

위에서 작성한 내용과 실제 사업자 및 사업내용 등이 일치함을 확인하며, 「부가가치세법」 제8조제1항, 제61조제3항, 같은 법 시행령 제11조제1항·제2항, 제109조제4항, 같은 법 시행규칙 제9조제1항·제2항 및 「상가건물 임대차보호법」 제5조제2항에 따라 사업자등록([ ]일반과세자 [ ]간이과세자 [ ]면세사업자 [ ]그 밖의 단체) 및 확정일자를 신청합니다.

년　　　　월　　　　일

신청인:　　　　　(서명 또는 인)

위 대리인:　　　　　(서명 또는 인)

세 무 서 장　귀하

신고인 제출서류	1. 사업허가증 사본, 사업등록증 사본 또는 신고확인증 사본 중 1부(법령에 따라 허가를 받거나 등록 또는 신고를 해야 하는 사업의 경우에만 제출합니다) 2. 임대차계약서 사본(사업장을 임차한 경우에만 제출합니다) 1부 3. 「상가건물 임대차보호법」이 적용되는 상가건물의 일부분을 임차한 경우에는 해당 부분의 도면 1부 4. 자금출처명세서(금지금 도·소매업, 액체연료 및 관련제품 도매업, 기체연료 및 관련제품 도매업, 차량용 주유소 운영업, 차량용 가스 충전업, 가정용 액체연료 소매업, 가정용 가스연료 소매업, 재생용 재료 수집 및 판매업 및 과세유흥장소에서 영업을 하려는 경우에만 제출합니다) 1부	수수료 없음

유의사항

사업자등록을 신청할 때 다음과 같은 사유에 해당하는 경우 붙임의 서식 부표에 추가로 적습니다.
① 공동사업자에 해당하는 경우
② 종업원을 1명 이상 고용한 경우
③ 사업장 외의 장소에서 서류를 송달받으려는 경우
④ 사업자 단위 과세 적용을 신청한 경우(2010년 이후부터 적용)

4. 사업자 등록증 양식

[별지 제4호 서식(1)] (02.4.12. 개정)

사 업 자 등 록 증
(　　　　　　　　　)

등록번호:

---

① 상　　　호:　　　　　　　　　　　② 성　　　명:

③ 개업 연월일:　　　년　　월　　일　　④ 주민등록번호:

⑤ 사업장소재지:

⑥ 사업자의 주소:

⑦ 사업의 종류:　[업 태]　　　　　　[종 목]

⑧ 교 부 사 유:

⑨ 공동 사업자:

⑩ 주류판매신고번호:

　　　　　　　　　　　　　　　　　　　　　년　　월　　일

○ ○ 세무서장 (인)

세무상담은 ☎전국 어디서나
126

210㎜×297㎜(보존용지(1종)120g/㎡)

② 외식사업 관련 기타 인·허가 사항

1. 건강진단증(보건증)

식품위생법에서는 식품 또는 식품첨가물(화학적 합성품 또는 기구 등의 살균·소독제를 제외한다)을 채취·제조·가공·조리·저장·운반 또는 판매하는 데 직접 종사하는 자(영업자 및 종사자)를 건강진단 대상자로 하여 1년에 1회씩 정기적인 건강진단을 받도록 하고 있다. 위생감시 시에 보건증이 없는 자를 고용하였으면 행정처분이나 벌과금을 징수당할 수도 있다. 영업에 종사하지 못하는 질병은 1군 전염병(콜레라, 페스트, 장티푸스, 파라티푸스, 세균성 이질, 장출혈성 대장균감염), 결핵(비전염성 제외, 제3군 전염병), 피부병 기타 화농성 질환(나병, 포도상구균, 화농증 등 세균성 피부질환), 후천성 면역결핍증 등이다. 보건증은 점포 관할지의 지정 의료기관이나 보건소에 본인이 직접 가서 간단한 위생검사를 받으면 5일 후에 발급된다. 구비서류는 사진 2매, 수수료(1,500원 정도 지역에 따라 차등), 주민등록증을 갖고 사업장 주소를 숙지한 후 가면 된다.

2. 식품접객업영업 관련 행위제한 법규

식품위생법, 풍속 영업법, 미성년자 보호법, 공중 위생법, 근로 기준법, 청소년 보호법, 주류 판매업(주세법), 소방법, 건축법, 먹는 물 관리법 등에 행위제한을 받고 있다.

🍴 표 5-5_ 지도·점검표 양식

지도 · 점검표				
업소명			대 표 자	(인)
소재지			전화번호	
음식유형 (취급품목)	한식(　　) 양식(　　) 중식(　　) 일식(　　)		음식종류	
반찬가짓수 및 종류 (한상기준)			음식물 쓰레기 배출량	l/일

🍴 **표 5-6_ 지도·점검사항**

중점점검사항	점검결과
· 좋은 식단제 실천 이행 상태 여부(반찬가짓수)	
· 적정량의 반찬 제공 여부	
· 위생적인 식단 운영 여부	
· 음식물 쓰레기 발생량 점검기록표 기록 여부	
· 1회 용품 사용 여부	
· 조리기구 및 음식물 보관상태 여부	
· 직원 위생 상태 여부	
· 영업자준수사항 이행 여부	

200 년   월   일

점검자:　　○○구청 ○○과 직급　　　성명　　　(인)
　　　:　　○○구청 ○○과 직급　　　성명　　　(인)

3. 소방검열 및 가스설치

바닥면적의 합계가 100제곱미터 이상(지하층 66 이상)인 휴게·일반음식점은 소방시설설치유지 및 안전관리에 관한 법률시행령에서 다중이용업소로 지정, 소방·방화시설을 갖추고 관할 소방서장에게 소방·방화시설 등 완비증명서를 발급받아 관할구청에 제출하여야 한다. 다중이용업소가 갖추어야 할 소방시설로는 ▷소화설비: 수동식 또는 자동식소화기·자동확산 소화용구 및 간이 스프링클러설비 ▷피난설비: 유도등·유도표지·비상조명등·휴대용비상조명등 및 피난기구 ▷경보설비: 비상벨 설비·비상 방송설비·가스누설경보기 및 단독 경보형감지기등이고, 방화시설로는 방화문 및 비상구를 설치하여야 한다. 그 밖에 영상음향차단장치·누전차단기 및 피난유도선 등의 설치도 관련 법에 의하여 갖추도록 하고 있다. 자세한 내용은 해당지역 소방서 예방과에 문의하거나 인테리어 업체 또는 건축업자에 의뢰하면 도움을 얻을 수 있을 것이다.

이 외에 지하의 경우 전 업소와 지상 100㎡ 이상일 경우는 액화석유가스 검사필증 1부를 첨부하여야 하며, 가스공급계약서도 체결해야 한다. 관련 문의는 한국가스안전공사나 지역에 있는 가스업체에 문의해도 된다.

4. 최근 규정된 신용카드 관련 규정

(1) 신용카드매출전표·현금영수증 등 매출에 대한 세액공제

식당에서의 신용카드 사용이 일반화되고 2005년 1월 1일부터 현금영수증제도가 본격적으로 시행되고 있다. 공급대가가 연간 2,400만원 이상인 경우 의무적으로 가입설치를 해야 하며 신용카드 조회기 미설치 식당은 세무조사까지 받을 수 있으므로 해당식당은 반드시 설치를 해야 한다. 이에 따라 외식업 사업자들은 카드매출과 현금영수증의 발급 등으로 매출액이 거의 노출되고 있다.

❶ 신용카드

외식업체의 사업자는 신용카드매출액이 발생하거나 현금영수증을 발행하는 경우에는 부가세에서 그 발행금액 또는 결제금액의 1.3%에 상당하는 금액을 한도로 납부세액을 공제한다. 단, 연간 간이과세자는 공제율이 2.6%이며 연간 500만원을 공제세액 한도로 한다.

일반사업자의 경우 신용카드 매출전표 등 수령명세서를 제출할 시 공제를 받을 수 있는데 ("신용카드매출전표 등 수취금액 합계표"가 "신용카드매출전표 등 수령명세서"로 명칭변경(2010. 7. 1.부터) 또 사업자의 경우 건당 5만원 이상분에 대해서는 접대비 손금불산입, 접대비 이외의 경우로서 건당 10만원 이상분을 신용카드로 사용하지 않을 경우에는 10%의 가산세를 부과한다.

❷ 신용카드회사

신용카드회사는 전 국민 신용카드 확산으로 다수의 가맹점 확보로 인하여 수수료수입확대 (약 3% 정도)와 더불어 각 개인들에게는 연회비수입과 다수의 고객확보의 이득이 존재한다.

❸ 카드 가맹점(음식점)

- 가맹점의 이익: 신용카드 및 현금영수증 발급 시 1% 정도의 세액공제를 받는다.
- 가맹점의 불이익: 가장 큰 불이익은 카드 수수료 2.5~4% 정도 지불과 매출의 노출이다. 매출누락은 탈세와 직결되는 문제이므로 신중한 세무관리에 주의를 기울여야 한다. 또한 신용카드 가맹을 하지 않은 경우에는 행정지도로 신용카드가맹을 권고하고, 만약 가맹을 하지 않으면 세무조사의 대상 및 형사처벌까지 받을 수 있다.

위에서 각 당사자별로 알아본 바와 같이 음식점사업자 등은 신용카드 사용이 급격히 증가하는 이유를 이해할 수 있을 것이다.

❹ 카드조회기 사용신청

카드조회기를 구입할 때에는 먼저 내 식당의 규모를 파악해야 하는데 규모가 큰 경우에는 판매사원과 잘 협의를 하면 1개월 정도 무료로 설치를 했다가 일정사용 횟수 이상만 되면 무료로 그냥 사용할 수 있으므로 무조건 살 필요성은 없다고 하겠다.

구비서류로는 사업자등록증 사본 1통, 영업허가증 사본 1통, 주민등록등본 1통(법인인 경우 법인등기부등본), 대표자 주민등록증(양면복사), 희망거래 은행에서 개설한 통장(카드조회기 판매회사에 문의하면 신청절차와 수속방법 안내 및 대행)이면 된다.

요즘은 ATM용 및 모바일용으로 나오는 카드 단말기도 보급되고 있다.

5. 간판허가

간판은 옥외광고물에 속하는 것으로 이는 상시 또는 일정기간 계속하여 불특정 다수인에게 표시되어 누구나 자유롭게 통행할 수 있는 장소에서 볼 수 있는 것으로 정의되며 그 종류로는 간판, 현수막, 벽보, 전단 등이 있다.

🦐 **표 5-7_ 옥외광고물 허가(신고) 대상**

종류	신고대상	허가대상
가로형 간판	· 건물 3층 이하 정면에 5㎡를 초과 건물 4층 이상에 당해 건물명 등에 한해 상단(3면)에 표시하는 입체형 간판	· 건물측면 또는 후면의 4층 이상 벽면에 판류형 간판 · 네온, 전광류 이용 간판 · 최초 공연간판 · 한변의 길이 10m 이상
돌출 간판	· 의료기관 또는 약국의 표지등 · 이용업소, 미용업소의 표지등 · 간판상단의 높이가 지면으로부터 5m 미만 · 1면의 면적이 1㎡ 미만	· 신고대상을 제외한 모든 돌출간판
지주이용간판	· 상단높이가 지면으로부터 4m 미만	· 상단높이가 지면으로부터 4m 이상
그 외 광고물	· 현수막, 벽보, 전단	· 옥상간판, 공공시설물이용광고물 선전탑, 아취광고물 등 · 옥외광고물 허가(신고) 절차

* 옥외광고물 허가(신고) 절차는 관련 서류를 구비해서 신청인(민원인)이 구청에 접수하면 신고대상은 3일, 허가대상은 7일 정도 소요가 된다.

6. 가설건축물 사용신청

객석 위주로 인테리어가 진행되다 보니 주방이 협소하여 주방을 넓히려고 벽면에 가설건축물 설치를 하고 있어 건물 임차 시 이 가설건축물로 인해 영업신고가 반려되거나 허가증이 발급되지 않는 경우가 있으므로 주의를 요하며, 현재 가설건축물의 대부분은 불법에 해당되며 가설건축물사용신청은 관할 동사무소 또는 구청에서 하고 있으므로 건물주에게 허가를 요구해야 한다.

7. 기타

식품 등의 명칭·제조방법 영양가·성분·사용 및 원재료에 관해서 허위표시 및 과대광고로 객관적인 사실에 근거하지 아니하고 최고, 가장 좋은, 특등 등의 표현으로 소비자를 현혹시키거나 현혹시킬 우려가 있는 표시를 하거나 광고를 하여서는 안 된다. 또한 질병의 치료에 효능이 있다는 내용 또는 의약품으로 혼동할 우려가 있는 내용의 표시나 광고를 해서는 안 된다.

외식창업
실무지침서

Chapter 6

상권조사와
입지분석

01 상권조사와 입지분석

1 상권·입지조사 분석의 목적과 절차

1. 조사분석의 목적과 과정

점포 후보지를 선택하고 그 후보지 안에 있는 점포를 선정하기 위하여 상권조사, 입지분석을 하게 되는데 창업 전에는 사업성이 있는지, 창업 후에는 상권의 특성을 잘 알고 있어야 경제적이고 효과적인 점포경영이 가능하다. 여기서 상권이란 대지나 점포가 미치는 영향권으로 거래의 범위를 말한다. 즉, 고객이 음식을 먹거나 내점할 수 있는 지리적인 범위를 의미한다. 또한 영업을 하는 데 있어서 우리 점포의 고객이 될 수 있는 대상이 얼마나 있는가 하는 한정적인 지역 범위를 말하는 것으로 그 범위를 축소해가면서 분석기법을 활용한다. 또 입지란 대지(垈地)나 점포가 소재하고 있는 위치적인 조건으로, 즉 접객장소를 의미하는데 인구의 특징, 소득수준, 구매습관, 교통 및 접근성에 많은 영향을 받는다. 상권분석은 상권 전체의 성쇠여부를 평가하는 것이고 입지분석은 개개점포의 성패여부를 파악하는 것으로 보면 된다. 따라서 상권분석을 먼저 하고 입지분석은 그 뒤에 해야만 제대로 된 점포를 구할 수 있다.

🍴 표 6-1_ 입지와 상권의 비교

	입 지	상 권
개 념	터(장소)나 점포의 위치적인 조건(Location)으로 시간적, 공간적 범위	터(장소)나 점포가 미치는 영향권의 범위(Trading Area)로 실소비를 이루고 있는 분포지역의 소비심리를 이루는 주체
물리적 특성	평지, 도로변, 상업시설, 도시계획 지구 등 물리적인 상거래공간	대학가, 역세권, 아파트단지, 번화가 등 비물리적인 상거래 활동공간
Key Word	Point(강조점)	Boundary(경계선)
등급구분	A급지, B급지, C급지	1차 상권, 2차 상권, 3차 상권
분석방법	점포분석, 통행량 분석	업종경쟁력 분석, 구매력 분석
평가기준	점포의 권리금, 임대료와 보증금과 가시성, 접근성	반경거리(250m, 500m,1km)

상권조사나 입지분석은 그 목적이 자기가 희망하는 업종 또는 업태가 가장 활성화될 수 있는 장소를 선택하기 위한 것이며, 입지와 상권조사를 통해서 자기 점포의 영업이 잘될 것인지, 또 매출은 어느 정도가 될 것인지 예측하기 위한 기초자료가 되기도 한다. 따라서 상권·입지 분석이 단순한 보고서와 같은 형식적인 업무가 되어서는 안 된다.

점포운영 및 채산성이 무엇보다도 중요하므로 개점입지는 업종·업태별 특성을 감안하여 독립형 건물과 복합형 건물로 구별할 수 있고, 건물 층별 고객흡입력, 그리고 상주하는 인구와 유동인구로 어느 정도 구분하여 통행량을 조사한다. 또한 사람이 모이는 장소인지 분산지인지, 고객흐름이 유동성인지 아니면 정체성인지 등도 조사하여야 한다.

주변 상권조사는 번화가 또는 중심상가, 금융 등 오피스가, 주택가나 아파트단지, 학원가, 대로변입지, 유원지입지 등의 입지적 분류를 통하여 분명한 타깃을 고려하여야 하고, 유사 혹은 동종업종·업소에 대한 메뉴가격대, 객단가, 매출, 고객층을 세분화하여 시장분석을 해나가야 한다. 이런 내용들은 시간대별, 요일별(평일, 토요일, 공휴일), 날씨별, 남녀별, 연령층별 등을 상권 반경 내에서 직접 조사한 다음, 분석, 진단, 평가를 통해서 메뉴 및 가격대 등을 입지 전략에 반영해야 한다.

상권·입지조사 분석의 목적과 기준은 다음과 같다.

먼저 상권·입지조사 분석은 내가 창업하고자 하는 입지(점포)에서 매출목표를 산출하기 위한 기초 자료를 얻기 위함이어야 한다. 따라서 지역별 상권의 특성을 총체적으로 이해할 수 있도록 해야 하며, 입점예정 상권 내의 업종·업태별 분포현황을 파악해야 한다. 이를 기초로 장단점을 분석하고 위협 및 기회요인을 최대한 극복, 활용할 수 있도록 해야 하며, 이뿐만 아니라 그에 따른 경쟁식당과의 차별화 전략도 세울 수 있어야 하며 내 입지(점포)가 확보할 상권의 범위도 파악할 수 있어야 한다.

또한, 현재의 여건과 앞으로의 발전가능성, 현재 상권 내에서 가장 잘되고 있는 식당과 인기있는 메뉴, 형성되고 있는 가격대를 조사하여 창업점포의 메뉴구성에 참고로 활용할 수 있어야 한다. 입지분석의 필요성을 충족시키기 위해서는 이러한 기초 자료로서의 역할이 무엇보다 중요하다.

이때, 상권의 크기는 창업하고자 하는 식당의 업종·업태의 규모, 메뉴, 가격대, 배달여부, 기타서비스, 입지조건, 교통사정 등에 의하여 규정된다. 원칙적으로 상권은 중심지에 형성되는 것이라고 하나, 실제로는 자연조건이나 교통사정에 따라 달라지며 상권은 인위적으로 형성되는 것이 아니라 자연적인 흐름에 의하여 형성이 된다.

2. 상권의 분류

상권분석은 현실적으로 어느 정도까지 상권을 분석할 것인가 범위를 설정해야 하며 크게 공간적 범위, 내용적 범위, 절차적 범위로 나눌 수 있다.

먼저 공간적인 범위는 상권의 범위를 말하며 예정점포가 있는 경우는 2차 상권까지 조사를 하는 것이 좋고 없는 경우는 그 지역의 핵심점포를 중심으로 원을 설정하여 반경 500m 이내로 하는 것도 무방하다. 내용적인 범위는 업종업태에 대한 분석, 시장규모분석, 매출예측분석, 수익성분석, 라이프스타일분석 등을 말하며 절차적 범위는 방법론적 범위를 설정하는 것으로 직접 현장을 방문하여 유동인구조사나 업종업태의 분포도조사는 리서치를 하는 방법과 인구, 성별, 소득수준과 같은 것은 통계자료조사방법을 많이 사용하며 이 2가지를 혼용하는 방법도 많이 사용하고 있다.

상권의 설정은 특정 점포가 고객을 끌어들이는 지리적 범위가 어느 정도인가를 파악하는 것을 말하며, 매출구성비의 의존도가 높은 정도에 따라서 일반적으로 1차, 2차, 3차 상권으로 구분된다. 〈표 6-2〉를 바탕으로 한국적 외식문화를 상권에 접목시켜본다면 1차 상권에서는 식사 위주로, 그리고 호프와 같은 주류위주로 이동을 하는데 이를 2차 상권이라 하며, 마지막 노래방과 같은 유흥업소로 이동을 하는데 이를 3차 상권이라고 할 수 있으며 늦은 밤까지 영업이 되는 유흥상권이라면 점심매출이 떨어지는 경향이 있다.

🐟 표 6-2_ 상권의 구분

	1차 상권	2차 상권	3차 상권
개별 점포	점포매출 또는 고객수의 65~70% 정도 이상을 점유하는 고객의 거주범위로 도보로 10분 이내의 소상권	1차 상권 외곽지역으로 매출 또는 고객수의 25~30% 정도 이상을 점유하는 고객의 거주 범위	2차 상권 외곽지역으로 매출 또는 고객수의 5% 정도 이상을 점유하는 고객의 거주 범위
공동 점포	상권 내 소비수요의 30% 이상을 흡수하고 있는 지역	상권 내 소비수요의 10% 이상을 흡수하고 있는 지역	상권 내 소비수요의 5% 이상을 흡수하고 있는 지역
패스트 푸드	500m	1,000m	1,500m
패밀리 레스토랑	1,000m	1,500m	3,500m
캐주얼 레스토랑	1,500m	2,500m	5,000m

3. 입지 · 상권분석 절차

일반적인 입지 · 상권분석 방법은 다음과 같다.

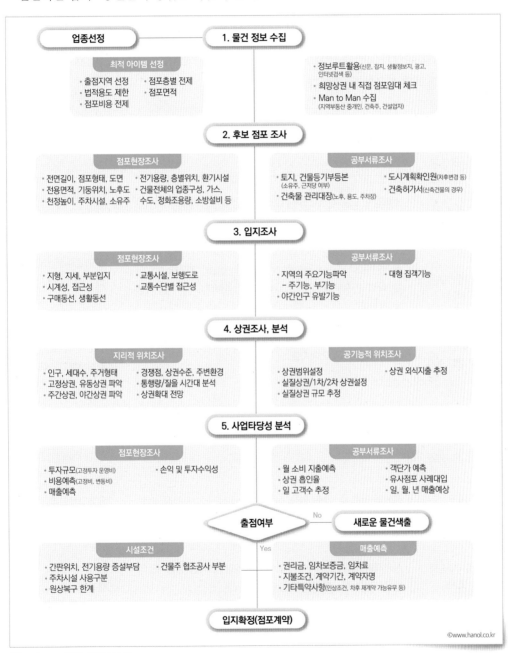

🍔 그림 6-1_ 입지 · 상권분석 Flow

초보자로서 상권조사를 하려면 쉽지가 않은데 먼저 준비물(조사지역, 카메라, 지도 등)을 준비하고 상권 내의 지역정보수집(인터넷, 주류, 식자재납품업체, 거주민이나 행상 등)을 하면서 지도를 작성(교통표시, 아파트세대수, 집객력, 음식점, 유동인구 등)하고 후보아이템을 선정, 이 후보아이템이 입점가능한 1~2곳의 입지장소를 선정하고 나서 그 입지장소의 예상매출액을 조사·분석해서 출점여부를 결정하면 되는데 이를 조사하기 위해 직접 발로 뛰는 것이 가장 정확하게 파악할 수 있으며 아래 참고자료를 이용하면 도움이 될 것이다.

표 6-3_ 입지조사·상권분석을 위한 참고자료

조사의 종류	내 용	참고 자료
상 권 조 사	소매점포 또는 접객요소 등 고객을 흡입하는 지역 표시를 위한 자료	· 「광역지도」 · 「지번도」 · 「포털지도검색」
상권인구, 거주자특성 조사	상권인구(총수, 남녀별, 연령별), 세대수(총수, 세대별), 산업별 취업인구, 학력, 인구동태(자연증감, 사회증감), 거주형태, 거주수준, 학생수, 진학률	· 「각행정통계연보」 · 「인구동태조사」 · 「주택통계조사」 · 「학교기본조사」
구매력, 소비성향 조사	상권세대별 소득, 가계지출	· 「도시가계연보」 · 「사회생활기본조사」
교통, 통행량 조사	도로상황, 교통운행상황, 주요 역의 승강객수, 차량통행량	· 「교통연감」 · 「지하철공사」 · 「경찰서」 · 「시·구청 교통과」
상점, 경쟁점 조사	상권의 점포 수, 매출, 면적, 직원 수, 대형점 위치 주차장, 면적, 영업시간, 외식업 통계, 현장방문조사 등	· 「지역경제총람」 · 「유통업체연감」 · 음식업 각 지부, 시청이나 구청위생과
각종지역정보 조사	시가지의 형성, 도시계획상황, 도시개발상황, 각종 행정지도의 내용, 도시계획상의 규제 내용 등	· 「도시기본계획」 · 「행정백서」
주택 현황	주거지의 주택소유 현황	· 부동산이나 주택공사
법 령 조 사	건축법, 소방법, 위생법 등의 내용	· 각종 법령집

이 외에도 월간식당, 외식경영, 식품외식경제, 식품연감 등을 참고하면 도움이 될 수 있으며 소상공인상권분석시스템(https://sg.sbiz.or.kr)을 이용하면 각종 자료를 통합해서 검색·분석할 수 있는 기능이 있어 많이 이용하고 있는 추세이다.

2 상권·입지분석 방법과 조사내용

외식사업은 입지산업이라 할 만큼 입지선정이 그 무엇보다 중요하다.

입지란 쉽게 말해서 우리가 늘 말하는 점포의 목을 말하는데, 입지여건이나 상권은 고객의 유행이나 취향에 따라 변화하기 때문에 식당을 운영할 경영자는 항상 그 상권 입지의 정보를 파악하고 있어야 한다.

입지란 쉽게 말해서 우리가 늘 말하는 점포의 목을 말하는데, 입지여건이나 상권은 시대별 트렌드나 취향에 따라 변화하기 때문에 식당을 운영할 경영자는 항상 그 상권 입지의 정보를 파악하고 있어야 한다. 이를 통해 상권에 맞는 업종·업태를 선정할 수 있으며 그에 따른 메뉴나 가격대 등 그 주변의 고객성향에 따라 마케팅 전략을 구사할 수 있기 때문이다.

입지나 상권은 좋은데 장사가 안 된다는 말을 종종 듣게 된다. 이는 그 입지 상권에 맞는 메뉴나 가격대 등의 궁합이 맞지 않는 데 그 원인이 있으므로 식당의 특성, 메뉴, 가격대, 서비스형태를 선정하기 위해서는 사전에 철저한 조사와 분석이 필요하다.

(1) 입지·상권 분석 방법

입지·상권을 분석하기 위해서는 먼저 주변의 가장 높은 곳에 올라가서 전체적인 상권을 파악한 후 사람이 모이는 곳과 영업이 가장 잘되는 곳을 파악해야 한다. 그리고 그곳을 지나는 사람들의 옷차림새, 주변식당들의 직원 수, 출근시간대, 점심과 저녁상권 등을 파악하고 타 점포들과의 경쟁우위에 있는 점포들도 체크하도록 한다. 더욱 효과적인 조사를 위해서는 평일, 토요일, 일요일 등으로 구분하여 조사를 해야 한다.

입지조건이 우수하고 임차료도 적고 계약기간이 안정적이며 권리금이 없는 곳이 가장 좋은

점포인데 사실 이러한 점포는 찾기가 쉽지 않다. 최적의 점포를 찾기 위해서는 지역의 부동산, 인테리어업체, 주방업체, 주류나 식재납품업체, 프랜차이즈본사 점포개발팀들을 잘 활용하면 되는데 그러기 위해서는 먼저 신뢰가 구축되어 있어야 하고 장기적 가치에 대한 대가도 지불하여야 할 것이다.

그리고 입지를 선정할 때는 가시력, 상권력, 인구밀도, 성장성, 주차장, 비교우위성, 환금성, 접근성, 영업성, 안정성 등이 반드시 고려되어야 한다. 또한 지역적인 특성도 파악해야 하는데 생활수준, 동별 인구수, 주동선, 고객성향, 연령별, 성별, 외부유출 및 유입여부, 학교분포와 학생 수, 고객의 가격거부감, 금융권, 고객유입요소, 지역 내 우수점포, 임차료와 권리금시세, 잘되는 메뉴와 안되는 메뉴, 빈점포나 임대점포현황, 상권이 성장기 쇠퇴기 여부 등을 확인해야한다.

❶ 업종·업태의 규모 등에 따라 다르겠지만 우선 지도를 구입해서 1차 상권, 2차 상권을 원으로 그려 한눈에 파악할 수 있도록 한다. 상권은 범위개념이 강하므로 아파트단지, 쇼핑센터, 사무실 등 배후 인구수와 상권 내의 업종구성을 통해서 도움을 줄 업소와 경쟁상황을 체크할 수 있고 입지는 점포가 위치한 한 개의 점으로서 점포의 가시성, 통행의 흐름, 점포의 모양새, 접근성 등이 중요한 요소가 되겠다.

❷ 고객동향 조사의 경우에는 특히 아이템과 목표고객 분석을 잘하여야 하는데 인구수, 연령, 성별, 직업분포, 주거형태, 가처분소득, 세대수, 경제수준, 소비형태, 유동인구, 외식빈도, 교육수준, 목표고객들의 주 이동시간대 등을 파악하여 이들이 접근이 쉽게 가능한지 여부와 개점 후 재방문이 가능할 수 있도록 메뉴개발, 가격, 고객관리방법 등을 가맹본부와 연구하도록 한다.

❸ 잠재고객 수도 파악하여 내가 하고자 하는 업종·업태의 고객층이 충분한지 검토한다.

❹ 접근이 용이하게 구성되었는지 파악해야 한다. 주변은행이나 전철, 도로, 쇼핑센터 등에서 접근을 쉽게 할 수 있도록 출입구의 위치, 계단, 횡단보도, 차량 통행방향, U턴지점, 주차시설 등을 파악해야 한다. 접근이 용이하지 않으면 아무리 시설이 뛰어나고 가격이 싸다고 해도 고객들이 잘 오지 않게 된다.

❺ 배후지 인구, 유동인구와 업종 구성 분석을 통해 상권을 파악했어도 상권은 자꾸 변화하므로 직접 다니면서 노점상이나 그 지역에 납품하고 있는 납품업자들에게 탐문조사를 해야 한다. 대형 평수의 아파트 단지보다 중소형 아파트를 끼고 있는 것이 좋은데 대형평수 고객은 시내 중심가에서 쇼핑하고 외식을 하는 경향이 짙고, 중소형 고객은 주로

가족 중심의 소비형태로 주변에서 외식을 하는 경우가 많기 때문이다. 그러나 최근에는 상권이 소상권화되면서 아파트단지뿐만 아니라 단독주택이나 연립주택 등 거주지 인근 상권이 급부상하고 있다.

⑥ 기존에 있는 점포를 조사할 필요가 있는데 기존 점포의 수, 주메뉴, 메뉴가격, 판매전략, 서비스 형태, 매출실적 등의 경쟁변수와 문제점을 파악해야 한다. 또 경쟁점의 시설, 매출액 등을 분석하면 그에 따른 대응 전략, 차별화 전략을 세우는 데 도움이 된다.

⑦ 점포의 위치상 자연적인 홍보가 가능한지, 즉 간판의 위치나 크기, 건물 전체의 규모, 주변유동인구 등 자연적으로 인지도를 높일 수 있는 정도와 함께 점포주변이 주거지역인지 상업지역인지, 어떠한 개발계획이 있는지 등 상권의 주 기능과 변화 가능성까지도 고려를 해야 한다.

⑧ 입지조건 파악 요령

· 점포 앞의 유동인구를 파악해야 하는데 유동인구가 많다고 해서 다 좋은 것은 아니므로 자기 식당의 고객이 될 고객 분석이 필요하다. 유동인구가 많아 혼잡하고 학생층이 많은 곳에는 전문식당은 맞지 않다.

· 노점상은 특별한 경우를 제외하고는 가장 장사가 잘되는 곳에 위치하기 때문에 입지선정의 좋은 자료가 될 수는 있으나 시야와 접근성 때문에 장애가 될 수 있다는 점에서 검토가 필요하다.

· 회전율이 빠른 음식점들은 대로변이 어울리지만 편안하게 술과 함께 저녁식사를 위주로 하는 식당은 이면 도로가 적합하고 오르막길보다는 내려가는 길 쪽, 사람이 모이는 낮은 쪽에 위치한 점포가 좋다.

· 전철이나 버스정류장, 관공서, 은행, 영화관 등 집객시설이 몰리는 쪽의 동선에 자리 잡은 점포와 퇴근길 쪽이 목이 좋다.

⑨ 모든 조건을 충족시킬 수 있는 점포 입지의 선택은 현실적으로 어려울 뿐만 아니라, 비용 또한 만만치 않다. 그러므로 다음과 같은 악조건의 점포를 피하는 것이 현명할 것이다.

· 상가주변에 공터나 엉뚱한 업종이 들어가 있어 상권을 단절시키는 경우가 있으므로 상가의 연속성이 끊어진 점포는 피해야 하는데 공터의 경우 후에 보다 큰 경쟁점이 생길 수도 있다.

- 계약만료 시점에 건물주가 직접 운영을 하려고 재계약을 해주지 않는 경우 그동안 고생해서 이룬 번성에 대한 권리금을 받지도 못 하고 쫓겨나는 경우도 발생할 수 있기에 건물주가 현재 식당업이나 유사한 업종에 종사하는 경우는 피한다.

- 타 점포에 비해 임대료가 싸거나 권리금이 없는 경우는 조심한다. 이럴 경우에는 건물상의 하자 및 근저당, 담보 등의 설정이 과다하게 되어 있을 소지가 많기에 의심을 해야 한다.

- 요란한 광고와 분양을 하는 대형 빌딩 특수목적의 상가도 피하는 것이 좋다. 완전 분양이 되지 않을 시 부도나 건물의 미등기 등으로 문제의 소지가 많으며 사기성이 높다는 것을 명심해야 한다.

- 주인이나 간판이 자주 바뀌는 점포는 건물의 하자를 의심해야 한다.

- 식당은 모여 있을수록 잘되기에 주변에 식당이 없는 경우는 피한다.

- 일반식당의 경우 심리적인 불안감과 음식을 직접 먹는 모습을 보여 주기 싫어하는 습성 때문에 자연지형물인 하천, 둑, 경사진 곳과 인공지형물인 철로, 지하도나 육교의 근처, 장애물시설인 병원, 주유소, 쓰레기처리장, 지하실, 종교단체나 유흥시설이 같이 있거나 출입구가 서쪽을 보는 곳과 2층은 피하는 것이 좋고, 버스승강장 바로 주변은 좋은 곳이 아니다.

- 창업초보자는 신도시나 신축건물의 함정을 피해야 한다. 신규입주에 따른 부담으로 인근 거주민들의 외식 관련 지출비가 3년 이내는 비교적 낮다. 입주와 관련되는 배달형 중화요리, 분식점, 입주축하를 위한 집들이 행사 관련 횟집 등은 초창기에는 호황을 누릴 수 있으나 지속적이지 못하며, 상권이나 입지에 비해서 임대료가 너무 높기 때문이다.

- 같은 업종의 큰 점포가 있는 곳에 작은 점포로 창업하는 경우는 강아지가 호랑이굴에 들어가는 격이다.

- 점포 맞은편에 건물이 없는 곳은 유동객이 아무래도 적으므로 매출이 부진할 수 있다.

- 고객은 배고플 때 움직이기 싫어하는 습성 때문에 계단이 있는 점포를 싫어한다.

- 산업도로와 같은 큰 도로, 즉 6차선 이상의 도로와 같이 교통량이 많고 차량속도가 비교적 빠른 곳은 어린이들을 동반한 가족고객일 경우 교통사고 위험부담으로 기피현상이 나타나기에 좋지 않다.

➓ 개점비용과 예상고객 수, 예상매출액, 예상수익률은 사전에 분석하여 비용이 적고 수익률이 높은 곳을 선정해야 한다.

🥄 표 6-4_ 상권분석 판정표와 수익성분석 결과

1. 1차 평가						
평가항목	데이터	A급 상권	B급 상권	C급 상권	평가	점수
상주 인구		1만 세대 이상	5천 세대 이상			
배송 거리		30km 이내	50km 이내	100km 이내		
연령층		30% 이상	25% 이상	20% 이상		
쇼핑몰장애		0개	1개	2개		
소득		4천만원 이상	3천만원 이상	2천만원 이상		
주거형태		70% 이상	50% 이상	30% 이상		
임대시세		1,500	1,200	800		
권리시세		800	500	300		
업종연계성		30%	20%	10%		
경쟁업체수익성		100	50	30		
통행수단		30	20	10		
평균						
2. 매출분석						
세대수						
전체 유효수요						
경쟁업체수						
시장점유율						
월매출						
영업이익						
월지출						
순이익						
3. 수익성분석						
초기투자비						
연간순이익						
수익률						
4. 적합성 여부 판정						
1차 모델링 판정: 적합(2.636)2)						
수익성 판정: 적합: 0.99 〉 0.75(1년 6개월)						

출처: 프랜차이즈 경영가이드 총서 2-산업자원부/한국프랜차이즈협회, 2004.

소규모 점포로서 상권·입지조사 관련 자료를 입수하기 가장 효율적인 곳은 예정점이 위치한 동사무소이다. 동사무소의 경우는 입지해 있는 그 ○○동의 기본적인 정보를 모두 구비하고 있으므로 동사무소를 찾아가서 충분한 설명을 하고 양해를 구해 관련 정보를 입수해서 자료로 활용하면 되고 예정점의 2차 상권, 3차 상권도 그렇게 주변의 동사무소를 찾아 이용하면 효율적이고 정확한 자료를 활용할 수가 있다.

(2) 소상공인시장진흥공단 상권정보시스템의 활용방법

소상공인시장진흥공단에서 운영하고 있는 상권정보시스템은 2005년부터 중소자영업자들을 위해 상권정보시스템을 무료로 제공하고 있는데, 이 상권정보시스템을 통해 전국의 상권을 업종별, 점포현황, 소비패턴, 소득 수준 등 필요한 정보를 활용할 수 있다.

2021년 현재 상권정보시스템의 정보제공내역의 확대와 더불어 풀사이즈의 화면확장과 불필요한 메뉴를 축소하였으며, 간편한 업종과 지역선택 및 업종과 위치정보도 함께 활용되도록 개편되었다. 회원뿐만 아니라 비회원을 위한 간단분석 기능도 추가되었다. 소상공인 및 예비창업자의 사업성공률 제고에 도움이 되고 있는데 상권정보시스템을 통해 제공받을 수 있는 정보는 다음과 같다.

첫째, 1,500개 지역상권에 대한 현장조사를 실시하여 유동인구, 임대시세 등의 정보를 제공하는 주요상권분석 보고서의 열람이 가능하며

둘째, 1,500개 상권에 대한 10개의 과밀정보를 쉽게 이해할 수 있도록 도표, 그래프, 그림 등을 통해 이해하기 쉽게 나타내고 있고

셋째, 동일 상권 내 최대 3개의 동일업종까지 분석이 가능함과 동시에 업종현황, 경쟁업소현황, 인구분석, 주요시설 등의 분석이 가능하도록 하여 각각의 업종별 검색을 동시에 비교분석할 수 있다.

이와 같이 유용한 소상공인시장진흥공단 상권정보시스템을 이용하는 방법은 다음과 같다.

사이트 방문 및 회원가입절차 진행

① 선택
② 로그인: 로그인을 하면 더 많은 기능을
　이용할 수 있음
③ 상권정보시스템 세부메뉴: 창업자가진단,
　상권분석, 시장분석, 상권현황, 정책통계

√ 간단분석, 상세분석 및 상권현황 등을 선택할 수
　있다.

창업자가진단

① 창업자가진단 설명
② 자가진단 설문조사: 성별, 연령대,
　회원유형, 관심업종, 관심지역 입력 후
　설문조사
③ 자가진단 결과조회
④ 자가진단 결과 출력

√ 진행했던 설문 결과를 화면분 아니라 출력해서
　볼 수 있다.

상권 분석하기

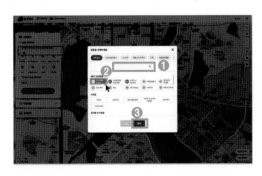

① 업종선택 클릭
② 업종선택 창이 뜨고 해당 업종을
　검색하거나 선택할 수 있음

√ 간단분석은 로그인을 하지 않고 진행할 수 있으며,
　미리 선정된 지역을 선택하여 분석할 수 있다.

상권범위 설정

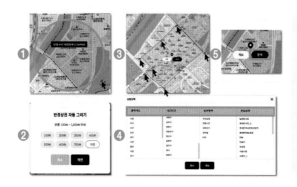

① 원형을 선택하거나 반경을 선택하여 직접 반경과 반경을 선택할 수 있음

② 광역시도, 시군구를 선택하고 원하는 상권을 선택하여 분석이 가능함

√ 원형 및 반경은 간편한 영역 설정, 다각은 상세한 영역 설정, 상권은 발달상권영역 분석에 용이하다.

시장 분석하기

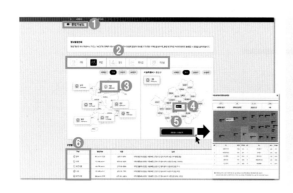

① 시장분석 창업기상도

② 주요 창업업종을 선택하여 볼 수 있음

③ 시간대는 3개월 전, 현재, 3개월 후, 6개월 후

④ 광역시 및 시군구 단위며 판정에 영향을 미친 변수에 대해 볼 수 있고 범례는 양호부터 매우 나쁨 또는 판정불가로 나눠짐

√ 창업기상도는 전국의 시군구 단위 주요 창업 업종별 창업유망 여부를 기상도 형태로 만든 대시보드이다.

SNS 분석하기

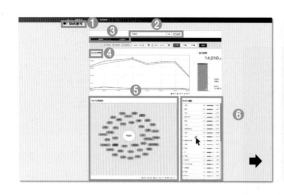

① 시장 분석 중 SNS 분석

② 관심 있는 단어를 넣어 검색하며 인지도와 감성분석으로 나눠서 분석됨

③ 검색어의 언급량 추이와 이유서들의 검색순위도 확인할 수 있음

√ SNS 분석은 트위터와 블로그 등에서 주로 언급되는 단어, 이슈어 등에 대한 경향을 볼 수 있다.

상권현황

① 업소현황과 업력현황 입력
② 행정구역과 선택업종에 관한 업소 수 변화
　추이를 반기 및 행정동별로 볼 수 있음
③ 상권의 매출지수, 지역현황, 입대료현황,
　창폐업률 현황을 확인할 수 있음

√ 상권현황은 주요 상권이나 시군구별 업종, 업소
　현황에 최근 연도 변화 추이를 보여준다.

정책통계 보기

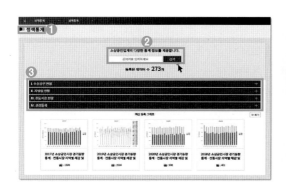

① 소상공인현황, 자영업 현황, 전통시장 현황,
　관련통계를 한눈에 볼 수 있음
② 통계그래프를 컨트롤 하고 정책그래프의
　원천, 출처 등 자세한 설명을 볼 수 있음

√ 통계화된 정책자료를 그래프, 즉 시각화하여 볼 수
　있으며 다른 그래프 탬플릿도 적용된다.

(3) 상권·입지 분석 시 조사내용

🍳 표 6-5_ 조사내용

구 분	내 용
상권분석	• 지형지세와 지리적인 조건 • 교통망과 도로조건(노폭, 신호등, 건널목, U턴 등) • 상권 내 유동인구와 거주인구조건(연령층, 남녀, 소득수준, 세대 및 인구수) • 편의시설 및 장애물시설 • 종합평가(상권특성에 대해)
입지상권 조사	① 입지의 지리적 특성 조사/ 가시성(시계성), 접근성, 홍보성, 흡인성 ② 입지의 기능성 조사/ 통행 인구 유발 기능 　• 지역적 주요기능 파악　　　　　　　　• 부속기능(광역, 협의) 　• 야간인구 유발기능　　　　　　　　　• 대형 집객 기능 　• 공공시설, 상업시설 ③ 통행인구 분석/현장에서 직접 통행자를 체크하여 조사 　• 통행량 및 통행인의 질 조사 　• 통행자의 도로 이용 목적(통행목적) 　• 통행인구 조사/성별, 연령별, 시간대별, 직업별 　• 통행자의 이용 경로 및 거리(구간) ④ 상권조사 및 분석 　• 상권 내 오피스 근무자 수 분석 　• 상권 내 주거형태, 세대 및 인구 현황조사 　• 실질상권 규모추정, 상권의 소비지출 추정 　• 고정상권과 유동상권의 파악, 주간상권과 야간상권의 파악 　• 상권의 확대 전망
상권 내 상업시설 및 예상 경쟁점 조사	① 상권 내 업종·업태 분석 ② 상권 내의 상품구성과 판매가격 실태조사 ③ 상권 내의 유명점포 이용자 분석 ④ 상권 내의 유명점포 영업현황 조사 분석
상권 내 고객 소비실태 조사	이 단계에서는 타깃그룹을 설정하여 설문조사를 실시한다. ① 상권 이용자의 소비지출 조사 ② 소비자의 이동수단 조사 ③ 외식 기호도(식음료)조사/단위별, 형태별, 시간대별 파악
상권의 성장성 조사	① 상권 내의 대규모 구획 및 시설계획 ② 상권, 상가의 흐름 분석
예정점포의 권리분석	건물, 토지 등기부등본, 도시계획확인원, 건축물관리대장, 건축허가서(신축건물인 경우)

TIP! 넬슨의 소매상의 입지선정 8대 원칙

❶ 현재의 상권력   배후 기본 구매력을 체크하여 자점의 점력이 차지하는 비율검토

❷ 상권접근성   아래 3가지의 고객이 혼재되어 있으므로 전체를 고려

· 고객창출형: 입지력이 떨어지지만 규모, 시설mix, 판촉·광고 등을 통해 목적객 유인

· 주변점포 의존형: 특정점포에 왔다가 연관 구매할 수 있는 입지인가 체크

· 통행객 의존형: 통행객이 주고객이 될 수 있는 번화가 입지인가 체크

❸ 상권성장 가능성   가구수, 인구, 주택, 집객시설, 도시계획변경 등의 체크

❹ 중간 저지성   기존점포의 동선을 차단하는 입지인가 체크

❺ 누적적 흡입력   식당들이 일정 수만큼 모여 있을수록 유리하므로 체크(업종·업태에 따라 차이)

❻ 양립선·보완성 입지   보완관계에 있는 업소가 근접할 수 있는 입지

❼ 경쟁점 고려   직접경쟁과 간접경쟁 고려

❽ 입지의 경제성   투자대비 수익성으로 입지의 비용을 생산성과 관련해서 분석

(4) 입지 조사 시 매출액에 영향을 미치는 요인들

아래의 사항들이 출점 시 영업의 활성화에 많은 영향을 끼치고 있으므로 꼭 체크해야 한다.

❶ 강남, 압구정, 대구의 들안길 등과 같이 출점 예정지 주변의 시장 규모(식당들이 밀집된 대단지)가 크면 클수록 식당영업에 좋다.

❷ 시계성이 좋고 퇴근길이나 U턴이 가까운 곳 등 고객의 동선으로 고객이 찾아오기 쉬운 곳이나 차량의 출입이 자유로운 곳은 식당영업에 좋다.

❸ 관공서 주변이나 대형빌딩, 학교주변에 점포가 위치한 경우, 'OO 옆', 'OO건물 내' 등 인지성이 뛰어나 식당영업에 도움이 된다.(약속이나 모임 시 위치설명이 쉬우므로 식당이용에 많은 도움이 되고 있다)

❹ 예정지 주변이 백화점, 극장가, 대형 패션몰 등의 상업시설로 소매시설이 우수하면 고객들의 흐름이 많으므로 식당영업에 좋다.

❺ 대규모의 상업성 유도시설(대구의 동성로)이 있는 곳, 즉 백화점, 할인점, 전철역 등이 주변에 있으면 식당 영업에 좋다.

⑥ 건물구조나 기능, 외형, 토지구조까지도 식당 영업에 영향을 주고 있다.(건물의 외관도 영업에 기여하며 건물구조는 가능하면 직사각형이나 정사각형이 좋다)

⑦ 프랜차이즈 가맹점이나 동일업종의 경쟁점 간의 경쟁(추가서비스제공, 경품제공, 가격할인, 가격파괴 등)이 치열할수록 많은 영향을 끼친다.(수익성이 떨어지고 생존경쟁을 해야 한다)

⑧ 일반적인 건물의 층별 가치 평가는 1층을 100% 기준 시, 2층 75%, 3층 이상은 50%, 주변의 시계성이 아주 양호한 이월드의 라비스따 레스토랑이나 호텔의 고층식당들의 최상층은 120%로 볼 수 있는데 그다지 많지 않다.

⑨ 기타 패션몰이나 쇼핑몰 등 대형 건물 내 푸드코트 형태로 운영을 할 경우, 업종·업태의 중복에 대한 제한을 두는 곳이 좋다. 제한하지 않을 시 동일업종의 중복, 다점포화 등으로 고객의 선택 폭이 좁아져 이용기피현상과 경쟁과열 현상이 나타날 수 있으므로 주의를 해야 한다. 또한 이러한 건물은 식사보다는 구매를 목적으로 하는 10~20대 주고객층을 타깃으로 저가 상품들을 위주로 판매를 하고 있으므로 식사에 대한 구매력이 크지 않다는 점 또한 신중하게 검토해야 할 것이다.

이 외에 일반 음식점 영업은 학교 보건법 규정의 정화구역 내에 금지행위는 아니지만, 가무, 유흥행위 등은 제한을 받게 된다. 절대정화구역인 학교출입문에서 직선거리 50m 이내는 휴게음식이나 일반음식점 외에는 영업허가가 어렵고, 학교 경계선으로 직선거리 200m 지역 중 절대정화구역을 제외한 곳은 상대정화구역으로 이곳에 유흥이나 간이주점 등을 창업할 경우는 학교 환경 위생정화위원회의의 심의를 통과해야만 허가가 가능하다. 참고로 심의를 받으려면 관할 교육청에 신청서 1부, 건축물관리대장 1부(행정구청 민원실 발행), 도시계획확인원 1부(행정구청 민원실 발행), 주변약도 1부를 구비하여 신청하고, 그 처리과정은 다음과 같다. 접수 ➔ 서류검토 ➔ 인근학교 의견조회 및 현장답사 ➔ 심의의뢰 ➔ 심의 ➔ 결재 ➔ 민원인에게 통보 순으로 이루어지며, 기간은 접수 후 15일 정도 걸린다.

🦐 표 6-6_ **입지평가 체크 리스트**

구 분	내 용	기 타
상권 잠재력	· 공공 시설	
	· 주거 빌딩	
	· 등록 학생수	
	· 신규 개설 은행	
	· 지역 신문의 광고	
	· 소매 매출액	
	· 매출 세금 영수액	
접근성	· 공공 교통 수단	
	· 주차 시설	
	· 장기 추세	
성장 잠재력	· 시장 패턴	
	· 시장 변화	
	· 시장 잠재력	
	· 시설 추세	
	· 공한지 시장	
	· 토지 이용 패턴	
	· 소매 용지 이용 추세	
	· 소매 입지 추세	
	· 소득 추세(평균 가계단위)	
사업 차단	· 입지 패턴	
	· 상권 간의 경쟁	
유인 잠재력	· 인접한 경쟁점	
경쟁적 위험 조사	· 일정거리 내 경쟁점	
	· 잠재 경쟁 입지	
입지 경제성	· 비용 분석	
	· 회수분석	
	· 입지 효율	
	· 자연적 묘사	

🍽 표 6-7_ 입지조사표

1. 조사지역 및 개설 예정 장소	
2. 조사일자 및 시간	2012. . . 요일 시부터 시까지 날씨:
3. 입지조건 1) 접근성과 가시성 2) 임대가와 권리금 3) 점포 내외부현황(전면길이 등) 4) 경쟁점수와 차별성 5) 주차장 유무	가) 아파트 지역( ) 나) 주택가( ) 다) 상업시설 밀접 지역( ) 라) 재래시장(대, 중, 소) 마) 오피스 B/D가( ) 바) 기 타( )

4. 세대수 및 인구수

아파트				주 택			공공 기관		
이름	평형	세대수	주거 인구	유형별	세대수	주거 인구	기관명	상주(근무) 인원	이용 대상
				고급빌라					
				고급주택					
				중류주택					
				서민주택					
				대형B/D, 상가, 기업체, 재래시장					
				이름	사무실/ 점포수	상주인구			
							유동인구조사		
							1일 총 유동인구		명
							구성비	학생층	%
								주 부	%
								회사원	%
								기 타	%

02 상권별 특성과 출점예정지 조사·계약

1 상권별 특성

🐟 표 6-8_ 상권별 특성과 유망업종

구분	아파트, 주택가 상권	교외 도로변 상권
특성	• 주목받지 못하다가 교통 혼잡으로 인한 이동의 불편, 맛의 평준화, 문화시설 확장, 노령인구의 증가 등으로 최근 부각되는 상권 • 점포구입 관련 비용이 높지 않은 수준임 • 주고객은 주변거주자(주부/실버세대), 상가종사자, 퇴근길회사원, 학생, 휴일가족고객 등 • 고정 고객화 성향이 강하며, 주변의 스포츠센터나 소모임 등 단체고객 유치가 가능	• 자가용 시대에 따른 출·퇴근거리 확대와 레저의 일반화 • 시계성은 양호하나 달리는 차에 따른 시계성이 약한 관계로 사전에 간판 등 고지물 설치의 장애요인 • 차량 보유고객과 특별한 이동 목적고객으로 고정 고객화 가능 • 운전에 따른 피로감을 고려한 친절한 서비스를 고려
유망업종	치킨, 피자, 돈가스, 족발, 중화요리, 보쌈, 해물요리, 배달분식점 등의 배달업종과 돼지, 소갈비, 닭갈비, 세미한정식, 칼국수전문점 등이 유망하며 배달을 겸하면 유리	30~50대층의 보신용 음식(오리, 토종닭, 두부, 쌈밥 등)과 연인층을 위한 레스토랑, 고급카페 그리고 가든형식의 갈비집, 한정식, 산채정식, 민물고기 매운탕 등의 웰빙음식이 유망
입지선정포인트	• 예비점포를 중심으로 한 자료수집으로 상권의 질 파악(최소 5,000세대이상 23~33평대가 유리하며 주출입구주변과 시장, 은행, 각종학원 및 대형음식점이 모인 곳이 유리) • 건물선정의 포인트(교통수단, 교통 유도시설과 시계성, 동선의 평가, 상권의 크기, 예비점포의 상권차단요인 파악) • 가능한 동일업종, 업태 중 큰 규모가 유리 • 2층도 가능하며 엘리베이터가 있으면 유리 • 실버족과 유모차를 위한 문턱의 높낮이 고려 • 어린이를 위한 놀이방 고려	• 주차장 확보는 필수적이며, 경사진 도로, 상습 교통체증지역은 피해야 한다. • 너무 넓은 도로, 주행속도가 빠른 곳, 사각지대는 피한다. • 일방통행로 보다는 쌍방통행로가 유리 • 시계성이 좋은 곳(가로수, 주행속도, 간판 등)과 건널목, 지하도 출입구, 육교와 가까운 곳 • 차량 출입 동선이 좋은 곳 • 경험자가 유리하며 평일보다는 주말영업이 좋고 전문식당으로 승부

	사무실(오피스) 밀집 상권	번화가 상가 상권
특성	· 상용 및 접대형식의 이용객이 많은 곳 · 직장 상주 고객과 거래처 손님이 주고객 · 신속하게 식사제공(20분)과 요일별 변화 있는 메뉴가 필요 · 복합 메뉴보다는 전문화, 단품메뉴로 중저가로 판매 · 고정고객화 성향이 강한 상권으로 주말의 공동화현상과 점심, 저녁시간 집중영업	· 식당 후보지로는 최적이지만 성공보장? · 고객층 다양, 유동인구 많다. · 점포 관련 비용이 높지만, 객단가가 낮다. · 소형위주 운영(회전율 극대화)이 필요하며 주고객층은 20대 젊은 세대의 일회성고객 · 영업시간 고려 및 주방축소를 위한 메뉴수를 한정
유망업종	· 돈가스, 우동, 초밥, 설렁탕, 해물탕, 해장국, 한식, 분식, 횟집, 갈빗집, 황태요리, 죽전문점, 쌈밥, 부대찌개 등	· 대중적인 업종, 업태에서 고급음식점까지 모두 가능(해장국. 분식, 선술집 등)
입지 정포 인트	· 1층이 유리하며, 1층과 2층으로 된 점포도 좋다.(중식은 전층, 아이들타임에는 1층만 사용) · 월간 영업일수 20일 정도로 산정하고 출점 계획수립 필요 · 점심식사 중심이므로 객석확보가 가능해야 하며, 대량생산 · 큰 건물에 있는 인스토어형이 유리하며, 점포 앞 전면이 긴 것도 좋지만 고정고객 중심으로 임대료를 감안하여 후면 깊숙한 곳도 괜찮다. · 점포 출입구에 간이 판매대를 설치 가능한 곳(T/O 메뉴판매) · 대형건물(10층 이상)이 100m 이내 몇 개 있는지 조사하고 출입구가 가까운 쪽인지 체크 필요 · 인근에 공용주차장 유무체크와 관공서보다 일반사무실이 많은 쪽이 유리	· 체크사항(동선흐름, 간판의 시계성, 건물출입구, 차 없는 거리, 거리의 분위기와 문화수준 정도, 중,고가의 여성관련 점포 유무, 간판부착공간 여부, 넓은 창유리 등)을 점검하고 가시력이 좋은 곳이 유리 · 유흥중심인 경우 점심매출이 저조하며 심야까지 영업이 필요 · 대형건물이 50m 이내에 많은 곳이 유리 · 2층이라도 가능(단 넓은 공간 확보) · 건축물 관리대장 체크 · 공사의 장애요인들 체크

	학원가(대학 중심)	역세권
특성	· 1년 중 2/5 정도 휴업상태(방학, 시험, 축제) · 전문급식업체의 구내식당 운영으로 주변식당의 어려움이 가중되고 있음 · 상가, 주택가 밀집지역은 가능성이 양호 · 지방 캠퍼스는 장애요인이 많다. · 주간 이용객이 많고 야간 이용객이 적다.	· 열차 및 전철이용객 중심으로 퇴근길 회사원이 타깃인데 유동객 중심으로 주동선을 파악하고 사거리, 삼거리코너변이 유리 · 유동성이 강하며, 레저성지향, 점포가 약속장소로 이용 · 열차 운행시간대를 고려(특히 야간영업) · 유동인구가 많고 흐름이 빠른 곳

	학원가(대학 중심)	역세권
유망업종	· 중저가로 양이 풍부해야 하며 호프, 카페, 커피숍, 패스트푸드, 분식, 닭갈비, 스파게티, 돈가스, 신세대주점, 레스토랑, 삼겹살, 도너츠 등의 양이 많고 신속한 제공이 가능한 아이템이 유망	· 패스트푸드, 아이스크림, 돈가스, 카페, 국밥집, 분식, 칼국수, 호프 등
입지선정포인트	· 1층 고립형 점포보다는 넓은 2층이 유리 · 주변 건물보다 외형이 좋아야 한다. · 충분한 냉·난방시설의 배려가 가능한곳	· 노선 수, 운행횟수, 승객 수, 주 출입구, 배후시설 체크 · 역구 내(출입구 수, 역에서 예비점포의 시계성 등) · 역주변입지(시계성, 동선, 교통유발요인, 역과의 근접성, 지하도와 연결성 등)

	유원지, 위락지(관광지)	소규모 상권
특성	· 성수기, 비수기에 따른 극단적인 차이 · 가족 중심의 경영 · 레저 성향과 활동성이 강함 · 이벤트의 연출 · 천편일률적인 메뉴들로 구성되어 메뉴개발 여지가 많다.	· 대도시 근교의 신도시로 아파트 10,000세대 정도 · 출·퇴근 제외하고 유동인구가 적다. · 일명 배드타운이다.
유망업종	· 도시락용 음식과 음료 · 지역 특화된 음식 · 패스트 푸드	· 주택가 상권과 비슷 (소규모의 식당들 곱창, 고기, 횟집 등)
입지선정포인트	· 계절성을 고려 · 대형 버스 주차가능 여부	· 투자규모가 증가해도 지역 최고 규모의 일등지 구입, 즉 아파트와 접한 대로변 · 단체고객확보와 독점적인 지위 확보 · 건물, 지형에 제한적인 조건이 없어야 함(소음이나 하천 등) · 시계성이 양호하고 고객유발요인에서 가까운 곳

이 외에 테마형(복합)상권의 경우 푸드코트형으로 전문식당가들이 밀집하는데 임차료와 관리비의 부담, 그리고 본인의 의지와는 관계없이 건물의 영업성이 식당의 영업을 좌우하고 있으므로 주의가 요구된다.

② 출점 예정지 조사와 계약

1. 출점 예정지 조사

출점 예정지의 정보 수집이 중요한데 그 입지에서 하려는 업종·업태가 맞는지 관련 자료를 수집해서 분석을 해야 한다. 그러나 생각처럼 쉽지가 않으므로 사전에 기초자료(생활정보지, 신문, 인터넷 검색 등)를 준비한 다음 직접 찾아다니면서 미리 조사된 자료를 체크해 나가는 것이 좋다. 먼저 예정지 앞 통행량 체크에 있어서는 지나가는 속도가 중요하다. 통행량이 많아도 유동 속도가 빠른 곳은 장사가 안 되는 곳(일명 스쳐 지나가는 곳)으로 분류된다. 즉, 이렇게 특수목적 때문에 가야 하는 길보다는 이것저것 보면서 여유 있게 지나다니는 쇼핑객들이 많이 지나다니는 곳이 좋다. 따라서 시간대별로 점포 앞 통행객의 유동목적, 예를 들면 정류장 이용을 위해서 혹은 쇼핑목적을 위해서 등 무엇이 주목적인지 어느 정도 파악할 필요가 있다. 또 점포주변의 큰 건물 외에 상주하고 있는 회사, 단체 등과 상주인구수 등을 체크해야 한다. 다음은 예정 건물의 건물현황조사로 건물의 준공연월, 출입구 상태, 입주업종·업태의 수준, 외형 등과 함께 내부 조사 시에는 용도, 증·개축 시 불법 여부, 냉난방구조, 소방 설비, 건물관리비, 간판설치 여부, 평면도 등을 확인 검토하도록 한다. 또 건물 소유주의 신용조사가 필수적인데 신용상태와 지금까지의 임대관행 등을 파악해야지 추후에 생길 수 있는 문제들을 미연에 방지할 수 있다. 따라서 건물의 등기부등본과 건물주의 주소지 건물 등기부등본의 확인이 반드시 필요하고 별 문제가 없음을 확인한 후 임대차 계약서를 작성토록 한다. 상업시설은 2002년 11월 1일부터 주택임대차 계약과 같이 상가건물임대차 보호법이 시행되어 보호를 받을 수 있다.

(1) 주동선

주동선의 흐름이 중요한데 상권 내의 주요인구와 차량 유출입의 중심지, 즉 주된 행동반경 또는 집결지로 구매의 목적성을 가진 통행의 결집지로서 주구매처인가 또는 주동선 통로상 입지인가가 중요하다.

주동선의 수준	특 징
A급	· 확실한 주민생활의 주된 동선이며 집결지
B급	· 주된 동선이나 집결도가 분산된 통과성 입지
C급	· 코너점포의 경우 도로 건너편 쪽으로 통행의 50% 분산
D급	· 주변에 동일상권상 비슷한 주동선이 2~3개 존재

표 6-9_ 점포구입 의뢰서

성명		연령		주민등록 번호	
주소				연락처	자 택: 휴대폰:
혈액형				성격	
주요경력					
가족관계					
가용자금 규모	자기자본: 만원 차입금: 만원		희망평수		
점포구입 여부	유( ) 무( )		점포구입가 수준	보증금: 만원 월 세: 만원 권리금: 만원	
창업희망 지역	1순위( ), 2순위( ), 3순위( )				
개설희망 형태	점포( ), 숍인숍( )				
자기소개서					
문의사항					
상담일					

🍴 표 6-10_ 예정점포조사 체크리스트

점포조사	항 목		내 용	체크사항
점포 현장조사	전용면적			
	점포의 길이			
	점포의 모양			
	내부구조			
	점포 방향			
	천정의 높이			
	층의 위치			
	환기시설			
	장비 반입구			
	창문의 위치와 크기			
	주차시설 유무			몇 대
	전기용량			
	출입구위치			
	출입계단의 상태			
	건물 및 영업시설 노후상태			
	건물 전체의 업종구성			
	건물의 전체 규모			
	배송차량의 진입 여부			
	유턴지역 점포와 몇 m 지점			
공공 서류조사	(토지/건물)등기부등본	소유권	대지소유권자와 계약자가 동일 여부	
			건축물소유권자와 계약자가 동일 여부	
		채무관계	근저당설정 유무	금액
			전세권설정 유무	금액
			가압류설정 유무	
	건축물 관리대장(신축건물인 경우 건축물허가서 확인 유무)	점포용도		
		건물용도	근린생활시설, 판매시설	
		건물노후도	A, B, C, D급	
		건물규모	지하(층) 지상(층) 면적( )	
	도시계획확인원	도시계획	무허가 사용분 유무	
			용도의 적합성 유무	
			도로정비(주차) 등의 문제 여부	
			미관(간판설치) 등의 문제 여부	
			소방 관련 이상 유무	
			재개발, 재건축 등의 진행사항	
			기타	

표 6-11_ **점포분석**

거래형태	임대/매매		
주소			
분석의뢰인			
평			
전화			
핸드폰			
이메일 주소			
가격	보증금(　　　), 월세(　　　)		
	권리금(　　　)		
	관리비(　　　), 기타(　　　)		
등기권리관계분석	토지등기(　　　), 건물등기(　　　)		
토지이용계획용도			
현재업종			
추천업종			
창업자금	만원		
기타	건물층수:		
상세설명	건물방향:		
	난방:		
	주차장:		
	입주가능일:		
	기타설명:		
	임대기간:		
	임대만료일:		
	시설비내용:		
	교통편:		
	영업기간:		
	기타사항:		

(2) 통행량 분석

통행량의 분석에서는 통행의 규모, 통행의 질(주고객층의 통행규모, 소비수준 파악), 통행의 목적성(구매 의사통행과 통과성 통행구분)을 분석해야 하며, 통행의 유속 등의 세부파악이 중요하다.

주동선의 수준	특 징
A급	· 통행규모, 질 우수, 목적성이 있는 통행, 늦은 통행유속
B급	· 통행규모 평균, 질 우수, 목적성이 있는 통행, 늦은 통행유속
C급	· 통행규모는 평균 이하, 주타깃은 30% 미만, 목적성이 있는 통행, 보통의 통행유속
D급	· 평균 이하, 주타깃 20% 미만, 목적성이 없는 통행, 빠른 통행유속

(3) 주변상권의 볼륨

주변상권의 볼륨은 특수한 집객시설의(역세권, 백화점, 관공서, 유흥시설 등) 입지여부, 또는 대상지역내 인구 및 외부유입인구가 집중 이용하는 상권의 집중도 여부 및 발달정도로 상권의 볼륨 파악을 한다. 그리고 상권의 넓이와 깊이가 클수록 내재된 상권의 잠재력이 크기 때문에 해당 점포의 일정범위를 벗어나 전체 상권규모를 파악을 할 수 있다.

(4) 경합점 분석

아이템이 독·과점일 경우 유리하나, 업종 특성상 동일업종 상이 아이템의 경우 시너지 효과가 발생(예 들안길의 식당가)할 수 있으나 동종 아이템과의 경합일 경우 세부파악 중요하며 시장의 규모는 한정이나, 경합점 과다로 동반몰락 현상이 빈번하게 발생하고 있으며 상품아이템, 매장규모, 직원 접객태도, 시설 노후상태, 고객의 불만 등을 조사하여 철저한 비교우위전략을 구사해야 한다.

TIP! 예상매출추정방법

구매력법(Share 법)

- 원시적인 방법으로 시장점유율을 적당히 결정하여 매상추정, 즉 1인당(세대당)구매력 인구(세대수)=시장전체구매력으로 나타내는 방법으로 이에 대한 시장점거율을 임의로 추정하여 매상추정하는 방법이다.

Control store 법

- 이 방법은 점두조사에 의한 상권확인작업과 현재매출파악 = 주메뉴가격 or 평균가격 입점객수를 사용하며 객수파악방법은 폐점 시 POS영수증의 고객 수 파악 or 점두입점 객수를 파악하는 방법을 말한다. 이용고객 수 추정을 위해 POS나 계산서를 사용하는 점포는 폐점 무렵 고객으로 들어가서 주문을 하고 정산 시 영수증을 받아보면, 영수증에 고객수가 체크되어 나온 것을 볼 수 있을 것이다. 이를 평일, 토요일, 일요일로 구분하여 고객1인당 객단가×고객수로 계산하면 된다. 아니면 식사시간, 즉 중식시간 11시 30분에서 14시까지 점포주변에서 출입하는 고객 수를 체크하고 또 석식 시간에도 위와 같이 체크하도록 한다. 참고로 식사가 주종인 경우에는 18:00~22:00시까지만 하고 주류 비중이 있는 경우에는 이후 시간도 조사를 해야 한다.

기타 방법

- 객단가를 조사해야 하는데 경쟁점을 이용하여 식사를 하면서 주변고객들이 많이 이용하는 메뉴를 체크하거나 혹은 직원에게 잘 팔리는 메뉴를 3~4가지 정도 물어 보는 것도 좋다. 아니면 메뉴의 가격을 더해서 메뉴 수만큼 나누면 품단가라고 하는 평균가격이 나오는데 이를 고객수와 곱하여(고객수×품단가) 산출하기도 한다. 이렇게 계산을 해도 무방하지만, 이는 단순 평균치로 산출한 것이므로 보다 정확한 객단가를 구하기 위해서는 고객 1인당 평균주문 수 × 메뉴당 평균단가 × 고객수로 계산한다. 매출액은 위에서 조사한 추정 객단가 × 추정 고객 수를 하면 추정매출액을 산출할 수 있다. 이때 특별한 런치 메뉴가 있을 경우는 점심, 저녁 고객을 구분 계산하여 더하면 된다.

  직원수는 정직원 ○○명 중에서 주방 ○명, 홀 ○명으로 구분해야 하며 이때 파트타임이나 아르바이트도 체크해야 한다. 경쟁점을 찾아오는 고객층도 구분해야 하는데 어린이층 ○○%, 학생층 ○○%, 회사원여 ○○%, 회사원남 ○○%, 주부층 ○○% 등으로 구분하든지 아니면 연령별로 남녀 구분을 하여 10대(남 ○%, 여 ○%), 20대(남 ○%, 여 ○%), 30대(남 ○%, 여 ○%), 40대(남 ○%, 여 ○%), 50대(남 ○%, 여 ○%) 이상 등으로 구분해서 체크한다. 또 메뉴의 종류와 질 등에 따른 고객의 만족도도 체크해야 하는데 메뉴명, 신선도, 맛, 볼륨감, 상차림 모양, 식사제공 시간, 가격 등을 체크해야 한다. 기타 점포 내·외부 환경조사로 차량출입구의 편리성, 안내판, 화장실, 외부간판 등과 디저트나 음료, 주류 등도 체크해야 한다.

위와 같이 경쟁점 조사를 하기 위한 경쟁점 체크리스트는 다음 표와 같다.

🥄 표 6-12_ 경쟁점 조사(제과점 및 패스트푸드점)

항목 ＼ 점명	○○점	○○○점	○○○○점	○○○점	○○○○점	○○점
업태						
평수						
좌석수(입식/좌식)	/	/	/	/	/	/
근무인원(주방/홀)	/	/	/	/	/	/
점포형태 및 입지						
서비스 수준						
청결상태						
주차가능대수						
추정 일일 매출액						
영업시간						
피크타임						
주메뉴(보조메뉴)						
가격구조						
계산방법						
주이용객						
지역내 거점성						
특이사항						

종합의견 및 결론	사진

(5) 배후세대

배후세대는 실질상권 세대수량, 세대성격, 소득수준, 주거형태 등의 종합적 판단이 중요하다고 하겠다.

🍴 표 6-13_ **입지유형별 평균 세대수(대구지역 기준)**

유 형	평균(기준) 세대수	비 고
대로변	1,158세대	
주택가	1,567세대	• 정확한 세대파악이 중요: 각 행정통계연보 참조
번화가	600세대	

먼저 세대성격은 자취·동거인 수, Bed Town 여부, 순수 주거지역 여부 등에 따라 구분되며 소득수준은 상, 중상, 중, 중하, 하로 구분(중류층 구매력 양호)하고 주거형태는 주거수준 및 집약도 파악으로 알 수 있으며 APT단지(입주 3년차 구매력 양호), 빌라, 단독주택 등으로 나타낸다.

(6) 점포여건

신규사업장의 경우 좋은 이미지가 사업성패의 주요한 요인으로 점포의 규모 및 모양, 시계성, 접근성, 전면길의 확보 등은 점포의 존폐가 직결된 상당히 중요한 조건인 것이다. 먼저 점포규모는 아이템당 적정규모의 매장이 필요한데 이는 경합점의 입점을 방어하는 목적도 있겠으며 시계성은 코너 점포가 절대적으로 유리하며 차량의 경우 약 100m 전에 점포를 인지하여야 입점준비가 가능해야 하며 옆 점포보다 건축선 후퇴 시 불리하고, 주고객처와 마주 보는 곳에 주출입문이 배치되면 좋다고 하겠다. 다음은 접근성으로 사람의 경우 점포전면 계단 유무와 고지대 점포는 불리(저지대상권발달)하며, 인도의 방해물이나 통행의 유속과 양이 과다한 곳 등은 불리하다고 하겠으며 차량은 차량정차가 가능한 도로구조, 차량진입이 용이(보도턱, 진입로 길이 등) 주차장 유무(회전반경), 곡선주로의 바깥쪽이 유리하며 차량유속이 빠른 대도로는 불리(4차선 이하 양호)하다. 또 전면크기에 있어 전면은 점포의 얼굴이며, 고객의 첫인상을 좌우하고 전면이 길수록 유리(구매결정 A.V 10초-최소 8m 이상의 전면은 확보해야)하며 아이템에 적합한 색상과 개성이 중요하다고 하겠다.

(7) 손익분석

예상매출액과 수익율이 일정하다면 최초투자비용의 절감이 필요하며 최초 경상이익에 가장 크게 작용한다고 하겠다.(점포 투자비용 등)

기 존 상 권	신 규 상 권	비 고
• 기존 상권형성으로 조기 매출달성(권리금 지불) • 권리금 평가 및 추후 회수 가능성 파악 　(인접 B-point 동시관리 要) • 불황시기-사양업종 공략 필요 • 장기계약 바람직 • 채권확보 철저	• 상권형성기까지 고전예상 　(임차료 고액 형성-권리금 창출) • 주변시세 정확히 파악 및 향후 상권발달 추이 　분석(A-point 입점) • 상업지역 내 입점이 안전(이면도로상 특화지역) • 2년 계약 5년 영업보장 유도 • 철저한 임차료 협의 요망(기준)	

2. 계약 전 점포 체크 항목

❶ 설계도면과 건축물과의 차이점은 없는지?

❷ 점포의 출입구의 높낮이가 없는 등 고객 지향적인지?

❸ 점포의 전면 길이가 충분하여 시계성은 양호한지?

❹ 점포의 형태나 모양은 정사각형이나 직사각형인지?

❺ 특히 화장실의 용량이 문제가 되고 있으므로 크기가 충분하며, 위치는 양호한지?

❻ 전반적인 건물의 노후상태 체크와 환기시설은 제대로 되어 있는지?

❼ 주차장 시설은 양호하며, 식재료 반입은 괜찮은지?

❽ 건물 등기부 등본 등의 공부서류와 제반 조건이 일치하는지?

❾ 전기, 가스, 수도, 하수구 등의 용량은 적당한지?

❿ 주방과 홀의 거리와 주방과 매장의 동선은 양호한지?

⓫ 전용면적과 실 평수의 크기는 적당한지?

⓬ 건물 내 입주해 있는 업종과 호환성이 있으며, 동일건물 내 상충되는 업종이 있어서 허가
　상의 문제점은 없는지?

⓭ 소방·방화 관련 시설이 잘 되어 있는지?

⓮ 점포주변에 주유소나 병원 등의 혐오시설은 없는지?

3. 부동산 임대차 계약 시 주요항목

❶ 임대부동산의 표시　부동산 현황도를 그려 명시하는 것이 바람직하다.

❷ 임대인　주소, 주민등록번호, 성명, 전화번호

❸ 임차인   주소, 주민등록번호, 성명, 전화번호

❹ 임대료와 지불방법   보통, 보증금과 월 지급임대료로 나누어 지불하므로, 보증금과 월 지불임대료의 액수, 지불시기를 명백하게 기재한다.(불이행 시의 약정에 대한 내용도 첨가)

❺ 계약기간   보통 소형점포는 2년, 일정규모 이상은 투자비 회수를 위해 5년으로 하고 있는데 이때 임대기간을 연, 월, 일별로 명확히 표시해야 하며 상가건물 임대차보호법에 따라 10년 정도 보호를 받을 수 있으나 연 5% 정도의 임대료 인상은 감수해야 한다

❻ 사용목적   대상 부동산의 사용목적을 주거, 건축, 영업 시 업종 등으로 명확히 약정하고, 경우에 따라서는 그 목적 이외의 사용을 금하는 조항을 삽입하는 경우도 있다.

❼ 부동산의 인도   임대인은 임차부동산을 목적에 적합하게 사용할 수 있는 상태대로 인도하는 내용이 포함되어야 한다.

❽ 계약의 해지·해제에 관한 사항   월 임대료 ○회 이상 미납 시 등을 기입한다.

❾ 원상회복의무   임대차기간 종료 시, 임차인은 부동산 명도 임대인의 보증금 반환의무 내용을 명기한다. 변경사항 등에 관하여 원상회복의무가 누구에게 있는지를 명확히 한다.

❿ 양도 등에 관한 사항   임대차를 양도하거나, 전대 등의 규제 등이 필요한 경우 포함한다.

⓫ 가능한 한 보증인의 입회하에 하며 작성 후 반드시 신분증 확인이나 위임장 등을 확인한 다음 날인을 받아 놓는다.

4. 기존 점포 인수 시 체크 항목

❶ 주변상권이 외식업을 하기에 적합하며 점포주변의 향후 발전가능성이 있는가?

❷ 권리금이 너무 많거나 너무 낮지 않은지, 그리고 주변점포들과 비교할 때 임대료는 너무 높지 않은가?

❸ 주변점포와 경쟁이 치열하거나 대형점포가 들어설 가능성은 없는가?(주변에 공휴지 등이 있다면 동일한 아이템으로 대형화된 점포가 입점하여 큰 타격을 줄 수 있기 때문이다.)

❹ 기존 점포의 매출액과 이익분석에 따른 가능성 타진으로 수익성이 어느 정도인가?

❺ 주방 상태나 기기, 시설 등에는 노후화나 작동불량이 없는가?

❻ 자기자본현황을 고려했을 때, 인수할 점포의 현재 투자규모와 수익성의 관계는 적당한가?

❼ 점포나 토지에 법률적 하자, 즉 소방·방화시설 여부, 정화조용량, 도시계획지구, 식품위생관련법 위반에 따른 행정조치(영업정지나 폐쇄 등)나 외형상의 문제는 없는가?

기타 건물주의 인품이나 현 점포운영자의 점포운영기간, 일일 매출액, 손님이 많은 시간대, 실평수, 점포를 임대하는 이유 등을 알아보는 것도 좋다.

위와 같은 사항들을 반드시 체크한 다음 인수여부를 결정해야 한다. 그렇다고 위의 조건들을 전부 다 만족하는 점포는 찾기도 힘들지만 그런 점포를 꼭 찾아야 하는 것은 아니다. 위 내용들의 우선순위를 정하여 특별한 하자(법적인 문제 등)가 없거나 극복할 자신이 있을 때 인수를 해도 무난할 것이다.

5. 물건계약의 체결

점포 임대차계약서 작성 시 유의사항으로 먼저 권리금 유무의 확인과 등기부등본, 도시계획확인원, 건물의 용도, 현장에서의 목적물을 확인여부, 보증금, 관리비 등에 대해서 확인이 되었다면 계약을 진행하며, 임대차계약서 작성 시 유의사항으로

❶ 실명확인　반드시 실제 소유주와 계약하고 계약당일 등기부등본을 확인해야 한다. 이때 소유자가 여러 명일 때는 모두 계약날인해야 하지만 위임장을 갖춘 대표자와 계약을 해도 무방하며 계약서 내용은 세부내용 등을 정확하게 작성할 필요성이 있다.
❷ 임대차 금액은 보증금의 지급은 계약금 10%, 중도금 40%, 잔금 50%의 비율로 지급하고 월세 기산일을 개점일 기준으로 관철하면 유리하고 보증금의 월세 전환 시에는 이자율은 연 7%가 관례이다.
❸ 영업 보장은 10년이 임대차보호법으로 보호가 되며 관례상 2년 적용이다.(영업장의 임대료에 따라 임대차 보호가 안 될 수 있으니 물건계약 시 필수 검사해야 함)
❹ 근저당 및 전세권 설정은 반드시 잔금지급 시점에 채권확보와 동시에 이행할 것이며 설정 시에는 되도록 선순위로 확보하고 후순위라면 담보평가액이 3회 유찰 시 범위 내에 들어야 안전하다.
❺ 기세입자의 관리비 정산은 잔금지급 전에 마무리되게 한다.
❻ 재계약보장 문구와 건물 매매 시 계약승계 조항은 반드시 삽입하도록 한다.
❼ 특약사항 중 독소조항으로 일방적인 임대인의 계약종료 통보에 대한 무조건 수용, 계약종료 시 일체의 시설집기까지 기부체납 요구, 계약종료 시의 불합리한 원상복구 요구, 관

리비 일방적 징수 원칙 수용 요구에 주의하여 신중한 검토를 하여야 한다.

참고로 채권 확보를 위해서는 보증금에 대하여 전세권 및 근저당 설정으로 보전함이 원칙이므로 필히 등기부등본상 갑구 및 을구를 열람 후 계약을 해야 하며 일반적으로 설정이 과다하게 되어 있는 점포는 피하는 것이 원칙이며 계약서 확정일자는 반드시 받아야 한다.

③ 상가건물임대차보호법 관련 내용

1. 상가건물임대차보호법의 목적

상가건물임대차보호법은 상가건물의 임대차에 있어서 사회적·경제적 약자인 임차인들을 보호함으로써 임차인들의 경제생활 안정을 도모하기 위한 것으로 주택임대차보호법과 같이 민법 일반이론에 예외조항을 두어 임차인을 보호하고 있다는 점에서 비슷하다. 중요한 내용은

첫째, 대통령령이 정하는 보증금액(서울시 9억 원, 광역시 5억 4천만 원, 기타 3억 7천만 원)을 초과하지 않는 임대차에 대해서는 임차권 등기가 없는 경우에도 임차인이 건물의 인도와 사업자등록을 신청(확정일자)한 때에는 그다음 날부터 제3자에 대하여도 임대차의 효력을 가질 수 있게 했다는 점과 임대인이 상가건물에 대해 임의로 매도하거나 담보로 제공함으로써 나타날 수 있는 손해로부터 보호하기 위해서다.

둘째, 임대차기간의 정함이 없거나 기간을 1년 미만으로 정한 임대차는 그 기간을 1년으로 보도록 하고 있다. 하지만 임대인은 임차인이 임대차기간 만료 전 6개월부터 1개월까지 사이에 행하는 갱신요구에 대하여 임대차기간이 10년을 넘지 않은 범위에서는 정당한 사유 없이 원칙적으로 이를 거절하지 못하게 하여 임대차기간을 사실상 10년간을 보장했다는 점으로 임차인이 거액의 시설비 등을 투자하고 단기간 내에 점포 등을 남에게 넘겨주는 경우에 당하는 불이익을 받지 않도록 하기 위해서다.

셋째, 임대료 또는 보증금이 임차건물에 관한 조세, 공과금 그 밖의 부담증감이나 경제사정의 변동으로 인하여 적정하지 않다고 판단되면 당사자는 장래에 대하여 그 증감을 청구할 수 있는 것으로 증액의 경우에는 대통령령이 정하는 기준(차임 및 보증금 증액은 9% 이내로 제한과 보증금의 월차임 전환 시 15% 이내로 제한)에 따른 일정비율을 초과하지 못하도록 임대차계약 또는 증액이 있은 후 1년 이내에는 증액을 하지 못하도록 했다.

🦐 표 6-14_ **부동산임대차계약서**

(표준서식 2호)

No. _____	전세 월세	부동산임대차계약서		세무서 검 인	

근거: 부동산 중개업자(복덕방)에 대한 과세자료 수집사무취급규정

1. 부동산의 표시

소재지					
구조		용도		면적	평 m²
전세(보증금)	월세금	원정(매월 일지불)			

2. 계약조건

제 1조 위 부동산에 대한 임대인과 임차인 쌍방합의하에 아래와 같이 계약함.

제 2조 위 부동산을 임차함에 있어 임차인은 임대인에게 다음과 같이 전세(보증)금을 지불하기로 함.

계약금	원정은 계약시 임대인에게 지불하고
중도금	원정은 년 월 일 지불하며
잔금	원정은 년 월 일 중개인입회하에 지불함

제 3조 위 부동산의 명도는   년   월   일로함.

제 4조 전(월)세 기한은 임차인에게 부동산을 명도한날로부터   개월로 정함.

제 5조 임차인은 임대인의 승인하에 개축 또는 변조할 수 있으나 부동산의 변환기일전에 임차인의 부담으로 원상 복구키로 함.

제 6조 중개료는 쌍방에서 법정수수료를 중개인에게 지불하기로 함.

제 7조 임대자가 본 계약을 어겼을 때에는 계약금은 무효로 되고 반환청구를 할 수 없다.

제 8조 본 계약서 부본을 관할세무서에 제출함에 있어 계약 쌍방은 중개인에게 이의를 제기할 수 없다.

단: _____

_____

위 계약조건을 확실히 하고 후일에 증하기 위하여 본 계약서를 작성하고 각 1통씩 보관한다.

년   월   일

임대인	주소					
	주민등록 번호		전화 번호		성명	(인)
임차인	주소					
	주민등록 번호		전화 번호		성명	(인)
중개업자 (보증인)	주소				허가 번호	
	상호		전화 번호		성명	(인)

넷째, 임차인이 임차건물에 대하여 보증금반환청구소송의 확정판결 등에 근거하여 경매를 신청하는 경우엔 건물을 명도하지 않고도 집행을 할 수 있으며 건물의 인도와 사업자등록을 신청하고 관할 세무서장으로부터 임대차계약서상의 확정일자를 받은 임차인은 건물주가 부도를 내더라도 건물가액의 3분의 1 범위 내에서 다른 담보물권자보다 우선적으로 변제받을 권리가 있으며 이에 따라 대통령령으로 정한 일정한 소액보증금은 경매신청의 등기 전에 대항력을 갖추면 다른 담보권자보다 우선하여 변제받을 수 있다.

위와 같이 임차인이 안심하고 점포 영업에만 충실할 수 있도록 임차인을 보호하기 위한 목적으로 제공되었다고 하겠으며, 상담이나 피해신고는 국세청 임대료부당인상신고(044-204-3205)나 법무부 사이버민원실(www.moj.go.kr)을 이용하여 도움을 받을 수 있다.

표 6-15_ 점포 임차권 매매 계약서

1. 매도인과 매수인은 점포 매매 계약(임차권, 허가권, 영업권 및 시설, 비품, 집기 일체 포함)을 다음과 같이 체결한다.

2. 목적물 표시

물건 소재지		면 적	m²
상 호	업 종	층 수	평

3. 매매대금 구성내역

임대 보증금	원整	월 임대료	원( )
시설비 및 권리금	원整	관리비	원( )
매매 합계금액	원整(₩)		

4. 매매대금(권리금 포함) 지불방법

계 약 금	金	원整(₩)은 계약 시 지불한다.
중 도 금	金	원整(₩)은 년 월 일에 지불한다.
잔 금	金	원整(₩)은 년 월 일에 지불한다.

5. 매도인은 잔금일까지 부동산 소유자와 매수인과의 임대차 계약의 갱신을 책임지는 조건으로 본 계약을 체결하며, 임대차 재계약의 기간은 명도일로부터 ( )으로 한다.

6. 상기 점포의 명도는 매수인이 즉시 영업을 할 수 있도록 잔금지불과 동시에 명도한다.[대리점 및 가맹점 승계를 조건으로 매매한 경우에는 매도인은 잔금일 이전까지 본사(소유주)와 승계 계약을 책임진다.]

7. 영업허가 및 영업신고는 현조건대로 승계하고, 사업자등록은 매도인은 폐업하고 매수인은 신규로 등록한다. 이에 필요한 서류는 잔금일전에 양도한다.

8. 상기 점포내의 시설, 비품, 집기, 전화 가입권 등은 계약 당시 상태로 매수인에게 양도하며, 계약 당시에 품목의 종류와 수량을 확인하여 서면으로 작성한다. 잔금일에 그 품목의 종류와 수량이 부족한 경우에는 매도인이 책임지고 원상복구하거나 배상한다. 단, 대여품이 있을 경우에는 계약당시의 대여조건대로 매수인이 승계한다.

9. 고객에게 판매를 하기위한 상품이나 각종 재료와 부속자재는 권리금과는 별도로 하며, 잔금일에 원가로 정산한 후 양도 양수한다.

10. 매도인은 잔금일까지 공과금(임대료, 관리비, 전기 ,전화, 가스, 상하수도 요금 등등)을 완납하고 그 영수증을 매수인에게 제시한다. 만약, 미납 공과금이 발생할 경우 미납기간에 해당하는 금액을 산출하여 매수인에게 예치한 후 공과금이 확정되면 추후 정산한다.

11. 상기 물건을 명도한 이후, 매도인은 매수인의 영업에 지장을 주는 행위를 해서는 아니 되며, 만약 매도인의 고의 또는 과실로 인하여 매수인의 영업에 지장을 초래케 했을 때에는 매도인은 매수인에게 손해배상을 하여야 한다.

12. 매수인과 매도인은 반드시 중개업자의 입회하에 중도금과 잔금을 지불하여야 한다. 만약, 중개업자가 입회하지 아니하고 대금을 지불한 경우, 추후 어떠한 형태의 문제가 발생하여도 중개업자는 일체의 책임을 지지 아니한다.

13. 본 계약을 매도인이 위반한 경우에는 계약금액의 배액을 매수인에게 배상하고, 매수인이 위반한 경우에는 계약금을 포기하고, 계약금을 매도인의 합법적 소유로 인정하여 어떠한 경우에도 반환을 청구하지 아니한다.

14. 상기와 같이 계약을 체결하고 본 계약서를 3통 작성하여 매도인, 매수인, 중개업소 각각 1통씩 보관한다.

15. 특약사항:(다음 사항 중 상기 사항과 중복되면 특약사항을 우선한다.)

1) 영업상의 하자 즉 행정조치을 받았거나 정화조용량, 방화시설, 영업허가, 전세권설정, 계약기간, 업종제한 등과 소유주의 동의가 어렵거나 문제가 발생 시 무조건 본 계약은 무효처리되며 계약금은 즉시 반환한다.

2) 동일한(유사한) 업종이나 업태로 반경 OKM 이내에서 영업을 해서는 아니 되며 또한 타인에게 요리전수도 해 주어서도 아니 된다.(요리전수도 인수인계전까지 완료시켜 주어야한다)

3) 소유주와의 계약서작성은 (   )에 작성하며 비품목록은 첨부내용과 같다.

• 본 계약에 대하여 상기 내용에 이의 없음을 확인하고 각각 서명날인한다.

계약일: 년   월   일

매도인	주소				
	주민등록번호		성 명		(인)
매수인	주소				
	주민등록번호		성 명		(인)
중개업자	주소				
	상호		허가번호		
	대표		대표전화		

외식창업
실무지침서

Chapter **7** 창업 메뉴
구성과
개발

01 메뉴의 개요

1 메뉴의 조건과 특징

외식사업을 시작할 때 많은 사람들이 메뉴보다 입지에 더 높은 관심을 갖는 경향이 있다. 또는 메뉴를 결정하기도 전에 설계를 하고 인테리어를 계획하며, 심지어는 마케팅과 홍보활동을 하기도 한다. 그렇지만 레스토랑의 중심은 메뉴이며 레스토랑의 얼굴과 같다. 메뉴는 상품력을 나타내는 핵심도구로서 레스토랑의 모든 것은 메뉴와 함께 시작한다.

메뉴란 차림, 식단이라고도 불리며, 식사를 서비스하는 식당(통제 관리의 기본)에서 제공하는 품목과 형태를 체계적으로 구성하여 고객이 선택하는 데 필요하도록 안내 및 설명한 것을 말한다. 목록표, 차림표, 식단표라고 하며, 잘 선정된 메뉴구성은 보다 많은 고객확보와 수익을 발생시킬 수 있기 때문에 메뉴는 식당경영의 운명을 좌우할 만큼 중요하다고 하겠다. 또한 음식, 서비스, 분위기, 가격, 기술, 인력 및 계절감각 등 그 식당의 모든 경영활동의 내용을 압축한 것이라고 할 정도로 식당의 통제 관리의 기본이 되고 있다.

1. 메뉴의 조건

(1) 경영자 측면

❶ 메뉴는 그 식당의 목표와 목적을 반영하고 있어야 하고 그 업소의 음식서비스를 위하여 필요한 것을 반영하고 있어야 한다.

❷ 예산이 아주 중요한 요인이 되는데, 예산은 음식 판매로 파생되는 소득과 음식원가의 비율에 따라 달라진다. 이때 음식 판매로 파생되는 소득은 고객의 가처분소득, 시설의 위치, 서비스의 유형과 다른 결정요인 등에 따라 달라야 한다.

❸ 납품시장의 상황, 즉 원재료의 수요와 공급의 측면, 계절적인 변동 등도 고려해야 한다.

❹ 물리적 시설과 장비로 이용 가능한 주방비품의 크기와 수용력 등도 고려해야 한다.

❺ 기술을 필요로 하는 메뉴개발은 직원의 능력과 조리를 위해 이용 가능한 직원의 수(인건비)도 고려되어야 한다.

⑥ 메뉴개발은 음식조리와 서비스의 하부시스템유형(서브시간)도 고려되어야 한다.

⑦ 주변 상권을 고려하여 자기 점포만의 특별한 메뉴와 특별한 맛을 또는 유사한 맛을 반영하는 방법도 있다. 예를 들면, 족발매장의 경우 족발을 칼로 썰어 서브를 하는 것이 보편적인 방법이라면 칼로 썰지 않고 손으로 찢어서 기존의 간장소스가 아닌 칠리소스를 접목하는 방법도 있을 것이다. 또한 기존의 방식대로 칼로 썰어 제공하면서 와사비양념을 준다면 일반적인 매장처럼 보일 것이다.

(2) 소비자 측면

① 영양을 고려해야 하는데 균형 있는 음식 제공과 고객별 유형을 연령, 성별, 비만(비비만형)형, 건강(비건강)형 등으로 세분화시켜, 그 타깃에 맞는 메뉴를 개발해야 한다.

② 식생활 습관과 음식 서비스 선호도도 고려되어야 하는데 내적인 요인으로는 모양, 색깔, 냄새, 질감, 온도, 맛, 제시되는 방식, 제공되는 온도, 담는 방식 등이 있고 외적인 요인으로 어느 곳인가와 같은 입지적인 환경, 소비될 상황의 기능과 광고, 홍보, 식사시간과 계절 등이 되겠다.

③ 생물학적, 생리학적 및 심리학적인 요인 등도 고려 대상이다.

④ 인적요인으로 기대수준, 타인의 영향과 식욕 분위기와 정서, 가족상황, 교육수준도 고려 대상이다.

⑤ 이 밖에 사회, 경제적인 요인과 문화와 종교적인 요인도 고려 대상이 된다.

(3) 음식 측면

① 음식 색깔은 관심과 식욕을 촉진시키는 데 기여한다.

② 음식 질감과 형태는 다양성을 제공하여 주고 음식에 대한 고객의 관심을 자극시켜 준다.

③ 음식 농도는 메뉴의 점도와 밀도의 정도를 말하는데 다양성을 제공한다.

④ 음식 맛은 아주 중요하며 단맛, 쓴맛, 짠맛 등의 간을 잘 가미 또는 혼합 시 독특한 맛을 창출할 수도 있어 고객 특성에 잘 맞출 수 있도록 고려해야 한다.

⑤ 음식 조리방법과 서빙 시 온도, 시각적인 효과를 위한 제시 방법도 아주 중요한 포인트가 된다.

⑥ 음식의 다양성을 고려하면서 유사 소스의 활용성도 반영되어야 하고 음식 변화에 뒤처지지 않으려면 소스의 중요성을 인식하고 꾸준하게 변화를 주어야 된다.

2. 메뉴의 특징

메뉴란 식사를 서비스하는 식당에서는 상품 자체의 설명과 가치 증진을 위하여 필요한 것으로 식당의 운영특성을 나타내는 얼굴이며 잘 만들어진 메뉴는 식당판촉을 위한 도구가 된다. 또한 상호와 업소외관 및 취식형태와 유사성이 있으며 식당의 조리기술, 분위기와 조화로 고객의 욕구를 충족시킬 수 있도록 구성이 되어야 한다. 메뉴는 식재료 구매 및 관리, 주방시설 및 동선, 테이블 구조 및 동선, 주방인원 및 서빙인원, 원가관리 등 경영을 하는 데 있어 최종 수익에 이르기까지 모든 분야에 영향을 미친다고 할 수 있다.

외식사업의 경영에 있어서 메뉴는

첫째, 중장기적인 식당경영의 정책을 세우고 그에 따른 판매계획을 수립, 점포입지와 고객 그리고 경쟁점을 잘 분석하고 판매하여야 한다.

둘째, 식음료에 대하여 원가를 정확하게 파악하고 관리하여야 한다.

셋째, 고객으로 하여금 식사 욕구를 자극하는 선미를 최대한 불러일으켜야 하며, 중미는 물론 후미까지 잘 장식하여 지속적으로 재내점할 수 있도록 하여야 한다.

② 메뉴의 유형과 종류

1. 제공되는 유형에 따른 분류

❶ 정식(Table d'hote menu)

한 끼분의 식사 전체로 구성되며, 미각, 영양, 분량의 균형을 도모하는 식단을 말한다. 최근 들어 고급레스토랑에서는 그다지 인기가 없으나 중저가형의 레스토랑에서는 많이 이용되고 있으며, 핵심은 메인 아이템이다. 특징은 제공되는 상품수가 제한되며, 가격통제가 쉽고, 저렴하며, 고객의 취향에 따라 상품변경이 안 되는 단점이 있다. 정식을 일반정식, 한정식 2가지로 분리해서 살펴보면

먼저 한정식은, 한상 정식에서 코스요리 정식으로 변화가 많이 되었다. 코스요리라 하면 전체요리 ➡ 메인요리 ➡ 진지·후식 순으로 음식이 제공된다. 예를 들어 보편적인 한정식집 같은 경우는 죽, 샐러드, 차가운 음식, 따뜻한 음식(구이류, 볶음류 순으로), 식사 순으로 제공된다. 일

반정식은 요리라는 개념보다는 찬류라는 개념이 좀 더 강하며 예를 들면 밥, 국, 찌개, 생선구이, 반찬(4~6종)이 한 테이블에 제공되는 것을 말한다.

❷ 일품요리(A La carte Menu)

고객이 스스로 자기의 기호에 맞는 음식을 식성대로 한 가지씩 자유로이 선택하여 먹을 수 있는 음식으로 현재 대부분 식당에서 사용하고 있는 메뉴이다.

최근 들어 전문점 이미지를 뛰는 식당이 많이 생기고 있는데 이런 매장들은 모두 일품요리를 취급한다고 보면 되고 이런 매장들은 음식 각 품목마다 가격이 설정되어 있어 고객의 기호에 따라 선택을 할 수 있도록 만들어져 있다. 예를 들어 낙지 전문점, 쭈구미 전문점, 파스타 전문점, 비빔밥 전문점 등이라고 볼 수 있다.

❸ 특별요리(Daily special Menu)

특선요리, 특별요리(오늘의 "특선요리") 또는 오늘의 요리, 주방장이 추천하는 요리 등으로 불리는 이 특별메뉴는 당일 시장에서 사입되는 신선한 재료를 가지고 고객의 기호성에 맞추어 양질의 재료와 저렴한 가격으로 고객에게 서비스하는 음식을 말하는데 정식요리와 일품요리의 장점만을 혼합시킨 메뉴이다. 최근 들어 이런 특별요리를 취급하는 매장들이 많이 생겨나고 있는데 혼잡한 식당에서 대접도 못 받으면서 음식을 먹는 것보다는 대접받기를 원하는 사람이 많다는 것이다. 이런 틈새시장을 공략하여 고단가를 지향하면서 고객이 원하는 메뉴를 고객의 취향에 맞게 제공함으로써 만족도를 보다 높일 수 있다. 그 장점은 다음과 같다.

매일 새로 준비된 메뉴(음식)를 고객에게 빠르게 제공할 수가 있다.

재료의 사용에 있어 저장재료를 낭비하지 않고 사용할 수가 있다.

고객의 메뉴선택을 쉽게 해주는 역할을 한다.

매출액 증가에 기여한다.

❹ 뷔페(Buffet Menu)

음식메뉴가 다양하게 구성되어 일정액을 지불하고 구성되어 제공되는 전 요리를 고루 먹을 수 있는 장점이 있다. 과거의 일반적인 뷔페에서 요즘은 해산물 뷔페, 유기농 뷔페, 고기 뷔페, 일식스시 뷔페, 샤브샤브 뷔페 등 종전의 뷔페라 하면 모든 음식을 제공한다는 이미지를 벗어나 일품요리를 뷔페에서 먹을 수 있도록 한다.

퀄리티(Quality) 패스트푸드점의 경우	
〈퀄리티의 개념〉	〈퀄리티의 행동기준〉
· 신선 · 정량(形) · 정온(時)	· 정확한 기준량 · 정확한 작업 · 메인터넌스 · 홀딩타임 · 위생관리
〈퀄리티 향상의 Key-Word〉	
· 온도: 정해진 온도, 정확한 기준량, 메인터넌스 · 위치: 인원배치와 Back up, 원재료의 취급, 정확한 量과 形 · 신선·질: 신선도, 정확한 작업(시간), 선행생산, 홀딩타임 · Cleanliness: 감사의 마음으로부터의 cleanliness, 위생관리	
〈퀄리티의 지도 Point〉	
· 정확한 발주 · 시간대 메뉴 DATA에 준한 생산룰 · 아이들 타임의 생산룰 · Cooking Operation 트레이닝 강화 · 폐기 Rule · 영업 중 정시 정량체크 · 메인터넌스	· 원재료 취급 룰 · Q카드의 활용 · 홀딩타임 콘트롤 · 개점 전 정확한 기준량 체크 · Sale Area를 Back up하는 움직임 · 위생관리

최고의 품질관리를 위해서는 생산관리, 재고관리, 배송관리, 식재료관리, 위생관리, 판매관리, 포장관리가 실현되어야 할 것이다.

2. 메뉴의 종류

❶ 간판메뉴(대표) 차별화, 개성화하여 고객에게 어필하는 수단으로 자기 점포만이 갖고 있는 개발 메뉴로 특히 Take-out이 많은 점포는 이용률을 높이기 위해 필요하다.

❷ 판촉전략 메뉴 Cost가 낮으며 조리를 간편하게 할 수 있고 주방의 능력과 객석 수를 고려해서 판촉전략[할인쿠폰, 전단지, DM, 식사권(시식 또는 상품권) 등]을 전개할 수 있는 메뉴이다. 메뉴 기획 시 전략적으로 일명 미끼메뉴로 구성을 한다. 예를 들어 김밥천국은 1,000원짜

리 김밥을 판매하는 곳이라 생각하는데 1,000원짜리 메뉴는 1품목밖에 없으며 대부분 일반 분식점과 동일한 가격을 추구하고 있다. 이런 것처럼 고객이 편하게 생각할 수 있는 메뉴가 있어야 한다.

❸ 런치타임 메뉴 　회전율을 높이고 고객의 부담을 덜어 주기 위해 중식시간에만 판매하는 한정메뉴를 말하는데 보편적으로 고깃집이라 하면 저녁에 먹을 수 있는 음식이라는 인식이 되다보니 점심시간 때는 고객의 발길이 뜸할 수밖에 없다. 이런 매장들이 고객 유치를 위해 점심시간 한정을 해서 세미 한정식이나 고기를 활용한 김치찜, 김치찌개 등을 취급하여 점심 매출을 상승시키거나 아님 런치메뉴의 효과로 저녁매출까지 연계하기도 한다. 단, 런치메뉴는 일정금액을 넘지 않는 선에서 정해야지만 고객이 부담을 느끼지 않는다.

❹ 티타임 메뉴 　가볍게 할 수 있는 간식음료로 여성고객이 많은 헬스클럽이나 스포츠시설 주변에 한정되어 판매되는 메뉴이다.

❺ 계절메뉴 　계절의 미각을 자극시키기 위해 개발된 1~2가지 메뉴이다.

❻ 디너메뉴 　일과 후 가족이나 회사동료 또는 회식 등으로 이용할 수 있는 메뉴로 단품보다는 10~15% 정도 할인된 코스메뉴가 좋으며, 이때 전략적인 차원에서 음료나 디저트를 최대한 배려하여 후미를 장식해야 한다.

❼ 브런치 메뉴 　아침식사 때 회의를 하면서 가볍게 먹을 수 있는 메뉴로 브렉퍼스트(breakfast)와 런치(lunch)의 합성어로 프랑스의 데죄네 아 라 푸르셰트(d éjeuner la fourchette)에 해당한다. 미국에서 시작된 말로, 보통 아침식사보다는 가볍지 않으나 회식용의 식사로서는 가벼운 편이다. 현대 식습관이 바뀌면서 아침 식사를 거르는 사람이 많

이 생겨났다. 점심시간보다는 식사 시간이 앞당겨지면서 가볍게 먹을 수 있는 음식이라 볼 수 있다. 브런치 메뉴를 즐기는 대상들이 아직까지는 20대 후반에서 30대 후반 젊은 여성들이 많다보니 고급 이미지를 지향하면서 가격대가 높은 편이다. 하지만 커피 시장의 성장과 함께 주목해야 하는 차별화 전략으로 브런치 메뉴는 주목할 만하다.

02 메뉴의 구성과 메뉴북

1 메뉴기획과 메뉴가격 결정

메뉴계획은 음식점의 콘셉트를 반영하는 것으로 고객만족을 통한 이익의 극대화라는 목표에서 시작되는 마케팅의 출발점이다. 특히 경쟁관계에 있는 음식점의 메뉴분석은 포지셔닝에 도움을 주며, 경쟁사와의 제품차별화에 도움을 준다.

1. 메뉴기획 시 체크사항

❶ 창업할 식당의 입지, 즉 도심인가, 주택가인가 등의 위치에 맞는 메뉴구성이 필요하므로 입지성을 고려해야 한다.

❷ 주변시장에 판매되는 메뉴의 상황을 파악하고 그에 따른 차별화 전략 등을 구사해야 하므로 시장성을 체크해야 한다.

❸ 원가절감을 통해 이윤창출이 가능하므로 수익성도 고려해야 한다.

❹ 식재료 구입 여부에서는 계절성과 신선도를 고려하여 시장의 상황을 파악해야 한다.

❺ 조리기구와 시설의 수용능력, 조리사의 기술, 작업조건 등을 잘 파악해야 한다.

❻ 조리나 서비스에 소요되는 노동력을 파악해야 한다.

❼ 주 고객층에 대한 사전조사와 고객의 균형화된 영양적인 면도 검토되어야 한다.

TIP! 잘못된 메뉴계획

· 고객을 정확하게 파악하지 못함
· 원가의 부정확함
· 경쟁자의 메뉴 모방
· 높은 인건비

· 무엇을 판매하고 있는지 모름
· 부분적인 효과만을 나타내고 있음
· 판매가 부진한 메뉴
· 변화 없이 똑같은 메뉴에 머무름

---

⑧ 고객의 경제적 수준과 경쟁점을 고려해서 적정 판매가격을 결정해야 한다.

⑨ 점심시간과 저녁시간의 매출비율이 점점 줄어들고 있으므로 신중하게 검토하여야 한다.

⑩ 고객의 어떤 욕구를 만족시켜 줄 것인가, 그들이 좋아하는 것이 무엇인가를 주의 깊게 분석해야 한다.

2. 메뉴아이템 선정 방법

메뉴개발 전략에 있어서 고려할 사항은 경제능력, 제품, 편리성, 안정성, 공간, 고객을 충분히 고려해서 개발이 되어야 한다.

❶ 틈새시장을 공략해야 하는데, 지리적, 소비계층별, 가격대별, 점포입지별로 차별화할 수 있는 메뉴개발을 해야 한다.[입지·객층 분석 → 영업콘셉트 결정 → 메뉴와 점포콘셉트 → 상품구성결정, 주방기능결정 → 객단가 체크 → 메뉴의 윤곽결정 → 상품(메뉴)설명회 → 레시피작성 → 식재료구매 → 조리 → 메뉴판매]

❷ 전문 메뉴 2~3가지를 개발하여 전문메뉴로 특성 있는 전문식당을 만들어야 한다.

❸ 최근의 외식형태는 양극화, 개성화, 퓨전화, 실버화, 패스트푸드화 등 고객의 트렌드에 주목하여야 한다.

❹ 입지와 상권에 맞아야 하고 업종과 입지의 조화로 성장가능성까지 파악해야 한다.

❺ 원가와 수익성, 투자규모도 검토되어야 한다.

❻ 자신이 좋아하는(관심 있는) 메뉴를 선택하여야 한다.

❼ 독립점포로 할 것인가, 프랜차이즈로 할 것인가, 회원점으로 할 것인가 고려해야 한다.

❽ 전문점에서도 보조메뉴는 필요하듯이 주메뉴와 보조메뉴를 생각해야 한다.

❾ 전문가의 조언을 받아 본다.

❿ 주방의 능력과 직원수준을 고려해서 메뉴 수와 품질수준을 결정해야 한다.

⓫ 조리 레시피를 작성한다.

⓬ 경영주의 주관보다 소비객층에 알맞은 객관성이 있어야 한다.

⓭ 세트, 창작메뉴, 런치, 디너, 스페셜 등으로 이벤트화할 수 있는 메뉴로 고객 선택의 다양성을 고려해야 한다.

⓮ 향후 프랜차이즈본사가 될 것을 염두에 두어, 메뉴의 브랜드화를 고려한다.

🍃 표 7-1_ 메뉴의 적합성 평가

주요항목 및 평가요소	세부검토사항	
소비기호 (연령별, 직업별)	· 타깃연령대가 좋아하는 음식인가? · 음식이 깔끔하고 정갈한가? · 타깃연령대의 수준에 적합한가? · 계절메뉴나 계절식재료를 사용할 수 있는가? · 건강식, 다이어트식, 기능식인가? · 맛 유지와 양은 적절한가? · 메뉴가격대는 어떤가? · 어린이용 메뉴구비와 디저트는 준비되어 있는가? · 가족고객이 좋아하는가? · 메뉴북은 깨끗하고 설명이 충분한가? · 단순식사로 적합한가? · 행사메뉴(모임, 회식, 기타)로 적합한 메뉴인가?	
점포, 입지, 시장	· 주변 시장의 가격대는? · 접근성(편리성)은? · 시장성(시장수요)은? · 적합한 물건(건축물)인가? · 경쟁상태는? · 성장 가능한 입지인가? · 유동인구는 얼마나 되는가? · 주차시설은 되어 있는가?	· 혐오시설은 없는가? · 홍보성(가시성)은? · 적합한 입지인가? · 점포규모는? · 상권 내의 외식 성향은? · 집객시설이 있는가? · 유동차량은 얼마나 되는가?
경영 효율 (경영관리 계수관리)	· 매출이익은? · 객단가는? · 메뉴관리는 용이한가? · 점포관리는? · 구매의 난이도는?	· 회전율은? · 원가(재료비, 인건비, 제경비)는? · 서비스의 난이도는? · 경영주의 메뉴 이해도는? · 직원 채용은?
식사 형태	· 조식 · 간식 · 미드나이트	· 중식 · 석식
판매 방식	· 내점(Eat in) · 포장판매	· 배달 · 복합판매 가능성은?

⑮ 기물에 따라 음식(맛, 온도, 색깔의 밸런스)을 부각시키고 오감을 자극할 수 있도록 요리와 기물의 조화를 고려한다.

⑯ 가격은 주변입지의 소득수준, 경쟁점과 비교하여 결정하고 주류 판매 시에는 안주메뉴에 충실해야 한다.

⑰ 유기농야채, 청정야채 등의 비약품성과 비비만성, 그리고 DHA, 저칼로리, 다이어트메뉴 등의 의약품성의 메뉴를 선호하는 건강메뉴경향이 강화되고 있다는 점도 파악하고 있어야 한다.

⑱ 조리사의 경험이나 조리기술 수준을 너무 과신하여 다양한 것을 요구하지 말고 명확한 메뉴 콘셉트에 맞는 것만 지켜나가야 한다.

⑲ 볼륨감과 개성적인 고객에게 선택의 다양성을 줄 수 있는 메뉴개발이 필요하다. 즉, 소스류를 몇 종 만들어 테이블 위에 비치시켜 고객의 입맛에 맞춰 직접 선택할 수 있도록 하는 방법이다. 이때 소스 통은 볼거리를 충분히 제공할 수 있는 것을 사용한다.

⑳ 창업 시에 일부 경영주의 개인 기호에 의해 메뉴가 결정되는 경우가 있는데 메뉴 설정이나 개인 취향에 따라 변경되어서는 안 된다.

㉑ 재고를 고려한 한 가지 핵심 식재료로 여러 가지 메뉴를 조리할 수 있는 방법의 메뉴를 개발 결정해야 한다.

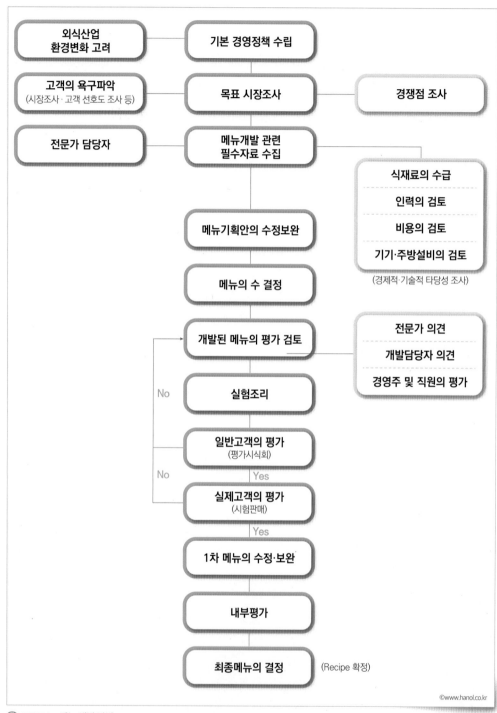

🍔 그림 7-1_ 메뉴 개발 방법

표 7-2_ 메뉴시식 평가표

메뉴시식 평가표

· 평가자
성명:
성별: 남, 여
연령: 20대, 30대, 40대, 50대

· 기록사항
1. 메뉴명:
2. 관능평가

구 분	매우 만족	만 족	보 통	불만족	매우 불만족
점수	5	4	3	2	1
맛있는가?					
외관(색, 모양)은 양호한가?					
음식을 담은 상태는?					
간은?					
음식의 온도는?					
양은 적절한가?					
그릇사용은?					
메뉴의 독창성은?					
조리법은 적절한가?					
만족도					

· 시식하신 후 자유롭게 평가해 주세요.

3. 창업 메뉴 운영방법

창업 메뉴를 개발하기 전에 먼저 타깃이 될 고객소비심리 파악과 그 지역적인 특성 그리고 타깃고객을 설정부터 해야 한다.

❶ 개점 후 일주일도 되지 않아 창업 시 개발한 메뉴가 고객에게 잘 받아들여지지 않는다고 메뉴를 바꾸려고 하는 경영주가 많다. 섣불리 메뉴부터 바꾸기 전에 문제점인 맛이나 양, 식기 등에 조금씩 변화를 주면서 어느 정도 반응을 지켜본 후 그래도 호응이 없다면 그때 가서 수정을 해야 할 것이다.

❷ 창업 초기에는 조리 부분과 서빙 부분을 고려해서, 메뉴 수를 가능한 한 최소화하여 운영하도록 한다. 그렇게 해야만 조리시간이 단축되고 신속한 서빙과 빠른 객석회전율 등으로 고객만족을 실현할 수 있다.

❸ 아무리 작은 점포라도 그 점포를 대표할 수 있고 추천할 수 있는 간판메뉴를 반드시 만들어야 한다.

❹ 고객의 요구에 대응할 수 있는 계량 메뉴도 개발해야 한다. 식당에서 정하는 양보다 고객이 정하는 양대로 판매할 수 있어야 한다.

❺ 객단가 상승 및 매출증대를 위해 대량 메뉴 및 세트 메뉴를 구상해야 하며, 밑반찬에도 신경을 써야 한다.

❻ 오픈 후 3개월 정도는 원가부분을 고려하여서 식재료를 너무 아끼면 안 된다. 왜냐하면 우선 고객이 만족해야 번성점이 될 수 있기 때문이다. 그러므로 원가부분이 지나치게 높지 않다면 원가를 고려하여 1~2가지 핵심 식재료를 다용도로 사용할 수 있도록 메뉴를 전문화하는 것이 유리하다.

❼ 메뉴설정 시 비만성을 고려한 지방질이나 탄수화물이 많은 것은 피해야 하며, 특히 안전, 안심의 먹거리를 위한 식재료의 비약품성과 약선, 웰빙의 특징을 가진다면 더욱 효과적일 것이다.

❽ 주방장의 능력만 믿고 창업했다가 많은 문제점이 야기되고 있으므로 반드시 본인이 자기 점포의 메뉴는 조리를 할 줄 알며 확실한 레시피를 갖추고 있어야 한다.

❾ 경영주의 지나친 개인 기호에 좌우되어서는 아니 되며 고객에게 다양한 선택기회를 제공하고 특히 전체적으로 양을 넉넉히 하고 볼륨감 있는 메뉴를 개발하는 것이 좋다.

⑩ 눈으로 먹는 디자인시대인 만큼 요리의 예술성을 살릴 수 있도록 요리와 기물의 조화도 충분히 고려해야 한다.

4. 간판메뉴

우리나라의 유명한 식당들을 분석해 보면 모든 메뉴가 다 맛이 있어서가 아니라 1~2가지의 대표메뉴가 맛이 뛰어나고 독특해서 유명한 식당이 되었다는 사실을 인지하고 간판메뉴, 즉 자기식당의 대표메뉴를 개발해야 한다.

간판메뉴가 있으면 작업이 편리하고, 사계절성을 띠는 등 식재료 조달이 쉽고, 그 점포이미지에 부합될 수 있으므로 이익에 공헌도가 높으면서 고객들이 선호하는 메뉴를 간판메뉴로 만들어 가야 한다.

(1) 간판메뉴 만들기

❶ 간판메뉴로 정한 메뉴에 대해 무료시식행사나 권장판매, 할인판촉 등 점포의 모든 판촉 방법을 실시하여 보다 빨리 간판메뉴가 될 수 있도록 유도해 나가야 한다.

❷ 원가율보다는 맛을 개선하고 양을 증가시켜서라도 고객이 선호할 수 있도록 메뉴를 개선해 나가야 한다.

❸ 목표 간판메뉴는 포장이나 서빙 용기 등에도 고급화, 차별화를 시도해 나간다.

❹ 상차림 등에도 특별한 배려를 하여 이 메뉴를 제공받는 고객은 최상의 고급감, 볼륨감과 더불어 만족감을 느끼게 해야 한다.

❺ 단 시간 내에 제공받을 수 있게 맛, 분위기, 서빙 속도에 만족감을 느낄 수 있도록 꾸준한 교육훈련이 필요하겠다.

❻ 시각, 청각, 미각, 후각 등 오감을 최대한 부각시켜야 빠른 효과를 볼 수 있다.

(2) 간판메뉴의 효과

❶ 사전준비가 가능하므로 신속한 메뉴제공에 따른 객석 회전율을 높일 수 있다.

❷ 간판메뉴에 따른 주방의 조리작업과 식재료의 정리 작업이 쉽게 되어 소수인원으로 대량의 조리가 가능해진다.

❸ 다품종, 소량의 식재료 사입에서 소품종 대량구매에 따른 가격인하가 가능해져 원가절
감의 효과가 나타난다.

❹ 맛, 신속한 서빙 등에 따른 신뢰로 고객이 보다 안심하고 이용이 가능해진다.

❺ 전문점 시대에 알맞은 메뉴 콘셉트 구성이 용이하고 점포의 지명도를 높일 수 있다.

❻ 전문점 시대에 맞는 메뉴구성이 가능하며 관리의 효율화를 통해 합리화, 전산화로 이어
져 정부가 요구하는 레시피화로 한식의 경우 세계화가 가능해진다.

(3) 히트 메뉴 개발 기법

❶ 시각, 청각, 촉각, 후각 등 오감을 부각시킬 수 있는 메뉴개발

❷ 고객이 직접 참여할 수 있는 놀이나 오락적 욕구를 충족시킬 수 있는 메뉴개발

❸ 바쁜 날에는 판매메뉴 품목 수를 제한하고 특별한 날에는 특별메뉴(어린이세트, 어버이날 특
선메뉴)를 개발

❹ 질보다 양에서 히트메뉴 개발

❺ 벤치마킹을 통한 아이디어를 개량하여 메뉴개발

❻ 유명식당을 많이 견학하여 경험이 축적되고 정열적인 의욕만 있으면 개발이 가능

❼ 조리 관련 서적, 신문, 잡지, 케이블TV, 인터넷 검색 등을 통한 스크랩과 정보수집으로
가능

5. 신메뉴 개발

외식산업의 상품을 구성하고 있는 메뉴, 청결, 서비스, 분위기 등은 모방이 쉽기 때문에 많
은 경쟁자들이 끊임없이 시장에 진입하고 있다. 시장에서 경쟁우위를 갖기 위해 레스토랑은

TIP! 메뉴개선 시 고려할 사항

· 메뉴구성 전체의 균형이 잡혀 있고 다른 메뉴상품과 연관성은 있는가?

· 맛이 표현되어 있는가(색조, 음식의 배열, 모양, 향, 접시의 사용 등)?

· 맛은 어떤지(조리방법, 조리시간) 그리고 양은 적당한가?

· 재료와 주요리에 함께 제공되는 음식은 그리고 서비스와 제공방법은 어떠한가?

여러 가지 전략이 필요하지만, 무엇보다 경쟁자의 도전이 시작되기 전에 새로운 메뉴를 개발하거나 신규시장 개척을 통해 그들이 따라오지 못하도록 해야 한다.

외식산업은 같은 업종·업태의 영업형태끼리의 경쟁뿐만 아니라 편의점 등 타 업종과도 경쟁을 해야 하는 상황에 직면하고 있다. 예를 들어 편의점의 메뉴를 보면 알 수 있듯이 소수의 메뉴품목을 갖추고 있던 예전과 달리 최근에는 샌드위치나, 에스프레소, 케이크, 식사 메뉴 등에 이르기까지 다양한 메뉴품목을 갖추고 있다.

신메뉴의 개발은 고객의 욕구에 따른 제품개발, 즉 마케팅의 개념에서 시작해야 한다. 상품이 잘 팔리는 요인은 여러 가지이고 단순한 요인만으로는 성공적인 메뉴를 개발할 수 없다. 그 지역의 풍토, 식습관, 음식 트렌드, 고객의 이용동기 등은 물론이고 고객이 어떻게 식사를 하는지 분석하고 거기에서 고객이 무엇을 요구하고 있는지를 발견하여 메뉴개발에 반영하는 것이 중요하다. 조리사도 자신의 맛, 형태 등을 고집할 것이 아니라 고객의 기호와 욕구의 변화에 대응하고 그 변화에 따라 자신의 기술을 살려 나가는 유연한 자세를 가지는 것이 중요하다. 또한, 음식에 쓰이는 식재료가 지속적으로 납품이 되지 않는다면 영업에 차질이 생긴다. 표준레시피 개발 시 식재료의 공급이 원활한지 확인을 하며, 서비스 제공 시 일어날 수 있는 모든 문제점을 고려하여 표준레시피와 식재료를 구성하는 것도 중요하다.

> **TIP! 신메뉴 개발의 사례**
>
> 폭탄피자는 메뉴 명처럼 폭탄을 연상시키는 검은색 반구 모양의 피자다. 고객 바로 앞에서 피자 뚜껑 위에 불을 붙이는 모습을 담은 동영상과 사진이 인스타그램, 페이스북 등 글로벌 기반의 SNS에 연일 올라오며 화제를 모으고 있다. 인스타그램에 해시태그 #폭탄피자, #bombpizza를 검색어로 넣으면 수천 개의 폭탄피자 자료가 나오는 등 국내를 넘어 해외까지 입소문이 퍼지고 있는 중이다. 앞서 4월에는 미국 폭스 뉴스의 공식 온라인 미디어인 인사이더(INSIDER) 페이스북에 폭탄피자를 'The Bomb(폭탄)'로 소개한 동영상이 올라왔다. 해당 게시글은 2개월이 지난 현재 조회수가 1,200만 회를 넘었고 좋아요가 6만 회 이상, 댓글이 3,000개 가까이 달려 해외 네티즌들의 폭발적인 관심을 대변하고 있다. 이 외에도 영국 메트로는 폭탄피자를 '새로운 음식 트렌드(new food trend)'라 칭했으며 타임아웃, 데일리메일, 허핑턴포스트 등도 폭탄피자 영상과 이미지를 소개했다. 구글에는 'bomb pizza seoul'이라는 관련 검색어까지 생겼다.
>
> CJ푸드빌 관계자는 "2030 젊은 고객층에게 SNS가 일상화되면서 소위 '비주얼'이 강한 메뉴가 히트 메뉴로 이어지고 있다"고 말했다.
>
> 출처: 푸드 투데이 인터넷기사, 2016.07.08.

6. 메뉴 가격 결정 시 고려사항

메뉴 가격은 그 식당이 추구하는 고객층이 만족한다고 할 수 있는 메뉴 가격 및 메뉴 가격대에 식당의 수익성과 조리능력, 접객능력, 시설능력 등 경영방침과 부합되는 가격결정이 필요하며 또 식자재비, 인건비, 일반관리비, 목표이익의 합으로, 최적 판매가를 결정하기에 앞서 외식 특히 현재 운영 중인 업소는 다음과 같은 사항들을 고려해야 한다.

❶ 경쟁업소들 간의 동종메뉴 가격들

타 업소의 동종 메뉴들과 가격을 비교하기 위한 기본적인 전체조건은 1인분 정량이 서로 같거나 비슷해야 한다는 것을 전제로 하며 정량이 다르면 가격결정의 중요한 요소인 원가가 달라져 객관적인 비교가 어렵기 때문이다. 그리고 함께 제공되는 부식의 종류와 양도 정확한 비교를 위해서는 반드시 고려해야 한다. 조금 다른 경우로 뷔페식당 간의 객단가를 비교하려면 메뉴의 종류와 가짓수가 기본적으로 같거나 비슷해야 비교가 가능하다. 예를 들어 30여 종의 한식메뉴를 제공하는 뷔페식당과 50여 종의 양식메뉴를 자랑하는 뷔페식당의 비교는 기본적인 조건이 달라서 비교가 불가능하다.

❷ 전체 메뉴에서 개발 메뉴가 차지할 판매 비중

판매량과 공헌이익을 기점으로 전체 메뉴에 대한 업소의 가격정책의 효율성을 검토하면서 개발 메뉴가 전체 메뉴에서 판매되는 비중을 파악하는 것도 가격결정에 앞서 이루어져야 할 중요한 부분이다. 높은 판매력과 이익 공헌도를 보이면서 리더 격의 메뉴가 될 것인지 아니면 전체 매출 증가를 위한 전략품목으로서 높은 원가율에 비해 상대적으로 낮은 메뉴 가격으로 대량판매가 목적인지, 또는 단순히 고객선택의 여지를 넓히기 위해 추가되는 메뉴에 불과할 것인지 그 자리매김에 따라 가격이 달라져야 하기 때문이다.

❸ 가격에 대한 고객들의 반응

고객들의 메뉴 가격에 대한 반응은 무엇보다도 그들이 인식하는 메뉴 자체의 가치에 의해 좌우된다. 일례로 찜닭과 닭갈비의 가치 인식도를 비교해 보면 특별한 경우를 제외하고 찜닭의 가치가 높은 것이므로 찜닭과 닭갈비의 가격정책에 있어서 바로 이러한 고객들의 가치 인식의 차이가 반영돼야 한다는 것이다.

❹ 동종 메뉴 간의 호환성

동종 메뉴에서 품목들 간의 가격 차이가 심하면 선택해야 하는 고객들은 보통 잠깐이나마

고민하게 된다. 일반적으로 가격대가 넓으면 고객들은 저렴한 메뉴를 선택하는 경향이 있으므로 전체적인 매출액을 높이기 위해서라도 동종 메뉴 간에는 가격대가 너무 넓지 않도록 책정한다.

7. 메뉴 가격 결정방법

메뉴의 가격결정은 식재료원가, 인적·물적서비스 등 모든 비용에 근거를 두고 시장상황이나 경제여건 등을 고려하여 고객들이 얼마를 지불하여야 부담 없어할까 등을 잘 고려하여야 한다.

❶ 일반적으로 식재료 원가 비율을 고려하여 보통 30~40% 선에서 형성되지만, 면류는 20~30% 수준이고, 패스트푸드점은 37~45% 정도, 생고기전문점 같은 고기류는 35~45% 까지 육박하기도 한다. 따라서 메뉴 작성 시 수익성과 식자재비율의 특성을 고려하여 최대의 수익성을 기대하는 방향으로 구성되어야 할 것이다.

❷ 음식의 노하우가 독특하거나 상대적으로 희소성이 있는 경우 이를 고려하여 결정되기도 하는데 이때, 가격을 높게 책정해도 무방하지만, 메뉴가 확산되고 경쟁점이 늘어나기 시작하면 시장 전반적인 소비가격이 내려갈 수 있기에 경쟁점에 비하여 가격경쟁력이 떨어질 수 있다는 점을 고려해야 한다. 그러나 특수상품을 판매할 경우엔 오히려 고가의 메뉴 전략으로 시장에서 우위를 선점할 수도 있는데 이유는 고객이 진정 원하는 상품이라면 가격의 고하를 막론하고 꾸준히 제품을 구매해 주기 때문이다.

❸ 점포가 위치한 해당상권의 소득수준과 고객층 그리고 경쟁점과 영업 전략을 고려한 가격결정으로 충분하게 분석한 후 가격결정을 해야 한다.

❹ 비용에 목표이익을 합한 가격정책, 단체급식과 같이 최저 기본 객단가를 설정해서 하는 방법 등도 있다.

❺ 기타, 고객의 가격에 대한 반응과 목표판매량(목표이익)에 따라 가격 결정을 하는 공헌이익에 의한 가격책정방법, 경쟁업체들이 사용하는 가격을 따르는 경쟁가격책정방법, 한 메뉴가 동종의 품목(도넛 전문점)들로 구성되었을 경우 평균비용에 목표이익을 합한 가격책정방법 등이 있다.

참고로, 식당경영을 하다보면 식재료 원가인상이나 인건비 상승 등으로 인해 메뉴가격인상이 불가피할 경우가 있다. 이때는 고객이 공감할 수 있는 사유와 명분이 있어야 한다. 만약 그

렇지 못하다면 새로운 정식메뉴나 세트메뉴를 개발한다거나 고객이 많이 찾지 않는 메뉴부터 인상하는 등 우회적인 방법으로 자연스럽게 인상시켜야 한다. 반대로 가격인하 시에도 고객보 답차원이나 신 조리법 개발 등 명분이 있어야 한다. 단순히 경쟁점에서 인하를 하니까 어쩔 수 없이 한다는 느낌을 주어서는 안 된다.

8. 메뉴 가격 전략

❶ 수량 할인(quantity discount)

원칙적으로 수량 할인은 대량 구매를 하는 고객에게 제공하는 가격정책이나 레스토랑에서는 일정기간 동안 방문한 고객의 추계에 따라 누적 할인(cimulative discount) 제공을 의미한다. 또한 세트 단위의 메뉴를 선택하였을 경우 '하나 더'를 추가로 제공해주거나 그에 상응하는 보상이 필요할 것이다.

❷ 현금 할인(cash discount)

신용카드로 결제하였을 때보다 현금결제를 하게 되면 금리, 수수료, 위험부담 등이 절감될 것이다. 또한 현금 영수증 제도가 있으므로 고객으로 하여금 현금 결제를 유도할 수 있는 방법론적인 전략이 필요하다.

❸ 회원 할인(membership discount)

회원으로 가입된 고객에게 할인을 적용하는 것은 오래된 관행으로 자리 잡고 있다. 그러나 고객들은 카드회사 등 여러 회원카드를 활용하고 있기 때문에 충성고객으로 확보하기 위해서는 다각적인 마케팅이 필요할 것이다. 또한 회원 할인의 계약이 빈번하게 변경되어 사회적인 문제로까지 언급되고 있기 때문에 마일리지 활용 방안에 대해서도 강구되어야 할 것이다.

❹ 지역별 차별 가격

경영의 형태가 프랜차이즈일 경우 지역에 따른 차별 가격도 고려해 볼 것이다. 각 지역별로 소득, 인구, 경쟁 등의 경영환경이 상이하기 때문에 가격의 수요 탄력성 역시 차이가 있을 것이다. 따라서 탄력성이 낮은 지역에서는 상대적인 고가격, 탄력성이 높은 지역에서는 상대적인 저가격 정책을 설정하는 것도 필요하다.

❺ 시간별 차별 가격

계절별, 월별, 요일별 또는 하루에 있어서도 시간에 따라 가격 탄력성은 존재한다. 따라서 구매의 수요가 적은 때를 인지하여 조기 할인, 계절 할인, 요일 할인, 비수기 할인 등을 고려해 보아야 한다.

표 7-3_ 조리 레시피

NO		메뉴 기준표				점포명		
메뉴명						연월일		
						판매가		
NO	식재료명	단위	수량	단가	제조사	조리법		
1								
2								
3								
4								
5								
6								
7								
8								
9								
10								
11								
12								
13								
14								
15								
제품 사진						제품원가		
						매출원가		
						원료비율		
						제기록		
						연월일	사항	기입자
담는 방법								
식기	식기명							
	단가							
	관련식기							

② 메뉴북 만들기

1. 메뉴북 제작목적

메뉴북은 고객이 메뉴주문을 쉽게 할 수 있도록 도와주고, 동시에 그 식당에 대한 메뉴가 어떻게 나올까 하는 고객의 불안한 마음을 해소시켜 줄 수 있다. 따라서 고객이 쉽게 이용할 수 있도록 잘 만든 메뉴북 하나가 매출향상을 촉진시키고 번창하는 식당으로 만들 수도 있다. 시각적인 면을 최대한 고려하여 도안한 메뉴북은 메뉴의 부가가치를 높이는 중요한 요인이 되는 동시에 판매촉진 수단이 될 수 있다.

2. 메뉴북 제작

잘 디자인된 메뉴북이란 메뉴기획자가 의도한 대로 설명, 레이아웃, 활자, 크기, 모양, 컬러 등이 그 식당의 전체적인 개념과 조화를 잘 이루고 기능적으로는 메뉴의 역할을 잘할 수 있도록 디자인된 것을 말한다. 이러한 메뉴판을 만들기 위한 기본적인 사항들은 다음과 같다.

❶ 12포인트 아래의 글씨형태는 취하지 말 것이며, 12포인트가 넘게 되면 싫증 날 염려가 있으므로 유의하여야 한다.

❷ 읽기 쉽고 보기 편하게 하기 위해서 소문자 형식으로 하고 사진이 없는 경우는 40종 메뉴 이내로 해야 하며, 사진이 있을 시에는 최대 25종 메뉴 이내로, 그리고 1페이지당 10가지 메뉴사진 이내로 구성해야 좋다.

❸ 표제나 작은 표제는 대문자로 표기해야 한다.

❹ 줄 사이는 3포인트 이상 띄어야 하며, 점포의 성격을 충분히 감안해야 한다.

❺ 고객의 시점에서 메뉴를 쉽게 선택할 수 있도록 구성해야 한다.

❻ 고객의 이용 동기별로 구성되어 있으면 좋다.

❼ 정반대 색상의 이용에 주의하는 등 색상의 조화에 신경을 써야 하며 너무 이상하거나 이국적인 메뉴는 피하는 것이 좋다.

❽ 고객들은 메뉴북을 볼 때 상단부분에 시선을 집중시키고, 메뉴를 선택하는 경우가 많으며, 또 처음부터 보거나 마지막부터 보면서 원하는 메뉴가 나오면 메뉴북 보기를 멈추는 경우가 많으므로 전략적인 메뉴는 앞부분이나 마지막 부분에 배치하는 것과 시선이 집중되는 중심에 배치하는 것이 전략적인 방법이다.

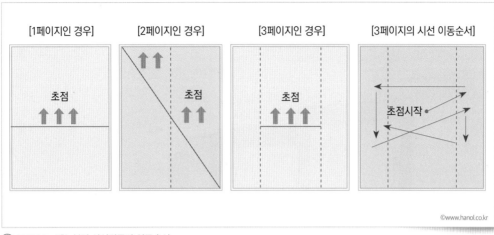

🍔 그림 7-2_ 메뉴북의 시선집중과 이동순서

⑨ 단어나 문법에 어긋나지 않도록 하여야 하며 쉽게 인식될 수 있도록 간단하게 서술되어야 한다.

⑩ 지나치게 꽉 찬 메뉴기획은 좋지 않으므로 최소한 40% 정도의 여유 공간을 두어야 한다.

⑪ 정찬 순(전채 → 스프 → 생선과 해산물 → 메인 → 샐러드 → 후식)으로 메뉴의 아이템을 배열시킨다.

⑫ 고객층에 맞추어 가격을 결정해야 하는데 일반적으로 접대고객이 많은 경우는 고가 → 저가 순서로, 직장인들이 많은 곳은 저가 → 고가 순서로 정해야 한다.

⑬ 메뉴북은 창업 시 좌석 수의 1.5배 정도 제작하면 무난하다.

고객의 관심과 식욕을 돋울 수 있도록 잘 디자인되어야 하며, 점포 분위기와 어울리는 디자인과 색상을 선택했을 경우 내점한 고객에게 신선한 감각을 제공할 수 있다.

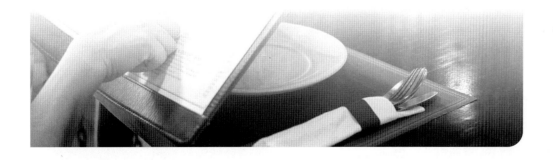

Chapter *8*

외식사업의
창업
인테리어

01 점포 기본설계와 주방설계

1 점포설계의 기본방향

몇 년 전부터 점포의 분위기가 외식산업의 기본인 Q.C.S 못지않은 중요한 영역을 차지하게 되었다. 가정에서의 평소 식사를 벗어나 독특한 맛과 분위기를 즐길 수 있고 먹는 기쁨을 얻을 수 있는 공간이자 만남과 대화의 사교공간이며, 먹고 마시는 상업공간으로서 제대로 된 점포력을 갖추기 위해서는 기능, 스페이스, 실내온도, 동선, 디자인, 컬러, 음악, 조명 등의 요소가 균형을 이루어야만 한다.

제대로 된 점포를 만들기 위해서는 입지에 맞도록 목표고객을 명확하게 하고 무엇(메뉴의 구성)을 얼마에 팔 것인가를 결정하여야 한다. 그리고 필요매출액으로부터 나온 매출액을 고려하여 점포 투자액을 결정하고 그에 따라 메뉴를 조리하기 쉽도록 전체 레이아웃과 직원들이 열심히 일할 수 있는 홀의 동선을 생각한 후에 그에 맞게 점포를 만들어 나가야 한다.

기본적으로 설계의 원리는 효율적이고 효과적인 설계가 되어야 하는데 유연성(Flexibility), 모듈성(Modularity), 단순성(Simplicity), 공간의 효율성(Space efficiency), 감독의 용이성(Ease of supervision), 위생관리의 용이성(Ease of sanitation), 식재료와 직원의 원활한 흐름(Flow of materials and personnel) 등을 충분히 고려해야 한다.

예를 들면 새로운 경영시스템이나 새로운 메뉴나 새로운 조리방법이 도입될 때마다 재배치가 가능하여야 하는데, 그렇지 않다면 문제가 될 것이다. 또 모듈성에 있어서 기존 제품에서 타 제품으로 교체될 수도 있고 단순성에 있어서는 움직일 필요성이 없는 기기의 바퀴를 제거한다든가 청소를 용이하게 하는 등의 예가 될 수 있다.

준비 없이 무계획적으로 점포를 만들면 중간 또는 완성한 후 후회하는 경우가 많으므로 비용을 주더라도 설계자에게 설계를 의뢰하는 것이 좋다. 이때 창업할 업종·업태나 메뉴, 점포규모, 입지, 예산, 예상매출액, 희망하는 점포설계, 구체적인 점포의 상호 등 세세한 부분까지도 알려주어 설계자가 기본적인 사항이나 콘셉트를 충분히 고려하여 최적의 설계안을 만들 수 있도록 해야 한다. 많이 알려준 만큼 설계자로부터 만족한 답을 찾을 수 있을 것이다.

여기에서 주의할 점은 다음과 같다.

❶ 식당창업 결정 → 업종·업태의 결정 → 입지에 따른 시장규모 및 예상 매출액 설정 → 적정규모의 점포를 계약 → 판매할 메뉴 결정 → 메뉴에 따른 주방기기 설정 및 종류와 규격 결정 → 주방기기의 레이아웃 설정 → 주방설계 → 홀 구성안 작성 → 인테리어 도면설계 → 종합도면 완성 → 견적의뢰 → 견적접수(2곳 이상) → 업체선정 → 시공 → 완공 순서가 일반적이며, 이때 별도로 전기, 수도, 가스 설비 등의 도면도 작성해야 한다. 초보자들은 이러한 순서를 무시하고 주방기능과 주방기기 설정도 하지 않은 채 홀 중심으로 인테리어 공사를 하는 경우가 많다.

❷ 점포인테리어 공사 시 예정 준공일을 맞추기 위해서라도 반드시 시공 일정을 체크할 수 있도록 일정표를 반드시 받아서 필요시마다 공사진행 사항을 체크해 나가야 한다.

❸ 매월 지급되는 임대료를 절약하기 위해 기본적인 순서(1번) 참조를 무시하고 공사를 시행하는 경우가 많은데 반드시 위 사항을 고려해서 실행해 나가야 한다.

❹ 인테리어 업체에 너무 맡겨 두지 말고 자기점포인 만큼 책임감을 갖고 의·탁자, 컬러, 천장, 모양, 형태, 전등 등을 유사업체에서 사전에 자료 수집과 준비를 해서 인테리어 업체와 협의하여 진행을 해야 하며 이때 어떤 자재와 어떤 제품을 사용하는지도 파악하여야 한다.

❺ 예비창업자는 점포 설계 전에 판매할 메뉴와 차후 개발메뉴, 탈의장이나 휴식공간, 창고는 식재료의 3일분을 보관할 공간 확보, 주방의 레이아웃, 객석도면, 룸 구성 및 배치에 대해서 설계자, 인테리어 업체와 사전 협의가 필요하다.

❻ 식당운영에 필요한 기능으로 설계되고 건축되어야 하며, 특수한 경우를 제외하고 비용을 추가시켜서는 안 된다.

❼ 인테리어 설계를 위해 반드시 현장 실측을 해야 하는데 그 순서는 다음과 같다.

· 인테리어 업체는 현장을 실측해서 현 상태의 평면도면을 작성하는데 창업예정자는 이것을 반드시 확인

· 철근 콘크리트나 목조 등 어떤 소재로 건물이 구조되었는지 건물의 구조나 규모조사

· 공유면적(주방, 계단, 화장실 등)은 직접관계가 없는 영역이므로 전용 면적을 정확히 실측하고 지하가 있을 경우 방수에도 유의해야 함

· 공사장 내·외에 방화지역이 있는지 확인해야 되는데 이 지역에 주방시설을 설치할 경우 영업허가가 나지 않음

- 상업지역, 근린생활지역 등 건축 법규상 허가 제한업종이 있으므로 용도지정지역을 반드시 확인
- 기존 시설 철거 시 작업량을 체크
- 수도, 전기, 정화조 시설, 소방 및 방화시설, 환기시설, 조명, 가스, 급·배수시설 등도 체크하고 전문 업체와 협의
- 이때 주방위치도 개략적으로 설정해 봐야 함

점포 설계관련 비용은 외국의 경우 인테리어 공사비의 10%로 보통 책정되나 우리나라의 경우는 설계비가 공사계약 시 무시되는 경우가 많으며 평당 7~10만원 정도로 형성되고 있다.

또, 설계업체는 친지나 음식 관련 전문잡지, 기존점포의 설계자나 외식전문컨설팅기관, 소상공인지원센터 등에 소개를 받으면 된다.

소규모 점포 인테리어의 기본원칙은 다음과 같다.

첫째, 출입구는 넓게 하고 색상은 고객 취향에 맞게 하며 또 쉽게 여닫을 수 있도록 한다.

둘째, 동선은 고객중심으로 하여 한눈에 그 점포의 특성을 보여 줄 수 있어야 한다.

셋째, 벽면에 거울을 달거나 해서 넓게 보일 수 있도록 한다.

넷째, 고객층에 맞춘 색깔과 디자인을 선정한다.

다섯째, 조명과 소품으로 분위기를 잘 조절해야 한다.

중·소규모 점포의 인테리어 진행 일정순서는 다음과 같이 이루어진다.

사업성 검토, 설계업자 선정, 설계계약, 기본설계 평면도 작성(4일 정도 소요) ➜ 도면합의 후 기본설계 설명회 개최(6일째) ➜ 기본도면 확정(8일째) ➜ 실시도면 작성(13일째) ➜ 도면 설명회(14일째) 및 최종 결정(16일째) ➜ 견적서 접수(17일째) 및 견적서 검토(20일째) ➜ 시공업체 결정·계약 및 공사착수(22일째) ➜ 시공(24일째로 30일 정도 소요) ➜ 수정 및 보완작업(54일째) ➜ 인허가 사항 완결(57일째) ➜ 완공(실제 30~40일 정도면 가능하며 소규모 시 15~20일 정도 소모)

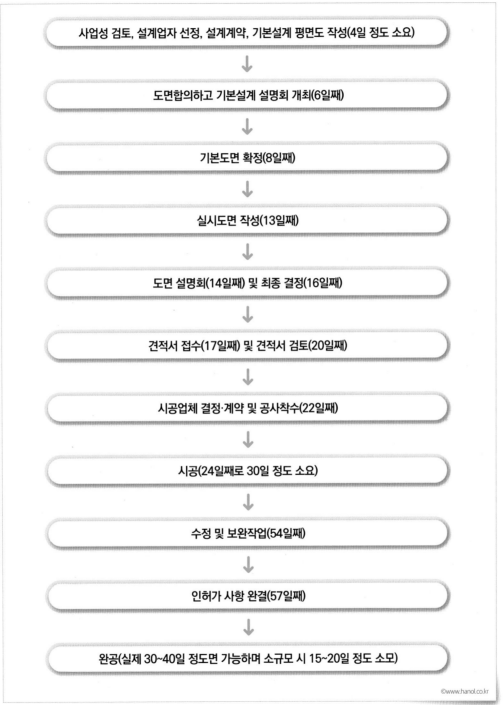

사업성 검토, 설계업자 선정, 설계계약, 기본설계 평면도 작성(4일 정도 소요)

↓

도면합의하고 기본설계 설명회 개최(6일째)

↓

기본도면 확정(8일째)

↓

실시도면 작성(13일째)

↓

도면 설명회(14일째) 및 최종 결정(16일째)

↓

견적서 접수(17일째) 및 견적서 검토(20일째)

↓

시공업체 결정·계약 및 공사착수(22일째)

↓

시공(24일째로 30일 정도 소요)

↓

수정 및 보완작업(54일째)

↓

인허가 사항 완결(57일째)

↓

완공(실제 30~40일 정도면 가능하며 소규모 시 15~20일 정도 소모)

©www.hanol.co.kr

🍔 그림 8-1_ 중·소규모 점포의 인테리어 진행 일정 체크

🍴 표 8-1_ 업종별 주방설계 검토사항

업종	항목 및 검토사항
양식당	• 인원　객석수와 시간대 조사 • 회전율　1인당 손님의 단가 조사, 객단가에 따른 회전율의 차이 및 입지지역에 따른 차이 조사 • 메뉴　메뉴와 주방기기의 관계 검토 • 연회장　연회장의 유무 확인 및 제공방법과 스토카를 검토 • 세척기, 냉장실　객석수 70석 이상의 경우 세척기, 냉장실 도입 및 설치 고려
한식당	• 인원　수용인원, 객석, 연회석 등 검토 • 메뉴　영업방침과 정식요리, 일품요리의 비율 확인과 객단가 조사 • 서비스 방법　객석에서의 조리 메뉴를 검토 • 좌석수　배식대의 크기는 주문 분의 음식이 나열될 수 있는 크기로 준비 • 특징　숯이나 불판 등의 운반과 객석에서의 즉석조리 메뉴 등 검토 　　조리사가 주방 전체를 관리·감독할 수 있도록 설계 　　탕그릇의 크기와 렌지의 수, 버너 피치 등에 주의 　　전처리작업이 많으므로 작업공간을 충분하게 제공하도록 유의 • 세척　주로 직접 세척방식, 대규모 업소의 경우 랙 또는 플레이트 타입의 식기세척기 도입검토(세척기 이용이 불편한 식기가 많으므로 작업 연결이 용이토록 설계) • 취사　객석수 × 100g(일반적 정식), 객석수 × 70g(연회 중심)
중식당	• 인원　객석수 확인 • 회전수　객석 회전율 3~4회 예상, 고급업소는 1.5~2.3회전 정도 • 연회장　연회장 규모 및 객석수로 중화렌지의 크기 결정 • 특징　중화렌지의 크기 및 시장조사는 경영자 및 조리사와 함께 검토하고 냉장고는 복수로 시설(콜드테이블 포함) • 세척　식기세척기 도입 여부 결정 　　기름요리가 많으므로 직접 세척 시 반드시 3조 이상의 씽크 도입(세제사용과 유지제거용 온수사용) 　　대형식기가 많으므로 씽크대 도입 시 수조의 크기 고려 　　증기 및 화로의 필요성 확인, 디저트용 설비 및 차공급기 등 검토 　　조리 방법 등의 개인차를 고려 레이아웃 시 함께 논의
일식당	• 인원　수용인원, 객석, 연회석 등의 검토 • 메뉴　영업방침과 정식요리, 일품요리의 비율 확인과 객단가 조사 • 좌석수　배식대의 크기를 고려, 주문분의 음식이 배식대에 나열되도록 준비 • 특징　튀김, 구이, 삶기 등 각 조리부분이 작업대에서 장식되어 제공되므로 조리사가 주방 전체를 관리 감독할 수 있도록 설계하고, 냄비의 크기와 냄비용 렌지의 수, 버너 피치에 주의(600mm)하며 전처리용 생선처리씽크와 일반씽크는 분리 • 세척　주로 직접 세척방식, 대규모 업소의 경우 랙 또는 플레이트 타입 식기세척기 도입(세척기 이용이 불편한 식기를 사전에 확인) • 취사　객석수 × 70g(일반적 정식), 객석수 × 40g(연회 중심) • 선반　50인 기준: 1,500~2,000 × 600 × 1,800 　　100인 기준: 3,000~4,000 × 600 × 1,800

2 점포분위기의 형성

1. 분위기의 중요성

식당이 단지 식사해결만을 위한 장소에서 벗어나 새로운 경험을 추구하는 장소로 변모해 감에 따라 분위기 있는 외식을 하도록 하는 중요한 동기의 하나로 부상하고 있다. 분위기는 재구매를 유도하는 중요한 요인 중의 하나이며, 성공적 외식업 시설계획의 핵심이라 할 수 있다. 외식업의 분위기 설계 시에는 이용고객의 입장이 우선되어야 한다. 따라서 분위기의 연출 시에는 외식업시설이 어필하고자 하는 특정한 세분시장에 시선을 끌 수 있도록 계획되어야 한다. 이를 위해서는 개인적 선호도, 사회적 관습, 소득수준, 잉여시간 등의 시장속성에 대한 정보를 토대로 하여야 좋은 환경과 더불어 분위기가 잘 어울리는 메뉴를 제공할 수 있다.

2. 분위기의 개선

식당시설을 위해 개선되는 분위기는 한군데로 집중되는 독특한 매력물과 고객의 눈을 충분히 만족시켜 줄 것, 흥미로운 동선의 변화 등의 3가지 조건을 만족해야 한다. 식당 설계자들은 분위기를 개선할 때에 성취되어야 할 소유주의 특별한 요구와 목표를 잘 파악하고 또 시설의 기능적인 작용을 알아내기 위해서는 고객에게 매력이 될 만한 유형을

예리하게 파악해야만 한다. 이런 조건하에서만 기능적이면서도 매력적인 디자인을 연출할 수 있을 것이다. 조명을 예를 들면, 조명은 주방에서 그리고 객장에서 음식을 제공할 때보다 효율적인 서비스 제공의 보조역할을 수행할 뿐만 아니라 청결함을 더욱 돋보이게 하는 역할을 한다. 그러므로 조도뿐만 아니라 조명의 방향(눈부심방지), 조명의 빛깔(음식의 원래색상 유지) 또한 깊이 고려해야 한다. 주방은 습기가 많은 곳이므로 조명기구의 설치는 천장이나 벽에 매입형으로 하고 뚜껑을 설치한다. 작업대 위의 모든 면이 조도 40룩스, 창문면적이 바닥면적의 1/4 이상, 자연광을 충분히 받아들일 수 있도록 한다. 원재료의 보관장소 안은 신문활자를 읽을 수 있는 정도의 조도로 하고, 바닥 면에서 1m 정도의 높이에 50룩스 이상 되는 조명장치를 설치한다. 조명의 색깔은 음식에도, 손님에게도 직접적인 영향을 줄 수 있으므로 세심한 주의가 필요하며, 그러므로 인테리어 디자이너와 조도문제에 대한 충분한 협의를 하도록 한다.

표 8-2_ **외식업체 내부의 적절한 조명도**

구분	최소조명도(룩스)
주방	50룩스 이상
식품저장실	3룩스 이상
화장실	10룩스 이상
복도 및 층계	10룩스 이상
객석 및 기타장소	10룩스 이상

3 주방설계

　주방설계 계획의 핵심은 위생적으로 작업할 수 있도록 위생적인 부분을 반드시 확보하는 것과 주방작업상 능률의 경제성을 유지하는 것, 또 주방 관련하여 작업 시에 안전성에 중심을 두고 설계를 하는 것 등이다.

　위생은 개인적인 위생은 물론이고 점포의 청결을 유지해 맛을 더해 주어야 하는 것으로 누가 보아도 만족하고 신뢰할 수 있어야 한다. 또, 작업 시 능률적인 조리가 될 수 있도록 배치하여 경제성을 유지하여야 하며 동시에 직원의 안전도 고려하여야 한다.

　주방의 위치를 개략적으로 선정하고 건물 전체의 구조를 체크하여 가스, 급·배수 라인과 출입구상황 등을 보아 가면서 현장 실측 및 확인 시 결정을 할 수 있다.

　이때 주방 규모도 결정해야 하는데 보통 메뉴의 종류, 품질수준, 메뉴의 수와 차후 개발메뉴 등에 따라 주방의 기기와 보조설비가 결정되며 이를 바탕으로 주방규모가 결정된다.

　예비창업자는 비싼 임대료와 개인적 욕심 때문에 조금이라도 홀 공간을 더 확보한 후 주방면적을 결정하려고 고집을 부리는 경우를 종종 볼 수 있는데 이는 잘못된 생각이다. 해를 거듭할수록 주방의 중요성이 높아가고 있으므로 일정공간의 확보는 물론 냉·난방 시설 등도 충분한 사전 검토가 필요하겠다.

1. 주방설계의 순서

❶ 판매할 메뉴의 수와 종류를 먼저 결정하고 나서 메뉴를 어떻게 조리할 것인지 조리방법을 결정해야 한다.

❷ 조리를 메인주방에서 전부 할 것인지 또는 일부는 객석에서 할 것인지 등의 검토와 최대 예상 판매량을 설정한 다음 주방 기기의 종류와 규격, 수량을 결정한다.

❸ 냉장고, 냉동고 등의 창고 스페이스와 가스렌지 등 공간을 확보해야 하며 이때 열기기와 냉장, 냉동고는 반드시 일정거리를 두어야 한다.

❹ 1시간 내 최대판매개수 등 생산량을 설정하고 주방기기별 생산능력을 체크해야 한다.

❺ 작업동선(1.2~1.8m)인 기기와 기기 사이를 최소 1.2~1.3m는 확보해야 한다.

❻ 식재료 가공도에 의해 전처리 스페이스도 확보하고 조리속도를 빠르게 할 수 있는 주방 기기를 선정해야 한다.

❼ 지금까지의 제 조건에 맞추어 주방 레이아웃을 만들어 본다.

❽ 주방의 위치는 객석에서 제품을 서빙하기 편리한 동선을 전제로 설정한다.

❾ 정설은 없으나 좌석회전율이 높은 식당은 주방면적이 넓어야 하는데 일반적으로 다음과 같은 형태를 보인다.

❿ 주방은 점포의 평면형태(정사각, 직사각, 특수형으로 구분)에 따라 합리적으로 설정한다.

⓫ 방수공사, 배수, 트렌치공사, 그레이스트랩(G/T)설정 후 시멘트마감을 하며 주의할 점은 바닥재는 미끄럽지 않게 처리하므로 주방바닥과 주방 벽체의 마감재는 반드시 샘플을 보고 결정해야 한다.

⓬ 온수공급라인 및 배수시설을 확보해야 하는데 화장실이 가까울수록 설정이 쉬우며 물이 완전하게 빠질 수 있도록 가능한 한 경사지게 한다.

⓭ 전기(전압, 전력)용량은 에어컨, 간판 등을 고려하여 과소, 과다 시 문제가 되므로 합리적으로 설정해야 한다. 과다 시 승압비용과 전기 요금이 과다하게 나오므로 특별히 주의가

표 8-3_ 업태별 평균적인 주방면적

업 태	주 방 면 적	비 고
패밀리 레스토랑	40~50%	창고 스페이스 포함
주점 및 바	18~25%	창고 스페이스 포함
커피숍	15~18%	창고 스페이스 포함
패스트 푸드점	20~25%	창고 스페이스 포함
일반음식점	25~30%	창고 스페이스 포함

요구된다.(일반적으로 5kw 정도로 시공을 하지만 여름철 에어컨이나 주방설비가 많은 업종의 경우 3~5kw 정도의 용량을 더 증설하여 사용한다. 주의할 점은 증설공사를 할 경우 별도의 인건비 및 용량에 의한 비용이 더 부과가 되므로 최초의 설계 시에 충분히 용량을 고려하여 공사를 진행할 수 있도록 한다.)

⑭ 도시가스 설치지역 여부체크와 후드설치도면 확인을 해야 하며, 가스납품 계약서를 반드시 체결해야 한다.

⑮ 닥트(환기)설비 도면 확인(흡기, 배기시설로 숯불 사용 시 특히 주의)과 주방기기 배치도 체크(식품보관 공간, 전처리 공간, 가열조리 구역, 메뉴차림대, 식기세척기 공간 등) 그리고 주방기기 종류, 규격 및 리스트 작성 → 주방기물 선정(메뉴의 가격, 품질, 홀의 테이블 크기 등과 피크시간대 설거지 기물까지 고려한다)을 한다.

2. 업종별 주방기기 및 기물의 종류

(1) 한식당의 주요 주방기기 및 기물종류

제빙기, 어소기, 칼 및 도마소독기, 찬기냉장고, 냉동고, 식기세척기, 순간온수기, 가스렌지, 작업대, 선반, 찬냉장고, 적외선소독기, 냉온수기, 보온밥통, 보온물통, 냉장고, 온장고, 엽차쟁반, 서비스 트레이, 고기쟁반, 가위, 집게, 풍로, 주전자, 고기저장용 밧드, 스테인리스 양푼, 양은 양푼, 탕솥, 증기밥솥, 튀김팬, 중국자, 프라이팬, 뒤집개, 전골 국자, 스테인리스 국자, 육수채, 철 아미, 양은 아미, 갈비칼, 감자칼, 막칼, 야채칼, 고기 절단칼, 야스리, 숫돌, 공고시, 냉면칼, 저울, 가스밥솥, 주걱, 거품기, 탕샥구, 양은 대야, 소독기, 정수기, 플라스틱 양념통, 플라스틱 4각 소쿠리, 플라스틱 원형 소쿠리, 플라스틱 운반용 상자, 휴지통, 고무통, 오프너, 냉면조리, 위생도마, 목도마, 얏도그, 롱포크, 소주잔, 맥주잔, 가스총, 플라스틱 주걱, 나무주걱, 들통, 코팅 프라이팬, 된장(곰탕)뚝배기, 곱돌솥, 곱돌비빔밥 그릇, 곱돌불고기판, 전골냄비, 상추소쿠리, 수육접시, 양념기세트, 수저세트, 탕그릇, 엽차컵, 물김치그릇, 서비스접시, 파전접시, 백김치 그릇, 재떨이, 수저통, 양념통 등을 들 수 있다.

(2) 양식당 주요 주방기기 및 기물종류

제빙기, 컴백션 오븐기, 칼 및 도마소독기, 해동냉장고, 사라다냉장고, 냉동고, 식기세척기, 워머, 가스튀김기, 적외선소독기, 가스렌지, 순간온수기, 냉장고, 커피브로워, 4각 위생통, 스테인리스 소스통, 인세트통, 도비통, 피자팬, 피자다이, 피자커터기, 맨봉, 피자스페치, 도마, 위생도마, 프렌치나이프, 모닝나이프, 양식칼, 식도, 과일칼, 숫돌, 공고시, 야스리, 석쇠, 가위, 바이레스, 스테인리스 밧드, 고무주걱, 콜크 스큐류, 송곳, 레몬스키즈, 감자칼, 치즈 강판, 화채 국자, 화채 스푼, 프라이팬, 프라이칼, 아부라고시, 랭키고시, 중국팬, 튀김솥, 스테인리스 익판, 함박팬, 함박가다, 스테이크 망치, 파이팬, 빵고채, 소스통, 케찹통, 수프채, 주걱, 도비주걱, 집게, 구찌가비, 철아미, 워터피쳐, 보온물통, 직각쟁반, 저울, 다데스푼, 아미스푼, 데나배, 스페치, 스테인리스 믹싱볼, 겨 거품기, 스테인리스 샥구, 소도와, 수프 국자, 치즈칼, 오프너, 테이블 오프너, 푸드탑바, 스테인리스 아미, 플라스틱 감이 세트, 플라스틱 소쿠리, 플라스틱 양념통 세트, 메론봉, 아나바시, 오토뷸츄레이, 화채 가다, 펀치볼, 그라스팩, 데칸타, 비어 조끼, 파이렉스 보트, 기름받이, 튀김받이, 튀김접시, 스탠드 재떨이, 그라스, 디너나이프, 버터나이프, 디너(화채, 아이스크림, 커피 등)스푼, 샐러드 포크, 디너포크 등이 있다.

(3) 일식당의 주요 주방기기 및 기물종류

제빙기, 어소기, 냉동고, 가스튀김기, 냉장고, 순간온수기, 가스렌지, 오븐기, 식기세척기, 찬기 냉장고, 칼 및 도마소독기, 야스리, 갱칼, 분마기, 스테인리스 공구, 위생도마, 스테인리스 밧드, 알루미늄 도비통, 프라이팬, 튀김솥, 계란말이판, 튀김팬, 김발, 마나바시, 장국채, 숫돌, 양면 숫돌, 회칼, 데바칼, 미가끼데바, 막칼, 스테인리스 국자, 가위, 알루미늄 자루냄비, 강판, 스테인리스 아부라고시, 다데 스푼, 생선구이, 뎃방야끼용 페퍼밀, 스페치, 기름통, 정종 데우기, 알루미늄 튀김팬, 케찹통, 컨테이너 밀폐통(대, 중, 소), 플라스틱 소쿠리, 플라스틱 바가지류, 곰보냄비, 기름받이, 김말이통, 와인잔, 스트레이트잔, 얼음통, 양주 물병 등이 있다.

위와 같이 현재 주방에서 업종별·업태별 주방기기의 명칭을 알아보았는데, 큰 기기 몇몇 가지를 제외하고 나면 대부분 생소한 용어를 사용하고 있는데 어느 정도는 알기 쉽게 우리 정서에 맞게 순화가 필요하다고 하겠다.

(4) 주방기물 리트스의 예(20평 기준)

🥄 표 6-4_ 주방기물 리스트

품 목	규 격	메이커	수 량	단 가	비 고
냉장냉동고	1260 × 800 × 1800	○○	1		
디지털오픈튀김기	600 × 600 × 850	○○	1		
작업대(2단)	1200 × 600 × 800		1		
오픈벽찬장	1200 × 350 × 550		1		
간덱기(F4)	1200 × 600 × 800		1		
2조씽크테이블	1200 × 600 × 800		1		
배식대/오픈찬장	1100 × 700 × 800		1		
가스온수기			1		
닭집게	대		2		
닭집게	중		2		
철아미	대		1		
스텐아미	중		1		
가위			2		
주방용칼			2		
과도			1		
깔끔이주걱			2		
파우다바가지	대		2		
파우다바가지	중		2		
스텐밧드	대		1		
스텐밧드	중		8		
서빙스푼			1		
깡그리			2		
밀폐용기	2호		7		
밀폐용기	3호		3		
밀폐용기	5호		3		
밀폐용기	10호		3		
채칼			2		

품 목	규 격	메이커	수 량	단 가	비 고
주방용도마			1		
쟁반	중		1		
쟁반	대(스텐)		1		
국자	중		1		
멜라민국자			1		
계량컵			1		
계량스푼			1		
거품기			1		
저울			1		
바구니			2		
김솔			1		
스텐통			1		
대바칼	중		1		
건지기망			1		
케첩병			5		
믹싱볼			2		
행주걸이			1		
접시			30		
무우접시			30		
냅킨통			10		
스텐뼈수거함			20		
재떨이			10		
포크			50		
빗자루			1		
수수비			1		
쓰레받기			1		
밀대			1		
합 계					

3. 주방기기 선정 시 체크사항

❶ 주방기기는 메이커가 제시하는 견적가격만 체크하지 말고 어떤 부품이 있고 또 부품의 수와 재질도 체크해야 한다.

❷ 주방책임자와의 충분한 의논과 메이커의 설명을 듣고 선정한다.

❸ 견적가격이 어떤 유통단계(생산자와 직거래, 도매상, 딜러, 일반주방업체 등)에서 작성되었는지 파악해야 한다.

❹ 가격도 중요하지만 향후 신속한 A/S 보장이 더욱 중요하므로 반드시 체크한다.(고장에 따른 신속한 A/S가 되지 않는 경우 이미지 및 영업에 막대한 지장초래가 가능하므로)

❺ 주방기기는 가능하면 일괄납품 설치토록 계획하면 A/S가 쉽고 용이하며 이때 A/S 기간을 반드시 1년 이상은 설정해야 하고, 소모율이 높은 부품은 최소 6개월분은 확보가 필요하다.

❻ 대형 점포인 경우는 기기가 약간 고가라도 우수한 메이커 제품을 사용하는 것이 좋으며, 전통 있는 대형점이나 오래된 식당에 지속적으로 거래하고 있는 업체라면 어느 정도 믿을 수 있다.

❼ 주방기기 선정 시에는 조리사협회나 외식컨설팅 전문기관에 자문을 받는 것이 좋다.

❽ 수행작업이 요구하는 것을 할 수 있는가를 과거의 경험과 관찰에 기초를 둔다.

❾ 기계구입 시 초기비용과 차후 운영비용이 가치 있는 투자인가 생각한다.

❿ 위생 및 안전장치 등의 세척을 위해 손쉽게 분리될 수 있게 되어 있는지, 모든 작동 부품의 보호 장치가 되어 있는지 확인한다.

⓫ 주방작업 시 동선이 겹치지 않도록 전문가와 설계 도면을 그려본다.

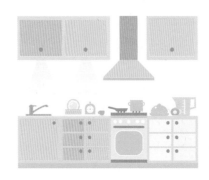

4. 설계의 예

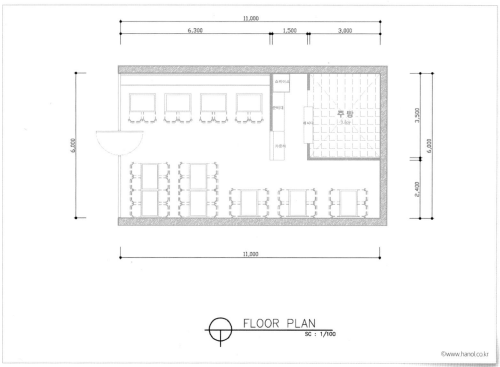

🍔 그림 8-2_ 20평 기준 양식 주방 인테리어 설계도

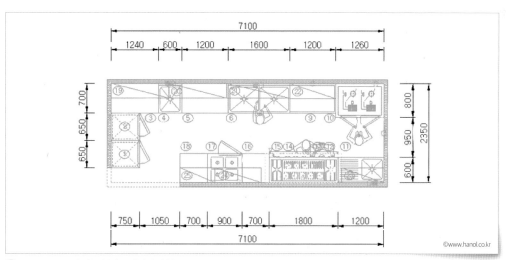

🍔 그림 8-3_ 20평 기준 양식 주방기기 배치도

02 점포설계와 인테리어 공사계약

1 점포의 설계

1. 기본설계 체크 요령

기본설계를 하기 전에 유사한 점포를 현장견학하거나 주변에 자문을 구하여 예비창업주가 전체적인 구상을 정리한 다음 기본도면을 작성하도록 한다. 이 기본설계 도면이 점포 전체 공사의 약 80% 정도를 차지하며 중소규모 점포의 경우 이 도면으로 공사를 하는 경우가 대부분 이므로 매우 중요하다.

주방기기의 레이아웃, 객석 레이아웃(가스로스타를 사용 시에는 테이블 위치선정이 필요), 개략적인 점포 외부의 형태, 냉·난방기의 위치, 천장 및 벽체의 형태, 룸 설정 등을 체크한다. 객석 구분 시에 는 2인, 4인, 6인을 충분히 고려하고 층이 구분될 경우는 덤웨이터의 위치선정, 파티션의 모양, 간판의 형태와 구조, 조명기구의 수나 모양 등에 관한 의견이 반영되어야 한다.

주방기기규격을 기초로 하여 레이아웃을 그리고 여기에 맞춘 배관 작업과 가스작업이 병행 되어 완성되어야 하며, 주방 도면을 기초로 전체 도면을 작성해야 보다 합리적으로 될 것이다.

또, 인테리어 업체에서 전체도면을 작성하지만 주방기기업체의 주방기기배치도를 설비업체, 전기, 가스업체 등이 각각 자기분야별로 작성된 도면과 같이 전체 인테리어 공사 기본설계가 완성되며 이때 반드시 공사일정표에 각 업무별로 업체가 선정되어 있어야 한다.

기본 설계도면에는 평면도, 중요 사용자재 명세, 조명 등과 관련 카탈로그나 샘플 사진, 자재 샘플 등을 확보하여, 제시하게 하여 반드시 확인을 하고, 의문시되는 점은 도면 설명 시 반드 시 확인하고 넘어가야 한다.

(1) 점포 기본설계도면 중요 체크 사항

❶ 점포의 출입구에서 객석까지와 주방에서 객석까지의 동선이 양호한가?
❷ 객석수와 객석 구성이 업종·업태의 분위기에 맞는 영업 형태로 조화를 이루는가?

❸ 의자나 테이블을 고객과 객석효율을 고려하여 2, 4, 6인석으로 구성시켰는가?

❹ 단체, 그룹고객을 위한 룸 설치와 파티션 등의 변형은 고려되었는가?

❺ 테이블 형태가 사각형, 원형 등 적절한 배합으로 안정감이 있는가?(사각형의 테이블은 딱딱한 느낌이 들며 원형은 공간을 많이 차지하는 단점은 있으나 부드러운 분위기 때문에 카페 바, 디너레스토랑에서 주로 이용하고 있다)

❻ 인테리어 디자인이 영업점포 이미지와 일치하는가?

❼ 화장실은 반드시 남녀구분을 하고 특별히 여성을 배려한 부분이 있는가?(소모품, 화장품 등)

❽ 카운터의 위치는 잘 보이며 고객이 대금지불을 쉽게 할 수 있도록 되었는가?

❾ 음료 냉장고 등 서빙 스테이션은 신속한 서빙이 이어지도록 적절하게 설정되었는가?

❿ 전체 작업실은 어느 정도 공간이 확보되어 있는가?

⓫ 층이 있는 경우 계단의 단 높이와 넓이는 고객을 배려했는가?

⓬ 탈의실, 휴게실 등 직원을 배려했는가?

⓭ 시계성을 고려한 간판의 위치는 잘되었는가?

⓮ 출입문의 크기, 모양, 대기실 등의 형태는 고객의 출입이 쉽게 배려되었는가?

⓯ 주방이나 객실의 천장높이가 2.5~3.5m 정도로 열효율이나 답답함을 고려했는가?

⓰ 점포 외부의 환경을 위해 수목이나 주차장 등의 보완사항이 있는가?

⓱ 냉·난방 시설 시 부분적인 사용과 객석의 위치와 형태가 적절하게 되었는가?

⓲ 배기팬, 전등 등이 on, off 스위치가 객석별로 잘 구분되었는가?
(밝게, 어둡게 조절이 가능한 조명이 좋다.)

⓳ 고객의 입·퇴점 시를 고려하여 좌석별로 신발장이 잘 배치되었는가?

⓴ 휴대용 전화기의 충전기까지도 배려되었는가의 여부와 가족고객을 위한 어린이의 놀이방도 고려되었는가?

이런 점들을 체크한 다음 충분한 토론과정을 거쳐 최종적인 수정 도면을 작성하여 인테리어 공사에 따른 실시도면을 작성한다.

2. 시공도면의 구성요소

점포 시공항목은 보통 철거공사, 목공사, 전기공사, 보일러 공사, 상·하수도 배관공사, 미장,

타일공사, 가스공사, 간판부착 마감 및 체크리스트를 활용한 점검, 냉·난방 공조기기 설치로 나누어진다.

(1) 시공계약 체결 시 체크 포인트

시공 관련하여 예비창업주는 전문가가 아니라고 해서 인테리어업자에게 그냥 맡겨 두는 경우가 많은데 아래 내용을 중심으로 꼭 체크를 해야 한다.

❶ 도어는 각 창호의 개폐방향과 규격, 사무실이나 주방출입구, 화장실 출입구의 규격 등을 체크

❷ 벽 디자인은 벽면의 내장디자인과 건축자재확인 그리고 주방벽면은 방수와 타일작업 체크

❸ 일반적으로 높이는 팬추리 85cm, 디시업 100~125cm, 카운터 75~100cm로 되었는지 체크

❹ 기존건물에 주방을 만들 때는 트랜치(급·배수라인)를 설치해야 하므로 바닥을 깨어서 하거나 바닥보다 15~20cm 높게 되었는지 체크

❺ 의·탁자 높이와 규격 확인, 위치 설정확인, 테이블 객석 수와 분위기가 여기에서 좌우되므로 체크

❻ 천장의 마감자재, 모양, 조명, 공조기기, 점검구, 배기, 흡기위치, 닥트 등의 설비도면이 포함되어 있는지 확인하고 지붕에 배기부로아를 설치할 때는 동력도 체크

❼ 조명에서는 조도, 조명기구 수, 모양을 도면에 표시하거나 샘플 또는 카탈로그를 체크

❽ 냉·난방 공조기기는 위치, 객석과의 관계가 합당한지의 공조기기 확인, 천장의 요철부분에 직접 닿지 않는지 체크

❾ 창호는 출입구, 창문의 규격, 일람표와 위치, 종류별, 기자재별, 두께표시 등을 체크하고 창호의 폭, 위치, 개폐방향·방식 등도 체크

❿ 문의 뒤쪽이나 주방문은 손때가 잘 묻으므로 유의를 하며, 최소 폭이 70~90cm는 되어 있는지 체크

⓫ 설비도면에서는 전기, 급·배수, 냉난방, 공조, 가스, 소방시설 등 설비에 관해서 체크

⓬ 전기는 콘센트 위치, 주방, 사무실 객석별로 전압과 와트수가 정확히 설정되었는지 분전반의 위치, 전화나 POS, 인터넷 설치 관련 배선까지도 체크

⑬ 주방의 배수방식을 확인하고 그레이스트랩(G/T)이 작업에 불편함이 없는지 위치확인 체크

⑭ 화장실은 악취방지 장치나 환풍기, 통기관이 계획되어 있는지 체크

⑮ 방수공사는 업체의 보증서를 받아 두었는지 체크

⑯ 수도, 전기, 가스 등의 메타기 설치장소를 체크

⑰ 주방도면은 주방업체가 보통 작성한 도면인데 주방의 각종기기를 표시한 이 도면은 메뉴에 따른 주방 레이아웃이나 생산능력도 체크하고 주방기기가 작업동선에 맞게 배치되었는지 체크

⑱ 인테리어업체와 주방업체한테 주방공사 범위를 확실하게 해두며 주방기기 설치공사까지 포함 여부를 양 업체 간의 협의하에 한계여부를 확인

또한 공사 시작 전에 반드시 건물주, 인테리어 시공책임자, 가맹점희망자가 공사에 관한 아래 내용에 대해서 최종협의를 마쳐야 하며 그 후 공사가 진행이 되어야 한다.

건물 외관에 대한 협의 사항

- 창호의 폐쇄, 신설에 대하여 건물주에게 계약 시 통보하여 협조를 구할 때
- 외부 금속 공사 시 기존시설의 파손이 예상될 때(유리벽면이나 돌인 경우)
- 간판 설치 위치를 정하였을 때 다른 매장에 영향을 준다고 판단이 될 때
- 건물 외벽을 철거하거나 관통할 때

건물 내부에 대한 협의 사항

- 보일러실이 설치되어 있지 않아 외부에 설치해야 할 경우
- 건물 하수배관의 위치와 수도배관의 위치를 파악하여 연결 가능한지를 확인한다.
- 건물 내부벽체를 철거할 경우 내력벽 여부를 확인하여 건물주와 협의한다.
- 환기와 배기시설이 없을 경우 최소 2면 이상이 외벽과 접해야 하고 주방은 최소 1면 이상 접해야 한다.

협의가 예상되는 공사

- 간판공사   간판 설치 위치와 허가 사항, 다른 상가와 연결되어 있는 경우
- 금속공사   기존 설치물 철거, 파손 혹은 작업이 예상되는 공간에 광고를 하고 있는 경우

- 철거공사　외벽, 내부벽체, 창호, 구조체 철거 시
- 설비공사　하수, 수도 기존시설과 연결 또는 신설 시, 화장실 신설 시, 정화조와 연결 시
- 덕트공사　외벽 타공, 환풍기 위치가 창호에 설치되어 있는 경우, 닥트 설치 시 브로어 위치 협의
- 전기시설　내부 분전반이 없는 경우에 건물 분전반과 연결 시

전기용량 및 별도 계량기 유무 확인

- 영업상태에 있는 매장의 경우 기존 입주자의 마지막 전기요금 고지서 확인, 즉 계약 전력란을 확인한다.
- 확인할 방법이 없는 경우: 전력계량기 하부(NO ○○○○○○)번호를 확인 후 한전에 문의
  - 건물 계약 전 반드시 확인하여야 하며, 예측전력 소비량과 계약 용량을 비교하여 조정하여야 함. 또한, 용량이 부족 시 1kw 증설 시 160,000원을 추가 지불하게 됨

수도시설과 별도 계량기 설치 유무

본 조사는 주방 시설 시 물이 부족할 경우를 대비하여 확인하는 조사이며, 수도 요금 지불 시 불이익을 사전에 방지하기 위함이다.
- 수도요금이 별도로 나오는 경우
  - 영수증을 확인하여 업소용인지 확인한다.
  - 수도배관은 최저 20mm 이상 설치되어야 하며 본선에서 연결한다.

하수시설(용량확인)

- 영수증을 확인하여 업소용인지 확인하여야 하며 확인 방법은 최소 Ø 70mm 이상의 관이 설치되어 있어야 한다.
- 하수는 직접 연결하여야 하며 방법은 건물에 시설되어 있는 마지막 설치된 관에 연결한다.

정화조 용량확인

- 관할구청, 군청(청소계, 환경과 등)에서 확인 가능하다.
- 정화조 용량 부족은 건물 임대상의 악조건이며, 임대하고서 용도변경 신고에서부터 정화조 설치 작업까지 비용을 업주가 전부 부담하여야 한다.

이 외에 주방은 도시가스공사와 온수공급라인 확보 등을 점검하기 위해 시공계약을 체결할 경우 특기사항으로 평면도, 전개도, 상세부위도면, 입면도, 단면도, 전기배선도, 주방도면, 창호도면, 흡·배기 도면, 수도 인입도면, 배수도면, 가스 인입도면, 주방 내 도면, 가구위치도면, 소방시설 도면, 등기구 표시도 등을 점검해야 한다.

(2) 시공순서

❶ 점포계약에 따라 점포실측(건물규모, 구조, 전용면적, 지하유무, 방화지역, 용도, 가스, 수도, 전기용량, 급배수시설, 주방위치 등)을 한 후 도면작업을 한다.

❷ 도면작업으로 통상 실측의 100:1의 크기로 도면을 작성하며 가장 먼저 주방의 레이아웃과 주방배치도를 구상하고 냉난방기의 위치, 파티션의 모양, 간판의 형태, 전등, 조명 등에 대한 기본설계와 전체일정표를 작성하며 설비, 가스 등의 기본도면을 작성해 나간다.

❸ 인테리어의 첫 단계인 철거공사로 사전에 철거범위를 명확하게 하고 용도에 따른 준수시설의 경우 철거 전 시설유무를 확인해야 하며 작업량과 쓰레기 양을 산출해서 낭비를 막아야 한다.

❹ 철거공사가 끝나면 매장의 전체적인 틀을 잡아주는 목공사가 시작되는데 벽체, 천정, 바닥, 카운터 등 인테리어공사의 반 이상을 차지하므로 정확성과 신속성이 요구되며 합판의 건조상태나 마감상태를 잘 체크하여야 한다.

❺ 전기공사는 승압공사(점주가 주로 가설함), 분전함, 배선공사, 조명공사를 말하며 예상전력소모량을 정확하게 체크하여 전력부족으로 여름과 겨울철 냉난방기사용을 못 하는 불편함이 없어야 하며 또한 간판사용에 지장이 없어야 한다. 또 너무 많은 용량을 사용할 경우 기본요금이 높아져 낭비를 막아야 하고 또 규격에 맞는 배선과 차단기를 사용하여야 한다.

❻ 설비공사는 중요한 공사로 주방계획에 따라 공사범위설정과 상하수도공사, 바닥공사, 방수공사 등으로 이루어지며 수도용량이나 수압, 배수의 경사도나 씽크하수의 거름통설치, 방수문제 등 특별히 관심을 갖고 관리를 해야 한다.

❼ 환기공사는 매장내부에 신선한 공기를 유지시키기 위한 목적으로 환풍기나 흡·배기닥트를 설치하는데 점포상황에 맞게 잘 설치를 해야 하며 요즘 고객들로부터 중요시되고 있다.

❽ 가스공사는 가스설비와 기구로 나눌 수 있으며 설비의 경우는 도시가스공급업체에서 지정된 업체가 주로 하고 있으며 주방기기의 가스사용량을 잘 분석해야 한다. 또한 공사 일정을 잘 파악하여 도시가스업체와 사전에 가스연결 일정을 조율하여야 한다.

❾ 기타 보일러공사, 간판공사, 벽지 및 장판공사, 마무리청소 등이 있는데 특히 2층 이상에서 식당을 할 경우 소방법에 따라 벽지를 사용하여야 하는데 소방필증교부 일자가 약 20일 정도 소요되므로 미리 챙겨야 하며 벽지와 장판지는 같이 선정해야 밸런스와 콘셉트를 맞출 수 있다.

(3) 시공 완료 시 최종 체크 사항

❶ 간판은 정해진 위치에 제대로 부착되어 있는가, 전등 상태가 양호한가, 상호, 전화번호, 업종표시가 잘되어 있는가, 허가 관련하여 설치신고를 하였는가 등

❷ 입구의 출입문은 자동도어나 문의 개폐상태가 합리적이며 설치가 튼튼하게 되었는가, 그리고 방풍은 잘되어 있는가 등

❸ 벽, 천장 구석의 깔끔한 마감처리, 벽과 바닥의 마감, 걸레받이 처리의 마감 등

❹ 의·탁자 세팅 후 파손 또는 휘어지거나 흔들거리지 않는가, 높이는 규정대로 만들어졌는가.

❺ 점포 내 밝기는 적당한가.(최근에는 조도조절이 가능)

❻ 전기, 가스, 수도, 수압, 배수구, 배기 등의 계기가 정상 작동되고 있는가.

❼ 좌변기, 양변기, 페이퍼홀더, 비누곽, 화장도구함 등의 배치와 거울의 면이 고르며 깨끗한가.

❽ 가스, 전기, 수도메타기, 스프링클러는 정상인가 또 공조기는 계절에 관계없이 정상가동되는가.

❾ 냉·난방, 배기의 정상가동과 배수경로가 경사되어 역류현상이 일어나지는 않는가.

위와 같은 사항들을 현장에서 직접 체크를 해야만 부실을 방지할 수 있고, 영업 중 하자 발생할 경우 고객에게 미칠 수 있는 불편함과 예상 외의 타격을 미연에 방지할 수 있다.

2 인테리어 공사계약과 사례

(1) 인테리어 공사 계약 시 체크사항

인테리어 공사 계약서는 대부분 인쇄된 계약서를 사용하고 있는데 총 공사금액, 공사기간, 계약금, 중도금, 잔금 지급일자 및 조건 등의 간단한 내용만 있어 문제가 발생할 경우 책임의 한계로 분쟁의 소지가 있다. 따라서 별도 용지에 특약 란을 만들어 중요한 추가공사와 같은 특이사항에 대해서는 계약서에 명시하고 공사완료 후 하자보증기간과 긴급사항에 대하여 대처방법 등을 명시해두는 것이 바람직하다. 공사보증, 인테리어 공사기간 중 발생할 수 있는 사고 시의 책임소재와 화재보험 등의 보험가입, 개점일자 지연 시 공사 지연 책임 내용, 건축 및 인테리어 공사를 시행함에 있어서 원자재 입고, 구축물 철거 시 먼지, 소음 등으로 이웃과 분쟁이 발생한다거나 공용도로 사용허가 등 민원 발생에 관해서는 인테리어 업체의 책임하에 진행토록 하고, 계약 중도해지 시의 조건, 감리 및 현장책임자 선정, 설비업체, 가스업체 및 전기업체의 면허소지 등에 대한 내용을 기록하여 쌍방 날인해 두어야 하며 필요시 공증까지 해둔다.

또 공사완료 후 하자발생 시 완벽한 A/S를 받기 위해서는 계약이행 보증금이나 보증증권을 받아 두면 좋다.

견적서를 의뢰할 때 업체에 전체공사 중 각 항목별, 즉 철거공사, 칸막이공사, 조적공사, 전기공사, 설비공사, 배기닥터공사, 내장공사, 가구공사 등으로 구별하여 견적토록 하면 비교가 용이하다. 이때 무조건 견적이 낮은 업체가 좋은 것이 아니라, 각 공사항목별로 여러 업체가 제시한 금액 중 비슷한 금액을 체크, 항목별로 금액을 합산하

여 전체금액을 잠정 결정한다. 이때 각 항목마다 평균금액이나 견적서 항목의 형성 금액이 비슷한 금액을 제시한 업체가 비교적 우수한 업체라고 할 수 있다. 다른 방법으로는 먼저 유능한 업체를 선정, 각 항목별 적정금액수준으로 공사를 진행할 수 있느냐 협의 후 결정하여 진행한다면 어느 정도 괜찮은 선택이라고 할 수 있다.

(2) 인테리어 공사 계약서 양식

기본적인 인테리어 공사계약서는 다음과 같다.

바로고기 프랜차이즈 본부의 ○○직영점 인테리어 공사를 아래와 같이 계약한다.

- 아   래 -

발 주 자:

수 주 자:

1. 공사내역

구 분	내 용
공사명	○○프랜차이즈 본부 직영 ○○점 인테리어공사
공사 내용	첨부 설계도면, 견적서, 시방서, 공사청부약관 참조
공사 소재지	대구광역시 수성구 수성4가 1236-21번지
공사 기간	XXXX년 XX월 XX일-XXXX년 XX월 XX일(○○일간)
인수 시기	XXXX년 XX월 XX일
계약 금액	一金八阡八百萬원 整(₩88,000,000)

2. 공사대금 지불 방법

구 분	지불금액	지급일자	비 고
총 공사금	88,000,000		
계약금	25,000,000	5/10	현 금: 이천오백만원
1차중도금	15,000,000	5/25	현 금: 일천만원 가계수표: 500만원
2차중도금	15,000,000	6/15	현 금: 일천오백만원
3차중도금	15,000,000	6/25	현 금: 일천오백만원
잔금	10,000,000	완공일	가계수표: 일천만원

3. 기타 계약에 필요한 제반 사항들은 계약서와 약관에 따른다.

제1조(총칙) 발주자 ○○○(이하 甲)과 수주자 ○○○(이하 乙)은 상호 대등한 입장에서 서로 협력하여 신의와 성실로 본 계약을 이행한다.

제2조(계약문서) 계약문서는 계약서와 공사청부약관, 시방서, 첨부도면, 견적서의 사양을 기초로 해서 상호보완 효력을 가지며 (乙)은 공사를 성실히 집행하며 (甲)은 완성된 목적물을 인도받기로 하되 그 대가로 공사대금은 첨부자료와 같이 지급하기로 한다.

제3조(공사기간) 천재지변 또는 설계변경, 기타(乙)의 귀책사유가 아닌 사유로 인하여 공사가 지연 될 때는 (乙)이 제안한 내용을 (甲)(乙)양자가 협의하여 공사기간을 연장할 수 있다. 단 공사기간은 2006년 5월 15일부터 2006년 6월 30일까지 45일간으로 한다.

제4조(공사 진행 상황보고)

1. (甲)은 (乙)에 대하여 공사기간 중 어느 때라도 공사 진행상황의 내용을 요구할 수 있다.

2. (甲)은 (乙)에 대하여 약정된 일자에 정히 공사 진행이 이루어지도록 성의를 갖고 협력한다.

제5조(공기의 연기)

1. (甲)은 (乙)에게 설계 등의 변경에 의하여 공사 기간의 연기를 요구 할 수 있다.

2. 공사기간 내에 본 공사를 완성할 수 없는 경우에는 (乙)은 (甲)에 대해서 가능한 빨리 그 내용을 통지하여야 한다. 이 경우 (甲)(乙)양자가 협의하여 연장일수 및 세부 내용을 결정한다.

제6조(공기 연기에 대한 책임)

1. 천재지변 및 (甲)의 요구에 의한 설계의 변경 또는 기타 사항의 요구 외에 공기 연기에 대한 책임은 (乙)이 가지게 된다.

2. 공기 연기에 대한 전반적 책임이 (乙)에게서 발생할 경우 (甲)은 (乙)에게 배상을 청구할 수 있다.

3. 공기 연기에 따른 배상은 1일 연기 시마다 총 공사 금액의 1%로 정한다.

4. 약정된 공사대금 지급을 (甲)이 지연 시에는 공사중지를 할 수 있으며, 그중지기간 동안 지연된 일정만큼 연장할 수 있으나 상호 협의하여 조정한다.

제7조(손해배상) 공사에 관해서 목적물을 인도하기 전에 공사목적물, 공사자재에 대하여 발생한 손해, 기타 시공에 관련해 발생한 손해는 (乙)의 책임으로 돌려야 하는 경우에는 (乙)의 부담으로 하며 그 이외의 경우에는 (甲)의 부담으로 한다.

제8조(준공검사)

1. 공사가 완성되었을 때는 (乙)은 (甲)에 대하여 그 취지를 즉시 통보하여야 한다.

2. (甲)이 전항의 통지를 받았을 때는 (甲)(乙)양자가 협의해서 검수일을 정하고 검수를 행한다.

3. 전항의 검수에 합격하지 않았을 때는 (乙)은 지체 없이 보수, 개조 작업을 행하여야 한다. 보수, 개조 후의 검사에 관해서는 전 1, 2항을 적용한다.

4. 보수개조 작업에 추가되는 모든 비용은 (乙)의 책임하에 둔다. 단 (甲)의 요구에 의한 설계 변경에 따른 보수개조 작업은 예외로 한다.

제9조(감수자의 선임 및 권한 행사)

1. 감수자는 원칙적으로 (甲)으로 하되, (甲)이 지정하는 제3자도 감수를 할 수 있다.

2. 공사도중이라도 공사 상황에 대한 검사를 (甲)이 요구하면 (乙)은 이에 적극 협조하여야 한다.

제10조(계약의 해제) (甲)은 다음 각 항에 해당될 때는 계약을 해제할 수 있다.

  1. (乙)의 귀책사유에 의해 공사기간 내에 공사를 완료할 가능성이 없다고 판단될 때.

  2. (乙)이 정당한 사유 없이 공사 착수시기를 넘겨서 착공하지 않을 때.

  3. (甲)(乙)의 합의한 설계대로 공사가 되지 않았을 때.

  4. (乙)이 (甲)에게 부당한 요구를 하였을 때.

제11조(공사대금의 지급) 공사대금지급은 (甲)(乙)양자의 합의에 따른 前장 "아래" 사항을 참조한다.

제12조(하자 보증) (乙)은 본 공사의 사후 관리를 위하여 총 공사대금의 10%에 해당되는 하자 보증금으로 예치하거나 이에 상응하는 보증보험증권을 (甲)에게 제출한다.

제13조(하자보증기간) 하자보증기간은 (甲)과 (乙)이 인수인계를 완료한 날로부터 1년으로 한다. 동 기간내 발생한 공사관계 하자로 인해 발생되는 수리, 개조 등에 대하여 (乙)은 즉각적으로 (甲)의 요청대로 개·보수공사를 행하여야 하며 만약 (甲)의 정당한 요청에도 불구하고 (乙)이 이를 이행하지 않을 때는 점포의 정상영업을 위하여(甲)이 우선 수리 보완하고 그 대금을 (乙)에게 청구할 수 있다. 단 (甲)의 부주의로 인한 수리, 개, 보수 부분은 제외한다.

제14조(공사도중 발생한 사고의 책임)

  1. 공사기간 내 공사 진행 중에 발생된, 대인 대물사고를 포함한 모든 사고는 (乙)의 책임하에 둔다.

  2. (乙)은 공사현장에 현장책임자를 상주시켜야 하는데 그 현장책임자는 ○○○공사로 하여 공사로 인한 민원 발생시 (乙)의 책임하에 최선을 다 해야 한다.

제15조(기타)

  1. 본 계약서 각조 각항에 명시되지 않은 사항은 상법 및 민법, 상관례에 따라 (甲)과 (乙) 협의하여 결정한다.

  2. 추가공사는 (甲)과 (乙)의 추가계약으로 시공한다.

  3. 공사기간 중 전기, 수도, 가스사용료, 등은 (甲), (乙)이 부담하며, 공사 내용중인·허가관련비용, 전기승압공사 등 업자만이 할 수 있는 공사(도시가스 배관공사 등) 등 관련 제 비용을 포함하고 있다.

특 약 사 항 1.

           2.

본 계약이 정히 성립되었음을 증명하기 위하여 (甲)(乙)이 각각 날인한 계약서 2통을 작성하고 (甲)(乙) 각각 1통씩 보관한다.

XXXX 년   XX월   XX일

(甲) 주 소:

   성 명: (인)

(乙) 주 소:

   회사명:

   성 명: (인)

외식창업
실무지침서

Chapter **02**

식음료
구매
저장관리

01 식자재 관리의 의의

식자재 관리란 식당을 운영함에 있어서 이윤과 바로 직결되어 있는 중요업무이므로 식당운영에 필요한 품목을 파악하는 데서부터 시작된다고 할 수 있다.

식자재 관리는 적절한 품질, 수량, 시기, 가격, 장소, 공급원을 통해 확보, 구매하여 최적의 상태로 보관하였다가 이를 필요로 하는 시간에 주방에 조달하여 상품인 메뉴제공을 원활하게 하는 과정이다.

이로 인해 관리자는 고객만족을 향상시키는 동시에 식당운영의 이익을 최대화하기 위한 지속적인 식자재 관리를 함으로써 식당영업을 활성화하는 것에 그 의의를 찾을 수 있다.

식재료관리 단계는 [재고관리 → 구매관리 → 검수관리 → 저장관리 → 출고관리 → 조리관리 → 제공관리] 순이다.

1 식자재 관리의 목적

식자재 관리의 궁극적인 목적은 낭비를 막는 것으로 시간, 금전, 생산성 등 3가지 요인으로 봤을 때 낭비가 되풀이되는 것은 곧 식당운영 수익과 직결된다. 따라서 식자재 관리를 함으로써 얻어지는 효과는

1. 메뉴별 원가관리가 용이하게 된다.
2. 시장성에 따라 변동되는 식자재 가격을 쉽게 알아 볼 수 있고 식재료별 선호도 파악이 된다.
3. 식자재 재고 파악이 쉽고 매일 신선한 재료를 공급받을 수 있다.
4. 관리는 곧 매출과 직결되어 관리자의 사고가 바뀐다.

2 식자재 관리의 기능

(1) 기본기능

1. 품질관리   상품의 품질 및 불량 최소화를 도모한다.

❷ 원가관리 상품의 계절별(시장성) 원가허용치를 설정하고 최저 구입 경로를 찾아 원가절감에 꾀한다.

❸ 공정관리 구입처에서 현지 배달되는 시간까지의 기준을 잡아 발주기간 및 중간 과정을 파악하여 발주량을 확보하고 상품이 배달 지연되는 것을 방지한다.

(2) 부수적인 기능

❶ 재고관리 원가절감 및 유지, 재료량 유지, 발주량 및 원재료 회전으로 이어지며, 최적의 신선도를 고려한 재고량을 유지할 수 있어야 한다.

❷ 저장관리 상품의 보관, 운반에 있어 필요한 인력 및 기타비용을 최소화해야 한다.

❸ 구매관리 구매는 일종의 영업으로 수단과 방법에 따라 구매가격이 극과 극이 될 수 있다.

02 구매 관리

식음료에 있어서 구매관리란 한 조직의 목적을 달성하기 위한 상품이나 서비스 구매와 관련된 활동을 조절하는 것으로 생산 활동 과정에서 생산계획을 달성할 수 있도록 생산에 필요한 자재를 양호한 거래처로부터 적절한 품질을 확보하여 적절한 시기에 필요한 수량 만큼을 최소의 비용으로 구입하기 위한 관리활동을 말한다.

구매관리를 함으로써 좋은 품질의 자재, 적당한 조건, 필요한 시기, 필요한 수량을 공급받아 생산라인에 투입하고 시장과 고객에게 우수한 제품을 적기에 공급시킬 수 있다. 따라서 고객의 욕구에 부응하여 고객만족을 주며 이를 통한 원가절감, 신메뉴개발이 지속적으로 이어져 식당 영업을 활성화하는 것에 그 의의를 찾을 수 있다.

이때 구매를 하는 담당자는 양심적이고, 신뢰성이 있어야 하며 적극적이고 자발적인 사람이어야 한다. 또, 활동적이며 근면, 성실하고 의지가 강하며 임기응변과 재치가 있고, 구매 관련

하여 식음재료와 조리에 대한 지식이 풍부해야 하며 성격이 치밀하고 대인관계 또한 원만해야 효율적인 직무수행이 가능하다고 하겠다.

식음료 구매에 앞서 창업하고자 하는 식당의 운영기준이 명확하게 확립되어 있어야 하는데 그 기준은 다음과 같다. 물품명세서에 의하여 취급하는 식재료 항목에 대한 세부기준을 정립하고 상시비축하고 있어야 할 식재료의 적정재고량이 정해져 있어야 한다. 또 정해진 구매절차를 준수해야 하며 구매된 식재료의 도난과 분실방지, 통제할 수 있는 관리체계와 시스템도 확립되어 있어야 한다.

일반적인 구매업체의 구매업무 흐름은 다음과 같다.

❶ 재고량의 파악

주방에서는 필요한 만큼의 각 품목별 식재료의 적정 재고량은 항상 유지되어야 한다. 구매 담당자는 신속하고 정확한 재고량을 파악하여 구매의뢰에 영향을 주어야 한다. 과소한 재고량의 경우에는 특정 음식을 제공하지 못해 서비스의 질이 저하되고, 반대로 과잉 재고량의 경우에는 불필요한 손실이 발생하게 된다.

❷ 구매량 결정

구매량을 결정하는 것은 수익에 커다란 영향에 미치는 중요한 결정 수단이다. 구매담당자는 근무지에서 사용한 식재료의 품목과 수량 등을 파악하여 식재료 제공자에게 발주하는 과정이다. 이때에는 구매 청구서를 작성하여 특정품목이나 총괄적인 물품 소요량에 대해 서류화 작업을 진행해야 한다.

❸ 품질기준 설정

구매담당자는 영업에 필요한 구매품목과 양이 결정되면 각각의 구매품목에 대한 품질상태 기준을 설정하여 공급업체를 선정해야 한다.

❹ 공급업체 선정

적정한 기준에 의해 구매할 식음료 품목이 선정되었을지라도 지속공급이 가능하고 품질이 좋은 공급업체를 선정하는 것은 결코 쉬운 일이 아니다. 거래를 위해 작성한 견적서의 품목구성과 실제 납품된 재료의 품목이 일치하는지 여부를 확인해야 한다.

❺ 구매 가격 결정

구매하는 상품의 품목별 가격을 결정하는 단계로서, 생산성과 수익성을 고려하여야 한다.

최소의 비용으로 최상의 상품을 구매하려고 하는 것이 구매담당자가 기본적으로 취해야 할 구매관리의 중요사항이다.

❻ 결재조건과 납품시기 결정

구매담당자와 공급업체가 상호 협상의 결과에 따라 결재조건과 시기를 결정하는 단계이다. 조건과 시기는 계약서 내용에 구체적으로 포함되어 공급업체의 납품이 완료되더라도 계약서 내용과 일치 여부를 확인하는 자료가 된다.

❼ 거래명세서의 점검

구매담당자는 구체적이고 세부적으로 기록된 구매의 내용과 거래명세서의 기록내용을 비교하여 물품의 내역과 가격 결정에 따라 일치 여부를 확인하여 물품을 받는 단계이다.

❽ 검수작업

구매주문서에 의해 현물을 확인하고 대조하여 주문 내용에서 발견할 수 있는 반품의 처리 방법을 해결하는 과정이다.

❾ 기록 및 기장 관리

주문서 사본, 구매 청구서, 물품 인수자 부, 검사 또는 반품에 대한 보고 기록서를 작성하여 비치하고 보관하여야 한다.

❶ 구매방법과 구입처 선정

(1) 구매의 방법

식음재료의 구매방법에는 여러 방법이 있는데 자세한 구매방법은 다음과 같다.

첫째, 집중구매 방법과 분산구매 방법인데 집중구매는 한 업체(공급원)에 집중시켜서 공급받기 때문에 일괄된 구매방침을 확립할 수 있고 구매가격이 저렴하여 비용의 절감을 통한 구매의 효율성 상승과 업무 단순화의 장점이 있다. 그러나 일반화되지 않은 특수한 향신료 등의 재료를 구입할 때는 전문화의 미흡에 따른 필요한 재료구입이 어려울 때도 있으므로 주의를 해야 한다.

분산구매는 각 품목별로 전문화된 업체에서 구매하는 방식인데 구매절차가 간편하고 능률적이며 긴급 시에도 구입이 쉽다는 장점이 있지만, 소량 구매 품목에 대하여는 잦은 배송으로 인한 물류유통 경비가 많이 들어 구입 단가가 높아지는 단점이 있다.

둘째, 계속적으로 사용되는 식재료를 구입하는 방식인 정기구매방법과 비정상적이며 돌발적으로 이루어지는 수시구매방법이 있는데 일반적으로 고정거래처에서 정기구매를 하더라도 시장조사를 위해 현지에서 직구매나 시장조사 시 매월 몇 차례정도는 수시구매를 할 필요성도 있다.

셋째, 시장변동에 따라 그때그때 시세에 맞게 구매하는 시장구매 방법과 양파, 마늘, 배추, 고추 등을 산지에서 대량으로 미리 예약하여 직접 구매하는 투자적 구매 방법이 있다.

넷째, 이 밖에 장기계약구매, 당용구매와 밴드사에 일괄 위탁 구매하는 방법도 있다.

(2) 구입처

일반적으로 가공품, 축산물, 수산물, 농산물 등의 식재료 구입처는 농축수산물 관련시장, 주요 식재료납품업체, 농협, 백화점, 대형할인점, 제조업체 직매점이나 지사, 통신판매 등을 통한다. 최근에는 단체급식업체 뿐만 아니라 많은 일반 외식업체들이 C·K를 통한 식재료 납품을 받기도 한다. 음료수는 보통 제조회사와 직거래를 하고 있으며 주류는 일반할인매장이나 제조회사가 아닌 지역에 있는 주류대행사가 하고 있다. 이때 무자료거래를 근절하기 위하여 주류카드제를 실시하고 있으므로 주류카드로만 구입할 수 있다.

납품업체의 선정 시 핵심사항은 가격, 품질, 납기 등 이며 다음과 같은 기준을 체크해야 한다.
1. 납품업체의 지리적 위치에 따라 운송시간, 운반비용, 사고위험, 기상적 요인 등에 영향을 주고 있다는 점을 인지해야 한다.
2. 납품업체의 자금능력에 따라 식음재료의 확보능력과 거래선으로서의 순위결정에 가산점을 주어야 한다.
3. 납품업체의 인사관리로 노사분규와 관련하여 공급차질 등도 고려해야 하는데 이에 따라 최근 납품업체를 복수로 운영하고 있는 업체가 늘고 있다.

제조 및 납품업체 평가요인으로는 상품 및 소스 제조기술, 가격경쟁력, 생산능력, 상품관리능력, 주문 처리의 편리성, 긴급주문 처리능력, 유지·보수의 용이성, 사후서비스, 거래실적, 시장점유율, 판매능력, 자본력, 인적관리능력, 신용도, 성실도, 협력도, 납기 이행능력, 도덕성 등을 들 수 있으며 평가리스트를 통해 공정하게 평가, 선정해서 신뢰관계로 관리를 해나가야 한다.

납품업체를 선정할 때 먼저 접수서류(납품실적증명원, 사업자등록증, 사업소개서, 견적서)를 받아 검토(HACCP 인증여부, 납품실적, A/S능력, 직원 수 및 숙련도, 과세증명관련서류)해야 하며, 그리고 현장실사(공신력, 위생관리력, 공급능력)를 통해 결정하여야 한다. 이때, 식재료의 경우 평가 항목별 가중치는 보통 다음과 같다.

공신력 40%, 가격경쟁력 30%, 공급능력 20%, 위생관리능력 10%로 하고 있다.

② 구매계획의 수립 및 절차

식당 운영시간이나 회전율, 재고량을 고려하여 구매 시기를 결정해야 한다. 일일 단위로 구매해야 할 상품과 2~3일, 1주일, 한 달 단위로 구입해야 하는 상품의 선별이 우선이다.

과일이나 야채, 해산물 중 생물일 경우 시간이 경과함에 따라 쉽게 변질되는 상품은 가급적 일일 단위로 구입하는 것이 좋으며, 냉동 제품이나 육류는 일주일 단위로 구매하는 것이 좋다. 단, 규모가 작거나 매장 운영이 원활하지 못한 곳은 계획을 수립하기가 쉽지는 않다.

일반적인 구매절차는 다음과 같다.

상품재고파악 → 구매인식 → 상품별·업체별 분리 → 구매목록 작성 → 발주

③ 구매관리 방법

외식업에 있어 메뉴의 양과 질이 한층 다변화됨에 따라 식음재료의 구매는 언제, 어디서, 무엇을, 얼마만큼, 어떤 용도로, 누가, 누구로부터, 어떻게, 살 것인가의 결정이 매우 중요시되고 있다. 특히 최근 음식 관련 쓰레기문제에 관한 규제가 점점 강화되고 있는 추세이므로 식음재료에 대한 관리평가가 그 식당의 운명을 좌우할 만큼 중요한 관건이 되고 있다. 가능하면 식재료의 표준화가 이루어지면 좋은데 그러기 위해서는 품질 변동이 그다지 없고 초보자도 조리가 가능할 수 있게 되어야 하며, 품질관리가 용이하고 조리시간이 단축되어야 할 것이다. 또, 이를 통하여 가격도 낮출 수 있어야 하며 매뉴얼화하기 쉬워야 하고, 재고관리나 운반 등의 계획도 쉬워야 할 것이다.

효율적인 구매 관리를 위해서는

첫째, 정기적이고 치밀한 시장조사를 통해서 구매품목이 용도에 적합하도록 하며,

둘째, 관련업체를 주기별로 평가하여 우량업체를 선정, 식음 관련 재료를 구매하고,

셋째, 필요로 하는 납품시간과 일정에 알맞도록 관리하며,

넷째, 각 식음재료의 유효기간, 포장상태 등 보존특성을 잘 파악하여 저장기간과 구매시점을 관리하여야 한다. 재활용(특히 빈 박스나 빈 통, 빈 병 등)의 정산과 불량품의 반품방안 대책을 세우는 등 구매 관리 활동이 총체적으로 통제, 관리되어야 식당영업의 이익에 기여를 하게 되는 것이다.

그리고 구매부서는 다음 사항을 항상 준비하고 점검을 해야 한다. 구매 시기를 결정하고 항상 재고량을 점검하며, 품질기준설정, 구매명세서 작성, 경쟁적 입찰자 획득, 납품업자 사전조사, 결재조건과 시기결정, 배송관리 감독, 반품에 대한 조건결정, 구매상황(과잉, 과소)조절, 신상품 개발조사, 대금결제 등에 항상 적극적으로 대처해 나가야 한다.

03 식음료 검수와 저장·출고관리

① 식음료의 검수관리

검수란 구매요청에 의해 주문하여 배달된 물품의 내용, 즉 품질, 규격, 성능, 수량 등이 구매하려는 해당 리스트와 일치하는가를 검사하는 것으로 담당자는 수령 시의 검수능력, 즉 각 식음 관련 재료별 품질규정이나 내용, 가격 등을 숙지하고 있어야하며 지식, 인품, 식재료에 대한 정보, 관심이 있어야 할 것이다.

식품위생 측면에서의 식품구매 및 검수의 중요성은 우리들은 생명을 유지하기 위한 에너지

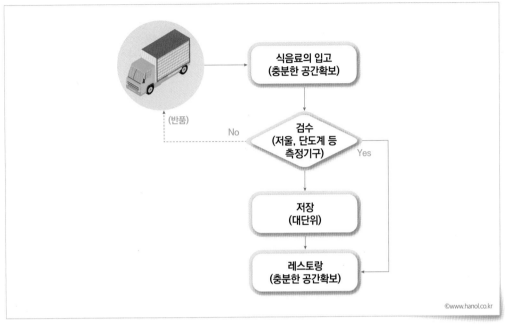

식음료의 입고
(충분한 공간확보)

검수
(저울, 단도계 등
측정기구)

(반품)

No

Yes

저장
(대단위)

레스토랑
(충분한 공간확보)

©www.hanol.co.kr

🍔 그림 9-1_ 식자재 검수의 과정

와 영양분은 식품을 통해 섭취하기 때문에 먹는 것은 반드시 필요할 뿐만 아니라 위생적으로 취급되어야 한다.

만일 식품이 비위생적으로 취급되어 미생물에 오염되거나 유해한 물질을 포함하고 있다면 이로 인해 건강을 해치거나 때로는 생명을 잃게 될 수도 있다.

특히 외식업에서는 여러 사람을 대상으로 많은 양의 음식물을 조리하고 공급하기 때문에 위생관리에 소홀하게 되면 그 위험성은 엄청난 경제 손실을 초래하게 된다.

이러한 외식업에서의 위생관리의 첫 단계는 식자재의 구매 및 검수 단계이며 첫 단계에서의 철저한 위생관리는 식중독 예방 및 안전한 식품공급의 측면에서 매우 중요하다고 할 것이다.

식자재 및 식품의 위생적인 구매·검수 관리는 식품안전사고 예방을 위한 첫 단계로서 가장 기본적인 대상이다. 특히, 검수 단계에서는 납품되는 식자재의 생물적, 화학적 및 물리적 위해요소를 확인하여 품질상태를 즉시 확인할 수 있으며 또한 납품되는 식자재의 온도상의 문제를 즉시 점검할 수 있어 안전한 식자재 확보를 위하여 매우 중요하다.

검수방법으로는 전수검수법과 발췌검수법이 있는데, 납품된 전 품목을 검사하는 전수검수법은 손쉽게 검수가 가능하여 고가품목에 대하여 주로 행해지고 있다. 한편 발췌검수법은 검

수 항목이 많거나 대량구입품(특히 Box품)에 대하여 샘플을 뽑아 검수하는 방법으로 검수비용과 시간을 절약할 수 있다.

검수 시에는 업체의 특성과 영업장의 영업시간대 등의 변수를 고려해야 하는데 참고로 과일, 야채, 생선 등과 같이 신선도를 요하는 것은 오전 이른 시간을 검수시간으로 설정하는 것이 좋다. 또한 검수를 위한 설비, 기구 등이 준비된 곳을 검수장으로 하고, 구매부서의 구매발주서와 구매명세서 내용과 확인·대조를 반드시 해야 한다. 필요시 시식이나 분해를 해야 하며 그리고 송장도 확인해야 하는데 이때 식재료의 양과 질, 가격 등을 반드시 확인한 후 송장에 사인을 해야 한다. 검수 시에는 반드시 납품업체의 입회하에 검수를 해야 하며 검수 관련 소요 비용처리문제, 불합격품의 처리문제 등에 관해서 사전에 협의나 검토를 해야 한다.

각 품목별 검수 시 고려사항은 다음과 같다.

① 소고기, 돼지고기와 같은 육류는 지방 및 힘줄의 점유율, 중량, 등급, 육질, 다듬기상태, 신선도 등을 고려해야 한다.

② 사과, 배, 수박 같은 과일류는 크기, 등급, 향기, 신선도, 색깔, 형태, 숙성도 등을 고려해야 한다.

③ 냉동육과 같은 냉동식품은 포장상태, 냉동방법 등을 점검하거나 주방에서 해동 후 하자가 발생 시 반품을 전제 조건으로 해야 한다.

④ 계란이나 오리알, 메추리알과 같은 난류는 브랜드, 중량, 크기, 미세한 균열 등을 고려해야 한다.

⑤ 파, 배추와 같은 채소류는 색깔이나 다듬기상태, 신선도, 크기, 묶음의 크기(단의 크기), 연한 것(어릴 때 수확)이냐, 억센 것(성장한 상태)이냐 등을 고려해야 한다.

반드시 검수과정을 통해 한 치의 오차도 없는 최적의 상품을 구입해야 할 것이다.

🥄 표 9-1_ **품목별 거래 업체 리스트**

_____ 식 당

품목명	업체명	담당자	TEL	휴대폰	비 고

🍜 표 9-2_ 거래선 상담 일지

업체 현황				
업체명			규모	
담당자			주력품목	
연락처	TEL: FAX: H.P: 홈페이지: E-mail:		직 원 수 소 재 지 배송방법 주요납품처 결제방법	수시. 주간. 월말

일 자	상담 및 내용	담당 의견

🍜 표 9-3_ 거래 업체 등록표

거래 업체 등록표

업체명		대표자		전화번호	
		담당자		F A X	
홈페이지				E- MAIL	
주력품목				주요 납품처	
결제조건				사업자등록번호	
특약사항	1. 주문 시마다 수시로 납품가능 여부(최저수량, 금액에 구애 없이) 고려 2. 배송시간, 장소 등을 고려 3. 반품 여부, 검수 관련 불량품 처리 방법				

품 목	단 위	단 가	품 목	단 위	단 가

🍳 표 9-4_ 식자재 및 소모품 리스트

식자재 및 소모품 리스트						
품 명	사입처	발주단위	발주시기	메이커	단 가	체크
1						
2						
3						
4						
5						

2 식음료 저장관리

(1) 저장관리의 의의

검수 후 입고된 식재료는 식당의 저장장소와 저장능력을 초과하지 않는 범위 내에서 식별과 위치의 확인이 용이하도록 분류하여 저장창고에 저장하고 잘 관리를 해야 한다.

이때 효율적인 관리방법은

① 재고량의 일정량 유지 범위 내(적정재고) 최소량 유지해야 한다.

② 식재료마다 적정회전율이 있으므로 충분한 검토로 재고회전율의 합리적인 방안을 모색해야 한다.

③ 선입선출법의 준수 및 선입선출이 가능하도록 적절한 공간 활용 및 확보로 이동을 손쉽게 해야 한다.

④ 육류, 와인류, 야채류, 과일류, 캔류, 소스류 등 분류에 따른 보관적정 온도관리로 품질유지 원칙을 준수하여야 한다.

⑤ 용기, 포장상태, 유효기간 등의 보관 상태를 항상 체크해야 한다.

⑥ 빈 박스, 빈 병, 빈 통 등 수거 가능한 재활용 용기에 대한 관리원칙을 준수해야 한다.

저장창고 보관 시에는 최상의 상태로 보존하고, 선입선출이나 절도에 의한 손실발생을 최소화해야 하며, 저장위치표시나 분류저장으로 저장된 식재료를 쉽게 찾을 수 있게 관리를 해나

가야 한다. 저장창고는 신선도 유지 차원에서 하역장과 가까운 곳에 위치를 해야 하며 위생관리, 안전관리, 보안관리 등의 규정을 잘 지켜야 한다.

저장관리의 기본원칙은 창고입구 주변에 품목별카드에 의한 저장위치표시나 입출고현황표시판이 있어야 하며 규격, 용도, 기능 등에 의한 분류저장 및 요일별로 색상을 구별하여 쉽게 구분할 수 있도록 요일 택을 사용하여 선입선출을 쉽게 유도해 나가는 것이 필수적이라 하겠다. 이 밖에 저장 시 부패 발생 원인을 살펴보면 유효기간경과, 적정한 저장온도무시, 식재료 간의 간격무시, 환기부족, 위생관리무시, 검수에서 저장까지의 지나친 시간지체 등을 들 수 있으므로 특별히 유의를 해야 한다. 이 밖에 저장에 있어서 일반적인 식자재 창고의 온도는 최소한 15~20℃ 유지와 습도 50~60%를 유지시켜 주어야 한다.

(2) 저장관리의 목적

저장관리에는 상품의 상태를 구입했을 당시의 품질과 거의 비슷한 최적의 상태로 보존해야 하고, 구입시기가 빠른 상품일수록 먼저 사용하는 선입선출의 규칙을 지켜야 하며, 절도에 의한 손실부분까지 체크하며 최소화하는 것이다.

(3) 식자재별 저장방법

올바른 냉장고 사용법

❶ 냉장고는 저온을 이용해서 신선도를 유지하는 동시에 균을 없애는 수단이다. 식자재별 저장온도나 기간이 다르므로 선별해서 사용해야 한다.

❷ 가능하면 냉장고 문을 여닫는 횟수를 줄이되, 만약 여의치 않을 때는 자주 사용하는 시간대에 온도를 좀 더 낮춘다.

❸ 냉장고 내의 용량은 65~70%를 유지해야 하며, 식자재나 용기 사이사이에 냉기가 통해서 신선도를 유지할 수 있어야 한다.

❹ 조리한 음식은 반드시 식은 후, 밀폐용기에 담아 보관한다.

❺ 가능하면 야채, 찬, 육류, 고기 냉장고를 분리해서 사용하는 것이 좋다.

[야채류]

· 엽채류 켜켜이 무겁게 쌓아두면 잎이 짓눌려 물러지기 쉬우므로 공기가 항상 통하게 보

관해둬야 한다.(예 양배추, 배추, 적채, 양상추, 상추 등)

- 근채류　서늘하고 그늘진 곳에 보관해야 하며, 밝은 봉지보다는 검은 봉지가 저장성은 더 좋다. 물로 씻어 보관하게 되면 저장성이 떨어지므로 흙이 묻은 채로 보관한다.(예 감자, 고구마, 더덕, 연근, 우엉 등)

- 과채류　2~7℃에서 보관하되, 신문지로 쌓아 저장하게 되면 저장기간을 늘릴 수 있다.
(예 오이, 호박, 가지, 고추, 토마토 등)

- 두채류　종류별로 건조된 밀폐용기에 담아 냉장고 혹은 어둡고 서늘한 곳에 보관한다.
(예 콩류, 잡곡류 등)

[과일류]

- 딸기　습한 기운을 받아들이기 때문에 빨리 익는 성질이 있으며, 켜켜이 쌓았을 때 아랫부분까지 통풍이 되지 않으면 물러지면서 곰팡이가 핀다.
- 포도　차고 건조한 곳에 보관하되, 포장 비닐을 뜯지 않은 상태로 보관한다.
- 레몬　포장상태로 혹은 신문지에 싸서 보관한다.
- 수박　냉장고에서 방향을 돌려 가며 보관하고, 포개어 얹을 때는 2개 이상 올려놓지 않는다.
- 키위　바로 사용할 게 아니라면 단단한 상태를 골라 냉장고나 서늘한 곳에서 익혀 사용한다. 일주일 정도 보관 가능하다.

[건어물류]

- 공기와 빛에 노출되면 맛이 현저하게 떨어지므로 반드시 영하 14℃, 습도 30%를 유지할 수 있는 냉동실에 보관하되, 최적 장소는 냉장고 문 쪽이다.

[육류]

- 돼지고기　적정 온도는 0~2℃이고, 일주일에서 열흘까지 보관이 가능하며, 냉동시킬 경우 영하 2℃ 상태에서 5일 정도가 알맞다.
- 쇠고기　수분이 많아 냉장 상태에서 일주일 보관하며, 사용할 때는 냉장고에서 꺼낸 즉시 조리해야 한다.
- 닭　냉장 보관 시 변질이 빠르게 온다. 0~2℃에서 5일 보관 가능하지만 가능한 한 2일 이내에 소비하는 것이 좋다.

🍳 **표 9-5_ 식품군별 적정 저장 온도 및 기간**

식품군	식품류	저장온도(°C)	최대저장기간
육류	로스트, 스테이크	0~2.2	3~5일
	육류 간 것, 국거리	0~2.2	1~2일
	각종 육류	0~2.2	1~2일
	베이컨	0~2.2	1주
가금류	거위, 오리, 닭	0~2.2	1~2일
	가금류 내장	0~2.2	1~2일
생선류	고지방 및 비냉동 생선	-1.1-1.1	1~2일
	냉동 생선	-1.1-1.1	3일
패류	각종 조개류	-1.1-1.1	1~2일
난류	달걀, 가공된 달걀	4.4~7.2	1주
	달걀을 이용한 조리식품	0~2.2	당일 소비
유제품류	액상우유	3.3-4.4	용기에 표시한 날부터 5~7일
	고형치즈	3.3-4.4	6개월
	농축밀크, 탈지우유	3.3-4.4	밀폐된 상태에서 1년
과일류	사과	4.4~7.2	2주
	포도, 배, 딸기 등	4.4~7.2	3~5일
	고구마, 양파, 호박	15.6	1~2주
채소류	감자	7.2~10	30일
	양배추, 근채류	4.4-7.2	최장 2주
	기타 모든 채소	4.4~7.2	최장 5일

- 생선 0~4℃ 사이에 보관하는 것이 좋다. 가장 신선할 때가 하루를 넘기지 않는 것이다. 냉장 보관이 어려울 때는 얼음을 활용해서 신선도를 유지해 주는 것이 좋으며, 부패여부를 잘 체크해야 한다. 특히 여름철에는 얼음을 자주 교체해서 부패를 최소화해야 한다.

- 해산물   생선과 동일하게 보관한다. 냉동 상태일 경우는 구매 후 포장을 뜯지 않는 상태
  에서 한 달을 넘기지 않도록 하며, 포장을 뜯었을 경우 동일하게 하루 안에 소비해야 한다.

[조미료류]

- 고춧가루   빛이 투과하지 못하도록 어두운 상태로 냉장 보관하며, 개봉하지 않은 상태로
  장기간 보관 가능하나, 개봉했을 경우는 냉동실의 냄새를 금방 흡수하기 때문에 관리상
  주의해야 할 것이다.
- 유지류   사용 후 바로 밀봉해야 하며, 반드시 직사광선을 피해야 한다. 침전물이 생기게
  되면 산패되고 있는 현상이므로 바로 폐기하도록 한다.
- 기타 조미료   일일 사용량을 정해놓고 그날 쓰고 남은 재료는 바로 폐기한다.

③ 출고관리

출고란 생산 활동으로 이어지는 최종단계로 저장하고 있는 창고로부터 입고되어 있던 식재료(육류, 공산품, 야채류, 소모품 등)가 인출되는 것을 말하는데 식재료 출고 시에는 선입선출의 룰을 꼭 지켜야 하며 이때 출고기록부(일시, 양, 단위, 품목, 입고량, 출고량, 재고량, 요청자, 출고자, 확인자 등)에 기입해 놓으면 재고파악을 쉽게 할 수 있어 효과적이다. 출고관리에 있어서 일정한 출고기준이 없으면 곤란하므로 입·출고시간을 정하여 관리를 해나가야 하며 출납담당자는 식재료에 대한 기본적인 지식을 습득하고 철저한 기록관리를 위해 매일매일 출고된 식재료 및 소모품을 집계정리를 반드시 해나가야 한다.

이를 위해서는 적정규모와 공간의 저장장소가 필요하며 품목에 따른 올바른 저장방법이 요구된다. 특히 냉장고 또는 냉동고에 보관하는 식재료는 정기적인 온도관리·청소관리가 중요하며, 아울러 기계류에 대한 정기적인 점검을 실시한다.

출고 후 저장창고 정리정돈 시 부패되었거나 유효기간이 경과된 것이 있는지 체크를 하고 만일 경과된 것이 있을 경우에는 폐기처분 규정에 따라 즉시처리를 하도록 한다. 그냥 방치해 두고 있다가 관련기관이나 단체 등에 적발될 시에는 과태료나 영업정지처분을 받을 수 있다는 사실을 명심해야 한다.

🍢 표 9-6_ 입·출고 관리 리스트

일 시	식재료명	입고날짜	입고량	출고날짜	출고량	재고량	출고확인
/		/		/			
/		/		/			
/		/		/			
/		/		/			
/		/		/			
/		/		/			

🍢 표 9-7_ 구매·검수·저장관리 포인트

경 과	작업 내용
구매 관리	· 사용 식재료의 기준을 미리 정해두고, 규정된 상품을 발주한다. · 발주는 전화발주 및 직접 방문하여 할 수도 있지만 반드시 전표나 메모에 의한다. · 발주전표에는 반드시 해당 물품의 지정 품질을 기입해 둔다. 그리고 단가를 확인해 둔다. · 발주는 전날 밤, 폐점 시에 재고를 조사하여 그 시점에서의 발출량을 정해놓고 이것을 발주전표에 기입해 둔다. · 전날 밤의 발주전표를 거래업자에게 위의 순서로 빠짐없이 체크하면서 발주한다.[아이들 타임에 다른 업자와 각각의 단가, 품질의 비교검토를 월 2~3회는 실시할 것. 또한 인터넷이나 신문의 경제란에 자주 눈을 돌려 신선3품(고기, 생선, 야채)에 대한 단가를 알아 둘 것]
검수 관리	· 발주한 원재료는 거래업자로부터 직접 검수담당자가 받는다. 업자가 직접 냉동, 냉장고에 반입하지 않도록 한다. · 발주상품이 발주전표대로인가 하나씩 확인한다.(거래업자가 가지고 있는 납품서만 보고 확인을 하면 자신이 요구한 수량, 질과 다른 경우가 많다.) 그리고 발주 전표와 다르지 않음을 확인하고 나서 납품서를 확인한다. · 하나씩 수, 양, 질을 체크한다.(입구에 계량기를 반드시 설치해 둔다) · 이 체크에 합격되면 냉동고, 냉장고, 보관고, 수납장으로 운반한다.(발주, 물건받기의 단계에서 상기의 항목을 지키면 우선 안정된 원가율을 지킬 수 있다.)
저장 관리	· 납입된 상품을 각각 미리 정해진 보관 장소로 가능한 한 빨리 옮긴다. · 냉동품은 냉동고로, 냉장품은 냉장고로, 이때 선입선출을 철저히 한다. · 선입선출을 지키기 위해서 새로 납입된 상품을 반드시 안으로 놓고, 그 전의 상품은 앞으로 놓는다. · 신선3품(고기, 생선, 야채)은 물론이고 통조림, 쌀에 이르기까지 보관 온도가 있다. 이 온도를 조사하여 온도관리에 신경을 쓴다. 특히, 냉동, 냉장고 안의 온도에 대해서는 매일 체크한다. · 각각의 상품의 보관 장소를 확실히 정하고, 그 장소로 가면 곧 희망하는 상품을 얻을 수 있도록 정리·정돈을 해 둔다. 특히 수량은 보면 즉시 알 수 있도록 보관한다.(손실이 원가율을 크게 좌우한다. 조금만 보관에 부주의해도 손실이 생긴다.)

표 9-8_ 조리 작업내용

경과	작 업 내 용
사전 작업	· 사전작업에는 그날그날 하루 영업을 위해 필요한 작업과 3~4일이 걸리는 작업, 그리고 비교적 장기간이 필요한 작업이 있다. 이것을 잘 나누어 작업을 하는 것이 중요하다. · 하루의 영업을 위한 사전작업을 아침에 행한다. 1일 매상 예측을 세우고 그에 따라 작업. 피크타임의 상품상황을 확인한 후, 아이들 타임에 저녁 피크용 사전작업을 한다. 스프 따위는 곧 보충할 수 있지만 냉동품 등은 해동에 시간이 걸리기 때문에 특히 주의를 하지 않으면 피크 시에 품절되는 사태가 생긴다.
사전 작업	· 수일이 걸리는 사전작업에는 스튜, 카레 등과 같은 많이 삶는 경우와 절임 등이 있는데 이것은 아이들 타임에 행한다. 코스트다운도 되고, 그 이상으로 점포의 손맛을 낼 수 있다. · 장기에 걸친 사전작업은 대량으로 인한 코스트다운이 목적인 경우가 많다. 이것도 아이들타임에 한다. 보관은 거의 냉동이기 때문에 제조년월일을 상품에 붙여 보관한다.
본조리	· 본조리에서는 미리 각각의 상품에 대한 기준을 정해 놓을 것. 상품의 판매가, 상품을 구성하는 원료의 종류, 수량, 품질, 형상을 정해 놓는다. · 그리고 그 상품을 만드는 순서도 정하고, 반드시 그 순서에 따라서 조리한다. · 본조리는 메뉴 기준표에 따라서 한다. 직관에 의한 조리는.조리하는 사람의 기술, 그 사람의 건강상태에 따라서 맛과 질이 달라진다. 균질한 상품을 내는 것이 중요하다. 따라서 반드시 기준표에 준해서 조리한다. · 조리는 날 것, 찐 것, 조린 것, 튀긴 것 등으로 크게 나뉜다. 각각의 조리는 점포에 따라서 독특한 방법이 있다. 이 방법을 문장으로 해서 메뉴 기준표에 기입해 두자.
담 기	· 담기 전에 반드시 맛을 체크할 것. 시간의 경과에 따라서 맛이 조금씩 변한다. 특히, 스프, 국물의 경우처럼 가온하여 보존하는 상품에는 주의해야 한다. · 담기의 기준을 정해둔다. 사진으로 찍어 메뉴 기준표에 붙여 놓는다. 또한 접객 담당이 그것을 기억하기 쉽게 하기 위해서 사진일람표를 만들어, 배선대 가까이에 게시해 둔다. · 제공 전에 반드시 주방에서 담기를 체크한다. 그리고 제공 시 접객 담당이 다시 한번 체크한다. · 따뜻한 음식은 따뜻할 때, 차가운 음식은 차가울 때 손님에게 제공하는 것이 원칙이다. 담은 요리는 한시라도 빨리 손님의 테이블로 옮기는 것이 손님에 대한 최대의 접대이다. · 따뜻한 요리는 따뜻한 용기에, 차가운 요리는 차가운 용기에 제공한다. 깨진 용기나 더러워진 용기에 요리를 제공하는 것은 서비스 이전의 문제이다.

④ 재고관리

재고관리는 일별, 주별, 월별, 년별로 점포실정에 맞추어 하면 된다. 재고조사를 하는 목적은 제품의 품질상태나 제품별 재고회전율과 식자재의 원가비율 등을 파악하는 데 있다. 과다한 재고는 자금유동을 사장시킬 뿐만 아니라 창고비, 인건비, 금리 등의 재고관리 및 유지비용의 문제와 유효기간이 경과된 식자재나 악성재고 등으로 점포경영에 장애가 될 수 있으므로 주의하여야 한다.

또한 재고가 적으면 품절로 인한 판매기회상실과 고객과의 신뢰손실을 가져다주기도 한다.

효율적인 재고조사를 위해서는 재고조사 시점에 재고량이 어느 정도 있어야 적정한지를 미리 파악하여 그에 따라 목표치를 정해두고 조정해 나가는 것이 좋다.

그리고 월말재고조사 때는 재고가 가능한 한 적은 상태가 되는 것이 조사시간의 절약과 정리정돈이 용이하며 손실도 줄일 수 있다. 따라서 월말이 다가오면 발주량을 적절하게 조절하고 매입집계표도 정리하여 계산 등 미리 준비를 하도록 한다. 장소별 재고의 표준치에 기초한 재고조사표를 작성하고 조리장 내에 있는 가공상태의 식재료나 소량의 식재료도 식재단가를 산출해야만 정확한 재고조사가 될 것이며 이때 조사단위는 Box, kg, g 단위로 구분하여 조사를 하면 원가산출이 보다 용이하다. 이를 바탕으로 재고조사 후에는 당월 원가율도 산출해야 한다.

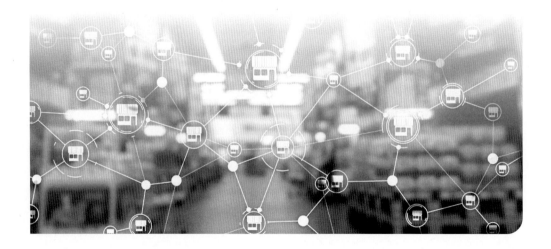

외식창업
실무지침서

Chapter *10*

인사관리와
교육·훈련

01 직원관리

1 인적자원관리와 조직관리

1. 인적자원관리의 개념

어떠한 형태의 기업이든 경영자 1인 기업이 아닌 이상 인적자원에 대한 관리가 필요하다. 직원이 많아지고 직무의 형태가 다양하고 복잡해질수록 사람들 간에는 많은 문제들이 발생하기 마련이다. 공동의 성과를 내기 위해 많은 사람들이 상호 협력하는 유기적 활동이 원활하게 이루어지기 위해서는 먼저 인적자원관리가 제대로 이루어져야 한다.

인적자원관리에 대한 정의는 학자마다 수없이 많겠지만, 이러한 의미로 해석해 볼 때 인적자원관리란 '조직의 목적을 달성하기 위해 활용하여야 하는 자원 중에서 인적자원을 확보하고, 평가·개발, 보상·유지하기 위한 계획과 실행, 평가하는 활동'으로 정의할 수 있다.

인적자원관리는 당연히 1차적으로 효율적인 생산성 향상을 목표로 하게 된다. 그러나 이와 동시에 구성원, 즉 직원들의 만족도 충족이라는 목표도 가지게 되는데, 목표달성에 대한 충분한 보상은 직원의 만족도를 충족시킬 뿐만 아니라 다음 직무수행에도 긍정적인 영향을 미치게 된다.

과거 Taylor는 과업관리(task management)를 통해 과학적 관리법의 이론을 창안하였고 시간 및 동작연구의 Gilbreth 부부, 간트차트의 Gantt를 거쳐 Ford의 포드시스템이라는 컨베이어 시스템에 의한 대량생산방식에 이르기까지 가히 혁명적인 생산성 향상을 이룩해 냈다. 그러나 인간성을 무시하고 생산성과 능률만을 강조하였다는 점에서 많은 비판을 받게 되었다. 이러한 문제에 대한 반성으로 등장한 것이 Mayo의 호손실험(Hawthorne experiment)으로 능률보다 인간관계에 초점을 두었다. 그러나 이 또한 지나치게 인간적인 요소만을 강조하여 합리성이 결여되었다는 점에서 비판을 받게 되었다.

이렇게 생산성 강조에서 인간성 강조로 인적관리의 변화를 거쳐 오면서, 어느 하나에만 치중하다보면 다른 것을 잃게 된다는 것을 알게 되었다. 따라서 오늘날에는 이 2가지의 조화를 시도하는 현대적 개념의 인적자원관리(HRM: Human Resource Management)가 등장하게 된다. 이

표 10-1_ HRM의 도입으로 인한 변화

	전통적 조직	미래조직
인적자원관리 관점의 변화	직무, 연공 중심의 인사관리 · 연공 중심 · 직무 중심(훈련 중시) · 수직적 경력관리 · 승진과 보상의 연계 · 직급과 직책의 연계 · 고정급	사람, 능력 중심의 인사관리 · 직능중심 · 사람 중심(교육 중시) · 수평적 경력관리 · 승진과 보상의 분리 · 연봉급
조직에서 요구하는 개인의 특성변화	말 잘 듣는 사람 · 성실성 · 명령수용적 · 내부지향적 · 자기고집적 · 위험회피적	자율적, 창의적인 사람 · 창의성 · 자율적 · 미래지향적 · 고객지향적 · 학습지향적 · 위험선호적
관리자 역할의 변화	지시, 통제자 · 지시적 · 관리, 통제 · 정보 독점 · 권력 추구	비전 제시자, 후원자 · 참여적, 설득적 · 코치, 후원 · 정보 공유 · 권한 위양

는 다시 HRP(Human Resource Planning: 인적자원계획), HRD(Human Resource Development: 인적자원개발), HRU(Human Resource Utilization: 인적자원 활용)의 3가지 측면으로 나눌 수 있으며, 채용·선발·배치에서부터 교육·훈련까지 포괄하는 광범위한 개념으로 주목받고 있다.

2. 인적자원관리의 의의

(1) 인적자원관리의 중요성

디지털시대의 발달과 노동시장의 구조변화, 글로벌경쟁시대 도래, 지식중심의 시대를 맞으면서 인적자원관리 환경도 변화하고 있으며 조직구조가 보다 유연하고 탄력적인 네트워크조직으로 급변하고 있다. 지금까지의 인적자원 변화를 살펴보면 1980년대는 안정적인 경영환경에

연공서열과 인간적인 면이 강하였고, 1990년대는 국제통화기금(IMF)을 통한 구조조정이라는 과도기적인 기업환경 변화로 팀제 중심의 신인사제도가 생겨나면서 디지털시대를 맞아 더욱 급변할 것으로 예상이 되고 있다. 사람은 이윤창출활동에서 가장 중요한 자산이며 외식산업이나 외식프랜차이즈산업뿐만 아니라 모든 조직에서 사람을 관리하는 일은 갈수록 어려워지고 있다. 건물·기계·자금 등은 대여할 수 있는 부분이지만 인재의 채용은 불가능하다고 하겠다.

인적자원관리란 개인과 조직의 목표를 성취하기 위한 인적자원의 계획과 확보, 활용과 유지, 그리고 보상과 개발 등의 행위를 말한다. 외식산업은 원재료를 구입하여 가공한 후 소품종 다량생산을 하고, 서비스를 더해야 비로소 상품으로서 역할을 하며, 이 외에도 즐거운 식사를 하도록 청결을 유지하고 분위기 있게 장식해야 하는 등 많은 부분이 사람을 필요로 하는 기술집약적이고 노동집약적 산업이라고 볼 수 있다. 사람에 대한 의존력이 높은 외식산업에서는 우수한 인재를 확보하고 개발하여 유지하는 인적자원관리가 매우 중요하다.

(2) 인적자원관리의 내용

인적자원확보는 직원의 모집·면접·선발 등의 채용활동을 말하며, 인적자원개발은 직원의 잠재적 능력을 실현할 수 있도록 교육훈련과 능력개발 및 배치·전직·승진 등의 활동을 말한다.

인적자원 유지는 직원의 보상과 복리후생 및 안전위생·의사소통·제안제도 등을 통해 좋은 직무환경과 분위기를 유지하는 활동이며, 인적자원조정은 효율적인 조직규모를 구성할 수 있도록 구성원 수를 조정하는 활동을 말한다.

오늘날 식당과 같은 서비스업의 성패는 서비스의 질에 달려 있다고 할 정도로 고객만족, 고객감동이 성공을 위한 필수조건이 되고 있다. 먼저 음식의 맛이나 분위기에 의해 고객만족이 이루어진다면 직원의 마음가짐, 인정, 배려 등에 의해 고객감동의 단계에 이르게 된다. 즉, 식당의 인적자원관리는 행복한 고객을 창조하기 위한 매우 중요한 분야이며, 적절한 교육과 훈련이 수반되어야 한다.

식당의 인적자원 관리는 '식당이 필요로 하는 적합한 인력을 고용하여 유지하고 교육과 훈련으로 능력을 개발하여 식당운영에 맞게 활용하는 동시에 직원의 자발성과 자율성의 원리에 입각하여 계획·조직·통제하는 것'으로 정의할 수 있다. 식당의 인력구성은 시간의 흐름에 따라서 변화하는데 인적자원 수급계획에 의거하여 가장 적합한 지원자를 확보하여야 한다.

3. 인적자원의 계획

(1) 계획과정

인적자원계획을 수립하기 전에 수요와 공급측면에서 직무분석을 해야 한다. 수요측면에서 기업이 목표를 달성하는 데에 필요한 직원의 수와 그 자질을 명확히 하는 과정을 인력수요분석이라고 한다. 그리고 공급측면에서 필요한 인적자원을 충족시키기 위해 직원을 기업의 외부에서 또는 내부에서 충당할 것인지를 결정하는 과정을 노동공급분석이라고 한다.

인력의 수요와 공급분석이 끝나면 직원이 부족한지 또는 과잉인지에 대한 결정을 하게 된다. 만일 직원이 부족하다고 예상되면 외부에서 적절한 자격을 갖춘 직원을 확보해야 한다.

(2) 직무분석

❶ 직무분석의 개념

인적자원 관리는 직무를 통해서 직원의 자기만족을 충족시켜 주고 만족으로부터 유발되는 사기가 생산성 증대에 영향을 미친다.

직무분석은 인력관리의 기초적 정보의 하나로서 각 직무의 내용·특징·자격요건을 설정하고 직무를 수행하는 데 요구되는 기술·지식·책임 등을 분명히 밝혀주는 절차를 말한다. 직무분석은 실질적으

로 채용기준의 설정, 교육훈련과 배치 및 전환의 자료제공, 효율적인 노동력 이용, 적정임금수준의 결정, 직무의 상대적 가치를 결정하는 자료를 제공하는 데 있다.

직무분석자료를 수집하는 방법에는 관찰, 실무자와 감독자의 면접, 직무분석 설문지 등이 있는데, 그중에서 설문지법이 가장 널리 이용된다. 직무분석의 결과로 직무기술서와 직무명세서가 작성되며, 또한 조직의 전반적인 직무설계와 직무평가의 기초자료가 된다.

❷ 직무기술서와 직무명세서

직무기술서는 직무의 목적·업무내용·책임·의무 등을 기술한 것으로 채용·급여결정·승진·배치·훈련 등의 인사관리를 실행하는 데 기초가 된다.

직무기술서

- 근무장소　주방
- 직책　제1조리사
- 보고자　조리장
- 직무내용　조리장의 지시에 따라 안전하고 위생적인 조리작업을 수행한다.
    1. 식재료의 보관 및 수량관리를 책임진다.
        특히 식재료의 질과 신선도를 점검할 수 있는 능력을 배양한다.
    2. 필요량의 식재료를 충분히 확보하고 관리한다.
    3. 보조조리사를 관리·감독한다.
    4. 항상 주방 내 청소와 위생관리에 신경 쓴다.
    5. 조리장의 부재 시 조리장을 대신하여 조리작업을 한다.
    6. 항시 피크타임에 대한 사전준비를 한다.
    7. 육류·생선·야채 등의 식재료를 신선하게 준비한다.
    8. 조리장의 조리를 도와주고 다른 조리사를 도와준다.
    9. 냉동·냉장고의 온도 및 상태를 점검한다.
    10. 틈나는 대로 보조조리사를 육성한다.

　　직무명세서는 직무를 수행하는 데 필요한 교육수준·기술·경험 등의 인적 특성, 즉 인적 요건을 기술한 것으로 직무의 특성에 중점을 두어 기술된 직무기술서를 기초로 하여 직무에 요구되는 상세한 개인적 요건을 정리한 문서이다. 직무명세서의 용도는 다음과 같다.

- 신규인력 채용광고를 위한 정보출처
- 직무를 수행하기 위해 요구되는 교육수준의 규정
- 직무를 수행하기 위해 요구되는 경력이나 특별교육의 규정
- 직무에 특별히 필요한 육체적인 조건이나 규정

직무명세서

- 직명　웨이터/웨이트리스
- 일주일 총 근무시간　40시간
- 휴가기간　1년에 2주
- 성격　고객들에게 친절히 대해야 함
- 연령　18~60세
- 신체조건　양호한 건강상태

- 근무시간　아침 9시~오후 6시, 주5일 근무
- 휴일　일주일에 2회
- 교육수준　고졸, 전문대졸, 대졸
- 보고자　지배인
- 경력요구사항　2년
- 특별기술 요구사항　없음

- 직무에 대한 특기사항　본 직무는 웨이터나 웨이트리스가 현금을 다루며, 알코올 음료를 취급할 것을 요구한다. 그리고 매달 지배인으로의 승진도 가능하다.

❸ 직무평가

직무평가는 각 직무 간의 상대적인 가치를 객관적으로 측정하는 절차이다. 합리적인 임금구조를 결정하기 위한 것이 가장 큰 목적이지만, 직무평가과정에서 수집된 자료를 인적자원관리에 다양하게 활용된다. 직무평가에는 서열법·분류법·점수법·요소비교법 등이 있다.

4. 인적자원활동

인적자원활동은 인력의 수요와 공급을 예측하여 필요한 인적자원을 계획하고 모집·선발과정을 거쳐 적임자를 채용하는 방식으로 인적자원을 확보하는 것에서부터 시작된다. 인적자원이 확보되면 교육훈련·배치·전직·승진·인사고과 등의 인적자원개발활동을 하고, 인적자원을 유지하기 위한 임금관리·보상·복리후생 등의 인적자원개발활동을 하게 된다.

(1) 인적자원 확보

인적자원관리의 성패는 채용에 달려 있다고 해도 과언이 아니다. 채용과정은 다음과 같다.

🍸 표 10-2_ **채용과정**

1. 소요인원	2. 모집	3. 선발	4. 배치
· 인원계획	· 채용전략수립 · 지원서 교부접수 [외부모집] · 음식업중앙회, 광고, 인터넷, 추천, 식당 관련 전문잡지, 국가고용기관, 대학취업정보센터, 사설직업소개소 [내부모집] · 이동, 승진, 재배치	· 서류전형 · 1차 채용시험(실기) · 2차 면접시험 · 오리엔테이션, 신체 검사, 적성검사 · 최종합격자 발표	· 신입사원교육 · 배치 및 직능교육

❶ 모집

효과적인 충원을 하기 위해서는 직무명세서에서 요구하는 능력과 기술을 가진 사람들을 모집하여야 한다. 외식산업에 적합한 자격을 갖춘 직원을 모집하기란 쉽지 않다.

❷ 선발

선발은 규정에 의해 지원자를 평가하여 선택하는데, 최고를 향한 열정이 있어야 하며 강한 승부근성을 가진 사람, 감성지능이 있고 도덕적 겸양이 있는 사람, 직업윤리를 가진 사람, 핵심 가치에 맞는 가치관을 가진 좋은 사람을 선발해야 하는데 지원자는 생활정보지광고, 인터넷검색, 헤드헌터이용, 학원, 학교, 신문, 고용안정센터 등을 통하여 확보되며 선발과정에는 지원서(이력서, 경력증명서, 자격증, 자기소개서, 졸업증명서, 성적증명서, 주민등록등본 등)를 기초자료로 해서 채용시험, 면접, 개인적 배경조사, 신체검사, 수습기간 등의 단계로 이루어진다. 선발방법으로는 지원자에 관한 조서를 평가하여 판단하는 조서관찰법, 면접에 의해서 신상조사를 관찰하는 면접법, 테스트를 통해서 지원자의 정신적인 특징을 측정·평가하는 테스트법, 부여되는 과제에 적응하는 지능 정도를 측정하는 학식검사, 그리고 지능검사 등이 있다.

식당 창업 업무 중에서도 가장 어려운 부분이 자기점포에 가장 적합한 인재를 구하는 일이다. 어디의 누구에게 직원문제를 의논해야 할지 막연한 경우도 많고 특히 3D업종 기피현상으로 가면 갈수록 어려워지고 있다. 요즘은 외식전문 컨설팅사나 구인업체, 인테리어업체, 주방업체, 식재료 납품업체에 의뢰해서 채용하는 경우가 많고 또 자주 이용하는 식당 경영주나 주방장에게 부탁하여 추천을 받아 채용하기도 한다. 이러한 인재확보문제는 뚜렷한 해결책이 있는 것이 아니며 주어진 점포의 환경, 경영주의 의지나 경영방침, 직원의 외식산업인으로서 건전한 직업의식 등에 의해 해결 방법을 찾아야 할 것이다.

🔍 직원 채용방법

❶ 가장 먼저 가족 중에서 가능한 인원을 찾아보고 나서 지인이나 연고자를 통해서 인재를 확보하면 잦은 이직 등의 부담을 줄일 수 있다.

❷ 자기가 운영할 점포와 비슷한 수준의 규모나 업종·업태의 점포에서 필요한 인력을 스카우트하는 방법이 있으나 급여도 현재보다 높여 주어야 하고, 상도의 문제 등으로 악순환이 될 수도 있다.

❸ 대학이나 교육기관에 의뢰하는 방법이 있으며, 또 한국외식업중앙회나 각 지부, 조리사 협회, 어머니회 등에 문의를 해서 조리사나 찬모, 보조, 서빙인력 등을 소개받을 수도 있다.

❹ 예정메뉴와 유사한 점포의 주방장 밑에 있는 조리사를 주방장으로 승진시켜 스카우트하는 방법

⑤ 취업전문사이트인 푸드앤잡, 잡코리아, 사람인, 인크루트, 워크넷, 알바천국 등이나 대학의 외식, 조리 관련 학과나 외식컨설팅 전문기관에 의뢰하는 방법

⑥ 직접 식당에 취업하거나 조리전문기관에서 전문지식을 습득하는 방법

⑦ 주방기기 납품업체나 식자재 납품업체의 소개를 받는 방법

⑧ 지역에 있는 시청이나 구청 또는 고용안정센터, 정부의 양성기관, 어머니회에 추천을 의뢰하는 방법

⑨ 지역신문이나 생활정보지, 식당 관련 전문잡지(월간식당 등)나 신문(식품외식경제신문) 등에 구인광고를 내는 방법

⑩ 1~2개월간 유능한 조리사를 채용하여 기술전수계약을 하고 기술을 습득하는 방법이 있는데 고액요구와 실속 면에서의 문제점이 내포되어 있다.

🖥 외국인근로자의 고용

최근 외식업계 문제점의 하나로 인력난이 대두되고 있는데 부득불 외국인 근로자를 고용할 경우라면 아래의 절차를 따라야 한다.

외국인 근로자를 고용하기 위해서는 먼저 외국인 고용 허가 신청 14일 전 관할 고용지원센터에 '내국인 구인요청'을 하여야 한다. 관할 고용지원센터에 내국인 구인신청을 한 사용자가 고용지원센터의 적극적인 알선에도 불구하고 내국인을 채용하지 못하는 경우 내국인 구인 신청일로부터 14일이 경과한 후부터 3월 이내에 외국인 고용허가를 받기 위한 '특례고용가능확인서' 발급신청이 가능하다.

특례외국인근로자를 고용한 사용자는 근로를 개시하거나 근로를 개시한 사실을 인지한 날로부터 10일 이내에 사업장 소재지 관할 고용지원센터에 '외국인근로자근로개시' 신고를 해야 한다.

🍴 표 10-3_ 일반외국인 근로자 고용절차 안내

내국인구인노력	외국인근로자 고용을 원하는 사용자는 관할 고용센터 또는 워크넷사이트 (www.work.go.kr)에 내국인 구직 신청을 해야 한다. 내국인 구인노력기간 · 제조업 건설업 서비스업: 원칙 14일, 예외 7일 · 농축산업·어업: 원칙 7일, 예외 3일 · 예외 적용: 워크넷+, 신문, 간행물, 방송 등
외국인고용허가신청	내국인 구인노력에도 원하는 인력의 전부 또는 일부를 채용하지 못한 경우 관할 고용 지원센터에 외국인고용허가 신청을 할 수 있다. · 기한: 내국인 구인노력기간 경과 후 3개월 이내 · 구비서류: 외국인근로자고용허가서 발급신청서, 발급요건입증서류(사업자 등록증사본 등) · 인터넷 입국대행 및 취업교육신청: www.eps.go.kr
고용허가서 발급	고용지원센터는 외국인근로자를 구직인원의 3배수로 알선하며 사업주는 고용 지원 센터를 직접 방문하거나 고용허가제 웹사이트(www.eps.go.kr)를 통해 알선인원 중 적 격자를 선택하여 고용허가제를 발급받는다.
근로계약체결	· 고용허가서 발급과 동시에 표준근로계약서가 작성되어 한국산업인력공단으로 송 부되며 공단은 동 계약서를 송출국가로 송부한다. · 송출국가에서 해당 근로자의 근로계약 체결 의사를 확인한 후 표준근로계약서를 최종확정하여 근로계약이 체결된다.
사증발급인정서 신청 및 발급	근로계약이 체결되면 사용자 혹은 대행기관은 법무부 출입국관리사무소에서 사증발 급인정서를 받는다. · 사증발급인정서 신청서류: 사증발급인정신청서, 고용허가서 사본, 표준근로계약서 사본, 사업자등록증 등 사업장관련 입증서류 사본
외국인근로자 입국 및 취업교육	외국인근로자는 비전문취업(E-9) 사증을 받아 국내에 입국, 한국산업인력공단 관계 자의 확인을 거쳐 국가별, 업종별 취업교육기관으로 이동하여 16시간의 취업교육을 받는다. · 일반외국인근로자의 취업교육비: 사용자 부담 · 외국국적동포의 취업교육비: 근로자 본인 부담. 사용자는 건강검진결과에 이상이 없는 외국인근로자가 취업교육을 이수한 경우, 외국인근로자를 인수한다. · 근로계약의 효력은 입국한 날로부터 발생한다.
사업장 배치, 사업장 고용 및 체류지원	· 사용자는 한국산업인력공단 및 각 대행기관을 통해 사업장에서 발생하는 각종 고 충상담, 통역지원 등의 편의를 제공받을 수 있다. · 외국인근로자는 내국인근로자와 동일하게 근로기준법 위반 등의 문제발생 시 고용 노동부, 노동위원회, 법원 등을 통해 권리구제를 받을 수 있다.

🔍 직원 선발 시 체크사항

직원 채용 시 유의할 점은 직무의 명확성, 지원자의 인생관과 점포의 직무에 부합되는가, 우리 점포의 이상적인 연령층인 단골고객에게 적합한 지원자인가 등을 고려해야 한다. 직원 채용의 핵심은 우수한 인재를 채용하기보다는 성실한 인재, 성장할 잠재력이 있는 인재, 외식업체에 적합한 끼가 있는 인재, 즉 현재 기술은 약간 부족하지만 성실하고 따뜻한 마음의 소유자를 채용해야지 실패 없는 경영을 할 수 있다. 기술과 경험이 부족하더라도 밝은 성격, 배우려는 마음을 갖고 있는 사람에게는 부족한 기술수준을 교육과 훈련으로 얼마든지 향상시킬 수 있다.

🔍 직원 채용 시 확인사항으로는 다음과 같다.

- 이름, 생년월일, 주소, 연락처, 근무경력 등을 기재한 이력서
- 건강진단증, 주민등록등본, 보유 자격증(조리사, 영양사, 조주사, 위생관리사, 운전면허증) 등
- 해당요리에 대한 교육이수 내용이나 지식과 기능
- 건강 상태와 인품, 언어사용능력, 태도, 근무의욕 체크
- 근무경력증명서(같은 곳에서 장기근무자 우대)
- 성실한 인간관계와 가족관계
- 점포선택 이유와 장래의 꿈이나 희망을 체크하고 선발해야 된다.

(2) 인적자원개발

❶ 배치

직무에 적합한 사람을 선발하였다고 해서 채용의 모든 절차가 끝난 것은 아니다. 미래의 기업을 이끌 사람과 직무를 합리적으로 연결시켜주는 배치의 과업을 수행해야 한다.

배치방법에는 적성배치와 적정배치가 있다. 적성배치에는 적성에 맞는 일을 할 수 있도록 배치하는 것이고, 적정배치는 업무량의 예측에 기초를 둔 인원배치의 적정을 목적으로 한다. 적성배치가 직원의 질적인 부문의 어떤 작업에 얼마 만한 인원을 배치하는 것이 합리적인가 하는 문제를 다루는 것이다.

❷ 전직

전직은 직원이 동등의 직급으로 수평적으로 이동하는 것으로 만족감을 주고, 또한 기업에 최대로 공헌할 수 있는 지위로 배치시키는 방법이다. 임금·직책·위신 등에서 기존의 직급과 별 차이가 발생하지 않는다.

표 10-4_ 면접표(파트타임, 아르바이트) 양식

성 명		성 별	남·여	전 화	
				휴대폰	
직 업	일반, 주부, 회사원, 학원생, 학생(　　대학　　　학과　　학년 재·휴학)				
생년월일	년　　월　　일		주민등록번호	―	
주소(e-mail)					

근무시간	시 간	(희망)　시 ~　시 (가능시간)　시 ~　시
	요 일	월, 화, 수, 목, 금, 토, 일, 공휴일
	기 간	년　　월　　일 ~　　년　　월　　일

질문사항	답변 내용
경 험	무·유(내용:　　　　　　　　　　　　　　　)
가족관계	
가족의 동의	받았다·못 받았다
현재의 건강 상태	

면접 평가(A, B, C로 평가한다)

1	자세·복장·태도·화장(청결감이 있는가)	A, B, C
2	느낌·앉은 자세(바른가)	A, B, C
3	이야기하는 방법(경어사용, 언행 및 눈을 보고 이야기하는가)	A, B, C
4	동작의 신속성 여부	A, B, C
5	이해력(질문에 곧 대답할 수 있는가)	A, B, C
6	협조성(인간관계는 좋은가)	A, B, C
7	성격이 시원시원하고 표정이 밝은가	A, B, C
8	호감을 주는 인상인가	A, B, C
9	점포의 근무조건과 주고객층과 연령이 일치하는가	A, B, C
10	근무 동기는 명확한가	A, B, C
11	점포와 출·퇴근은 편리한가	A, B, C

연락 일시	월　일　시 Tel ＿＿＿＿＿＿＿	보류＿ 채용＿ 불채용＿		
출근예정일시	월　일　시	평 점		점
기 타	시간급: 자료: 보관·반환 응모경로:	담당자	점장	사장
	건강진단증 준비(사진 2매, 주민등록증, 수수료)			

전직은 작업요건의 변화에 대응하고 잘못된 배치를 교정하며, 작업의 단조로움에서 벗어나게 해준다. 또한 직원 상호간의 불화를 막아주고 창의적 활동에 대한 기회를 부여하며, 장래의 승진에 대비한 훈련을 가능하게 한다.

❸ 승진

승진은 직원이 보다 유리한 직무로 이동하는 것을 말한다. 승진으로 권한과 책임의 영역이 커지며 임금상승도 따르는데, 조직에서 목표와 조직의 목표를 조화시켜 주고, 직원에 대한 가장 유효한 커뮤니케이션 수단이 되며, 인사정체현상을 해결해 준다.

합리적인 승진은 직원의 능률과 사기를 증진시키고 잠재적 직원에게 조직에 참여하고자 하는 동기부여를 제공하므로 적재적소, 업적, 인재의 육성, 동기부여의 기회 제공 등의 기본원칙에 따라 실행한다.

❹ 인사고과

인사고과는 직원을 그가 속하고 있는 조직에 대해 가지는 잠재적 유용성에 관하여 조직적으로 평가하는 제도이다. 직원의 가치를 객관적으로 정확히 측정하여 합리적인 인사관리의 기초를 부여함과 동시에, 직원의 노동능률을 형성하는 데 목적이 있으며, 승진, 배치전환, 급여, 해직, 채용순위 및 복직순위 등에 사용된다.

❺ 교육훈련

교육훈련의 목적은 지식·기능·태도를 향상시켜 조직을 강화하고, 직원 각자 직무에 만족을 느끼게 하며, 직무수행능력을 향상시켜 보다 중요한 직무를 수행할 수 있도록 하여 외식업체를 유지하고 발전시키는 데 있다고 하겠으며 체계적인 교육훈련은 생산성 향상, 원가절감, 조직의 안정성과 유연성 향상에 기여할 수 있는 필수적인 요소이다.

교육 훈련은 외식업의 전반적인 이론 등 특정직무와 관련되지 않는 일반지식과 기초이론을 가르치는 것을 말하며, 훈련은 서빙이나 조리 등 특정직업 또는 특정직무와 관련된 학문적 지식, 육체적인 기능 등을 습득시키며 숙달시키는 것을 의미한다. 즉, 교육·훈련은 직원의 능력개발을 목표한 것으로 그 주요 목적은 첫째, 채용된 인재를 육성하여 기술을 축적하고, 둘째, 원활한 의사소통을 통해서 조직 간의 협력관계를 유지하는데 기여하도록 하며, 셋째, 자기발전의 욕구충족을 통한 동기 유발을 시켜나가는 것이다.

교육훈련은 대상에 따라 신입직원교육훈련, 직원교육훈련, 경영자교육훈련 방법과 장소에

따라 대표적으로 현장교육훈련(OJT)과 직장 외 교육훈련(Off JT), 온라인교육훈련 등이 있다. 먼저 OJT(on the job training)는 오래되고 보편화된 훈련방법으로 실제 몸을 움직여 시범을 보이면서 가르치는 트레이닝 기법으로 짧은 기간에 배울 수 있으며 학습동기도 증진시킬 수 있어 우리 외식업체에서 가장 많이 활용하고 있다. Off JT(off the job training)는 현장, 직장, 직무와 관련된 모든 사내 교육·훈련을 말하며 온라인교육은 시간과 공간을 초월하여 언제 어디에서나 교육이 가능한 효율적인 교육훈련 프로그램으로 원격학습을 말한다.

이 외에 국내외연수 프로그램참여, 분의토의, 사내외교육의 전파 및 공유, 홀과 주방의 순환근무제 등을 들 수가 있다.

(3) 인적자원유지

기업은 사람들의 집합체이기 때문에 직원의 도움 없이는 성공할 수 없으며, 또한 각 구성원들이 어떤 역할을 하는가에 따라 성패가 좌우된다. 조직의 구성원들에게 가장 큰 영향을 미치는 임금·보상·복리후생 등의 인적자원유지 활동이 필요하다. 특히 외식업체에서 인적자원을 확보하고 유지하는 문제는 지역적으로 제한되어 있고 심지어는 지역의 인재들이 크고 유명한 외식업체를 선호하기 때문에 기업전략과 연계된 인적자원유지활동이 필요하다.

5. 인적자원관리의 기능

인적자원관리가 기업의 성과와 구성원인 인간의 만족에 조화와 통합을 시도하는 일련의 기능이라고 하면, 그 기능은 기업의 입장과 근로자의 입장에서 파악할 수 있다.

(1) 기업 지향적 인적자원관리의 기능

기업 지향적 기능은 경영의 목표를 경제적 효율성, 구체적으로는 수익성 증대에 두기 때문에 성과주의 방향으로 전개되며 그 기능을 분류하면 다음과 같다.

❶ 확보관리   인적자원 확보계획에 따라 인력을 충원하고 또한 충원된 인력을 최대한으로 활용하는 과정을 말하며, 구체적으로는 모집·채용·배치·승진 등이 이에 속한다.
❷ 개발관리   확보된 인적자원이 기업에서 잠재된 능력을 충분히 발휘하고 좋은 성과를 나타낼 수 있도록 교육하고 훈련시키는 과정을 말한다.

(2) 근로자 지향적 인적자원관리의 기능

근로자 지향적 기능은 그 목표를 구성원 만족증대에 두고 인간성 중시 방향으로 전개되며 그 기능을 분류하면 다음과 같다.

❶ 보상관리 　임금은 근로자가 제공한 노동에 대한 대가로 받는 것으로서 근로자에게 있어서는 최대의 관심사라고 할 수 있다. 이에는 돈과 같이 직접적으로 받는 것과 복리후생과 같이 간접적으로 제공되는 것이 있다.

❷ 유지관리 　확보된 인력을 개발하고 노동에 대한 대가로 보상하는 것도 중요하지만 직장생활에 안정감을 누리지 못하고 하루하루 힘들게 보낸다면 그것보다 어려운 일이 없을 것이다. 따라서 보상과 교육만으로 해결되지 않는 기본적인 근로자의 욕구와 고민을 파악하여 이직하지 않고 직장에 계속 붙들어 주는 과정이 필요한데, 안전·보건관리, 인간관계, 노사관계 관리, 이직관리 등이 이에 속한다.

2 인적자원관리의 주요내용

앞서 살펴본 바와 같이 오늘날 인적자원관리는 성과와 구성원의 만족 2가지 측면을 모두 고려하여 조직의 유기적 활동이 조화롭게 이루어지도록 하는 것이다. 그리고 이는 인력의 확보관리, 개발관리, 보상관리, 유지관리 등의 기능으로 이루어진다고 하였다.

오늘날 식당과 같은 서비스업의 성패는 서비스의 질에 달려 있다고 할 정도로 고객만족, 고객감동이 성공을 위한 필수조건이 되고 있다. 먼저 음식의 맛이나 분위기에 의해 고객만족이 이루어진다면 직원의 마음가짐, 인정, 배려 등에 의해 고객감동의 단계에 이르게 된다. 즉, 외식업의 인적자원관리는 행복한 고객을 창조하기 위한 매우 중요한 분야이며, 적절한 교육과 훈련이 수반되어야 한다.

외식업의 인적자원관리는 '식당이 필요로 하는 적합한 인력을 고용하여 유지하고 교육과 훈련으로 능력을 개발하여 식당운영에 맞게 활용하는 동시에 직원의 자발성과 자율성의 원리에 입각하여 계획·조직·통제하는 것'으로 정의할 수 있다. 따라서 인적자원을 확보하고 개발, 유지하여 적재적소에 활용할 수 있어야 할 것이다.

1. 인력의 확보관리

인적자원관리를 위한 시작이 바로 인력의 확보이다. 인적자원의 확보관리는 현재 확보하고 있는 직원이 적정한가, 앞으로 인력수요는 어떻게 될 것인가, 우수인력을 확보하기 위해 어떠한 노력을 할 것인가, 우수인력을 선발하기 위한 최선의 선발방법은 무엇인가 등을 포함하는 것이다.

일반적으로 인적자원을 확보할 때에는 필요한 능력을 갖춘 외부인력을 채용할 수도 있고 내부직원을 훈련·육성하여 확보할 수도 있다. 물론 후자의 경우가 비용 면에서나 경험, 요구하는 스킬, 보안, 적응도 등 여러 가지 면에서 유리할 수 있으나, 창업 초기에는 직접 육성하기는 힘든 면이 있으므로 외부인력을 채용하는 것이 좋다.

직원선발은 각 회사의 규정에 의해 지원자를 평가하여 선발하게 된다. 외식업이 요구하는 직원은 최고를 향한 열정이 있어야 하며 강한 승부근성을 가진 사람, 감성지능이 있고 도덕적 겸양이 있는 사람, 직업윤리를 가진 사람, 핵심가치에 맞는 가치관을 가진 사람 등이다.

우수인력을 획득하는 과정에서 생활정보지광고, 인터넷검색, 헤드헌터이용, 학원, 학교, 신문, 고용안정센터 등을 활용할 수 있고 선발은 일반적으로 지원서(이력서, 경력증명서, 자격증, 자기소개서, 졸업증명서, 성적증명서, 주민등록등본 등)를 기초자료로 하여 면접, 시험 등을 거쳐 선발하게 된다.

외식업의 경우 여러 가지 업무 중에서도 가장 어려운 부분이 자기점포에 가장 적합한 인재를 구하는 일이다. 어디의 누구에게 종업원문제를 의논해야 할지 막연한 경우도 많고 특히 3D[어렵고(Difficult), 더럽고(Dirty), 위험한(Dangerous)]업종 기피현상으로 인하여 가면 갈수록 어려워지고 있다. 요즘은 외식전문 컨설팅사나 구인업체, 인테리어업체, 주방업체, 식재료 납품업체에게 의뢰해서 채용하는 경우가 많고 또 자주 이용하는 식당 경영주나 주방장에게 부탁하여 추천을 받아 채용하기도 한다. 이러한 인재확보문제는 뚜렷한 해결책이 있는 것이 아니며 주어진 점포의 환경, 경영주의 의지나 경영방침, 종업원의 외식산업인으로서 건전한 직업의식 등에 의하여 해결 방법을 찾아야 할 것이다.

2. 인력의 개발관리

기업이 확보하고 있는 인력이 가진 최대한의 능력을 발휘하게 하기 위해서는 인력의 개발관리가 반드시 이루어져야 한다. 일에 대한 기회를 부여하여 가장 적합한 직무를 찾아내고 직무에 적합한 교육·훈련 프로그램을 통해 효율적인 직무수행이 이루어지도록 관리하여야 한다.

©www.hanol.co.kr

🍔 그림 10-1_ 인적자원 개발

그러기 위해서는 다양한 연수계획이 주어져야 하고 기업의 특성에 맞는 교육·훈련 프로그램이 실시되어야 한다. 맞춤형교육이나 점포관리자 및 중간관리자 능력향상교육을 대내·외 교육훈련 및 자격이나 교육이수 등 수료자에 한하여 인센티브나 인사고과에 반영하는 등 다양한 방법을 활용하여야 한다.

외식업에서도 채용된 직원을 유능한 직원으로 양성하기 위해서는 교육·훈련이 반드시 필요하다.

3. 인력의 보상관리

능력과 자질을 갖춘 우수한 인재를 확보하고 직무에 필요한 교육·훈련을 통하여 개발했다 하더라도 직원이 최선을 다하여 직무에 임하게 하기 위해서는 적절한 보상이 반드시 동반되어야 한다.

보상은 외재적 보상과 내재적 보상으로 나눌 수 있는데, 외재적 보상은 업무 성과(목표달성, 주류·음료판매왕, 친절서비스왕 등)에 따라 급여나 성과급의 차등지급 등으로 직무에 대한 의욕을 고취시키는 것을 말한다. 내재적 보상은 업무 수행 과정에서 만족감이나 의욕을 높여주고 기대감을 부여하여 직원 스스로가 업무의욕을 높이는 것으로 내재적 동기부여 방법으로는 교육비지원으로 교육훈련과 경력개발시스템 등이 있다. 이는 직원 스스로 성장할 수 있다는 자신감과 비전을 갖게 함으로써 직무에 대한 의욕을 고취시킬 수 있다.

외식업에서도 적절한 보상관리가 필요하다. 특히 급여수준을 결정할 때 기술수준이나 직종·직무별로 차등하게 지급하기 위해서는 본봉+제 수당으로 구분하는 것이 좋으며 이렇게

하면 차등지급 사유를 명확하게 할 수 있다. 같은 직급인 경우 본봉은 같게 하고 수당에서 기본 틀은 같게 하지만 새벽근무, 심야근무, 공휴일 근무에 따른 특별수당 지급 장기근무자에 대한 근속수당 지급 등으로 직원의 근무의욕을 높일 수 있고, 동기부여를 해줄 수 있다.

그리고 입사 시 제시한 금액이 총액인지, 실 수령액인지 분명히 하여 오해의 소지가 없도록 하며 지급기일을 명확하게 정하여 반드시 지키고, 퇴직금과 상여금 지급규정도 확립하여야 한다.

4. 인력의 유지관리

인적자원의 유지관리는 인력의 확보, 개발, 보상과 평가가 상호 연계 속에서 지속적으로 이루어져야 한다. 직원이 입사하여 자신의 역량을 개발하고 이를 직무에 활용함으로써 성과를 달성하고 다시 피드백을 통해 새로운 업무성과를 거두는 계속적인 활동이 퇴사하기 전까지 꾸준하게 이루어져야 한다. 그러기 위해서는 충분한 복리후생과 시기적절한 인력충원 등이 이루어져야 할 것이다.

외식업은 타 업종과 다른 특수성으로 인해 직원의 유지관리가 매우 어렵다. 이유는 바로 높은 이직률 때문이다. 식당을 운영하는 경영주들이 가장 힘들어하는 것 중 하나가 바로 이것이다. 기껏 교육과 훈련을 시켜서 제대로 활용할 만하면 그만둬 버리는 경우가 많아 서비스의 질적 향상도 쉽지 않다. 실제로 외식업을 경영해본 사람이라면 잦은 이직으로 인해 구성원들 간 손발 맞추기가 쉽지 않아 서비스의 질이 떨어지는 경우를 많이 경험했을 것이고 때로는 주방장이 그만두면서 맛의 일관성을 유지하지 못해 식당경영 자체가 흔들리는 경우도 경험했을 것이다.

🍔 그림 10-2_ 인적자원 유지

TIP! 외식업의 급여산정기준

먼저 내 점포 주변의 유사한 업종·업태, 유사한 메뉴나 동일 규모 점포의 인건비 수준(직급별)과 타 지역의 같은 업종에서의 유사업무의 일반적인 급여수준을 조사하여 이를 기초로 인건비를 결정하도록 한다.

· 최저생계비 보장제도로 매년 근로자를 사용하는 모든 사업장에 법정최저임금을 결정, 익년 1월부터 적용하고 있는데 2021년은 시간급 8,720원, 2022년에는 9,160원이 책정되어 있다. 그러나 이 점을 너무 강조하다보면 우수한 인재확보가 어려워지므로 인근 타 점포의 인건비 수준에 비해 10~15% 이내의 격차를 유지하는 것이 좋다.

· 종업원의 기술수준과 생산성을 참고로 결정을 해야 되는데 팀워크가 중요시되는 중·대형식당은 팀워크를 중시하는 인재를, 소규모점포는 1인이 1.5~2인의 몫을 해줄 수 있는 사람을 채용해야 효율적이고 그에 상응하는 임금을 주어야 한다. 또 파트타임이나 아르바이트를 채용하는 경우에는 개인적 능력이 높은 사람을 채용해야 한다. 간접비인 식대, 유니폼, 기타 복리 후생비를 생각한다면 인건비를 많이 주더라도 소수를 채용하는 것이 훨씬 효율적이라 하겠다.

· 채용 시 이전 직장의 급여 수준을 참고로 하여 그 기준에 몇 % 인상해 준다든지 아니면 낮추어 산정하든지 양자가 협의하면 되며 필요시 인센티브나 옵션을 설정해서 운영해도 무방하다.

TIP! 인건비의 구성요소

인건비는 기본급여와 제 수당 그리고 상여금 등으로 구성된 직접인건비와 간접인건비로 구성되고 있다.

직접인건비

· 기본급여, 각종의 제 수당, 상여금

간접인건비

· 교육훈련비, 국민연금, 통근교통비, 구인광고비, 식비, 피복비, 고용보험, 산재보험, 퇴직적립금, 복리후생비, 건강보험 등

인건비에 대한 인식 전환의 필요성이 대두되고 있으며 점포의 전체지출액 중 식재료 다음으로 높은 부분이 인건비(호텔 외식사업부의 경우 인건비가 식재료보다 더 높은 비중을 차지하고 있음)이므로 효율적인 관리 없이는 식당운영이 어려워진다. 종업원들에게 시간만 소비하는 개념이 아닌 초, 분 단위 개념 도입으로 시테크를 자율적으로 관리할 수 있도록 해야 하며, 인간의 개성과 감정 관리에 유의한 노동시간을 합리적으로 관리할 수 있는 방법 등에 대한 검토도 필요하다.

최근 들어 퇴직금 등에 따른 문제점 제기, 효율적인 인사관리를 위해 연봉제를 많이 선호하고 있는 실정이므로 충분한 검토 후 적용여부를 결정해야 할 것이다.

그러나 무엇보다 가장 큰 원인은 직원이 아니라 경영주 자신에게 있다. 직원의 자질과 역량은 경영주가 어떠한 마음가짐으로 직원을 대하는가에 의해 크게 좌우되기 때문이다. 먼저 믿어주고 서비스메뉴 정도는 재량껏 맡겨주고 초과매출의 일부는 보너스로 나눠주는 등 직원의 기를 살려줄 필요성이 있다. 그리고 또 경영주는 직원의 자질 향상과 장기근무를 위하여 교육, 훈련 등 여러 가지 노력을 해야 한다. 이는 지속적으로 고객에게 차별화된 서비스를 제공함으로써 매출향상은 물론 결국에는 점포의 경쟁력 향상을 가져오게 되는 것이다.

직원의 정착률을 높이는 방법은 다음과 같다.

❶ 직원의 일반적인 불만사항은 경영주와의 마찰 또는 무관심에서 비롯된다. 잦은 대화와 더불어 정(情)적인 면(생일 및 경조사 챙겨주기, 관심 가져주기 등)의 부족을 해소시켜 주고, 공정한 평가와 비전 제시 등으로 동기부여를 하는 것이 좋다. 구체적으로 업무에 대한 적절한 보상, 직원의 관심사 존중, 업무능력을 향상시켜줄 수 있는 교육이나 훈련기회 부여, 더 많은 자율권을 가질 수 있도록 권한 부여, 포상과 칭찬, 직원에게 독립할 수 있다는 비전 제시 등으로 장기근속을 유도할 수 있다. 프랜차이즈 본사인 B사의 사례를 들어 보면 일정기간 동안 근무 시 직원에게 일정지분을 참여하게 하여 직원지주제형태로 운영에 따른 장기근무자가 계속 증가하고 있고 또 능력이 있을 경우 신규 점포를 직접 운영할 수 있는 기회도 주어 직원 정착문제에 전혀 신경을 쓰지 않고 있다고 한다. 이에 따라 장기근무자 증가에 따른 서비스의 질 향상이 매출향상으로 이어지고 있다.

❷ 직원의 근무의욕 고취와 자존심을 만족시켜 주는 기본 근무시간을 확립해 준다. 이때 직원들은 지각과 결근이 줄어들며 개인 생활로 활력을 찾을 수 있다. 직원의 인격을 존중해 주고 연장근무 시에는 반드시 사전에 동의를 구하고 가능하면 충분한 개인생활을 할 수 있도록 시간적인 배려를 해야 한다.

❸ 불안정한 고용조건에 있는 직원에게 명확한 근로계약서 작성으로 약속이행의 압박감과 소속감을 갖게 해주고 매월 모범사원 선정에 따라 포상, 승진 등에 대한 기대감으로 스스로 정착률을 높일 수 있는 환경을 제공해 주어야 한다. 근무 규칙이나 근로계약에 관한 개념들이 없다보면 어느 직원은 개인사정 다 보아 주고 원칙대로 근무한 본인은 아무런 혜택은커녕 그 직원으로 인한 추가 노동이나 추가 근무에 따른 불만을 갖게 되어 그만두는 경우가 발생할 수 있으므로 각별한 주의가 요구된다.

④ 1년 미만의 입사자는 3개월 단위로 급여책정을 조정해 주어 근로의욕을 고취시켜 준다. 이로 인한 장기근무를 유도하여 서비스의 질적 향상으로 점포의 품격을 높일 수 있도록 해야 한다.

⑤ 직원을 위한 휴게실이나 주방의 에어컨 설치 등 보다 나은 작업환경을 개선해 주어야 하며, 직원뿐만 아니라 경영주 자신도 지킬 수 있는 명확한 근무수칙을 만들어 전 직원이 지켜나간다면 직원간의 불평불만이 줄어들고 점포의 이미지 개선에도 많은 기여를 할 수 있다.

⑥ 이 외에 직원은 동반자라는 인식이 필요하며 채용할 때 면담시간이 걸리더라도 적성이나 성격파악을 제대로 해야 하고 직원 스스로 고객의 불만을 해결할 권한도 주어야 하며 가장 큰 핵심은 직원들과 잘 지내야 사업을 잘하는 경영자가 될 수 있다.

⑦ 직원들한테 스스로 고객의 불만을 해결할 수 있는 권한도 주고 조직에 도움이 되지 않는 직원은 과감하게 해고도 해야 한다.

⑧ 직원들부터 만족시키도록 한다. 즉, 힘들거나 바쁠 때는 서로 돕고 칭찬하는 분위기를 조성하고 바른 호칭이나 따뜻한 말씨를 습관화하며 서로 격려하며 신뢰감을 줄 수 있는 점포분위기를 조성하여야 한다.

🍴 표 10-5_ 아르바이트 채용 구비서류

채 용 구 비 서 류

1. 이력서 ·········(사진부착)·········   1매
2. 주민등록등본 ·····················   2매
3. 근로계약서   (회사소정양식)
   · 서약서   ("   )   1매
   · 친권자취업동의서   ("   )
   · 건강진단증·········(보건소발행)·········   1매

파 트 타 임 근 로 계 약 서

○○에 재직 중 근로기준법과 회사 취업규칙 및 제반규정을 성실히 준수할 것을 서약하고 다음과 같이 근로계약을 체결함.

- 다   음 -

1. 계 약 기 간: 년   월   일   ~   년   월   일
2. 근 로 시 간: 1일 8시간
          단, 점포의 아르바이트 근무자는 근무예정표에 의한 Time Card 기록사항을 근로시간으로 한다.
3. 임   금: 시간급 -   원   ~   원
4. 종사하는 업무: 일반과자점 업무(제품조리, 판매 등)
5. 기타 근로조건: 관계법령 및 회사 취업규칙의 정한 바에 의함.

   상기 사실을 확실히 하기 위하여 본 계약서를 2통 작성하여 각각 1통씩 보관키로 함.

                    20 년   월   일

   사용자 주소:

   성   명: 인

   근로자 주소:

   성   명: 인

   주민등록번호:

🌶 표 10-6_ **서약서 및 친권자취업동의서 양식**

서　약　서

본인은 ○○식당 아르바이트 근무자로 채용됨에 있어 아래 사항을 서약하고 이를 준수 이행하겠으며 만약 위배 시는 채용 계약을 해제당해도 이의제기를 하지 않겠습니다.

1. 취업규칙 기타 복무에 관한 제규정을 준수하며 매니저의 명령에 복종하며 성실히 근무한다.
2. 아르바이트 근무자로서 신분을 망각하는 일을 하지 않는다.
3. 채용 후에는 회사 업무를 저해할 사항을 고취하거나 이것을 지원하는 행동을 하지 않는다.
4. 아르바이트 근무자로 입사 후 O개월간을 근무하겠으며 근로계약기간 만료 이전에 개인사정으로 그만 둘 때는 10일 전에 회사에 통보한다.

년　　　월　　　일

주　소:

위 원 인:　　　　　　　　　(인)

친 권 자 취 업 동 의 서

주　　소 :

생 년 월 일:　　　　년　　월　　일

성　　　명:＿＿＿＿＿＿＿＿＿＿ (인) (한자:　　　　　　)

상기 인을 귀사(점)의 아르바이트 근무자로 취업시킴에 있어 본인은 친권자로서 취업을 동의하며, 회사에 손해를 끼쳤을 때는 그 책임을 질 것을 약속합니다.

① 본인과의 관계: ＿＿＿＿＿＿＿＿＿＿ 의

② 친권자의 주소: ＿＿＿＿＿＿＿＿＿　　　전 화: ＿＿＿＿＿＿＿＿＿

③ 친권자　성 명: 　　　　　　　　　(인)

년　　　월　　　일

대표 귀하

(※ 친권자가 직접 기록 날인할 것)

표 10-7_ 월 일 파트타임 근무계획표

점 명: 점

번호	성 명	서명	계획 시간	실적 시간	10	11	12	13	14	15	16	17	18	19	20	21	22	23	24	01	02
1	홍길동		8	9		←──────────────→															
2	○○○		5	5								←───→									
3	○○○		6	6					←─────→												
4																					
5																					
6																					
7																					
8																					
9																					
10																					
11																					
12																					
13																					
14																					
15																					
16																					
17																					
18																					
19																					
20																					
21																					
22																					
23																					
24																					
25																					
26																					
27																					
28																					
29																					
30																					
31																					
計	시간 합계																				

🍮 표 10-8_ **월 근무 예정표(파트, 아르바이트)**

_____ 식당

소 속	(학생/회사원/학원생/기타)		성 명	
주 소 (E-mail)			(Tel.)	

요일＼시간	8	9	10	11	12	13	14	15	16	17	18	19	20	21	22	23	24	01
월																		
화																		
수																		
목																		
금																		
토																		
일																		

주간 근무 가능 시간		주간 근무 희망 시간	
합계	시 간		시 간

월간근무 특이사항(출근 예정표와 상이한 경우 등을 기록)

건의 사항

🥄 표 10-9_ 제안서

첨부 서류	유 , 무 ( )매		부서 접수 No	
제안일	년 월 일		접수일	년 월 일
소 속			검토 부서	
직 위			성 명	
제 목				

| 제안 유형 (해당번호에 ○표) | 1. 업무방법   2. 품질향상   3. 영업, 서비스개선   4. 기기, 설비의 개선
5. 복리후생   6. 조리방법   7. 안전, 환경   8. 기타사항   9. 기타 |

진 행 단 계	내용	접수	검토	심사	통보	실시의뢰	실시
	일자	월 일	월 일	월 일	월 일	월 일	월 일

* 검토부서, 제안유형, 부서접수 No는 부서장이 기록.

제안 내용

현상 및 문제점(개선 전):		개선 내용(개선 후):	
예상 효과	유형 효과		무형 효과
심사 결과	1차	등급	평점	포상금	심사위원장	(인)
	2차	등급	평점	포상금	심사위원장	(인)

제안 심사 결과

접수 No		[사 유]
실시 구분	실시 미실시	
심사 구분	채택 불채택 보류	
접수(심사결과)	1차 심사	
	2차 심사	
시상금		

* 생각나면 바로 제안, 당신의 아이디어를 기다립니다.

🍳 표 10-10_ **직원 면담 카드**

직원 면담 카드

인적 사항

성 명		소 속		직 급	
최종 학력		최종 학과		경 력	
현재 직무				결혼여부	미혼 기혼
최근 고과			주 소		

면담 결과

질문 사항	면담 내용	상담자의 소견
회사에 대한 불만사항 (회사/ 점포/ 관리자/ 동료)		
사적 애로사항(주변/ 신변)		
회사에 대한 자기 위치		
업무에 대한 만족도		
업무 진행 시 당면해서 가장 필요한 사항		
회사가 가야 할 방향 및 제안 사항		
장래에 대한 포부 및 계획		
기타 문의 및 전체 느낌		

🥄 표 10-11_ 휴가원

휴　가　원

담당	대리	과장	부장

관리부서	담당	대리	과장	부장	이사	이사장

소　속:

직　위(급):

성　명:

아래와 같은 사유로 (　　　) 휴가를 신청하오니 허가하여 주시기 바랍니다.

기　간	부터　년　월　일 까지　년　월　일	(　　일간)
사　유		
기 타 사 항		

년　　월　　일

위 원 인:　　　　　　　㊞

귀　하

02 교육, 훈련과 접객매뉴얼 작성사례

1 교육과 훈련

채용된 직원을 유능한 직원으로 양성하기 위해서는 교육·훈련이 반드시 필요하다. 교육은 외식업의 전반적인 이론 등 특정직무와 관련되지 않는 일반지식과 기초이론을 가르치는 것을 말하며, 훈련은 서빙이나 조리 등 특정직업 또는 특정직무와 관련된 학문적 지식, 육체적인 기능 등을 습득시키며 숙달시키는 것을 의미한다. 즉, 교육·훈련은 직원의 능력개발을 목표한 것으로 그 주요 목적은 첫째, 채용된 인재를 육성하여 기술을 축적하고, 둘째, 원활한 의사소통을 통해서 조직 간의 협력관계를 유지하는 데 기여하도록 하며, 셋째, 자기발전의 욕구충족을 통한 동기 유발을 시켜나가는 것이다.

교육훈련 방법 중에는 대표적으로 OJT와 Off JT가 있다. 먼저 OJT(on the job training)는 오래되고 보편화된 훈련방법으로 실제 몸을 움직여 시범을 보이면서 가르치는 트레이닝 기법으로 우리 외식업체에서 가장 많이 활용하고 있다. Off JT(off the job training)는 현장, 직장, 직무와 관련된 모든 사내 교육·훈련을 말한다.

2 매뉴얼 작성과 접객 매뉴얼 사례

매뉴얼 작성에 있어서는 사전에 점포 내 전체적인 현황을 파악하고 있어야 하고 점포의 경영이념에 맞추어서 어떤 서비스를 행할 것인지 확정해야 한다. 또 여기에 맞는 일정수준의 기본업무를 정립하고 현 시점에서부터 그 이상까지 향상시키기 위하여 어느 선까지 매뉴얼을 통일화시켜 작성할 것인가를 결정해야 한다. 직원, 아르바이트에게도 적용할 수 있도록 전사적인 지원체제를 기초로 하는 시스템이 구축되어야 한다. 매뉴얼 작성은 어디까지나 알기 쉽고, 쉽게 행동할 수 있는 내용이 되어야 하며 가능하면 사진이나 행동양식, 동영상 등을 삽입해 놓으면 이해가 빠르게 되어 효과적이다.

1. 일반접객 매뉴얼의 사례목차

개인신상 명세와 메모

- 성   명:
- 주   소:
- 생 년 월 일:
- 휴 대 폰 및 전화:
- E - mail:
- 자기 및 가족소개:

(1) 서비스 3대 정신

❶ 우리는 언제나 맛있고 위생적인 음식을 고객에게 제공하기 위하여 최선을 다한다.

❷ 우리는 언제나 최선의 서비스로 고객을 위하여 봉사하고 고객의 기쁨을 우리의 기쁨으로 생각한다.

❸ 우리는 언제나 잘 정돈하고 반짝반짝 빛나고 습기 없이 청결한 점포환경을 유지하기 위하여 최선을 다한다.

행동수칙

· 고객제일, 솔선수범, 주인의식, 근검절약

Q.S.C의 중요성

· Quality(맛있는 음식)

· Service(친절한 서비스)

· Cleanliness(청결한 점포환경)

(2) 무엇이 나를 행복하게 하는가?

❶ 건강, 그것이 없으면 이 세상 모든 것이 끝나 버린다.

❷ 가정, 나에게 가장 소중한 것이며, 인생의 전부이기도 하다.

❸ 나의 분신들, 그들이 편안하게 잠자는 모습을 적어도 하루에 한 번 이상은 바라보라. 나의 가장 소중한 분신이며 인생의 보람이다.

❹ 일하는 즐거움, 세상에 이것보다 더 중요한 것은 없다. 하루의 24시간 중 나와 함께 시간을 보내는 나의 동료만큼 가까운 존재는 없다.

우리는 어떤 마음가짐과 자세를 갖추어야 하나?

· 정확한 인사가 즐거운 직장을 만든다.

· 손님에게는 사원, 파트, 아르바이트의 구분이 없다.

· 근무시간은 손님 그리고 점포가 당신을 필요로 하는 시간이므로 개인의 일로 사용할 수 없다.

· 멋쟁이의 기본은 청결한 몸가짐이 제일이다.

· 비품, 소모품도 점포의 재산, 돈의 일부이다. 소중히 하자.

· 상사로부터 지시받은 것을 확실히 실행하고 결과를 보고함으로써 종결된다.

· 당신의 급료는 사장이 주는 것이 아니라 손님이 주는 것이다.

· 당신은 업소 대표선수, 손님은 당신을 보고 업소를 평가한다.

· 일은 한 사람이 하는 것이 아니고 팀워크로 하는 것이다.

· 외식산업에서 일하는 것은 사회에서 공헌하는 일이다.(긍지를 갖자)

⑤ 내일에 대한 기다림, 그것이 있기 때문에 나는 오늘의 역경과 어려움을 견딜 수 있다.

⑥ 나는 할 수 있다는 자신감, 이것이 있기 때문에 활기찬 오늘이 있다.

⑦ 나는 항상 나의 성장을 위하여 노력한다. 교양은 저절로 얻어지는 것이 아니다.

⑧ 나는 항상 매사에 감사한다. 감사하는 마음만큼 세상을 밝게 하는 것은 없다.

⑨ 나는 늘 약한 자의 편, 정의의 편에서 옳고 그름을 판단한다.

⑩ 돈, 그것이 없으면 불편한 것이다.

(3) 점포의 기본 규칙

외식산업에서 근무하면서, 해서는 안 되는 것과 반드시 지켜야 할 것들이 있다. 즉, 동료와 일을 해가는 과정에 룰이 필요하다. 이 룰을 명문화한 것이 점포의 근무규칙이다.

❶ 직장에서의 팀워크(동료와 일하는 의미)

· 자신의 일의 역할을 이해한다.

· 상대의 일의 역할을 이해한다.

· 룰을 지킨다.

· 약속을 지킨다.

· 점포의 일원으로서의 자각을 갖는다.

❷ 인사

· 밝고 상냥한 웃는 얼굴로 인사한다.(매일 실행한다.)

· 직장 커뮤니케이션의 첫걸음이다.

· 직원끼리나 업자와도 밝게 인사하자.

  - 직장 내에서 호칭방법: 동료에게는 『○○씨』로 부르자.

  - 출근할 때:「안녕하십니까?」

  - 퇴근 시:「먼저 실례하겠습니다.」

  - 식사, 휴식 때:「식사 부탁합니다.」, 「휴식을 하겠습니다.」,「감사합니다.」

    ★ 인사는 건전한 집단생활을 영위하기 위한 윤활유이다.

❸ 출근에서 퇴근까지의 룰

🔍 출근

- 각자 정해진 당일의 근무시간(출근시간)에 늦지 않도록 출근하자.
- 출근은 일찍 한다. 아슬아슬한 시간의 출근이나 지각은 동료에게는 폐를 끼치는 것뿐 아니라 주변의 사람에 대해서도 장기적으로는 자신의 입장을 나쁘게 하는 것이다.
- 출근 시는 타임카드에 시간을 기록, 소정의 시각까지 직장에 도착하자.
- 타임카드의 기록을 타인에 의뢰하거나 대행하는 것은 금물이다.
- 출근 시에는 반드시 명랑하고 친절미가 섞인 인사를 한다.

🔍 근무 중

- 화장실 등에 갈 때에는 동료에게 「잠깐 부탁합니다.」라고 말하고 나서 자리를 떠난다.
- 대화는 될 수 있는 한 짧게 낮은 소리로 한다.

🔍 휴식

- 휴식과 일의 구분을 확실히 한다.
- 휴식에 들어가면, 다른 동료에게 「부탁합니다.」라고 말하고 자리를 떠난다.

🔍 퇴근 시

- 직장의 정리정돈을 하고 전기, 가스, 수도 등의 손잡이 점검, 특히 화기에 주의를 해야 한다.
- 일의 구분을 확실히 하고 인적사항 보고해야만 하는 것은 신속히 정확하게 한다. 잊기 쉬운 것은 메모로 연락을 한다.
- 동료에게는 먼저 「실례합니다.」라고 말한다.
- 퇴근할 즈음에는 반드시 타임카드에 기록을 하고 퇴근을 해야 한다.

🔍 지각, 조퇴, 결근

- 결근, 조퇴는 타인에게도 폐를 주고, 또 업무의 능률에도 영향을 미치는 것이 되기 때문에 하지 않도록 해야 한다.
- 병, 그 외의 예기치 못할 사고 때문에 지각 또는 조퇴할 때에는 사장(지배인)의 승인을 얻어야 한다.
- 결근할 때에는 3일 전에 사장(지배인)의 승인을 받아야 한다.

- 돌발적인 사고 때문에 당일 결근해야만 할 때에는 적절한 방법에 따라 될 수 있는 한 알리고, 무책임한 무단결근은 절대 하지 말아야 한다.

근무의 변경

- 근무요일, 근무시간의 변경을 희망하는 경우는 사장(지배인)에게 말해야 한다.
- 직원들 멋대로 근무 변경은 하지 말아야 한다.

퇴 직

- 퇴직을 희망할 경우는 20일 전에 담당자에게 알려 협의를 해야 한다.
- 갑작스러운 퇴직은 직장 내의 동료에게 큰 폐를 준다.

그 외

- 언제나 청결하게 해야 한다.
- 손님의 생명을 맡고 있다.
- 위생 면에 주의를 해야 한다.
- 몸뿐만이 아니라 탈의실 등도 청결하게 한다.
- 언제나 청결함을 유지하는 것은 매우 어려운 것이다.
- 우리들은 손님의 생명을 책임지고 있다라는 생각을 잊지 말아야 한다.

❹ 유니폼의 착용

- 청결감이 있어야 한다.
- 일에 필요한 것 이외에는 착용하지 말아야 한다.
- 정해진 것을 정해진 위치에 바르게 입는다.
- 회사에서 지급한 유니폼 등은 한 사람 한 사람이 책임감을 갖고 관리해야 한다.

❺ 회사의 경영이념을 이해한다

- 미팅 시 언제나 회사의 경영이념을 이해하도록 말을 전달한다.
- 우리들은 외식산업의 프로이다.
- 직장의 룰이나 규정을 지키고 근무를 해야 한다.

❻ 해서는 안 되는 룰

- 직원으로서 근무 중에 해서는 안 되는 규칙이 있다.

- 모두가 즐겁게 일하기 위해서 절대 하지 말아야 하는 것으로는
  - 매뉴얼이나 룰을 지키지 않는다.
  - 객석, 주방 그 외에서 음식을 손가락으로 집어 먹는다.
  - 점포의 설비, 기기, 비품, 기구를 더럽히거나 깨뜨린다.
    이것들은 우리의 중요한 자원이다. 자신의 집의 기구나 도구와 같이 중요하게 취급해야
    한다.(주방기구에서 젓가락에 이르기까지)
  - 불을 사용하는 장소에는 휴지 등의 타기 쉬운 것을 두지 않는다.
  - 객석, 주방 내에서의 근무 중에는 잡담을 하지 않는다.
  - 금전을 횡령하거나 착복하지 않는다.
  - 타인의 물건을 무단사용하지 않는다.
  - 요리, 음식 등의 무료제공, 무료취식 금지(친구나 친지, 이웃사람)
  - 허가 없이 직장을 떠난다.(무단이탈)
  - 불평불만이나 다른 사람의 험담을 한다.
  - 근무 중에 휴대폰 사용 등 통화는 자제해야 한다.

(4) 접객 서비스의 기본

조리사가 열심히 조리를 해서 맛있게 만든 요리라도 손님에게 제공하는 사람이 불친절한 서비스를 하게 되면, 요리의 맛까지도 없어져버린다. 아름다운 요리에 마음에서 우러나는 접객 서비스를 시작으로 하여 손님에게 기쁨을 주어야만 완벽한 상품이 되는 것이다. 즉, 접객 종사자는 단순히 음식을 나르는 사람이 아니라 고객이 제공된 메뉴에 대하여 만족하고 재내점하고 싶은 마음이 들도록 모든 여건을 조성하는 사람이라는 점을 잊어서는 안 될 것이다.

❶ 마음가짐
- 당신이 지금부터 일하려고 하는 점포에서는 이제까지와는 다른 새로운 환경이 기다리고 있다.
  「어떤 일에도 기초가 중요하다」라고 할 수 있다. 여러 가지 스포츠도 그렇듯이 지식도, 행동도 전부 기초에서 나오는 것이 정말로 확실한 것이다. 성가시다, 간단하다라는 식으로 자기 방식으로 해가는 사람도 있는데 이런 사람은 결코 강한 사람이 될 수가 없음을 알아야 한다.

기초는 「정석」이라고도 하며, 이것들을 전부 마스터해 가는 것이야말로 현실적 문제와의 만남에서 창조적인 수단(해결안)이 발생되는 것이다.

· 새로운 환경에서는 일부 맞지 않다고 느껴지는 부분이 있을 수도 있다. 하지만 그것들을 비판하는 것만으로는 문제해결은 되지 않는 것으로 어떻게 하면 개선할 수 있을지를 생각해야 한다. 무엇인가의 문제가 일어나면, 또 사전에 문제점이 있다고 생각되면, 「안 돼, 안 돼」의 이유를 대지 말고, 어떻게 하면 할 수 있을까, 개선할 수 있을까를 생각하는 버릇을 몸에 익히는 것도 「정석」이다. 어떤 일도 단지 모면하려고 하지 말고, 모든 일에는 반드시 목적이 있으므로 지금, 자신이 하는 일이 무엇을 목적으로 한 것인가를 이해하고 있지 않으면 좌절의 원인이 되기도 한다.

· 서비스의 기본이 되는 것은 전부 「사람과 사람」이다. 차림새를 좋게 하는 것, 말은 정중하게 확실히 하는 것, 밝게 생기 있게 행동해야 한다.

· 손님은 우리 점포에 기대를 가지고 들어온다. 기대에 충분히 보답하는 것이 당신이 해야 될 업무이다. 손님에게는 최고의 친절과 세심한 배려로 반드시 접해야 한다.

· 손님의 식사를 즐겁게, 기분이 좋게, 후미가 좋은 인상이 남도록 해야 한다.

손님 한 사람 한 사람에게 접대하고 있는 당신의 인상이 좋은지, 나쁜지가 성공하는 데 큰 영향을 끼치고 있음을 알아야 한다.

TIP! 「포인트로서」 손님의 입장에서 생각하기

· 어떤 인사를 하면 기분이 좋을까?
· 어떤 표정을 지으면 기분이 좋을까?
· 어떤 이야기를 하면 느낌이 좋을까?
· 어떻게 걸면 좋은 느낌을 줄 수 있을까?
· 어떤 설명 방법을 취하면 느낌이 좋을까?
· 어떻게 요리를 만드는 방법을 설명하면 납득할까?

* 가장 중요한 사람이 「고객」이라는 것을 잊지 말아야 한다.

❷ 서비스란 무엇인가?

서비스의 역할

- 수많은 점포 중에서 우리 점포를 찾아와 주신 손님에게 감사하는 마음으로 서비스에 임하며 손님이 만족하고 돌아가도록 세심한 부분에 신경을 쓴다.

「또 오고 싶다」라는 생각이 들게 하는 5가지 조건

- 청결한 몸가짐
- 정성스러운 말
- 밝고 활기찬 행동
- 항상 먼지 하나 없는 깨끗이 닦인 점포 내·외부
- 친절하되 자신감 넘치는 활기

호스피탈리티(친절한 접대)의 철저

- 예의 바르고 친절하되 마음속으로부터 감사의 정이 솟아야만 고객은 서비스에 만족한다. 고객이 있기 때문에 내가 있고 고객이 있었기 때문에 월급이 있다는 것을 기억하고 행동하여야 한다.

일에 임하기 전에 주의사항

먼저 본인의 건강과 개인위생 상태를 반드시 확인해야 하는데 설사, 손의 상처, 화농성 증상 등 감염의 우려가 있는가 등을 확인해야 한다.

- 유니폼을 갈아입고 머리에서 발끝까지 복장점검을 하고 거울 앞에서 미소연습을 한다.
- 타임카드를 친다.
- 비누를 사용하여 손을 씻는다.
- 영업 준비 세팅 작업을 재확인 체크한다.

🍴 표 10-12_ 서비스 기준 리스트 1

아래 내용을 그대로 반복하는 것을 정형 서비스라 한다.

작업명	언 어	동 작	주 의 점
대기	· 정해진 장소에서 대기 · 동료와 잡담해서는 안 됨	· 입구 쪽을 보면서 편안한 자세로 있되 의자나 카운터 기둥에 기대지 않는다.	· 언제 손님이 와도 곧 마음으로 환영을 나타낼 수 있는 태도로 서 있는다. · 어디로 안내할 것인가를 항상 염두에 둔다.
환영과 안내	· 「어서오십시오」 밝은 미소로 생기 있게 · 「몇 분이십니까」 인원수를 확인한다. · 「자 이쪽으로」 진심으로 환영의 뜻을 담아	· 한 걸음 앞으로 나와 가볍게 머리를 숙여(30°) 인사한다. · 손은 앞이나 뒤로 괴지 말고 가지런히 옆으로, 손가락도 가지런하게 · 손님의 두세 걸음 비스듬히 앞에 서서 좌석까지 안내한다. · 의자를 가볍게 당겨 손님에게 가리킨다.	· 바른 자세로, 마음으로 환영하는 뜻을 나타낸다. · 어린이를 동반한 손님에게는 붙박이의자로, 비즈니스 손님들은 조용한 자리로, 혼자인 경우에는 2인용 테이블 좌석으로 안내한다.
주문받기	· 다시 한번 「실례합니다」라고 인사한다. · 정중하게 「주문받겠습니다」 · ○○○ 준비해 드리겠습니다. · 「감사합니다」 감사하는 마음으로 「잠시 기다려 주세요」	· 가볍게 인사한다. · 메뉴와 냉수 또는 차를 반드시 갖다 드린다.(손님이 메뉴를 보고 주문을 정할 수 있도록 돌아와서 대기) · 전표에 주문 내용을 기입한다. · 손님의 눈을 보면서 대답을 기다린다. · 가볍게 인사하고 물러선다. · 주문을 카운터 및 주방에 전달한다.	· 메뉴북을 손님 앞에 펴드린다. · 주문 품목과 수를 반드시 확인한다. · 빠르고 신속하게 · 컵을 잡을 때는 입이 닿는 부분에 손으로 집어넣어서 잡거나 여러 개 컵을 포개서 한 번에 잡지 말고 새끼손가락이 컵 밑바닥에 닿게 해서 소리가 나지 않도록 한다.
제공	· 「실례합니다」 · 「오래 기다리셨습니다. ○○입니다」 · 「실례합니다」 (이 노란 통은 야채 소스입니다. 흔들어서 사용하십시오. 이 빨간 통은 ○○소스입니다) · 생기 있게 「예」 「잠시만 기다려 주십시오」 · 「치워도 되겠습니까?」	· 각 요리에 따른 세팅을 한다. · 제공한다. · 요리를 고객에게 낸다. 바른 자세로 무리하지 않는다. (안쪽의 손님에게는 추레이 손이 닿는 곳까지 놓고 살며시 밀어서 손님 정면에 도달되도록 한다) · 손님의 컵, 찻잔에 물을 따른다.(손님이 도중에 부른 경우) · 빈 식기를 치운다.	· 주문한 손님의 요리가 바뀌지 않게 주의한다. · 따뜻한 요리는 따뜻할 때 찬 요리는 찰 때 신속히 제공한다. · 요리는 내기 전에 반드시 접시를 체크한다. · 물, 차 등을 다시 채운다. · 재떨이도 교환한다. · 식사가 끝났어도 손님의 허락을 받은 후 치운다. · 요리는 원칙적으로 손님 왼쪽 뒤에서 낸다.

전송	・「감사합니다」 　진심으로 감사드리는 마음을 　담아서 ・「다음에 또 오십시오」 　라고 말하면 당신은 프로	・입구 근처까지 가서 ・감사하는 마음으로 인사한 　다.(고객이 출입구를 빠져나갈 때까지 　는 배웅의 자세로)	・손님이 잊은 물건이 없는지 반 　드시 체크 ・다시 한번 와야겠다라는 마음 　이 생기도록 정성껏 배웅한다. 　마음과 미소가 중요
치우기와 재배치	(위와 같이 형태대로 계속 반복하는 것이 정형 서비스이다) 이 정형에 더하여 「좋은 날씨죠?」 「오늘은 비가 많이 오는군요」 등의 한마디를 곁들이면 손님으 로부터 많은 칭찬을 받게 된다.	・식기를 치울 때는 음식을 남기 　지 않았는지 확인하고 그 이유 　는 무엇인지 충분히 체크한다. ・식기를 주방으로 옮긴다. 무리 　한 동작은 삼가 ・리세트 한다.	・솜씨 좋고, 신속한 행동은 그 　점포의 분위기를 살려준다. ・청결함이 제일 중요하다. 철저하 　게 더러움을 체크하도록 한다.

❸ 서비스란 무엇인가?

당신이 항상 염두에 두어야 할 것은 고객에 대한 감사의 마음과 당신의 상냥하고 밝은 미소, 그리고 친절한 태도이다. 그것이 가능해야 인사도 자연스럽게 할 수 있고, 고객도 기분 좋게 맛있는 식사를 할 수 있다.

❹ 이것이 고객을 편안하게 한다.

・ 당신이 잘못하지 않는 경우에도 당신은 고객의 불만을 만나게 된다. 이때 불만을 만드는 것은 기분 좋은 일이 아니지만 최선을 다해 불만을 해소시킴으로써 손님을 다시 오도록 만들어야 한다.

・ 손님의 불만에 대응할 때의 마음가짐은 다음과 같다.

- 손님에게 변명하거나 불평하지 않는다.
- 말하는 것을 마지막까지 주의 깊게 성실한 태도로 듣는다.
- 일단 처리를 한 후, 신속하게 점장한테 어느 손님이 어떤 불만을 말했는지 구체적으로 보고해야 한다.
- 손님이 불만을 표할 때에는 점장 또는 책임자가 가서 정중히 사과한 다음 신속하게 손님의 불만을 만족시켜야 한다.

❺ 이런 때는 어떻게 할까?

・ 실수로 상품을 잘못 제공한 경우

「정말 죄송합니다. 곧 새로 만들 테니 잠시만 기다려 주세요.」라고 한다.

🍳 표 10-13_ 서비스 기준 리스트 2

작업명	언 어	동 작	주의점
환영	"어서 오십시오."	자리에서 일어나 손님 눈을 보고 가볍게 인사하면서 말한다. 마음속으로 감사의 뜻을 가지면서.	· 인사는 '구호'가 아니고 자연스러운 마음의 표현 · 대화 시 자세는 양손을 가볍게 모으고 배꼽 아래로 내린다.
안내	'몇 분이십니까?' '자 이쪽으로 오십시오.' '잠시 기다려 주십시오.'	손바닥 전체로 방향을 가리키고 2~3걸음 비스듬히 손님 앞을 천천히 걷는다. 인사 후 가볍게 고개를 숙이면서 「잠시만 기다려 주십시오」라고 인사한 뒤돌아 나온다.	고객이 안내한 좌석이 아닌 다른 좌석을 원할 경우는 고객 뜻에 따라야 한다.
카운터	'감사합니다. 맛있게 드셨는지요.' '예, ○○원입니다.' '예, ○○원 받았습니다.' '거스름돈은 ○○원입니다.' '감사합니다.'	주문표를 받고 전표를 찍는다. 밝고 명쾌하게 가볍게 웃으면서 말한다.	· 개인외상은 인정하지 않는다. · 계산이 끝날 때까지는 받은 돈은 카운터 위에 놓아둔다. · '거스름돈은 ○○원입니다.' · '고맙습니다.' · 거스름돈을 내준 뒤 받은 돈은 POS 안에 넣는다.
만석일 경우	자리가 나는 대로 안내해드리겠습니다. 잠깐만 기다려 주십시오.(어느 곳이 가장 빨리 정리될 것인가를 빠르게 판단) · '잠시만 기다려주시겠습니까?' · '오래 기다리셨습니다.' · '안내해 드리겠습니다.'		· 대기석에 신문이나 잡지를 비치하고 권한다.(커피, 사탕 등)
계산 중 새로운 손님	어서 오십시오. 안내해 드리겠으니 잠시 기다려 주세요. ○○씨 안내 부탁합니다.		· 밝고 명쾌하게

- 그리고 즉시 사과의 의미로 음료수 등을 제공한다.
- 필요 없다고 하면 「대단히 죄송하게 됐습니다.」라고 한다.
- 전표에 선을 긋고 담당자가 사인을 한다.

· 이물질이 들어간 경우(머리카락, 벌레, 휴지 등)

「정말 죄송합니다. 충분히 주의하여 조리하고 있으나 실례했습니다.」

「새로 만들어 드릴 테니까 잠시 시간을 주시지 않겠습니까.」

- 필요 없다고 할 경우에는 전표에 선을 긋고 담당자가 사인을 한다.

· 먹고 있을 때 - 「바꿔 드리겠습니다. 잠시만 기다리세요.」

다 먹었을 때 - 「계산에서 제외시켜 드릴 테니 양해해 주세요. 죄송합니다.」

* 사후 처리로 사장이나 책임자가 반드시 사과할 것(계산 시 가격할인과 할인쿠폰을 지급하여 사과의 의미를 담아 재내점할 수 있도록 해야 한다.)

⑥ 복장과 몸가짐 체크리스트

· 식당을 찾아주신 손님에게 먼저 눈에 뜨이는 것이 직원의 복장과 몸가짐이다.

· 언제나 유의하여 항상 산뜻하고 깨끗한 모습으로 손님을 맞이하여야 하겠다.

· 근무장(홀)에 나가기 전에 반드시 거울 앞에 서서 복장을 고치고 용모를 점검하는 좋은 습관을 길들이도록 해야 한다. 동료의 복장이나 태도에 있어서도 어색하고 보기 흉한 점 등은 즉시 서로 주의를 주어 고쳐나가는 습관을 들이는 것도 바람직한 일이다. 그리고, 마음에서 우러나는 감사의 마음을 나타내기 위하여 거울 앞에서 미소 짓는 연습을 매일 아침 반복하여야 한다.

(5) 접객 8대 기본 용어

❶ 어서 오세요.(안녕하세요)

❷ 몇 분이십니까?

❸ 주문하시겠습니까?

❹ 예, 잘 알겠습니다.

❺ 잠시만 기다려 주십시오.

❻ 실례합니다.

❼ 죄송합니다.

❽ 감사합니다.(또 이용해 주세요)

(6) 고객 감동 서비스

① 향기, 색깔, 음악, 인테리어 등 문화공간으로 감성마케팅에 주력하여 고객감동에 따른 매출증대를 유발해야 한다.

② 입으로 맛을 보던 시대에서 눈으로 먹는 시대에 따른 POP물 등 점포 내 광고로 고객을 감동시켜야 한다.

③ 서비스로 고객에게 감동을 줄 수 있어야 한다.

④ 내부고객인 직원의 만족이 고객감동으로 이어지므로 내부마케팅에 노력해야 한다.

⑤ 소문에 귀 기울이고 청결에 주력해야 한다.

⑥ 단골고객확보는 고객감동의 결정판이다.

(7) 전화 응대 요령

전화는 보이지 않는 당신의 예절이다.

- 전화는 식당의 이미지를 대표하고 있다.(고객은 나무를 보고 숲 전체를 이야기한다.)
- 손님이 눈앞에 서 있다고 가상하고 밝게 또렷또렷 응대해야 한다.
- 보통 회화에서는 부족한 말을 표정이 보충해 줄 수 있지만, 전화의 경우는 상대의 표정이 보이지 않는 만큼 언어사용과 표현만이 의사소통의 유일한 수단이다.
- 전화를 받는 사람의 언어사용이라든지 음성만에 의해 우리 식당의 이미지가 결정된다. 항상 공손하고 완벽한 언어사용을 할 수 있도록 통화태도는 정중하고 친절해야 한다.

① 벨이 울리면

- 벨이 울리면 즉각 받는다. 기다리지 않게 하는 것이 기본적인 전화 에티켓이다. 두 번 이상 벨이 울리지 않도록 한다.
- 시간이 걸렸을 때는 「기다리게 해서 죄송합니다.」 하고 한마디 사과한다.
- 오전 중에는 「안녕하십니까? 바로고기입니다.」
- 오후에는 「감사합니다. 바로고기입니다.」

② 수화기를 들면

- 수화기를 들면 먼저 식당명, 이름을 손님(상대방)에게 고하고 나서 손님의 성함과 용건을 여쭙는다.

- 이해가 잘 안될 때에는 납득이 될 때까지 공손히 물어서 들은 용건을 복창한다. 특히 금액, 일시, 예약명, 연락처 등 숫자나 고유명사는 착오가 있을 시 큰일이니까 똑똑히 듣고 반드시 복창한다.
- 「감사합니다. 바로고기 김○○ 입니다.」
- 언제나 메모지와 필기구를 준비해 두고 필요할 때 즉시 메모를 해야 한다.
- 조사해 볼 내용의 의뢰나 시간이 요하는 경우에는 일단 전화를 끊고 다시 전화를 걸도록 한다.
- 애매한 답변은 하지 않는다. 「~일 겁니다.」로 답변하면 상대(고객)는 「~이다.」로 단정한다.
- 자기가 답변할 수 없는 내용은 상급자를 바꾸거나, 이쪽에서 전화를 걸어 드리도록 한다.

❸ 말씨

- 언어는 분명하게, 정중하게, 음성의 크기(몹시 작은 소리), 음성의 고저(음산한 소리), 속도(빠르거나 느리거나)에 유의한다.
- 상사나 동료에게 물을 때는 수화기를 반드시 아래로 내려서 손바닥으로 완전히 누른 다음 한다.
- 상사나 동료에게 의논할 때도 전화의 손님 성함은 반드시 경어를 붙여야 한다.

❹ 인사

- 통화의 처음에 「감사합니다. 바로고기 김○○입니다.」
- 통화의 끝에 「~주셔서 감사합니다.」 「기다리고 있겠습니다.」

❺ 전언

- 전언을 의뢰받았을 때는 상대방 손님의 성함과 용건을 정확하게 메모하고 틀림없이 전언한다.
- 전화 끝에 자신의 소속과 성명을 분명하게 알린다.
- 「책임을 갖고 분명하게 전언하겠습니다.」 하는 말에 정성이 담겨 호감을 갖게 해야 한다.

❻ 중계

자기 담당이 아닌 용건의 전화를 받았을 때는 용건을 충분히 확인한 다음 정확한 담당자에게 인계한다. 담당자가 확실치 않을 때는 일단 전화를 끊고 담당자를 확인하고서 그 담당자가 전화를 걸도록 한다. 이 사람 저 사람 전화를 돌리는 것은 좋지 않다.(연결해야 할 경우 혹시 연결이 안될 수도 있으므로 반드시 전화번호를 알려주도록 한다.)

❼ 전화를 끊을 때

- 전화를 끊을 때에는 상대방에서 수화기를 놓은 다음 조용히 놓는다. 용건이 끝났다 하여 난폭하게 찰그랑 하고 놓아서는 손님에게 실례가 된다.
- 「감사합니다.」 하고 전화에 대고 굽실 절을 하는 것은 부끄러운 일이 아니며 이쪽의 성의가 그대로 소리가 되어 손님에게 전달된다. 상대방은 전화 목소리만으로 이쪽의 전화받는 자세, 태도, 표정을 느낄 수 있으므로 주의를 해야 한다.

❽ 전화를 할 때

- 전화를 할 때는 사전에 전화번호를 확인한다. 틀린 전화는 상대방에게도 실례이고 시간이나 경비의 손실이 된다.

TIP! 긴급대처 시 마음가짐

냉정하고 차분하게 행동한다.

- 당황해서 우왕좌왕한다면 점점 피해가 늘어날 수도 있다.
- 심호흡을 하고 기분을 차분히 가라앉힌 후 행동한다.

정보를 수집하고 상황을 파악한다.

행동으로 옮기기 전에 현재 상태를 분석하고 대처방법을 확인한다.

우선순위를 정해놓고 행동한다.

무엇부터 어떻게 행동해야 가장 좋을지 판단한다. 순서가 틀리면 결과가 달라질 수도 있다.

정확한 지시를 내린다.

- 이리저리 흩어져서 행동한다면 사태가 좋아질 수가 없다.
- 누가 지시를 할 것인가? 누가 실행할 것인가? 다른 사람은 어떻게 할 것인가? 확실히 선정하고 Leader를 정해서 행동할 필요가 있다.

필요사항은 메모를 한다.

다친 고객의 가족 연락처, 자동차번호, 전화로 지시를 받을 장소 등 정확하게 기억해야 할 부분을 반드시 메모를 해둔다.

필요사항은 메모를 한다.

사장, 점장(SV), 경찰서 등의 연락과 보고는 정확하게 해야만 한다. 숨기거나 거짓보고는 사후대응에 혼란을 줄 뿐만 아니라 당신에 대한 신뢰도 잃게 된다.

- 상대방이 나오면 곧바로 식당명, 성명을 밝힌다. 용건은 간단하고 순서 있게 전달하도록 한다.

⑨ 개인 전화

- 근무 중에 전화사용은 절대 삼가야 한다.
- 전화사용은 방심하기 쉽다. 자연히 언어나 자세가 거칠어지고 직장의 분위기를 흐리게 할 수 있으므로 직장이라는 것을 잊지 말고 개인적인 통화나 개인 휴대폰 사용도 삼가야 한다.(단, 긴급의 경우는 예외)

2. 긴급문제 발생 시 행동요령

긴급사태가 발생했을 때는 침착하고 냉정하게 그리고 신속하게 대처해야 한다. 안전사고, 화재, 강도·도난, 악성 클레임 등 긴급사태가 발생했을 때 처리방법을 알아두어야 한다. 동시에 긴급사태 발생·경과보고는 신속하게 해야 한다.

(1) 안전사고 발생 시

❶ 직원의 노동재해 발생 시

- 응급조치를 하고 사(점)장에게 보고하고 지시에 따라 병원치료 유무를 결정한다.
- 사(점)장 또는 프랜차이즈일 경우에는 본부나 SV에게 보고한다.
- 프랜차이즈일 경우 가벼운 상처는 점포자체비용으로 처리하고 큰 상처는 SV 및 운영팀에 연락, 산재보험 처리여부를 확인한다.
- 사고발생 원인을 규명하고 조치하여 같은 사고가 재발되지 않도록 한다.

🔍 확인사항

- 구급약, 붕대 등은 점내에 있는가?
- 산재 지정병원의 연락처는 점내에 비치되어 있는가?
- 직원들의 긴급연락처는 바로 알 수 있는가?
- 산재발생 보고 및 양식지

```
┌─────────────────────────────────────┐
│  1. 긴급조치를 취한다.                 │
└─────────────────────────────────────┘
              │
              │  • 간단한 응급조치라면 점포에서 시행한다.
              │  • 큰 상처라면 병원으로 데리고 가든지, 연락한다.
              │
┌─────────────────────────────────────┐
│  2. 가족, 사(점)장, SV에게 연락        │
└─────────────────────────────────────┘
              │
              │  • 점장, SV에게 연락하여 상황을 보고한다.
              │  • 가족에게 연락하여 현재 상태, 병원명, 전화번호,
              │    소재 등을 알려주고 사과한다.
       ┌──────┴──────┐
┌──────────┐  ┌─────────────────────────┐
│  3. 입원  │  │  3. 치료 후 자택까지 바래다 준다. │
└──────────┘  └─────────────────────────┘
       │
       │  • 입원 시 병문안은 기본
       │
점장업무│
       │
┌─────────────────────────────────────┐   • 사고 내용은 알기 쉽게 기입한다.
│  4. '산재발생보고'를 영업보고서에 기재, 보고와 동시에 │     (사고발생 당일에 실시)
│     총무인사담당자에게 연락           │
└─────────────────────────────────────┘
```

©www.hanol.co.kr

(2) 고객의 급병, 안전사고 발생 시

❶ 응급조치를 한다. 단, 상태가 위급한 경우에는 119로 연락한다.

❷ 병원진료가 필요한지 고객에게 묻는다.

❸ 사(점)장과 SV에게 보고한다.

❹ 목격자를 확보하여 상황진술서를 매니저가 쓰고 서명, 연락처를 받아둔다.

❺ 부상에 대한 유감의 말 이외의 "우리의 잘못입니다. 우리가 모두 처리해 드리겠습니다." 라고 과실을 인정하는 말은 하지 않는다.(고객의 과실인 경우도 많다)

❻ 보험처리 준비를 위해 프랜차이즈일 경우는 운영팀에 연락하여 필요한 정보를 듣는다.

❼ 사고발생 원인을 규명하고 조치하여 같은 사고가 재발되지 않도록 한다.

확인사항

• 구급약, 붕대 등의 상비약은 구비하고 있습니까?

1. 응급처치를 한다.

- 간단한 응급조치라면 점포에서 시행한다.
- 큰 부상이라면 당황하지 말고 즉시 병원으로 옮기거나 구급차를 부른다.

2. 의사의 이름, 병원명을 기록한다.

- 고객의 상태를 확인한다.
- 상황에 따라 병문안을 한다.

3. 고객의 이름, 연락처를 기록한다.

- 고객에게는 성의를 갖고 대응한다.

4. 사(점)장, SV에게 연락

- 점포의 과실이 있었는지 확인하고 점장과 SV에게 상황을 보고한다.
- 점장이 직접 사과한다.
- 책임자의 지시를 받는다.

©www.hanol.co.kr

점포 내에서 사고나 급병에 대해서는 점포과실이 있는 부분과 없는 부분이 있기 때문에 사고 즉시 치료비나 사죄비 지불에 대해서는 즉각 답변은 하지 말고 고객의 상태를 배려하는 대응을 취한다. 비용지출에 대해서는 책임자에게 대응을 맡긴다.

(3) 관공서 직원의 갑작스런 방문

구청위생과의 방문은 잦으며 이 경우는 업무 내용에 대한 신속한 대처와 원만한 People Skill이 필요하다.

❶ 침착하게 담당자를 맞이한다.

❷ 상대방의 신분을 확인한다.

❸ 방문 목적을 확인하고, 신속하게 대응한다.

· 가벼운 사안: Shift Manager가 직접 처리한다.(건강진단수첩, 식사요구 등)

· 중요한 사안: 책임자는 "회사"이므로 책임을 극구 회피한다.(공문서류, 고발장, 금품요구 등)

❹ 공문이 미리 발송된 경우를 제외하고는 어떠한 경우에도 서명하지 않는다.

❺ 방문 후 즉각 사(점)장과 SV에게 보고하여 후속조치를 취한다.

(4) 인근 불량배

> 지역에 따라 차이가 있으며, 이들의 목적은 주로 식사요구와 또는 식사 후 식사대금 미지급과 금품을 요구하는 경우가 많다. 물리적인 행동을 보일 때는 즉각 신고한다.

❶ 침착하게 맞이한다.

❷ 건물관리 사무실이 있는 매장의 경우 건물 관리자의 책임이므로 돌려보낸다.

❸ 지나친 금품요구의 경우, 회사차원에서 해결해야 할 문제이며 본인은 해결할 수 없음을 알린다. 그래도 원만하지 않을 시에는 인근 파출소에 신고조치를 한다.

❹ 1차 조치가 원만하지 않을 시, 점장, SV에게 보고를 한다.

(5) 화재 발생 시

🔍 확인사항

· 소화기 놓인 장소를 기억하고 있습니까?

· 소화기는 곧바로 사용할 수 있는 장소에 있습니까?

· 비상구의 확인

· 비상구에 피난에 방해되는 물건이 놓여 있지는 않습니까?

1. 침착하게 그리고 냉정하게 행동한다.

- 직원 전원에게 침착하게 행동하도록 지시한다.
- 부상자의 확인, 화재발생 상황을 확인

2. 소방서(119)로 연락

- 천천히 또박또박 말한다.
- 주소를 말한다.
- '화재'임을 알린다.

2. 초기 소화활동

- 가능한 한 많은 소화기를 사용, 연속, 집중해서 소화

3. 안전확보

- 소화가 안 될 것이라고 판단되면 무리하지 않는다.
- 직원 전원의 안전을 확인하고 피난시킨다.

4. 고객의 피난유도

- 고객에게 화재발생 사실을 주지시키고 차분하게 행동하도록 한다.
- 비상구를 개방하고 당황하지 않게 유도·행동한다.
- 화장실 쪽으로 피한 사람이 있는지 확인한다.

5. 긴급 구호활동

- 화상을 입은 부위를 흐르는 물에 5분 이상 담가 열을 식힌다.

6. 점장(SV)에게 연락

- 정확한 순서에 입각하여 설명
- 앞으로의 대응에 대한 지시를 받고 직원 전원에게 연락한다.

©www.hanol.co.kr

347

(6) 태풍재해 시의 대처 Flow

1. 사전준비와 확인

- 라디오 등을 준비해서 일기예보와 태풍정보를 듣는다.
- 점장(SV)과 상담하고 영업시간·폐점시간 등을 결정한다.
- 시프트 조정을 한다.
- 점포 주변을 체크하고 강풍에 날릴 것 같은 물건은 사전에 철거한다.
- 상황을 봐서 메이트는 귀가시킨다.(귀가 후 전화확인)

2. 침착하고 냉정하게 행동한다.

- 인근 점포의 상황확인
- 일기예보를 항상 확인하고 점장, SV와 연락을 한다.
- 폐점 시, 퇴점 시에는 점장 또는 SV와 연락을 한다.

3. 사후 확인

- 직원 가족의 안부 여부
- 점포주변 확인 시 손해 유무 확인
- 전기, 가스의 복구상황 확인과 기기의 정상가동 확인

4. 점장(SV)에게 연락

- 직원 가족의 안부 여부
- 상황을 확인하고 정확하게 점장(SV)에게 보고한다.
- 앞으로의 대응에 대해서는 지시를 받고 직원 전원에게 연락한다.

©www.hanol.co.kr

(7) 단수, 정전 시의 대처 Flow

사전에 예고가 있었던 경우

1. 정보의 확인

- 일자, 시간 내용 등 정보 입수

2. 점장(SV)**에게 연락**

- 판매메뉴, 영업시간 폐점 등을 결정한다.
- 시프트 조정을 한다.

3. 지시에 따라 행동한다.

- 지시에 따라 드라이아이스를 준비하고 원부재료의 점포간 이동을 실시한다.
- 수도밸브와 전원스위치를 반드시 Off로 한다.
  (스위치 On 상태에서 복구될 경우 점포 내에 아무도 없다면 큰 사고가 일어날 수도 있다.)

4. 점장(SV)**에게 연락**

예고가 없었던 경우

1. 상황 확인

- 점포주변 상황을 확인하고 건물 자체사고인지, 복수규모인지 확인한다.

2. 점장(SV)**에게 연락**

3. 대처방법을 세운다.

- 판매메뉴, 영업시간 폐점 등을 결정한다.
- 시프트 조정을 한다.
- 점장, SV와 연락하여 판매메뉴, 영업시간 폐점 등을 결정한다.
- 상황에 따라 시프트 조정을 한다.
- 정전 시에는 POS의 현금을 금고로 옮기고 고객에게 사정 설명을 한다.
- 수도밸브와 전원스위치를 반드시 Off로 한다.
  (스위치 On 상태에서 복구될 경우 점포 내에 아무도 없다면 큰 사고가 일어날 수도 있다.)

©www.hanol.co.kr

349

(8) 클레임 대처 Flow

1. 클레임 발생(홈페이지, 080 전화 등)

- 주요 클레임[T/O 시 누락, 접객태도 불량(서비스)], 이물질 혼입, 품질이 나쁨(정량, 정온)

2. 고객의 얘기를 끝까지 듣는다.

- 고객의 불만사항, 왜 불만을 제기하는지 잘 듣는다.
- 요구사항을 듣는다.
- 이물질 혼입의 경우 원인을 밝히기 위해서라도 현물은 회수한다.
  (원인규명에는 1~2주가 소요될 수도 있으니 나중에 결과를 알려드린다고 말한다. 점포 OP상 실수였을 경우에는 초기에 고객이 납득할 수 있도록 최대한 사죄한다.)

3. 점포에서 잘못이 있을 경우 즉시 사과한다.

- 진심에서 우러나오게 대응한다.
- 변명을 하지 않는다.
- 자신의 잘못이 아니다 하더라도 절대 남을 탓하지 않는다.
- 반드시 점포 책임자가 대응을 해야 하지만 점장이 부재 시는 나중이라도 점장이 직접 사과한다.
- 쿠킹이 덜 된 제품이 제공됐을 경우 '고객의 신체에는 아무 이상이 없다'는 말을 한다.

※ 점포 측의 잘못이 아닐 경우 사죄는 하지 않는다.(잘못을 인정하는 것임)
　 다만, 정중히 상대방의 기분을 살피면서 성의를 갖고 대응한다.

4. 점포에서 대응할 수 없는 경우 점장과 상담한다.

- 정확하고 알기 쉽게 보고
- 대응방법을 검토하고 지시를 받는다.

4. 점포에서 대응할 수 있을 때는 즉시 실행한다.

- 정중하게 상품을 교환해드린다.
- 상품을 댁까지 전달한다.
- 정중하게 환불해드린다.

5. 클레임 대처 보고서 제출

- 클레임 발생 상황, 2차 대응, 재발방지를 위한 개선책을 기입한다.
- 재발방지 대책을 직원 전원에게 철저히 교육시킨다.

5. 원인분석 및 개선책을 검토하고 재발방지책을 세운다.

- 직원 전원에게 철저히 교육시킨다.

©www.hanol.co.kr

제품에 의해서 고객이 다친 경우, 입, 치아를 다쳐 치료비가 발생하는 경우에는 사죄로만 끝나지 않고 금전을 요구하는 경우가 있다. 이때는 즉답을 피하고 조사결과가 나오면 대처하겠다고 정중히 얘기를 하고 반드시 점장, 사장에게 보고하여 대응책을 강구하도록 한다.

(9) 강도 피해 시의 대처 Flow

확인사항

- 관할파출소의 연락처는 점내에 비치되어 있는가?

1. 냉정하고 침착하게 행동한다.

- 직원 전원에게 침착하게 행동하도록 한다.
- 이성을 잃거나 영웅이 되려는 행동은 주변 직원과 고객의 위험을 초래할 수 있다.

2. 요구에 응한다.

- 대응은 가능한 한 점포 책임자가 한다.
- 인명제일주의, 요구하는 것에는 원칙적으로 따른다.
- 범인을 자극하는 행동은 하지 않는다.

3. 절대로 반항하지 않는다.

- 범인의 특징을 잘 기억한다.(범인 수, 신장, 의복과 색, 사투리 사용여부, 무슨 말을 했는가, 흉기는?)

4. 범인이 가고 나면 즉시 관할 파출소에 신고한다.

- 범인을 쫓지 말고 도주방향, 차량번호 등을 확인한다.
- 관할 파출소에 신고한다.
- 현장을 보존한다.(발자국, 지문 등)

5. 점장(SV)에게 연락한다.

- 점장(SV)의 지시를 받는다.
- 매스컴에 대한 대응은 반드시 책임자의 확인 후 시행한다.
- 점포 내 및 주변 촬영은 책임자의 허가를 얻은 경우에만 허락한다.

©www.hanol.co.kr

Chapter *11*

외식업창업
판매촉진
전략

01 외식업 판매촉진 전략

1 판매촉진의 기본방향

촉진(promotion)이란 외식업체와 고객이 상호 전달하고 싶은 가치를 공유하는 활동을 말한다. 그 종류로는 광고, 인적판매, 판촉, 홍보 등이 있는데 인적판매는 사람에 의한 판매활동으로 주로 방문판매를 일컬으며 판매촉진은 판촉 또는 SP(Sales Promotion) 쿠폰, 콘테스트와 경품, 보너스팩, 스탬프 연속 모으기, 가격할인, 패키지, 무료우편 등의 방법이 있고 광고는 주로 신문, 잡지 등 매스미디어에 내는 활동을 말한다. 그 예로는 옥외광고, 교통광고 등이 있다. 홍보는 매스컴에 돈을 내고 하는 광고가 아니라 뉴스, 신문, 잡지 등의 보도기사로 9시뉴스에 나왔으니 믿을 만하겠지' 하는 식으로 소비자들의 신뢰도가 커져 광고보다 훨씬 높은 효과를 올릴 수 있다.

식당 창업 시 빼놓을 수 없는 것이 바로 개업 관련 판매촉진이다. 최근 들어 치열한 생존경쟁에서 살아남기 위하여 점점 판매촉진활동이 중요시되고 있다. 특히 개업 시 하는 판매촉진

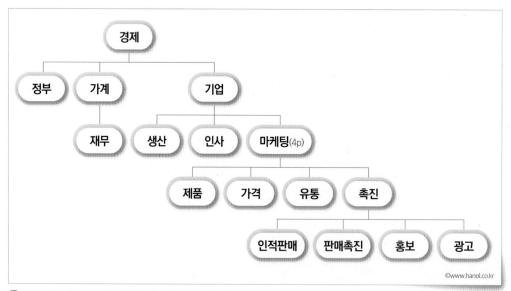

🍔 그림 11-1_ 성공창업을 위한 음식점 마케팅(김영갑, 교문사, 2015)

행사는 고객에게 점포를 알리는 동시에 긍정적인 이미지를 각인시켜 추후 방문으로 이어지게하는 매우 중요한 활동이라 할 수 있다.

일반적으로 전단지를 제작하여 직접 배포하거나 신문사에 삽지를 의뢰하여 배포하거나 이외에 현수막, 개업선물, 도우미와 음향장비, 풍선장식, 오픈 이벤트 행사 등이 보편화되어 있다. 일부 창업자들은 행사 비용이 만만치 않아 망설이기도 하는데 실제로 웬만한 중·대형 규모가 아니면 체계적인 계획을 수립하여 판매촉진하기가 결코 쉽지만은 않다. 판매촉진 전, 다음의 내용 정도는 기본적으로 알고 시작한다면 보다 효과적인 판매촉진을 할 수 있을 것이다.

첫째, 많은 비용을 투자한다고 해서 당장에 일정수준 이상 매출을 올려야 된다는 생각을 버려야 한다. 판매촉진을 하는 목적은 물론 매출증대이다. 그러나 그것은 판매촉진 시 눈에 보이는 일시적 매출증대가 아니라, 판매촉진 후의 전반적인 매출증대를 목적으로 하는 것이므로 불특정다수의 잠재고객에게 우리 점포를 알리고 차후에 내점할 수 있는 기회를 만들겠다는 장기적이고 투자적인 개념으로 보아야 할 것이다.

둘째, 판매촉진은 지속성이 필요하므로 연간, 분기별, 월별 등으로 프로그램을 만들어 계획적으로 진행하는 것이 좋다. 또한 잠재고객들에게 우리 점포를 이용할 수 있는 기회를 제공하기 위해서는 기념일을 많이 만들어야 한다. 개점 100일, 계절 맞이, 가정의 달, 개업 1주년 등 이벤트 관련 판매촉진 계획을 끊임없이 추진해 나가야 할 것이다.

마지막으로 주의할 점은 행사 시 설치했던 만국기, 배너들이 얼룩진 상태로 방치되고 있는 점포가 많은데 이는 "내 점포는 관리를 잘 안 하는 점포입니다"라고 자랑하는 것과 같다.

어려울 때일수록 노력하는 점포가 성공하는 것은 자명한 일이다. 혹여 판매촉진 행사가 기대에 못 미친다 하더라도 경영주는 실망하지 말고, 오신 고객들에게 세심한 배려와 친절한 서비스를 제공한다면 만족한 그 고객들은 아마 단골고객이 될 것이다. 그리고 판매촉진 행사를 진행하면서 판매촉진 진행과정, 방법, 실시상의 문제점, 고객의 반응, 평가 등을 체크하여 기록해 둔다면 다음 판매촉진 활동의 중요한 자료로 많은 도움이 될 것이다.

② 판매촉진 계획 세우기

과거에는 대부분의 음식점들은 '판매촉진 따위는 하지 않아도 손님들은 온다'라고 여겨져왔다. 그 이유는 단순히 식당수가 적었기 때문이다. 점포가 존재하는 것 그 자체가 이미 판매

촉진이 되던 시대였다. 경합이 없었던 시대, 수요가 공급을 초과하던 시대에는 어쨌든 개업만 하면 매출은 올라갔다.

그러나 이제는 치열한 경쟁시대에 돌입했다. 전국에 55만 개 이상의 식당이 먹고살기 위해 아우성이다. 점포가 손님을 선택하던 생산중심의 시장에서 손님이 스스로 점포를 선택하는 고객중심의 시장으로 변했다고 할 수 있다.

(1) 판매촉진의 필수과정

판매촉진을 성공시키기 위해서 어떻게 해야 할까? 판매촉진을 성공시키기 위한 필요작업은 다음과 같다.

- 판매촉진의 철저한 기획
- 직원들에게 철저하게 주지시킨다.
- 판매촉진을 위한 현장단계에서의 준비
- 손님들에게 예고
- 판매촉진 실시
- 판매촉진 결과의 집계와 피드백

❶ 판매촉진계획

계획하는 판매촉진이 성공할지 어떨지는 기획을 어떻게 세우는가에 달려 있다. 어떠한 고객을 대상으로 하여 판매촉진을 할 것인가, 목적은 무엇인가 등을 확실하게 할 필요가 있다.

직원에게 철저하게 주지시키자. 판매촉진의 기획이 완성되었다면, 그 판매촉진의 목적이나 방법 등을 정확하게 직원에게 전달할 필요가 있다. 이 프로세스를 잊어버리면 판매촉진의 효과는 반감하게 된다. 전단지 따위를 나누어 주어 손님층을 개척, 비약적으로 손님을 늘렸다고 하자. 당연히 점포는 바빠지고 그 작업의 영향이 현장에서 일하는 사람들에게 미치게 된다. 이렇게 바쁘다 보면 직원들은 왜 이렇게 힘든가에 대해서만 생각한다.

또 판매촉진 기간 중에 어렵게 상품을 개발했다고 가정하자. 그러나 그 설명을 정확하게 하지 않으면 직원들은 그 상품의 판매에 적극적이지 않게 된다. 이렇게 되면 많은 개발비용과 판매촉진비용도 그냥 날려버리게 된다. 이러한 일은 너무나 흔한 이야기이다. 반드시 사전에 충분한 오리엔테이션이 이루어져야 한다.

직원 전원에게 잊지 말고 알려야 하는 항목은 다음과 같다.

- 판매촉진의 목적
- 어떠한 고객을 대상으로 하는가?
- 언제부터 어느 정도의 기간으로 하는가?
- 판매촉진 실시의 구체적인 방법
- 특별한 도구는 사용하는가?
- 책임자는 누구인가?
- 문제점이나 질문은 누가 하면 좋은가?

❷ 판매촉진 결과의 집계와 피드백

판매촉진의 기획으로 인하여 어느 정도 손님이 증가하였는가? 그 결과 어느 정도 매출이 올랐는가? 판매촉진의 목적은 충분히 달성하였는가? 그리고 손님들에게 만족을 주었는가? 등 확인해야 할 것이 많다. 이러한 것을 계수자료나 앙케트, 현장의 목소리 등을 정리하여 분석하지 않으면 안 된다. 이것은 다음 판매촉진 계획을 세울 때 좋은 자료가 된다. 똑같은 잘못을 반복하지 않고 보다 효과적인 판매촉진을 하기 위하여 필요하다.

(2) 판매촉진 기획하기

앞에서 성공적인 판매촉진을 하기 위해서 가장 중요한 것은 기획의 입안 프로세스라는 것을 설명했다. 그렇다면 이제 어떻게 기획을 세워야 하는지에 대해서 알아보자.

🔍 기획 입안 시 지켜야 할 사항

- 기획의 명칭을 가장 먼저 붙인다.
- 기획을 반드시 명문화한다.
- 기획 목적을 확실히 한다.
- 기획의 복적과 영업 콘셉트가 일치하는가를 확인한다.
- 기획 대상을 명확하게 한다.
- 기획 실시 기간을 명확하게 설정한다.
- 기획 내용을 상세하게 결정한다.
- 예산계획을 세운다.

❶ 기획 명칭을 가장 먼저 붙인다

관계자들의 동의를 얻는 데도 손님들에게 판매촉진에 관하여 알리는 데에도 명칭이 결정되어 있지 않으면 곤란한 경우가 많다. 기본적인 전단지조차 만들 수가 없다.

❷ 기획을 반드시 명문화한다

특히 작고 특별하지 않은 이벤트의 경우, 예를 들면 계절상품 축제일 경우에는 관계자들의 대형 이해만으로 판매촉진 기획을 확인하고 시작하는 경우가 많은데, 아무리 하찮은 이벤트라도 문장화된 기획서를 만들어야 한다. 판매촉진의 기록이 있으면 다음에 판매촉진 기획에 도움이 된다.

❸ 기획 목적을 확실히 한다

기획의 목적을 확실히 하지 않으면 판매촉진의 성공은 보장되지 않는다. 음식점의 판매촉진 목적에는 주로 다음과 같은 것이 있다.

- 보다 많은 새로운 손님을 오게 한다.
- 현재 고객들이 더 한층 만족할 수 있도록 연출한다.
- 자주 오도록 연구를 한다.
- 객단가를 높이는 연구를 한다.
- 성수기의 매출증대를 꾀한다.
- 비수기의 매출저하를 막는다.
- 업태 등의 콘셉트 변화를 어필한다.

❹ 기획의 목적과 영업 콘셉트의 일치

기획의 목적과 점포의 영업 콘셉트가 일치하는지를 확인한다. 이것은 아주 중요한 포인트이다. 매출을 늘리기 위해서는 영업 콘셉트가 정확해야 한다. 예를 들어 어느 도시락점포가 메뉴를 아주 저가에 판다는 내용의 전단지를 신문에 끼워서 홍보를 한 결과 아주 좋은 반응을 얻었다고 해서 근처의 스테이크하우스 경영자가 그 전단지를 그대로 흉내 내어 만들고 똑같은 방법으로 판매촉진을 실시했다고 해보자. 이런 경우 당연히 성공할 수 없는 것이다. 도시락점포와 스테이크하우스의 콘셉트는 근본적으로 다르기 때문이다.

❺ 기획 실시 기간을 정확하게 설정한다

판매촉진 기간의 설정은 매우 중요하다. 이벤트 기간이 너무 짧으면 기간을 설정하지 않은 것과 마찬가지다. 특별히 예외를 제외하고 음식점의 판매촉진은 2~3일이라는 짧은 단기간에 효과를 거둘 수 없다. 그렇다고 해서 판매촉진 기간을 너무 길게 하면 판촉의 의미가 없어진다. 똑같은 판촉을 1년 내내한다면 그것은 통상 영업과 마찬가지이므로 아무런 의미가 없다.

　일반적으로 업태별 이용 빈도는 패스트푸드가 주 1회, 패밀리레스토랑이 월 1회 정도라고 알려져 있다.

표 11-1_ 연간 판매촉진 전략

월별	행 사	이벤트기준 및 판촉활동
1	시무식, 신년회, 설날, 대입합격축하회	POP 부착, 새해선물(식사권, 할인권 등)을 연하장에 넣어 DM 발송, 내점고객 선물증정(복주머니, 복조리 등)
2	입춘, 봄방학, 졸업식, 환송회	졸업축하 이벤트, 밸런타인데이 특별 디너세트 판매(꽃, 샴페인 증정), 봄맞이 환경처리 실시, 현수막 부착, DM 발송(리스트 입수), 정월대보름 오곡밥 축제
3	입학식, 환영회, 대학개강 파티	입학식, 환영회(행사유치를 위한 사전 홍보활동 및 선물제공), 화이트데이 이벤트 실시, 봄 샐러드 축제와 꽃씨제공
4	봄나들이, 한식, 식목일	신메뉴 개발, DM, 각종 차량에 안내장부착
5	어린이 날, 어버이 날, 스승의 날, 성년의 날	어린이날 특선메뉴 및 기념품제공, 가정의 달 효도 대잔치(카네이션, 기념사진 등), 독거 소년·소녀와 노인 초청 행사, 서비스 콘테스트 실시, 광고 등
6	각종 체육회, 현충일	국가 유공자 가족 초대회(할인행사)
7	여름 보너스, 휴가, 초중고 방학	DM, 여름철 특선메뉴 실시(빙수, 생과일주스, 호프, 야외 바비큐파티 등), 삼복더위축제
8	여름휴가, 초중고 개학	한여름 더위를 식힐 화채 개발 시식 및 각종 우대권제공
9	대학 개학, 초가을 레저, 추석	도시락 개발, 행락철에 T/O
10	운동회, 대학축제, 결혼러시, 단풍놀이 행락객	가을미각축제, 과일축제, 송이축제, 전어축제, DM 발송
11	학생의 날, 취직, 승진 축하	찜요리 축제, 입시생을 위한 특선메뉴(건강식), 송년회 및 회식안내(DM)
12	송년회, 겨울방학, 겨울 레저	크리스마스카드 및 연하장 발송(할인권), 점내 POP 부착
기타	단골고객의 날 이벤트개최, 생일축하, 월 시식일 등	고객관리, 선물 또는 무료 식사권 제공

판촉기간이 설정되면 언제부터 시작해야 할 것인가를 설정해야 한다. 일요일이나 축제일 등 바쁜 요일부터 시작하는 것을 피해야 한다. 가능하면 피크일 수일 전에 실시하여 행사내용을 충분히 이해하고 익숙하게 하는 연구도 필요할 것이다.

❻ 기획내용을 상세하게 결정한다

이상과 같은 결정된 판매촉진 목적을 달성하기 위한 구체적인 방법을 면밀하게 결정하는 것이 다음 작업이다.

- 판매촉진 기간 중 이용하는 손님들에게 제공되는 메리트는 무엇인가?
- 어떻게 판매촉진을 손님들에게 어필할 것인가?
- 판매촉진 기간 중 손님들에게 제공되는 부가가치서비스에는 무엇이 있는가?
- 판매촉진에 부수하여 필요한 관리 작업에는 어떠한 것을 생각할 수 있는가?

판매촉진의 메리트를 높일 수 있는 조건은 다음과 같다.

- 선물을 준다.
- 가격을 할인해 준다.
- 위의 서술한 것 이외의 부가가치정보가 제공된다.
- 기간 중에만 특별한 상품이나 신상품을 시식시킨다.

3 개점 시 판매촉진 종류

1. 외부적인 판매촉진

개점 판매촉진에는 여러 가지 방법이 있으나 대부분 타 점포에서 실시한 것을 흉내 내거나 과시형(멋)으로 지점의 특성이나 이미지와는 무관하게 일률적으로 하는 경우가 많다. 지점의 실정을 잘 분석하여 자기 식당을 최대한 알릴 수 있는 개성이 있는 판매촉진을 하여야 할 것이다.

일반적인 종류는 다음과 같다.

(1) 전단지 제작 배포

외식업소를 운영하는 데 있어서 전단지를 활용한 판매촉진 전략은 훌륭한 홍보 도구이며,

유용한 마케팅 수단 가운데 하나다. 음식점에서 가장 흔하게 점포를 홍보하는 데 사용하는 도구가 바로 전단지다. 고기구이 전문점의 경우 전단지 배포를 최대한 자제하고 있는데, 무분별하게 뿌리는 전단지 효과를 고객들이 신뢰하지 않기 때문이다.

가장 일반적인 방법으로 직접배포보다는 신문 삽지가 대부분인데 전단지의 홍수라는 말이 있을 정도로 많은 전단지가 배포되고 있다. 그러나 일반적으로 대도시의 경우 회수율은 1~2% 정도가 고작이고, 중소도시로 갈수록 4~5%대로 높아지지만 효과가 생각만큼 높지 않다.

🔍 전단지 제작 시 주의점

- 정확한 콘셉트가 있는가?
- 목적고객이 설정되었는가?
- 점포의 실정보다 과장되지는 않았나?
- 경영자가 내포하고자 하는 내용이 명확한가?
- 고객의 흥미를 끌 만한 재미 요소가 있는가?
- 독창적인 아이디어와 개성이 엿보이는가?
- 쿠폰이나 회신을 통한 효과를 측정할 수 있는가?
- 친밀감과 편안함을 주는가?
- 약도와 전화번호가 크게 기재돼 있는가?

전단지 배포의 효과를 보다 높이기 위해서는 반드시 유효기간을 표시하고 지역을 동서남북으로 나누어서 배포하면 회수율을 분석할 수가 있으며 발송하는 타이밍도 생각해야 한다.

❶ 전단지는 간단명료하게 만화캐릭터나 의인화된 그림, 메뉴사진 등으로 표현하고 자기점포의 개성을 최대한 살려야 한다. 동시에 전단지에 판매촉진 기획의 캐치프레이즈, 판매촉진의 내용 및 특전, 기간, 상호, 연회석유무, 배달여부, 차량운행 등 기타 서비스 내용을 잘 나타낸다면 평균치의 2배 이상 효과를 얻을 수 있다. 이 외에 약도, 전화번호, 주메뉴 등도 기입해야 한다.

자사의 브랜드를 대표하는 색상이 있다면 이를 전단지에 적극적으로 활용해보는 것이 좋다.

강조하고자 하는 문구나 내용이 적을수록 메시지는 강력해진다. 간혹 경영자들의 경우 비용을 생각해서인지 자기 점포의 모든 정보를 다 넣으려는 듯 빽빽하게 구성하는 사례를 많이 보아왔다. 하지만 이는 그 점포의 이미지만 하락시킬 뿐이다. 고객들은 전단지의 구구절절한 글은 보고 싶지 않아 한다.

강조해야 할 부분만 정확히 기입해 비주얼한 디자인을 만들자. 시선의 흐름에 따라 내용의 강약을 넣어 구성해 점포의 전달하고자 하는 내용을 효과적으로 담는 것이 중요하다. 천편일률적인 디자인과 너무 복잡한 전단지는 받자마자 쓰레기통으로 들어갈지도 모르기 때문이다. 즉, 우리 점포만의 독특한 아이디어를 전단지 하나에도 접목해 볼 필요가 있다.

개성 있는 전단지 하나로 우리 점포에 대한 인식이 달라질 수 있음을 명심하자.

Fun(재미)과 고객의 감성을 자극하는 내용으로 카피를 활용해 잠재고객의 호기심과 감성을 자극해 보자. 자사의 점포나 메뉴 사진의 경우도 기왕이면 투자를 해서 먹음직스럽게 촬영하자. 간혹 자동카메라로 직원이나 경영자가 직접 찍은 상태가 좋지 못한 사진을 그대로 전단지에 활용하는 경우를 볼 수 있다. 이는 고객에게 우리 점포에 대한 반감과 함께 점포의 질적 수준을 의심하게 되므로 사진 한 장 삽입하는 것도 쉽게 생각해서는 안 될 것이다.

❷ 제작 시 시간과 비용을 줄이려면 전단지에 기입하고자 하는 기본 내용을 미리 정리하여 직접 인쇄소를 방문, 시안작업을 의뢰하여 제작하면 20% 이상의 비용을 절감을 할 수 있다. 그러나 규모가 있는 점포는 외식전문 컨설팅기관이나, 전문 기획사에 의뢰하여 품격 있는 전문적인 안을 검토하여 제작하는 것이 보다 효과적이라 하겠다.

❸ 직접 배포할 때는 단정한 몸가짐으로 전 직원이 함께 참여하도록 하고 가까운 곳부터 시작하여 1~2개월 정도 꾸준하게 실시한다. 가까운 사무실의 경우는 반드시 직접 방문하여 배포하는 것이 가장 효과적인데 가능하면 작은 판매촉진물을 함께 배포하면 더욱 좋다. 그런 다음에 300m 이내 좀 떨어진 지역으로 확대 배포를 해나간다.

전단지 배포의 경우 수만 장을 한꺼번에 배포하기보다는 단계적으로 하는 것이 좋으며, 상품과 점포 그리고 서비스를 항상 염두에 두어 오래도록 기억에 남도록 해야 한다. 전단지를 통해 고객을 부르는 초청행사나 이벤트 등의 행사도 주기적으로 펼쳐 인근 지역민들에게 활기찬 점포의 이미지를 심어주는 것이 중요하다.

❹ 제작된 전단지를 직접 배포할 경우 반드시 "저희 ○○○점포가 ○월 ○일 날 오픈합니다. 오픈 관련 다양한 이벤트와 무료시식회도 개최하고 있사오니 한번 이용해 주시면 고맙겠습니다.", "고맙습니다.", "안녕히 가십시오." 등의 접객 용어를 정중하게 사용해야 한다. 특히 개점 후 3개월 동안에는 월별로 10일 이상은 지속적으로 전단지 배포를 하도록 한다. 참고로 신문 삽지 시에는 배포지역을 명확하게 하고 특정신문사에 1회 대량배포보다는 각 신문사의 특성을 고려하여 잘 분배를 해서 하면 더욱 효과적이다.

그리고 전단지 배포 시 배포대행업체, 직원이나 신문사에 맡겨 놓고 판매촉진 업무는 다 했다고 생각하는 경우가 많은데 직원이나 신문사는 주인이 아니므로 가능하면 경영주가 직접 발 벗고 뛰어야 한다. 이 정도 노력도 하지 않고 성공하길 바란다면 과욕이 아닐까 생각된다.

필자의 경우 컨설팅 관련 계약을 할 때마다 예비창업자들에게 제안을 한다. 꼭 성공하는 점포로 만들 자신이 있는데 필수조건을 수용해 주어야 한다고. 그 조건은 점포개점 15일 전부터 아침 출근시간에 2시간 정도, 퇴근시간에 3시간 정도만 개점예정 점포 앞에서 전단지배포를 하고 지나다니는 예비고객이나 차량을 보면서 인사(선거철에 자주 볼 수 있는 선거운동 모습의 예)하는 것이다. 이렇게 실행에 옮길 수 있다면 반드시 성공할 수 있다고 아무리 강조를 해도 아직까지 그렇게 실행을 한 사람은 단 한 사람도 없었다. 예비창업자들이 체면을 생각하거나 적극적이지 못하다는 것을 보여주는 단적인 예라 하겠다. 지금은 생존경쟁시대이다. 이러한 시대에 창업을 하여 성공적인 경영을 하려면 가장 먼저 체면이나 격식을 버리고 적극적인 마음가짐 및 자세와 솔선수범을 하는 리더십을 가져야 할 것이다.

(2) 인터넷 광고 및 홍보

최근 들어 인터넷이 급속도로 발전하여 이를 이용한 홍보·광고가 큰 효과를 거두고 있다. 홈페이지를 만들어 식당에 대한 정보를 제공하고 광고나 협력사들과의 상호 배너교환 등으로 방문객수를 늘리도록 한다. 또한 홈페이지를 만들었다고 끝나는 것이 아니라 꾸준한 관리와 업데이트가 필요하며, 각종 이벤트와 쿠폰 제공 등 홈페이지를 통한 다양한 판매촉진 활동도 해나가야 할 것이다. 회원 및 단골 고객을 대상으로 E-mail(필요시 지역별, 타깃별 등으로 구분해서 행사 내용을 대행해서 광고해 주는 회사나 프로그램 활용)을 활용하여 행사 고지 및 할인쿠폰 게시 등을 할 수도 있다. 또한 네비게이션을 통해 그 지역의 맛집 찾기와 맛집 관련 카페나 동호회 등을 통한 인

터넷정보를 통한 구전효과가 뛰어나므로 이를 활용한 홍보도 중요시되고 있으므로 보다 적극적인 인터넷 홍보 대책이 있어야 할 것이다.

인터넷 홍보는 인터넷을 활용하여 서비스를 제공하는 일련의 활동을 말하는데 정부에서 인터넷이라고 하는 전자적 커뮤니케이션 매체 혹은 유통채널을 일부나 전부 사용하여 개인이나 조직의 욕구에 맞는 제품이나 서비스를 제공함으로써 정책에 대한 홍보효과를 극대화하려는 활동이다. 온라인 홍보(Online PR), e-홍보(e-PR), 사이버 홍보(Cyber PR) 등으로 불리기도 한다.

(3) 소셜 네트워크 활용

외식업의 홍보 수단이 빠르게 진화하고 있다. 아이폰을 중심으로 컴퓨터 기능을 갖춘 스마트폰 사용자가 급증하면서 외식업계에서는 앞다투어 스마트폰을 이용한 예약 서비스 및 매장 정보 제공 서비스를 실시하고 있다. 터치 한 번으로 외식업소를 찾을 수 있고, 예약이 가능하기 때문에 애플리케이션의 개발이 활발하게 이루어지고 있으며, 이와 함께 소셜 네트워크 서비스(SNS)가 새로운 홍보수단으로 급부상하고 있다.

소셜 네트워크 서비스란 인터넷상에서 친구·선후배·동료 등 지인(知人)과의 인맥 관계를 강화시키고 또 새로운 인맥을 쌓으며 폭넓은 인적 네트워크(인간관계)를 형성할 수 있도록 해주는 서비스를 뜻하며, 간단히 'SNS'라 부르기도 한다.

소셜미디어란 트위터(Twitter), 페이스북(Facebook)과 같은 소셜 네트워킹 서비스(social networking service)에 가입한 이용자들이 서로 정보와 의견, 생각, 경험을 공유하면서 대인관계망을 넓힐 수 있는 플랫폼을 일컫는다. 소셜미디어의 강점은 정보의 확산 속도가 빠르며 텍스트, 이미지, 오디오, 비디오 등 콘텐츠 방식의 제약 없이 유연하게 생산 및 유통이 가능하다는 점인데 최근에는

사회전반적인 산업분야에 활용하고 있는 가장 중요한 홍보 수단으로 자리매김하고 있다. 대표적인 서비스로는 블로그, 트위터, 카카오스토리, 페이스북, 유튜브, 인스타그램, 위키미디어 등이 외식업계에서도 활발하게 활용되고 있다.

① 소셜미디어 비교

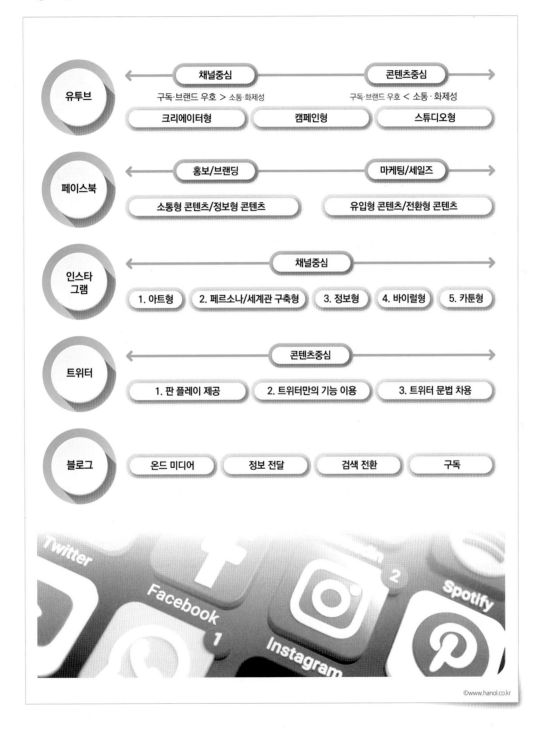

©www.hanol.co.kr

❷ 블로그 마케팅

구 분	홈페이지	인터넷 카페	블로그
디자인	· 자유롭게 연출가능	· 고정틀 안에서만 제작 (자신만의 표현이 가능)	· 고정틀 안에서만 제작 (자신만의 표현이 가능)
제작	· 어려움	· 누구나 쉬움	· 누구나 쉬움
회원유치의 용이함	· 사용자들은 상업성 홈페이지에 개인정보 유출을 꺼려함 · 각종정보등록으로 가입 절차가 까다로움	· 가입회원끼리의 폐쇄적 운영 · 회원들간 공동운영 · 장기적인 마케팅관점으로 접근 · 회원확보를 위해 끊임없는 콘텐츠 필요 · 익명성으로 인해 문제 발생 소지 · 회원을 대상으로 다양한 마케팅 활동 · 취미, 동호회, 친목단체 등에 적합	· 회원개념이 없는 일방적 전달과 개방적 · 개인이 혼자 운영 (자신만의 공간) · 단기적인 마케팅관점으로 접근하며, 회원확보 및 콘텐츠 생산 부담 없음 · 개인운영, 익명성 문제 발생소지 없음 · 대상으로 할 회원이 없음 · 홈페이지대용 업체홍보 등에 적합
재방문율	· 낮음	· 높음	· 높음
유지보수	· 비용이 많이 듬	· 없음	· 없음
탈퇴율	· 적음	· 자유로움	· 자유로움
제작비용	· 수십만원~수천만원	· 무료	· 무료

(4) DM 발송

전단지보다는 비용이 좀 추가되지만 효과는 있다. 저가형 메뉴보다는 중·고가형 메뉴를 판매하는 점포에서 주로 이용되고 있으며 고객리스트가 있으면 직접 하면 되지만 창업점인 경우 직접 하려면 쉽지가 않으므로 우체국이나 생활정보지를 보고 DM(Direct Mail) 발송 전문 업체에 의뢰하면 된다.

DM의 특성은 다음과 같다.

❶ 고객에 대한 직접 설득으로 소비자와 친밀감을 조성한다.

❷ 점포와 고객 간의 1:1 커뮤니케이션으로 개인의 특성을 최대한 이용할 수 있다.

❸ 고객에 대한 구매정보를 메뉴별, 회수별, 금액별, 시기별로 구분하여 고객관리의 과학화를 꾀할 수 있다.

이때, 성의를 보이기 위해 직접 작성하는 경우도 있으며 개업 시에는 전단지로 함께 사용할 수도 있다. DM을 보낸 후에 전화로 상품과 그 취지를 알리고 다시 DM을 발송하면 효과를 높일 수 있다.

(5) 현수막 부착

개점 예정점포 벽에 20~30일 전 대형으로 현수막을 만들어 부착하고 현수막 지정 게시대에 부착할 때는 최소 1~2개월 전에 부착하고자 하는 예정 게시대를 파악하여 관할 지역구청이나 지역광고협회를 통해 부착하도록 한다. 이때 소정의 수수료가 부과되며 현수막 제작업체에 의뢰하면 간단하지만 설치비용이 추가된다. 현수막 지정 게시대 사용을 신청하는 업체가 많은 관계로 사전에 게시대 자리를 확보해 두어야 한다. 지정된 곳이 아니면 옥외광고물 등 관리법 상 위배되어 철거 또는 과태료가 부과되는 경우가 있어 주의를 해야 하며, 내용은 주메뉴 2~3개 그리고 개점예정일과 전화번호, 위치, 상호, 캐릭터, 이벤트 내용 등을 넣고 상호는 가능하면 로고체를 그대로 사용하도록 한다.

(6) 만국기 + 베너 부착(오색천, 바람개비, Y 배너 등)

점포 앞과 주변에 부착하여 오픈을 알리는 것으로 비용이 저렴한 편이며 장기간 부착이 가능하나 수시로 관리를 하여 색이 탈색될 경우 점포이미지가 실추될 수 있으므로 일정기간 사용 후 철거나 교체를 꼭 하여야 한다.

(7) 무료시식회 개최

개업 2~4일 전에 정상 영업 시와 똑같은 조건으로 시식회를 시행하여 상품의 맛, 담기, 가격, 조리 속도 등의 상품력과 서비스력을 검증받도록 한다. 시식회에는 지역 내 유지(오피니언 리더), 주변모임 간부와 점포주변의 상가들 중심으로 초청해 친목도모를 하도록 하며 이를 위하여 시식초대권을 발행, 직접 전달하거나 DM으로 보내면 된다. 이때, 구체적인 평가를 받을 수 있도록 시식한 메뉴에 대해서 예를 들면 맛이 있나, 없나가 아니라 '간은(싱겁다, 짜다, 맵다, 달다 등)', '양은(많다, 적다, 적당하다)', '가격은(3,500원, 4,000원, 5,000원 등)', '색감은', '향기는', '식기 등의 표현력은', '음식의 온도는' 등 구체적인 앙케트를 만들어 냉정한 평가를 받아 참고자료로 활용을 해야 한다.

(8) 무료시식권과 상품권

❶ 무료시식권으로 타깃 고객이 점포를 이용하게끔 해야 하는데 전단지나 DM 발송으로는 효과가 미비하므로 무료시식권과 같이 보내면 회수율을 높일 수 있다. 주의할 점은 특별한 고객에게만 보냈고 특별한 고객으로 모신다는 느낌이 들 수 있도록 해야 한다. 이때 조리나 서빙 시 신속함과 회전율을 높일 수 있도록 메뉴 수를 한정해서 발송해야 한다. 시식권 제작 시 디자인, 초청안내문, 종이의 질 등을 가능한 한 고급재질과 겸손한 내용으로 만들어 고객이 갖고 다니다 필요시 사용할 수 있도록(지갑이나 수첩에 들어갈 수 있도록) 하며, 개업 시에는 유효기간을 정하여 단기간에 재내점을 유도해야 한다. 그리고 보통 1테이블에 1매만 사용할 수 있도록 제한하는 경우가 대부분인데 이는 메뉴나 점포의 품격에 맞게 신중한 검토를 해볼 필요성이 있다고 하겠다.

❷ 상품권은 무료시식권과 배포방법은 같지만 품목(메뉴)을 지정하지 않고 고객이 메뉴를 선택하는 것은 고급형이라 할 수 있다. 품단가, 객단가형 점포에서 개점 시나 영업을 하면서 하는 판매촉진 방법으로 대형점포가 아닐 경우에는 지역의 품격이 맞는 업소들끼리 공동이용이 가능한 상품권을 제작하는 것이 더욱 효과적이며. 보통 5천원권, 1만원권, 2만원권이 사용되고 있으며 백화점의 상품권과 같은 고급수준으로 제작이 필요하다고 하겠다.

(9) CR 활동

주5일근무제의 확대시행에 따른 여유시간의 증대로 취미생활이나 봉사활동의 시간이 늘어나면서 외식시장도 많은 변화를 보이고 있는데 이에 따라 점포주변 지역의 단체, 즉 부녀회, 조기축구회, 볼링클럽, 공공사회단체 등과 좀 더 좋은 관계를 유지하면서 지역의 일원으로서 공존공생하고 있다는 마음으로 행하는 것으로, 지역사회에서 사랑받는 점포가 될 수 있도록 인사장이나 할인권, 쿠폰, 초대장 등을 가지고 사무실을 방문하는 방문판촉이 CR(Community Relation) 활동의 하나이다. 대학 인근에 있는 점포의 경우 대학의 동아리나 학생회 등의 행사에 적극 지원하는 방법도 있으며, 점포 300~500m 이내에 있는 각종 모임, 사무실 등이 주 타깃이다.

(10) 매스미디어를 사용한 광고

중·대형 점포라면 극장 CF나 케이블 TV, 지방 TV CF를 활용하면 고객에게 지역 내에서 우수한 점포, 재정이 양호한 점포로 인식될 수 있으므로 괜찮으나 광고예산을 잘 배분해야 한다. 또, 라디오 광고는 고객들에게 친근한 커뮤니케이션 매체로 이미지관리 차원이라면 비용도 저렴한 편이라 이용해봄 직하나 보이지 않는 광고라 스쳐 지나기 쉬우므로 기억할 수 있고 각인되게 장기적으로 해야 효과가 있다.

초고속 인터넷을 이용하여 정보 서비스, 동영상 콘텐츠 및 방송 등을 텔레비전 수상기로 제공하는 IPTV 서비스는 인터넷과 텔레비전의 융합상품으로서 컴퓨터에 익숙하지 않은 사람이라도 리모컨을 이용하여 간단하게 인터넷 검색은 물론 영화 감상, 홈쇼핑, 홈뱅킹, 온라인 게임, MP3 등 인터넷이 제공하는 다양한 콘텐츠 및 부가 서비스를 제공받을 수 있다는 점에서 사용하기 편리하다. IPTV는 시청자가 자신이 편리한 시간에 자신이 보고 싶은 프로그램만 볼 수 있다는 점에서 일반 케이블방송이나 위성방송과 큰 차이점을 갖고 이러한 장점 때문에 기존의 인프라를 바탕으로 외식광고에도 활용된다면 경제 효과를 누리는 데 매우 효과적이다.

(참고문헌: 두산백과)

(11) 인쇄광고

❶ 신문　생활밀착형 광고로 여성보다는 남성이 많으며 주로 30~40대 남성이 많이 애독하고 있다. 신문사의 주 수입원은 광고 66%, 구독료 34%로 알려져 있으며 장점은 특정지역을 구분할 수 있고 능동적인 광고를 할 수 있어 정보전달이 쉽다. 단점으로는 지면에 따라 광고효과가 다르며 1일 노출에 따른 수명이 짧다.

❷ 잡지　연령이나 특성별로 세분화가 되어 있는 매체이므로 잘 선택해서 활용하는 것이 광고 효과를 높이는 길이며, 광고 게재 시 기사 협조도 가능하다. 단점으로는 속보성이 떨어지며 잡지의 신뢰도에 영향을 미친다.

❸ 카타록　제품에 대한 자세한 설명 및 정보제공이 가능하다.

(12) 언론사 홍보 방법

언론사 홍보(일명 Public Relations)의 종류로는 기자회견, 특별기사제공, 공개강좌, 카운슬링, 이벤트 등이 있으며, 매스컴을 효과적으로 이용한다면 가장 짧은 시간에 가장 효과적인 홍보를 할 수 있다. 좀 더 세부적으로 설명을 한다면 획기적인 이벤트를 기획하든지, 최초의 서비스 기

법이나 특별한 메뉴 개발 등 보도가 될 만한 거리를 만들어 언론사에 제공해 보면 된다. 언론사의 관련 담당 기자의 메일주소 등을 활용하는 방법(신문기사의 마지막부분을 보면 관련 기자의 메일주소가 있는데 이 주소로 기사제공)으로 담당기자가 보고 기사성이 있으면 문의가 오는데, 꾸준한 노력과 헤드카피가 중요하며, 이러한 방법은 창업 후에도 적극적인 활용이 필요하다.

보도자료의 조건과 배포방법 등에 대해서 알아보면 다음과 같다.

보도자료의 경우 홍보업무를 대행하는 업체에 일정 금액을 지불하고 맡기는 방법도 있기는 하지만 이는 브랜드의 특성을 100% 전달하는 데에는 한계가 있는 것이 사실이다. 조금만 노력하면 별도의 비용 지불 없이 브랜드 보도자료를 언론사에 제공, 기사화하여 브랜드를 알릴 수 있다.

보도자료 작성뿐만 아니라 브랜드를 홍보하기 위해서는 반드시 브랜드의 콘셉트를 잡아야 한다. 브랜드 콘셉트는 주로 태그라인을 통해서 많이 나타난다. 예를 들어 "유럽형 치킨전문점 치킨매니아"라는 문구에서 "유럽형 치킨전문점"이라는 부분을 태그라인이라고 한다. 이러한 태그라인은 특히 브랜드 이름만 보고 업체의 특징을 파악하기 어려운 경우 많이 사용한다.

태그라인을 설정할 때 고려해야 할 사항으로는 첫째, 쉽게 타 업체에서 모방되지 않는 것으로 정해야 하고, 둘째, 될 수 있으면 끝까지 가지고 갈 수 있는 것으로 정해야 한다.

시장 진입 초기에는 그 브랜드만의 특징을 잘 나타낼 수 있는 태그라인을 설정하는 것이 좋으며, 해당 시장에서 어느 정도 자리를 굳힌 상태일 경우에는 브랜드 이미지 제고의 방법으로 태그라인을 설정할 수가 있다. 예를 들어 '놀부'라는 업체의 경우 현재 국내 외식프랜차이즈업계에서 상위권을 차지하고 다양한 브랜드를 확보하고 있어 최근 "사랑한다면 놀부"라는 태그라인을 활용, 아이템 자체의 특징을 설명하기보다는 놀부만의 특정 이미지를 만들어가기 위한 노력을 하고 있다.

브랜드의 콘셉트 정하기에 앞서 브랜드만의 특징을 정리해보아야 한다. '특징'은 '장점'과는 구별되는 말이며, 브랜드의 장점만을 가지고는 보도자료의 내용이 될 수 없다. 위에서 말한 태그라인도 결국 이러한 '브랜드의 특징'의 정리를 통해 얻을 수 있는 것이다. 보편적인 내용은 특징이 될 수 없으며, 본격적인 홍보에 앞서 브랜드만의 특징을 명확히 하고 진행을 해야 한다.

프랜차이즈 본사의 경우 예비창업자가 우리 브랜드의 어떠한 특징을 보고 가맹점을 내고 싶어 할까라는 생각을 해보아야 한다.

이러한 특징들을 잘 정리하여 보도자료를 만들고 나면 이제는 배포하는 방법이 중요하다. 급하게 보도가 되어야 하는 경우에는 연합뉴스 등에 일정금액을 지불한 후 완성된 보도자료를 전달하고 게재 요청을 하는 신디케이팅 방법이 있다. 이러한 경우 각종 포털 사이트에 게재가 쉬우며 빠르게 소식을 알릴 수 있다.

분야별 기자 리스트를 작성하여 메일로 발송을 하는 방법도 있다. 이렇게 하면서 꾸준히 기자 리스트를 업데이트 해나가야 한다. 보도자료 게재 확률이 높고 글이 게재된 후 조회수 등을 조사하여 반응이 높은 언론사를 구별해내고 정리·관리하여 보도자료의 효과를 측정할 필요가 있다.

그리고 보도자료 내에 현재 업체에서 진행하고 있는 이벤트 정보를 함께 추가하는 방법도 있다. 홈페이지 방문 수와 문의전화도 증가하는 효과가 있다. 예를 들어 현재 할인행사를 진행하고 있는 경우 "홈페이지에 글을 남겨주시면 쿠폰증정 및 할인혜택을 드립니다."라는 문구를 포함시켜 배포를 해보는 것이다.

TIP! 보도자료의 예

[식품외식경제 2008. 12. 23.]

풀무원 샘물, 홈페이지 전면 개편
소비자와의 소통을 위한 콘텐츠 활성화
기존 회원 정보 업데이트 및 신규 회원 가입 시 경품 증정 이벤트

풀무원 샘물(대표 정희련)이 제품에 대한 투명한 정보 제공 및 고객 의견 반영을 위해 홈페이지를 전면 개편한다.
개편된 홈페이지는 물방울 이미지를 콘셉트로 회사소개, 풀무원샘물과 워터라인 제품 정보 및 주문, 사이버 공장견학 등을 전면 배치해 소비자들에게 신뢰를 주는 한편, 제품 정보 열람의 편의성을 높였다.

(중략)

이는 제품에 대한 자신감이 없으면 불가능한 것으로 풀무원 샘물은 세계 130개국에 진출해 있는 세계 제1의 샘물 기업인 네슬레 워터스의 국제적 관리 기준 준수를 통해 국내 먹는 샘물 제조의 선진화를 이끌고 있다.

한편, 풀무원 샘물은 이번 홈페이지 새 단장을 기념해 오는 2009년 1월 30일까지 기존의 정보를 수정하는 회원 및 신규로 가입하는 회원을 대상으로 경품을 증정하는 이벤트를 진행한다. 1등은 10만 원 해피머니 상품권, 2등에게는 호주 유기농 화장품 줄리크의 데이 케어로션, 3등 500명에게 풀무원 샘물 0.5ℓ 1박스를 증정한다.

(13) POP 광고

소비자의 취향이 혀로 맛을 보던 시대에서 눈으로 먹는 시대로 바뀌고 있다. POP 광고(Point of Purchase Advertising)는 매장 내에서 구매결정 및 충동구매를 촉진시키고 분위기를 재고시키는 등의 기능으로 주목을 받고 있는데 그 종류는 배너, 행거, 모빌, 포스터, 스티커, 깔지, 인플래터블 무빙 등이 있으며 사용 시 주의할 점은 다음과 같다.

❶ POP물에 나타난 음식을 고객에게 권유하고 맛볼 수 있도록 하는 자세한 설명과 안내가 필요하다.

❷ POP물 내용은 간결하고 색채는 3색 이내가 좋으며, 아라비아 숫자로 처리하여 판매를 적극 권유할 수 있는 내용이라야 한다.

❸ 점포 내 POP물은 고객의 눈에 잘 띄는 곳에 부착해야 하며, 그림이나 사진 이용 시 주목률이 높고 효과가 크다.

❹ 가능한 한 계절에 어울리는 미각을 나타내든지 아니면 추석, 어린이날, 크리스마스, 밸런타인데이, 어버이날 등 특별한 날에 어울리는 특별메뉴 판매에 활용하면 좋다.

❺ POP 광고물은 수시로 바꿔 주고 이에 따라 새로운 메뉴로 교체할 필요가 있다. 찢어지거나 더럽혀진 광고물은 즉시 교환하든가 떼어버리는 편이 낫다.

점포 내 판촉물은 LED 전광판광고, 카운터 주변이나 테이블 위에 진열하는 방식과 음식모형을 제시하는 진열케이스 등의 장소에 활용할 수 있다.

(14) 간판

간판은 점포의 고객과 잠재된 예비고객과의 가장 최초로 만나는 접점이자 음식점의 존재를 알리는 도구로서 일반소비자가 하루에 평균 1,500여 개의 간판을 보고 그중 70여 개를 지각하고 10여 개를 기억한다고 한다. 자기 점포를 알리는 도구인데도 불구하고 상호 간판으로 인해 업소에 대한 이미지를 하락시킨다든가 정확히 어떤 콘셉트의 점포인지 잘 알 수 없는 사례가 비일비재하다. 특히 너무 현란한 간판은 업소에 대한 이기심이나 감각적인 요소를 떨어뜨리곤 한다. 간판의 경우에는 상가의 성격에 따라 판이하게 달라지는데, 특히 고기음식점의 경우에는 대부분이 붉은색으로 도배하다시피 하거나 점포의 격을 떨어지는 간판들이 대부분이다.

최근엔 다양한 디자인으로 좀 더 고급스러운 간판들이 많이 출현하고 있지만, 아직도 다른 업태에 비해 고기음식점 간판은 다소 유치한 면이 없지 않아 있다. 간판은 기본적으로 고객이 봤을 때 그 점포를 방문하고 싶은 욕구를 줄 수 있어야 하며, 통행을 하는 이들 눈에 가장 잘 띄는 곳에 비치하고 부착해야 할 것이다.

고객이 고기음식점을 방문하고자 음식점을 고를 때 간판을 보고 고른다면 그때 걸리는 시간은 약 20~30초 정도라고 한다.

길을 가던 고객이 점포 안으로 들어와 음식을 주문하기까지는 20m 이상의 전방에 해당 점포가 인식이 되어야 한다. 거리를 통행하는 사람들뿐만 아니다. 자동차를 타고 달리는 운전자의 전방에서도 이를 인식할 수 있다면 더할 나위 없을 것이다. 간판의 크기는 보통 3미터 정도인데 사람이 편안하게 인식할 수 있는 글자 수는 4~5문자이기 때문에 이를 염두에 두어야 할 것이다.

간판에는 가로형 간판(전면간판), 돌출간판(2층 이상 건물에 차도에서 4m, 인도에서 3m 높이 이상에 설치해야 함), 지주이용간판(인도에서 3m 내내, 높이는 10m 이내), 건물벽 기둥을 이용한 기둥간판, 입간판, 에어간판, 회전간판 등으로 크게 나눌 수 있다. 상호의 글씨체나 컬러는 이름에 담긴 콘셉트나 이미지를 살려주어야 하며 그 내용은 상호, 업종, 전화번호 등이 들어가야 한다.

간판이 중요한 것은 점포의 위치와 점포의 존재를 고객에게 알리는 중요한 설치물로 사람으로 치자면 이름과도 같으며, 가능하면 움직이는 간판이 좋다. 간판은 무엇보다 가장 눈에 잘 띄는 곳에 설치를 하고 다른 간판들과 차별화시켜야 한다. 또 점포상호를 부각시키며, 간판의 문자 수는 4~5자가 적당하고 간판의 색채융합(백색-흑색, 청색-적색, 황색-적색, 황색-흑색)에 주의를 해야 한다. 현재 간판에 적색류와 검정색을 도시미관상의 문제점 등으로 인하여 50% 이상 사용을 못 하도록 규제하고 있고 또 기존 간판들도 교체를 요구하는 등의 문제가 제기되고 있는 실정이다. 간판설치신고는 각 구청의 광고물 관리계로 하면 되며 돌출간판의 경우 면허세가 있다.

이 외에 최근 들어 LED 전광판을 이용한 전자간판이 있는데, 점포 내부나 입구, 디지털 불꽃조명 등으로 사용할 수 있고, 인테리어로도 활용할 수 있는 장점이 있다. 이 외에 메뉴프라임이 있는데 PDP TV를 통해 메뉴소개, 업소홍보도 가능하여 많이 이용되고 있다.

📑 간판의 기능

- 매출 증가의 key 포인트
- 점포 이미지를 충실히 담는다.
- 개성을 표현해 차별화를 이끈다.
- 로고 디자인부터 결정한다.
- 업종과 주위에 맞는 간판을 제작한다.
- 너무 현란하지 않게 배려한다.

(15) 상호 짓기(브랜드명)

외식업체 수가 계속 증가함에 따라 여간해서 타 점포들과 차별화하는 것이 쉽지가 않다. 큰 돈 들이지 않고 가장 쉽게 기존식당들과 차별화되고 구매욕구까지 일으킬 수 있는 방법이 식당 상호를 잘 짓는 것이다. 식당 상호(브랜드)는 음성학적으로는 부르기 쉽고 기억하기 쉬운 이름이 좋고 마케팅적인 면으로는 연상하기 쉽고, 상품의 차별성이 담긴 독특한 이름이 좋다.

그 이름을 짓는 방법은 다음과 같다.

❶ 그 식당의 기본적인 콘셉트가 담긴 이름이 좋다.

(예를 들면 고기 맛이 뛰어나다는 느낌을 주는 살맛나는 집, 넉넉하고 큼직하게 준다는 통맛집, 싱싱한 횟감을 나타내는 싱싱해 싱싱어)

❷ 오감을 살려줄 수 있는 음식인 만큼 맛깔을 살려줄 수 있는 이름이 좋다.

(뽀글국&비비죠-국과 비빔밥 전문점, 보글보글-찌개전문점)

❸ 전문성과 맛 비법의 이미지를 높일 수 있는 이름을 사용해서 보다 신뢰감을 주어야 한다.(박수근네 온천골 가마솥국밥)

❹ 식당운영철학과 독특한 가치관을 상호에 담아보면 한다.(예를 들면 메뉴에 대한 차별화로 누가 뭐래도 장인정신이 있는 "고집불통"이나 양을 많이 준다는 전문점 상호를 "푸지미", "한버지기"로 한다든가 등)

❺ 주고객의 연령, 감각과 시대감각에 맞는 상호로 신세대주점인 "수다 한접시", "어쭈구리" 등이 있다.

❻ 취급하는 메뉴나 음식의 원재료, 조리법에서 이름을 따서 지어보면 해물요리전문점으로 "별주부", 김치요리전문점인 "짠지", 싱싱한 고기라는 뜻을 담은 "바로고기", 복어전문점인 "복터지는 집" 등이 있겠다.

❼ 같은 업종의 경쟁 상호를 조사해야 한다. 예를 들어 24시간 소형 마트에 진출하고자 하는 사람이 'Yes24마트'로 정했다고 가정한다면 그 자체만으로는 아무런 문제가 없어 보인다. 하지만 이미 같은 업종에 'Yes25마트'가 있다고 가정하면 고객들은 'Yes24마트'를 아류 브랜드 정도로만 인식함으로써 호감이 반감될 수 있다.

❽ 고객들의 니즈(needs)의 핵심이 무엇인지 파악해야 한다. 현재 퀵 서비스 업계의 소비자 니즈를 살펴보면 '신속한 배달'은 이미 기본이 되었다. 그런 시장에서 예를 들어 '번개 퀵 서비스' 같은 브랜드는 소비자의 니즈에 전혀 부합하지 않는 경우에 해당된다. 소비자 니즈의 핵심이 포인트 누적에 있다면 차라리 '더블포인트 퀵 서비스'가 더욱 유리할 수도 있다.

❾ 고객들에게 경쟁사와 차별적으로 어떤 가치를 제공할 것인지를 먼저 정해야 한다. 몇 년 전에 나온 '3초 삼겹살'은 고기 자체의 맛이나 질이 아닌 굽는 방식(강한 불로 3초간 구워냄)의 가치를 강조한 접근으로 고객들의 많은 사랑을 받은 적이 있다. 누구나 말할 수 있는 가치가 아닌 남들이 얘기하지 못할, 자신만의 차별성을 개발하는 것이 중요하다.

❿ 정해진 가치를 가장 효과적으로 전달할 수 있는 언어를 찾아야 하고 부정적인 연상 이미지가 없는지 사전에 점검해야 한다.

밀폐용기를 만드는 회사가 '완벽한 밀폐 효과'를 핵심 가치로 정하고 이것을 가장 효과적으로 표현하기 위해 '락앤락'이라는 언어를 개발한 것이 좋은 예다. 이중으로 두 번 잠궈 준다는 말이 소비자로 하여금 완벽한 밀폐 효과를 아주 쉽게 연상하도록 만들어준 것이다.

그리고 상호를 보호받고 싶거나 차후 프랜차이즈 사업을 위해서는 특허청에 상표, 의장, 서비스표를 신청, 등록을 해야 하는데, 상표 및 서비스표 출원절차는 다음과 같다.

이때 브랜드사용은 특허청에 등록이 되기 전에 사용해도 무방하다.

상호(브랜드명)의 특허등록을 원활하게 하기 위해서는 상호 선정 시 외관, 관념, 칭호 등에서 명확한 차별화가 필요하며, 이름이 있는 지명 명산이나 명소와 기존의 유사브랜드 등은 등록이 어려우므로 사전에 인터넷을 통해(특허정보 검색 www.kipris.or.kr) 검색 후 등록절차를 밟도록 한다. 출원신청 후 심사과정을 거쳐 등록결정이 나기까지는 상표의 경우는 약 8~10개월, 서비스표의 경우는 10~12개월 정도 소요되고 있으며 등록가능 결과가 나오면 등록하면 된다. 특허 관련 등록은 변리사사무실에 의뢰하거나 아니면 특허청 홈페이지를 통해 기초지식을 습득하

고 관련 서류를 구비하여 직접 등록 접수하면 비용을 절감할 수도 있다.

(16) 기타

❶ 도우미 활용, 농악대, 고적대 행진, 밴드, 치어걸 공연 등으로 시각과 청각을 이용해서 고객을 동원하는 방법인데 문제는 사무실, 학원, 주택가의 소음 때문에 주민들의 신고가 예상되므로 사전에 적법하게 신고를 해서 양해를 구하는 것이 좋다.

❷ 지역에 따라 다소 차이는 있으나 개점 선물에 대해서는 꼭 기념품을 제공할 필요성은 없으며 자기점포의 개성을 살릴 수 없다면 하지 않아도 무방하다. 그러나 도심에서 외곽지역으로 갈수록 고객들이 개점 선물을 선호하고 있으므로 검토할 필요성이 있다.

❸ 점포의 간판, 음식물 모형설치, 점포명함, 휴대용 휴지배포, 마을버스나 지하철 광고, 애드벌룬, 각종 디스플레이, T/O 판촉, 홈딜리버리, 점포 내 와이드칼라, 패널 등이 있다.

❹ 회원제운영 고객관리   단골고객을 확보하기 위한 방법으로 패밀리카드 등을 사용하여 고객을 관리하는 방법이다.

❺ 현금환불판촉   지속적인 구매에 대한 인센티브(할인 등)를 주어 브랜드 충성도를 유지시키는 판매촉진 기법이다.

이 외에도 사내광고(식당 내 포스터부착 등), 옥외광고(전신주, 역, 공항 등의 네온간판), 아파트 입구나 엘리베이터 내 거울, 안내판 광고, 전화번호 안내광고나 전화번호부 광고(1588, 1577), 각종 요금청구서(전기, 아파트 관리비) 활용 등이 있는데 이상에서 설명한 판매촉진 방법들은 점포의 규모, 자금사정, 직원의 숙련도 등에 의해 그 실시방법을 선택하는 등 자기점포 특성을 살리는 개점 판매촉진이 되어야 한다.

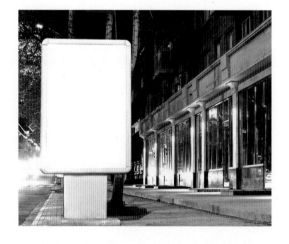

개점 후 단골고객을 확보, 유지시키기 위해서는 친절한 서비스 외에 플러스 서비스 제공이나 할인(10~20%)정책 등을 과감하게 실시하여 고정고객화시켜 나가야 한다.

🍴 표 11-2_ **연간 판매 촉진 계획표**

판촉내용 \ 월별	1	2	3	4	5	6	7	8	9	10	11	12	비고
인터넷 (홈페이지, 베너, 메일링)													
옥외간판													
DM 및 소식지발송													
POP 광고물													
이미지 광고(홍보기사)													
매스컴광고 신문													
매스컴광고 TV													
매스컴광고 라디오													
매스컴광고 잡지													
매스컴광고 극장·케이블 TV													
협찬 광고 (라디오, TV, 지역행사 등)													
이벤트기획													
전단지광고, 쿠폰 발행													
애드벌룬, 현수막, 포스터 광고													
특별요리 시식회													
기념품, 광고 (판촉물 등)													
교통광고(지하철, 버스, 버스승강장 표시나 네온간판)													
기타													
월별 예산액													
연간 예산액													
전년대비 증감률													
비고													

🍴 **표 11-3_ 판촉신청서 양식**

판촉신청서(점포용) (카드·이벤트·디스카운트 ·협찬·외판·CR·그 외)	**점포형태**	신청일　년　월　일	점장
		점명　　　　　　印	印

1. 판촉명칭 ·실시기간

명 칭	
기 간	월　일 ~ 　월　일(　　) 　일간

2. 현황분석·목적

현황과 실적:

목 적:

상권조사: 실시·미실시

3. 구체적인 전개방법　　　　　　　　　　　　　　　　　앙케트: 실시·미실시

4. 준비물　　　　　　　　　　　　　　　　　　　　　　(납품희망: 　월　일까지)

내 용	경 비
	합 계　　　　　　　　　원
특이사항	

5. 수지예측

항 목		계산 명세	금 액
매출증대예측(A)			원
원 가(B)			원
매출이익(C=A-B)			원
경비	준비물(D)		원
	현금 지출(E)		원
	원재료(F)		원
영업이익(G=C-D-E-F)			원

6. 개별판촉예산관리

관리항목	금 월	관리항목	금 년
월 예산(H)	원	연간예산(H)	원
당월 실적누계(I)	원	금년 실적누계(I)	원
월달성률 (J = I ÷ H × 100)	%	연간진도율 (J = I ÷ H × 100)	%
월예산잔액 (K=H-I)	원	연간 예산잔액 (K=H-I)	원

7. SV 의견   사전신청: 전화연락(/   ), FAX(/   ), 전자결재(/   )

	확 인
	(인)
	발 주
	(인)

표 11-4_ 판촉결과보고서

판촉결과보고서

보고일	점포 → SV → 운영관리파 보관
점명	운영부
점장	본부장

실 시	점포형태	SV
년 월		

월 일 /요일

구분	1	2	3	4	5	6	7	8	9	10	11	12	13	14	15	16	17	18	19	20	21	22	23	24	25	26	27	28	29	30	31	비고

전체적 판촉스케줄
전단지 · 카드 배포상황
시간 · 장소 · 매수

소규모 판촉스케줄
카드배포 · 사무실방문건수
이벤트 기타

1. 카드(신메뉴 · 서비스권 · 할인권 · 무료음료 및 시식권)

종 류	대 상	배포매수	회수매수	부가금액	부가금액/매	비고
		매	매	원	원	
		매	매	원	원	
		매	매	원	원	
합 계		매	매	원	원 ①	

2. 이벤트

실시일시	내 용	참가자수	참가율
		인	%
		인	%
		인	%
		인	%

3. VIP 회원

금월 신회원수	인
합계 회 원수	인
월간 이용회수	회
월간 이동 율	%
월간 부가금액	원
부가금액 / 회 ②	원
매상 / 회원수	원
부가금액 전월대비	%
발 생 경 비	원

4. DM

발송일	DM내용	발송매수	회수매수	비 고
/		매	매	
/		매	매	
/		매	매	

5. 캐티링 · 점두판매

당월 캐티링 매출	③
당월 점두판매실적	④

6. 당월 누적실적

항 목	계 산 명 세	금 액
증가실적	A=①+②+③+④	
현 가	B	
이 익	C=A-B	
이벤트관련 경비	D	
경 비 추가 인건비	E	
기 타	F	
이 익	G=C-D-E-F	

7. 예산관리

월	월간예산 당월실적 예산달성율	원 원 %
간		
연	연간예산 금년실적누계 연간달성율 연간예산잔여	원 원 % 원
간		

8. 점장결과분석

9. SV 결과분석

2. 내부적인 판매촉진

외식업은 소문만으로 그 식당을 번성점으로 만들 수도 있고 손님이 찾지 않는 점포로 만들 수도 있으므로 소문에 주의를 기울여야 한다. 고객들은 맛도 중요하지만 소문에 굉장히 민감하다. 따라서 경영주는 좋은 소문이 많이 날 수 있도록 친절한 서비스는 물론 정갈한 찬에 깔끔한 맛, 그리고 철저한 위생관리 등으로 자칫 말썽이 날 수 있는 모든 부분에 있어서 만전을 기하지 않으면 안 된다.

일단 그 식당에 만족한 고객은 자신이 고정고객이 됨은 물론, 주변의 만나는 사람들에게까지 영향을 끼쳐 그 점포의 보이지 않는 'PR맨'으로서의 역할을 하게 된다. 반면에 불만족한 고객은 내점중단과 동시에 많은 잠재고객들에게 과장된 험담에서부터 때로는 고소·고발과 인터넷에 게시 등으로 점포에 치명적인 타격을 주기도 한다. 이러한 타격은 점포의 생명을 좌우할 정도로 엄청나다.

특히 지역상권의 점포인 경우에는 동네유치원이나 초등학교 자모모임, 반상회, 이웃주부들 모임 등에서 좋지 않은 이미지로 한두 번 입에 오르내리게 되면 점포의 문을 닫아야 할 정도로 치명타를 입을 수 있다. 고객관리를 잘해야 하는 이유가 바로 이 때문이다.

이처럼 고객으로부터 사랑받는 점포로 만들기 위해서는 구전효과에 치중할 필요성이 있다. 참고로 한국음식업중앙회 조사에 의하면 '외식고객의 주요 정보처는 주변사람으로부터 얻는다'(구전광고)가 79.7%로 조사된 바 있다. 요즘은 특히 인터넷 맛집 동호회 등을 통해 많은 식당 정보들이 빠르게 공유되고 있어 직원의 친절한 말 한마디, 행동 하나가 어떠한 이벤트나 판매촉진 활동보다도 큰 홍보효과를 낼 수 있는 시대이다. 이제는 고객의 먹는 입뿐만 아니라 말하는 입까지 고려하여 고객만족에 최선을 다해야 할 것이며 다음과 같은 사항에도 신경을 써야 한다.

❶ 직원 채용광고를 이용하면서 하는 광고로 점포 오픈 전에 한다.

❷ 구전광고가 될 수 있도록 고객만족에 최선을 다해야 한다.

❸ T/O 용기나 포장류를 고급화 등의 차별화가 필요하다.

❹ 기억하기 쉬운 상호나 메뉴명을 지어 고객이 관심을 갖게 한다.

❺ 점포의 패션성이나 오락성, 인터넷, 팩스, 음주 측정기, 무료 구두닦이 기기 등을 설치하여 볼거리를 제공한다.

❻ 점포 내부의 주변을 항상 체크하여 이미지를 부각시킨다.

❼ 유니폼과 명찰, 패찰 착용으로 점포 분위기와 이미지를 쇄신시킨다.

❽ 이벤트를 활성화하여 고객을 위해 항상 노력하는 점포라는 이미지와 관련된 판촉물(행거, 포스터, 현수막 등)도 차별화시킨다.

3. 고객관리와 DM 리스트 만드는 방법

(1) 고객관리

고객관리는 어떤 층의 고객들이 무엇 때문에 우리 점포를 이용하고 있는가, 이용 후 느낀 점 등을 아는 것이 필수적이므로 신 메뉴 도입이나 신규점포 촉진 시에 꼭 필요한 정보가 된다. 고객 정보는 앙케트 조사나, VIP 카드, 경품권 등에서 얻을 수 있으며 필요한 내용으로 기본 정보와 상세 정보가 있는데 먼저 기본 정보는 성명, 주소(또는 E-mail), 전화, 생년월일, 성별은 필수적이다.

상세 정보는 내점일시, 내점방법, 근무처, 취미, 이용 후 느낀 점, 점포에 희망사항 등으로 정보관리에 도움이 된다. 이를테면 어떤 취미를 가지고 있는 고객이 우리 점포를 이용하고 있는가에 따라 판매촉진 시 경품으로 활용이 가능하며, 또 이용 후 느낀 점에서는 점포평가에 따른 개선점을 찾을 수 있다. 또한 점포에 대한 희망사항은 신규메뉴개발과 점포분위기 개선 등을 위한 참고자료로 유용하게 활용할 수 있으므로 보다 적극적인 고객관리가 필요하다고 하겠다.

하지만 아직도 대형외식브랜드를 제외하고 고객관리를 하고 있는 외식업체들은 없는 실정이다. 대구의 한 외식업체는 40여 평 되는 식당인데도 불구하고 고객 5,000여 명을 관리하고 있으며, 주2회 정도 문자서비스, 생일날 VIP 고객에게는 50,000원 상당의 꽃바구니선물, 일반 고객들에게는 20,000원 정도의 선물을 제공한다고 한다. 이렇게 고객을 관리하다보니 고객의 70% 이상이 단골고객이며 방문고객이 예측가능하며, 고객들이 무엇을 좋아하는지 파악이 가능하므로 고객만족으로 이어져 고객들이 꾸준히 증가하고 있다. 즉, 파레토의 법칙처럼 20%의 단골고객이 매출을 80% 이상 올려주고 있다고 한다.

(2) DM 리스트 만드는 방법

❶ 전단지를 이용하는 방법으로 전단지에 무료시식권 또는 행운 추천권을 만들어 뒷면에 주소, 성명, 전화번호를 기재하게 하는 방법

❷ 점포 직원이 고객에게 질문해서 받아쓰는 방법(실례가 될 수 있으므로 특별히 주의가 요구됨)

❸ 이벤트에 참가한 사람으로부터 앙케트를 받는 방법(추천권 뒷면활용)과 경품함을 상시 비치하여 명함을 넣게 하는 방법

❹ 타 업종과 협력하여 고객명부를 교환하는 방법

❺ 이미 수집되어 있는 자료를 활용하는 방법

❻ 고객카드작성 용지를 주어 내점 고객에게 기입을 받는 방법(회원제, VIP 고객 등)

❼ 광고 전문 대행사를 통한 리스트를 만드는 방법 등이 있다.

표 11-5_ 고객카드

작성일자   년 월 일

고객카드		활용할 정보(가족정보 등)
성 명		
주소 또는 Email	연락처:	
회사명(홈페이지)		
기호·취미		
선호하는 음식류는		
이용 후 느낀 이미지는		
요청 사항은		

이용 기록

내점일자	이용형태	인원/W. M	요리	음료	금액	DM·방문판촉기록 일자	내용	비고
		/						
		/						
		/						
		/						
		/						
		/						
		/						

☕ 표 11-6_ 고객 앙케트 조사 [1]

* 해당란에 ○표 또는 직접 기재해주세요.

1. 성별: 남(　　) · 여(　　)　　　　연령: (　　세)　　　직업: (　　　　　)
   주소:　　　　　　　　　　E-메일:

2. 지금 어디에서 오셨습니까?
   가정(　　)　　　회사(　　)　　　학교(　　)　　　기타(　　)

3. 주로 언제 이용하십니까? 오전(　　)　　오후(　　)　　저녁(　　)

4. 이용 동반자 수는 몇 명입니까?(　　명)

5. 누구와 같이 오셨습니까?
   가족(　　)　　　친구(　　)　　　직장동료(　　)　　　기타(　　)

6. 무엇으로 오셨습니까?
   도보(　　)　　전철(　　)　　버스(　　)　　승용차(　　)　　기타(　　)

7. 월 평균 외식 횟수는?(　　회)

8. 외식의 장소는 주로 어디를 이용하십니까?
   햄버거점(　　%)　　　식당(　　%)　분식점(　　%)　기타(　　%)

9. 1회 외식 시 비용은?(　　천원)

10. 귀 댁의 월 평균 외식 지출은?(　　천원)

11. 귀 댁의 월 평균 식료품 지출은?(　　천원)

12. 우리 음식점을 이용하는 이유는?
    품질우수(　　)　　가격저렴(　　)　　거리상(　　)　　친절한 서비스(　　)　　기타(　　)

13. 다른 음식점에 비해 우리 음식점이 좋은 점이 있다면?
    (　　　　　　　　　　　　　　　　　　　　　　　　　)

14. 다른 음식점에 비해 우리 음식점이 나쁜 점이 있다면?
    (　　　　　　　　　　　　　　　　　　　　　　　　　)

15. 우리 음식점이 고쳐 나가야 할 점은?
    (　　　　　　　　　　　　　　　　　　　　　　　　　)

□ 이상 앙케트 조사에 답해 주셔서 대단히 감사드리며 고객님으로부터 보다 사랑받는 점포가 되기 위해 노력하겠습니다.

🐟 표 11-7_ 고객 앙케트 조사(서비스) [2]

오늘 저희 ○○전문점 ○○○○를 이용하여 주셔서 진심으로 감사드립니다.
이번 ○○ 고객에게 보다 좋은 서비스를 제공하기 위하여 고객의 의견을 듣고자 합니다. 바쁘신 중에 죄송합니다만 다음 설문 내용에 성심성의껏 답해 주시면 감사하겠습니다.

· 해당하는 번호에 ○표를 해주십시오.

성 별		1. 남성 2. 여성	만족	약간 만족	보통	약간 불만	불만
연 령		10대 · 20대 · 30대 · 40대 · 50대 · 60대 이상					
1	점포입구, 주변(출입구, 문 등) 주차장 청소상태는 어떻습니까?		5	4	3	2	1
2	'어서오세요' 등 인사하는 모습(미소, 밝은 표정)은 어떻습니까?		5	4	3	2	1
3	직원의 복장(청결, 단정함)은 어떻습니까?		5	4	3	2	1
4	직원의 움직임(빠른 움직임)은 어떻습니까?		5	4	3	2	1
5	직원의 응대(인사, 친절, 정중)는 어떻습니까?		5	4	3	2	1
6	카운터 주변(POS 등)의 정리, 청소상태는 어떻습니까?		5	4	3	2	1
7	구입한 상품의 포장상태는 어떻게 되어 있습니까?		5	4	3	2	1
8	구입한 상품의 내부 상태(형태, 조립)는 어떻습니까?		5	4	3	2	1
9	구입한 상품의 온도(따뜻함, 차가움)는 어떻습니까?		5	4	3	2	1
10	구입한 상품의 맛(미각)은 어떻습니까?		5	4	3	2	1
11	구입한 상품에 대하여 만족하고 있습니까?		5	4	3	2	1
12	객석(테이블, 의자)의 청결은 어떻습니까?		5	4	3	2	1
13	화장실의 분위기(청결함)는 어떻습니까?		5	4	3	2	1
14	점포 내의 분위기(조명, 온도)는 어떻습니까?		5	4	3	2	1
15	○○을(를) 종합적으로 평가할 때 어떻습니까?		5	4	3	2	1

* ○○에 대한 의견 및 희망사항이 있으시면 어떤 것이라도 좋으니 말씀하여 주시면 감사하겠습니다.
  (의견이나 요망사항:)
· 바쁘신 가운데 협력하여 주셔서 대단히 감사합니다.
· 죄송합니다만 작성하신 후 앙케트 용지를 카운터에 있는 직원에게 주시기 바랍니다.

🍳 **표 11-8_ 고객 앙케트 조사 [3]**

○○○○ 식당 이용 설문조사

저희 식당을 이용해 주셔서 감사합니다. 이 설문조사는 저희 식당을 찾아주신 고객 여러분들께 보다 나은 맛과 서비스를 제공하기 위한 조사입니다.
이번 설문조사를 기초로 항상 고객의 말씀에 귀 기울이며 모든 사항을 시정해 나가겠습니다.

1. 식당을 이용하시는 이유는?
　① 거리가 가깝다　　　② 음식 맛이 좋다　　　③ 음식의 종류가 다양하다
　④ 서비스가 좋다　　　⑤ 가격이 저렴하다

2. 서비스의 수준은?
　1) 직원의 친절도(용모, 복장, 태도)
　　① 아주 좋다　　　② 좋다　　　③ 보통　　　④ 나쁘다　　　⑤ 아주 나쁘다
　2) 점포 시설 및 기물의 청결도(음식코너, 테이블, 기물)
　　① 아주 청결　　　② 청결　　　③ 보통　　　④ 불결　　　⑤ 아주 불결
　3) 요리의 맛과 질은?
　　① 아주 좋다　　　② 좋다　　　③ 보통　　　④ 나쁘다　　　⑤ 아주 나쁘다
　· 나쁘시다면 어느 음식이 나쁜지?(　　　　　　　　　　)
　· 좋으시다면 어느 음식이 좋은지?(　　　　　　　　　　)

3. 식당의 분위기(공간, 좌석배치, 조명)는?
　① 아주 좋다　　　② 좋다　　　③ 보통　　　④ 나쁘다　　　⑤ 아주 나쁘다

4. 가격의 적절성은?
　① 너무 비싸다　　　② 비싸다　　　③ 보통　　　④ 저렴하다　　　⑤ 아주 저렴하다
　· 희망 가격대는?(　　　　　　　　　　)

5. 음식의 다양성 및 메뉴의 변화는?
　① 아주 다양하다　　　② 다양하다　　　③ 보통　　　④ 다양하지 못하다
　· 메뉴의 변화와 다양성을 위해 원하시는 메뉴는?
　(　　　　　　　　　　　　　　　　　　　　)

6. 저희 식당에 바라시는 말씀을 적어주세요.
　고객이 감동하시는 순간까지 최선을 다하겠습니다.
　(　　　　　　　　　　　　　　　　　　　　)

7. 모범사원을 추천하여 주십시오.
　(　　　　　　　　　　　　　　　　　　　　)

④ 외식업 판매촉진의 사례

소규모 외식업체의 경우 대형업체들에 비해 큰 규모의 마케팅을 진행하는 데에 어려움이 있는 것이 사실이다. 하지만 대형업체들의 사례를 통해 여건이 되는 범위 안에서 벤치마킹을 해보는 것도 좋은 방법이므로 몇 가지의 판매촉진 사례를 들어보도록 하겠다.

(1) 연말연시 판매촉진 사례

연말연시는 여러 행사가 집중되는 시기이다. 따라서 사람들의 기분도 들뜨고 소비욕구도 높아진다. 이와 같은 손님의 심리에 주목해서 연말연시 행사를 마케팅 전략으로 응용하면 매출 증대의 결과를 얻을 수 있다. '연말연시는 자연히 손님 수가 증가한다.'라고 안일하게 생각해서는 위험하다. 경쟁은 격심해져서 백화점, 슈퍼마켓, 호텔, 각종 레스토랑에 이르기까지 파티·연회요리나 정월맞이 음식의 판매, 가정배달을 하는 등 타 기업에서의 공세도 한층 가열되었기 때문이다.

TIP! **패밀리레스토랑 연말연시 판매촉진 사례**

아웃백스테이크하우스

- 행사명   연말연시를 위한 세트메뉴 행사 프로그램

'오지 윈터 세트' 메뉴를 주문하는 고객에게 응모권을 나눠줘 추첨을 통해 호주 여행권, 제주도 여행권 등 푸짐한 선물을 제공했다.

씨즐러

레드핀

- 행사명   '닥터지바고' 프로모션

프리미엄피자, 샐러드, 음료(또는 맥주)로 구성된 시네마 세트를 새롭게 마련, 주문한 고객에게 영화표를 2장씩 증정했다.
1~5천원 할인의 스크래치 카드를 지하철역에 배포했다.

베니건스

이러한 의미에서 연말연시는 평소에 이용해 주는 지역손님들과의 접촉을 보다 긴밀하게 해 둘 필요가 있다. 업소의 인상을 강하게 심어 줄 필요가 있다.

① 연하장이나 선물을 보낸다.

② 연말연시 작은 이벤트 기획

③ 특별 메뉴 판매

④ 영업일, 영업시간의 개선으로 손님을 불러들인다.

⑤ 크리스마스, 연말연시 매장 장식

(2) 연초 마케팅 사례

겨울방학, 신년, 신정 등이 연초 마케팅에 해당된다고 할 수 있다.

TIP! 패밀리레스토랑의 연초 행사

패밀리레스토랑의 경우 주변지역 행사에 적극 참여하거나 대형유통업체와 공동판촉을 열고, 가격의 차별화, 극장연계판촉 등의 행사를 시도했었고, 특히 유동인구 밀집지역을 지점에 따라 집중공략하여 할인권이나 무료시식권을 배포하기도 했다.

아웃백스테이크 하우스

· 행사명　'맛보기' 마케팅

○○○ 지점의 경우 조기축구회나 반상회, 동창회, 부녀회 등의 행사에 주방 장비를 직접 들고 나가 업소의 대표 메뉴를 즉석에서 요리해 주는 '맛보기' 마케팅을 펼치기도 했다.

· 행사명　이웃과 사랑 나누기

소년소녀 가장들을 매장으로 초청하여 무료생일잔치를 마련해주거나 올해의 '아버지상'을 수상한 지역 주민을 가족들과 함께 초대하는 등의 이벤트를 열었다.

바이타임

· 판매촉진 전략　피자대축제

겨울방학기간 동안 가맹점들의 영업활성화를 위한 대폭적인 할인행사를 통해 해당제품들의 판매량을 50% 이상 증가시키는 성과를 거두었다.

---

(3) 졸업·입학 시기 마케팅 사례

❶ 칠리스(Chilis)

· 행사명 CONGRATULATIONS

4인기준 10만원 이상 구매 시 칠리스에서 졸업생들에게 선물을 제공, 졸업을 증명할 수 있는 것을 가져오면 하루에 선착순 100명에게 선물을 제공했다.

❷ 빕스

졸업생들에게 축하의 와인, 케이크를 무료로 제공했다.

❸ 까르네스테이션

(4) 가족의 달 마케팅 사례

근로자의 날, 어린이 날, 어버이 날, 스승의 날, 성년의 날, 부처님 오신 날 등이 주로 5월이 해당되며, 가정의 소중함을 일깨우고 기념하기 위한 소비가 증가하는 시기이다.

❶ 우노

· 어린이날 인기 있었던 텔레토비 복장을 한 직원과 함께 기념사진을 촬영해 주고, 어린이 동반 내점 고객에게 10% 할인, 가족 나이의 합이 90세가 넘는 가족팀에게 선물증정하는 등의 판매촉진 행사를 실시하기도 했다.

· 스승의 날 스승을 모시고 내점하는 고객에게 10% 할인권, 영화시사회권 등을 제공하고 성년의 날에 해당 고객에게 10% 할인, 선물 등을 제공하였다.

(5) 여름 더위 사냥 마케팅

패밀리레스토랑업계, 패스트푸드업계와 더불어 아이스크림, 음료판매의 성수기이다. 패밀리레스토랑과 패스트푸드업계에서는 일정금액 이상 결제 고객에게 아이스크림이나 팥빙수를 무료로 제공하기도 하고 비치볼, 비치쿠션 등을 제공하기도 했다. 아이스크림업체의 경우 주로 신메뉴 개발과 각종 사은품을 증정하는 판매촉진을 벌인다.

(6) 최근 불황기의 판매촉진

불황기에는 넉넉하게 홍보계획을 잡기가 어렵기 마련이다. 하지만 '불황일수록 홍보를 위해

노력해야 한다.'고 믿는 업체들의 경우 어려운 시장 환경 속에서도 각종 이색 마케팅을 통해 매출을 끌어올리는 경우를 볼 수 있다. 이는 경영주가 소비자 심리를 잘 살피고 새로운 구매 패턴에 빨리 대응해야 가능하다.

대부분의 업계에서는 젊은층 공략이나 가족마케팅을 선호하고 있으며, 특히 외식업계에서는 각종 '무한리필', '공짜 서비스', '무조건 얼마' 등을 내세우기도 한다.

(7) 요일 마케팅

상권·입지에 따라 차이가 있지만 요일에 따라 매출액도 상이하게 발생한다. 요일 마케팅은 월요일부터 일요일까지의 요일별로 다른 이벤트를 마련하거나 할인, 세트, 덤핑의 가격 이벤트를 제공하는 등 고객 유입에 따라 요일에 맞게 진행하는 마케팅 기법이다.

주5일제 이후 금요일을 이용한 마케팅 기법도 많이 등장하고 있다. 평일 중 금요일이 다른 요일에 비해 매출이 높고 주말 전이기 때문에 모임을 하는 고객이 많기 때문에 이벤트·프로모션을 기획하여 진행하기도 한다.

02 목적별 판매촉진 기획과 상권별 판촉방법

1 목적별 판매촉진 기획

(1) 성공적인 개업식 방법

식당과 같은 서비스 접객업소의 경우는 개업식을 어떻게 하느냐에 따라 그 업소의 이미지가 형성된다고 해도 과언이 아닐 정도로 개업 시의 이미지 만들기가 중요하다. 몇 년 전만 해도 맛만 있으면 고객이 점차적으로 늘어나면서 성공할 수 있었으나, 이제는 그 개념이 바뀌어 완벽하게 개업 준비를 하고 나서 개업 첫날부터 많은 고객을 확보하여 그 고객들을 고정고객화하고 단골고객화한 후에 그로 인한 매출창출과 신규고객 창출에 기여하도록 해야만 한다.

❶ 개업 시 판매촉진은 개업 당일뿐만 아니라 전후 며칠간 연계하여 실시하는 것이 좋다. 먼저 개업 전에는 대상 고객들의 관심을 끌거나 호기심을 불러일으킬 수 있게 하는 것이 좋다. 그리고 개업당 일에는 불난 집처럼 화제의 점포로 만들어 고객들로부터 기억에 남게 하자. 이를 위해서는 청각적 장치(음향장비, 노래자랑, 댄싱대회, 엿장수, 사회자), 시각적 장치(인형, 현수막, 풍선아치 등 장식)와 농악, 밴드퍼레이드 등으로 오감을 최대한 활용해야 한다.

❷ 만약 유동고객들이 많다면 맛을 알리기 위해서라도 시식회를 개최하여 참여하게 하여 이에 따른 재료는 거래처에 협찬을 얻으면 좋겠고, 적은 양을 바로바로 조리해 내어야 하며 필요시 음료와 주류업체에 협찬을 받아 음주를 곁들일 수 있다면 더욱 좋다.

❸ 개업 일자를 위한 택일이 중요한데 이때 날씨가 중요하므로 반드시 일기예보를 참조하여 주 고객층에 맞춘 택일과 이벤트를 실시하도록 한다. 가급적이면 주말, 황금연휴 직전이나 연휴 첫날은 피하는 게 좋다. 주5일근무제에 따른 주말행사나 야외로 나가는 경우가 많으므로 영업에 좋지 않다. 주로 식사를 위주로 운영하는 경우는 월, 화, 수요일이 좋고, 음주를 겸하거나 배달할 수 있는 메뉴위주의 점포와 아파트 지역은 목, 금, 토요일이 괜찮다.

❹ 개업식 날에는 이용고객이 많아야 효과가 크므로 때로는 손님초청을 위해 초대장이 발송되어 있어야 한다. 개업 후 7일 이상 지속적으로 고객들이 자리를 가득 메워 준다면 성공가능성이 매우 높다고 하겠다.

❺ 개업 첫날 매출은 예측하기 힘들기 때문에 품절사태에 대비하여 거래처의 비상연락처를 반드시 확보하여 문제가 발생하지 않도록 각별히 신경을 써야 한다.

이렇게 개업 전부터 철저하게 준비한 점포의 경우는 개업 시 처음 방문한 고객들이 일차적으로 만족을 할 것이고, 후에 주변에 있는 예비고객까지 데리고 올 수 있는 반면, 준비가 안 된 개업 점포를 이용해 보고 실망한 고객들은 절대로 다시 찾지 않는다. 개업 후 얼마 동안이라도 고객의 발길이 꾸준하게 이어진다면 무관심했던 잠재고객들마저도 심리적으로 동요되어 그 업소를 찾을 수 있고, 그렇게 된다면 그 점포는 성공할 수밖에 없을 것이다.

(2) 효과적인 업소 알리기

현재 점포를 모르는 잠재고객들에게 점포의 존재를 알리는 목적으로 보다 많은 신규고객의 내점을 촉진하기 위해 전단지 배포, 현수막 부착, 매스미디어광고 등을 할 때는 기존 고객의 재내점 및 동반 고객을 유도할 수 있는 것[드신 금액의 50%를 돌려 드립니다(상품권), 가족고객 동반자 20% 할인 등]이면 좋다. 즉 고객을 위한 충분한 메리트(판촉물 할인 무료시식, 경품행사 참여 쿠폰 등)가 있어야 한다.

(3) 객단가 높이기

기존 고객에게 더 많은 만족을 주어 내점빈도를 높이기 위한 목적인 경우 경품권, VIP 카드 등을 주는 방법이 있으며, 객단가를 높이기 위해서는 추가주문 유도를 위한 권유판매 또는 메뉴안내 설명, 세트메뉴 도입, 고단가의 신메뉴 도입 등의 방법이 있다.

(4) 성수기 판매촉진

장사가 잘될 때일수록 매출을 증대시키기가 쉽다. 영업이 부진할 때는 어떤 판매촉진을 해도 효과가 적고 더 이상 하강하는 것을 막고자 하는 것이므로, 성수기 때 제대로 판매촉진을 하여 최대의 효과를 보아야 한다. 따라서 성수기 때 테라스를 만들거나, 4인석을 2인석으로 늘린다거나 혹은 메뉴 수를 한정시킨다든가, 회전율 높은 메뉴를 개발하여 집중판매를 할 필요성이 있다.

'생존경쟁'이라는 말이 나올 정도로 외식업시장이 포화상태에 이르렀으므로 철저한 준비 없이 오픈을 했다가는 고객으로부터 외면당하는 수밖에 없다. 따라서 충분한 준비를 거쳐서 오픈 행사를 해야 하며 특히 오픈 초기에는 일정액의 영업이익을 바라기보다 무조건 고객들로부터 좋은 평가를 얻어 고객들로 넘쳐나는 점포로 만들겠다는 목표를 가져야 할 것이다.

영업이익은 그 후에 생각해도 늦지 않다. 오픈 초기에 너무 손익에 치우치다보면 결국 원가를 낮추기 위해 메뉴의 질을 낮추거나 직원을 줄이게 되어 고객 불만족의 요인이 될 수 있다. 경영주가 원가를 따지듯 고객도 음식 값을 계산할 때 먹은 음식의 질이나 받은 서비스의 질을 평가하여 가격, 즉 가치를 고려하여 지불할 금액 대비 만족 여부를 따진다는 것을 잊어서는 안 될 것이다. 그리고 오픈 후에도 장기적인 판매촉진 업무를 진행해야만 점포의 생존이 가능하다는 것 또한 명심해야 할 것이다.

즉, 판매촉진은 지속적인 교육과 점포의 모든 관계자들 간의 커뮤니케이션이며 점포의 개성을 연출하는 등 연간판촉계획에 의해 장기적으로 투자되고, 지속적으로 실행되어야 하는 것이라 할 수 있다.

표 11-9_ **예약대장**

월   일   고객예약 현황

예약시간	단체명	연락처	예약자	예약인원	메뉴명	지정룸	비고(준비물)

2 상권별 판매촉진 방법

(1) 번화가 및 상가지역의 판매촉진 전략

점포영업의 핵심은 주변상가의 근무자들과 오피스에 근무하는 사무직, 오후 시간대와 휴일에 집중적인 젊은 세대 등 유동고객들이 주 타깃이다. 인근상가 또는 사무실 등의 사람들과 지속적인 유대관계를 강화하는 등 CR 활동을 지속적으로 해나가면서 인근 타 업종점포와 연계하여 상호판촉전략을 구사할 수 있다. 예를 들면 할인카드를 만들어 양 점포에 같이 사용할 수 있게 하든지 홍보물을 서로 붙여 줄 수도 있다. 또한 수시로 점포에 싫증 나지 않게 이벤트를 실시하여 생동감 있는 변화를 주어야 한다.

(2) 학원(대학)가 지역의 판매촉진 전략

판매촉진 시기로는 3월과 9월 학기가 시작될 때이며 동아리나 동문회, 학생회의 모임을 찾아내 유치하고 그 단체의 행사 찬조요청에 적극 지원하는 과감한 판매촉진 전략과 함께 학교 학보 관련 신문에 광고를 할 필요성도 있다. 점포분위기는 학생들 위주의 음악 등으로 신경을 써야 하며 대화할 수 있는 분위기조성과 단체석 마련 등의 전략도 필요하다. 젊은층인 만큼 푸짐한 양과 청결 유지도 중요한 포인트가 되어야 한다.

(3) 오피스 지역의 판매촉진 전략

점심 식사를 주타깃으로 하는 이 상권의 특색은 지속적인 변화 요구는 있지만 고객변화가 거의 없다. 이용자들의 선택형태도 거의 변동이 없이 자주 가는 식당 4~5개 점포를 교대로 이용하고 있으며 식사시간은 12:00~13:00 사이로 객단가도 5,000~8,000원 정도이다. 서비스를 제공할 수 있는 한정메뉴와 요일  별로 핵심 메뉴를 변화시킬 수 있도록 스페셜메뉴를 신속하게 제공하며, 회전율을 높이는 전략 및 유대관계가 있는 사무실과 연계해서 12시 이전과 13시 이후 이용 시 일정금액을 할인하는 전략 등으로 피크 타임을 최대한 활용할 수 있도록 노력해야 한다. 특히 점심시간과 저녁시간에 집중적인 영업전략이 필요하다.

주5일 근무제 도입으로 인해 영업기간이 주1일 단축되어 가장 타격을 받은 상권으로 판매촉진 전략을 잘 수립해야 될 것이다.

(4) 아파트·주택단지지역의 판매 촉진 전략

주5일근무제 확대시행에 따라 가장 활성화되고 있는 상권이므로 주고객은 주부층이며, 점차 가족고객층이 증가하고 있는 추세이다. 구전광고의 위력이 가장 강한 곳으로 저가 메뉴를 선호하고 점포의 청결, 정리정돈 등 모든 부분에서 세련미가 요구되며, 특히 여성 화장실의 위생 상태와 소모품의 고급화 등의 배려가 필요하다. 보너스카드나 VIP 카드를 활용하여 점포방문을 유도할 수 있도록 하고, 시식권이나 초청장을 이용해야 한다. 이때 유의할 점은 주부고객들의 특성상 장시간 체류하며 찬류, 디저트의 추가주문이 많은데, 신속한 서빙과 친절한 접객 자세가 필수적이므로 지속적인 직원 교육·훈련을 통해 미소를 유지하면서 스마트하게 접객할 수 있도록 해야 하며 배달을 겸하면 더욱 좋다.

그리고 최근 들어 실버층도 점차 증가하고 있으므로 친절하면서도 세심한 배려와 건강식 메뉴개발도 검토가 되어야 한다.

(5) 교외와 유원지지역의 판매촉진 전략

특성은 관광버스나 자가용 이용고객이 대부분이며, 점포별로 메뉴의 종류나 품질도 대동소이하나 최근 들어 전문점형태와 웰빙메뉴들이 등장하고 있다. 관광버스 기사들과의 유대관계와 이벤트성의 현수막을 점포 벽에 부착하며 한 번이라도 이용한 고객들에게 정기적으로 인사장이나 안내장을 발송하는 등 점포의 차별화 전략을 구사한다. 특히 운전자에게 특별한 서비스와 대형 주차장이 필요하다.

(6) 대로변지역의 판매촉진 전략

자동차 이용객이 주고객이므로 주차공간과 차량출입의 편리성이 요구된다. 주차안내원을 배치하는 등의 배려와 전방 300m 정도에 간판이나 현수막으로 점포위치를 사전에 고지시켜 스쳐 지나지 않고 이용할 수 있도록 하며 분위기의 편리성과 식사의 신속한 제공이 중요하다.

③ 외식업의 판매촉진 실패요인

❶ 고객육성전략차원이 아니라 매출액 증가에만 집착 집중한다.

❷ 사전에 철저한 준비 없이 영업이 부진하니까 허겁지겁 급하게 진행한다.

❸ 경쟁점포의 판매촉진 실시에 따른 임시방편의 대응책으로 충격적인 효과를 위해 판매촉진을 한다.

❹ 비용을 최소화하다보니 함량미달의 판매촉진을 한다.

❺ 준비가 되지 않았거나 자기 업소의 점격을 무시한 유명업소의 판매촉진을 모방하거나 흉내내기식 판매촉진을 한다.

❻ 사장과 점장만이 아는 독불장군식 판매촉진으로 직원들과 사전에 협의 없이 진행되어 판매촉진행사 당일 고객이 보여준 할인쿠폰을 보고 알게 되는 판매촉진을 말한다.

④ 외식사업 마케팅 유형

1. 마케팅의 정의

마케팅이란 개인이나 조직의 목적을 만족시키기 위해 고객의 Needs를 충족시킬 수 있는 제품을 기획, 판매하는 프로세스로서 과거에는 단순히 재화나 서비스를 생산자로부터 최종 수요자에게 전달시키는 과정에서 필요한 매매, 교환, 유통 등의 제반 활동을 의미했지만, 오늘날 마케팅의 개념은 고객의 만족감을 창조하고 생활의 질을 높이기 위해 건전한 소비문화와 생활문화를 창조, 보급하는 고객활동을 의미하게 되었다. 다시 말해서 기업이 소비자와의 교환과정을 통해 소비자의 필요와 욕구를 충족시키기 위한 모든 활동, 즉 생산, 판매, 유통 등의 경영활동 전체를 포괄하는 개념으로 확장되었다.

오늘날의 마케팅은 기업의 입장이 아닌 고객입장에서 고객만족을 추구하는 것, 즉 고객에서부터 출발한다. 이렇게 고객지향적 마케팅은 고객위주의 사고와 고객이 원하는 것에 중점을 두게 된다. 또한 고객이 만족할 수 있는 제품과 서비스를 제공하기 위해서는 어느 한 부분만 잘해서 되는 것이 아니라 전사적인 노력이 필요하게 되었고 전사적 개념의 마케팅이 현대의 마케팅 특징이 되고 있다.

🍔 그림 11-2_ 마케팅 개념의 변천과정

(1) 마케팅 믹스 전략

마케팅의 개념은 마케팅의 4P로 불리는 마케팅 믹스(Marketing mix), 즉 상품(Product), 가격(Price), 유통(Place), 촉진(Promotion)으로 구성된다. 최근에는 여기에 3P, 즉 서비스 과정(Process), 물리적 증거(Physical evidence), 사람(People)을 더해 7P로 구분한다.

따라서 외식업체는 이러한 7가지 전략수단을 이용하여 사전에 포지션에 부합하도록 일관성 있게 조정하고 통합하는 전략을 수행해야 한다. 마케팅 믹스 전략은 기업의 통제와 조정이 가능한 도구를 의미한다.

❶ 상품(Product) 전략

고객만족을 위한 첫 번째 단계는 역시 상품의 질이다. 이것은 단순히 상품 자체의 품질만을 이야기하는 것이 아니라 디자인, 포장, 상표, 서비스, 보증 등을 모두 포함하는 개념이다. 과거에는 상품의 기획 ➜ 생산 ➜ 판매까지를 상품으로 보았다면, 현대는 고객이 그 상품을 구매하여 사용하고 만족을 느끼고 재구매를 하게 되는 전체적인 순환과정을 모두 상품의 개념으로 보고 있다. 따라서 상품 전략에서 중요한 것은 바로 경쟁상품과 어떠한 차별성을 가지고 있는가 하는 것이다. 차별적 우위를 가지고 있어야만 고객만족이 이루어지고 반복 구매로 이어

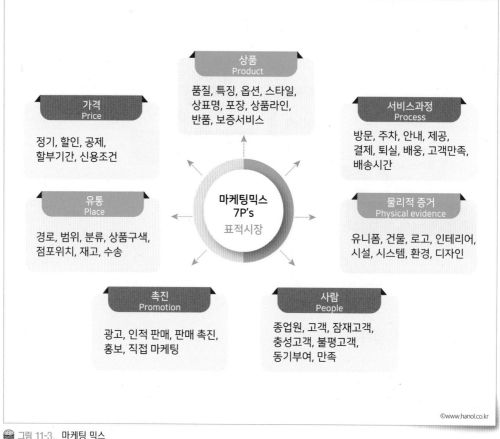

🍔 그림 11-3_ 마케팅 믹스

질 수 있기 때문이다. 이를 위해서는 주기적으로 품질을 관리하고 개선해 나가는 노력이 필요하다.

상품 전략에는 상품수명주기(Product Life Cycle)전략, 신상품개발전략, 상표전략, 상품믹스전략 등이 있다.

❷ 가격(Price) 전략

가격이란 고객이 상품을 구입하기 위해 지불하는 가치로 상품이 가진 효용의 가치척도라 할 수 있다. 가격전략은 일관성 있게 설정하되 무조건 싸다고 잘 팔리는 것은 아니라는 것을 유념하여야 한다. 가격은 시장 대비 고가(High Price)전략, 대중가(Moderate Price)전략, 할인가(Discount Price)전략으로 구분하여 원가, 경쟁자가격, 소비자 기대가격 등을 기준으로 결정하도록 한다.

표 11-10_ 가격 전략

전략방법	내 용
고가 전략(High Price)	· 이미지 제고 · 이익률 제고 · 차별화 마케팅 능력 · Pull Marketing · 거래처를 제한하여 선정함
대중가 전략(Moderate Price)	· 대중시장을 표적으로 함 · 시장점유율 확대 · 거래처로부터의 신뢰
할인가 전략(Discount Price)	· 시장점유율 확대 · 거래업자의 확대 · 경쟁기업의 거래처 취득 · 경쟁기업의 경영 악화 조장

❸ 유통(Place) 전략

유통경로는 상품 또는 서비스가 생산자에서 소비자로 옮겨가는 경로를 이야기하는 것으로 유통경로를 결정할 때는 효율성을 고려하여야 한다. 일반적인 유통경로는 생산자 ➡ 도매업자 ➡ 소매업자 ➡ 소비자의 단계를 거치게 되는데 이를 통해 시간상의 불일치(생산시점과 소비시점의 차이로 발생하는 문제점), 공간상의 불일치(생산장소와 소비장소가 달라서 발생하는 문제점), 제품의 형태의 변화를 해결해 준다.

외식업의 경우는 음식을 제공하는 서비스를 판매하는 서비스업이다. 서비스는 보관이나 운송의 개념이 무의미하다. 따라서 서비스를 전달하는 데는 경로의 의미보다는 입지, 즉 장소의 의미가 커지게 되는데 가장 기본적인 것은 고객이 제공받기 유리하고 접근이 용이한 곳에 위치하는 것이다. 한편 오늘날 인터넷의 발달과 함께 물리적인 공간 외에 가상공간도 판매장소임을 유념하여야 한다.

❹ 촉진(Promotion) 전략

촉진은 판매활동을 보다 원활하게 하는 동시에 매출액을 증가시키기 위해 실시되는 모든 마케팅활동을 의미하는 것으로 기업은 여러 가지 방법의 촉진활동 수행해야 한다.

외식창업 실무지침서

표 11-11_ 촉진활동

광 고 (Advertising)	· 장기적으로 지속해야 효과가 있음 · 교육효과가 있음	· 인식의 증가 · 이익 기여도 보통
판매촉진 (Sales Promotion)	· 매출증가에 단기적이고 직접적인 영향 · 주목률이 높음, 망각률이 높음	· 매출증가 · 이익 기여도 높음
인적판매 (Personal Selling)	· 판매를 위한 관계형성 중요 · 산업의 발달에 따라 중요성이 높아짐	· 중요성 증가 · 이익 기여도 낮음
홍 보 (PR; Public Relations)	· 이미지 제고 효과 · 신뢰성이 높음	· 신뢰성 증가 · 이익 기여도 높음

❺ 서비스 과정(Process)

일반적 유형의 제품은 생산되는 과정보다는 결과의 산출물인 완성품이 고객의 만족 여부의 주관심사가 된다. 그러나 서비스라고 하는 무형의 제품은 최종 소비되는 서비스상품도 중요하지만, 생산과정이 고객만족에 중요한 영향을 미치게 된다. 예를 들면, 한 고객이 냉장고를 구매한다고 했을 때 구매고객은 냉장고가 만들어지기까지의 과정보다는 완성된 제품의 기능과 성능에 많은 관심을 갖게 되고 만족에 중요한 영향을 미치게 된다. 반면에 고급 레스토랑을 방문한 고객은 서비스 과정에 만족한다면 레스토랑의 방문 ➡ 안내 ➡ 주문 ➡ 식사를 마칠 때까지의 모든 과정을 즐기면서 식사를 하게 된다. 서비스 기업은 고객을 중심으로 한 경영을 추구하게 되며, 구체적으로 고객의 욕구를 찾는 일에 몰두하게 된다. 이를 위해서는 서비스의 생산에서 소비까지의 과정을 중요시하여야 하고, 제반 과정상의 업무들이 일관성 있는 질적으로 우수한 서비스를 제공해야 한다.

❻ 물리적 증거(Physical evidence)

고객은 서비스의 무형성이라는 특성으로 인해 서비스 기업에서 제공하는 서비스 이외에 부가적인 유형적 증거를 확인함으로써 서비스의 질을 평가하게 된다.

서비스를 제공하는 기업의 유니폼·건물·인테리어·로고·시설 등과 같은 물리적 증거를 통하여 서비스의 신뢰감과 구매결정을 내리게 된다. 예를 들면, 미용실을 선택할 경우 보이지 않는 헤어 디자인에 대한 기술을 부가적인 물리적 증거를 통하여 평가하게 된다. 즉, 미용실의 시설·규모·종업원들의 유니폼, 잡지와 차의 제공, 인터넷 시설, DVD 영화 시스템, 그리고 점심시간의 간단한 식사 제공의 여부가 서비스 구매 결정에 중요한 요인으로 작용하는 것이다.

❼ 사람(People)

서비스 기업의 경우 사람은 종업원과 고객 모두를 포함한다. 이들은 서비스의 생산과 소비의 과정에서 참가자로서의 역할을 모두 담당하게 된다. 서비스를 제공하는 종업원의 태도와 서비스의 질은 서비스 과정에서 참가자로서의 영향을 미치며, 역시 참가자로서의 고객은 서비스를 구매하고, 만족도의 정도에 따라 재구매와 다른 고객의 의사결정에 중요한 영향을 미치게 된다. 따라서 서비스 기업의 종업원 역할은 매우 중요한데, 고객을 대하는 태도와 교육·훈련이 고객만족을 위함이다. 오늘날의 서비스기업들 간에는 고객만족 ➡ 고객감동 ➡ 고객환희로 이어지는 무제한적 고객의 욕구를 충족하기 위한 수준 높은 서비스경쟁이 치열해지고 있는데, 이러한 시장환경에서 고객에게 더욱 친절하고 만족스런 서비스 제공을 위해서는 적극적이고 능동적인 서비스를 유발하는 동기부여가 필요하다.

(2) 시장세분화(Segmentation)

시장세분화란 시장을 소비자의 욕구와 그들이 상품을 구입함으로써 얻고자 하는 편익 그리고 인구 통계적 요인 등을 기초로 시장을 분류하는 것을 말한다.

❶ 시장세분화의 목적

시장세분화를 하는 이유는 첫째, 정확한 시장상황을 파악하기 위해서이다. 소비자 욕구, 구매동기 등으로 정확한 시장상황을 파악하여 변화하는 시장수요에 적극적인 대응을 할 수 있다. 둘째, 기업의 경쟁좌표를 설정하기 위해서이다. 기업의 강점과 약점을 확인함으로써 기업의 경쟁좌표를 설정할 수 있다. 셋째, 정확한 표적시장을 설정하기 위해서이다. 세분화된 시장의 매력도분석에 따라 정확한 목표시장을 설정하여 마케팅활동의 방향을 설정 및 집중할 수 있다. 넷째, 마케팅자원의 효과적인 배분을 위해서이다. 기업의 마케팅활동에 대한 소비자의 반응을 분석하여 이에 따라 효과적인 마케팅 자원 배분을 할 수 있다.

❷ 시장세분화 변수 및 기준

- 인구통계 변수　소비자의 연령, 성별, 결혼유무, 가족크기, 소득수준, 직업, 교육 등
- 지리적 변수　　거주 지역, 도시규모, 인구밀도, 기후 등
- 심리적 변수　　사회계층, 라이프스타일, 개성 등
- 행동적 변수　　사용량, 혜택, 사용여부, 상표애호도 등

4가지 변수 중에 어느 한 가지만을 이용하여 수행한 시장세분화는 그 정보에 한계가 있으므로 기업의 경영전략에 맞추어 여러 종류의 변수를 다차원적으로 활용하여 세분화하여야 한다.

❸ 세분화된 시장의 요건
- 세분시장은 정보의 측정 및 획득이 용이해야 한다.
- 세분시장은 수익성이 보장되어야 한다.
- 세분시장은 접근 용이성과 전달성이 높아야 한다.
- 세분시장은 명확한 구분성과 차별된 반응성이 높아야 한다.
- 세분시장은 일관성과 지속성이 있어야 한다.

(3) 표적시장(Targeting)의 선정

각각의 세분시장의 매력정도를 분석하여, 기업의 한정된 자원을 가장 효과적으로 활용할 수 있는 표적시장을 선택하면 마케팅 역량을 표적시장에 집중할 수 있다.

표적시장 선정 시 고려할 사항은 다음과 같다.
- 이익을 창출할 수 있을 정도의 충분한 현재와 미래의 시장규모
- 미래의 수요를 고려한 잠재적 경쟁 정도
- 기업 목표와 표적시장의 일치 여부
- 기업의 능력과 자원

(4) 목표시장에 대한 포지셔닝(Positioning)

포지션은 자사와 경쟁사의 상품이나 서비스가 어디에 어느 정도 차이가 존재하는지를 단면적인 위치로 나타내는 정적인 개념이라면 포지셔닝은 목표시장인 고객의 마음과 머릿속에 자사의 제품이나 서비스가 경쟁사보다 유리한 위치에 자리 잡게 만드는 점진적이고 동적인 과정을 의미한다. 또한 포지셔닝은 경쟁사의 제품 및 서비스 등에

서 차별화된 위상을 구축하기 위한 것이므로 이를 위해서 물리적 특성, 서비스, 직원, 입지, 이미지등을 이용하여 차별화를 끊임없이 추구하도록 해야 한다.

2. 마케팅 활동의 중요성

활발한 마케팅 활동을 통하여 기업은 더 많은 상품을 더 많은 고객에게 판매할 수 있고 많은 수익을 얻게 된다. 특히 지금처럼 치열한 경쟁사회에서는 마케팅이 매우 중요한 역할을 하게 되었다.

첫째, 경영상의 중요성에 있어서는 새로운 마케팅 이론과 기술을 습득해서 대량소비를 위한 대량판매의 대안을 찾을 수 있으며 둘째, 사회기능상의 중요성은 생산자와 소비자 사이의 수요와 공급을 연결시켜 줌으로써 자원의 배분이라는 사회적 기능을 수행한다고 하겠으며, 셋째는 소비기능상의 중요성으로 소비자의 욕구는 보다 나은 생활수준의 향상에 있기 때문에 그에 따른 시장환경변화에 잘 대처해 나가야 하며 마지막으로 고용상의 중요성에 있어서는 외식프랜차이즈 업체의 매출증대와 마케팅 활동은 고용을 안정시키고 새로운 고용을 창출 및 증대시켜 나간다고 하겠다.

3. 마케팅 전략 수립의 기본

마케팅 전략을 수립할 때 다음과 같은 내용을 고려하여야 한다.

❶ 우수한 특성과 기술보다는 시장에서의 매출이 생명이므로 이는 최근 모든 기업들이 가장 큰 비중으로 관심을 가지는 분야이다.

❷ 마케팅 전략은 체계적이고 치밀하게 작성되고 기업의 여건을 고려하여 실행 가능한 계획으로 수립되어야 한다.

❸ 시장이나 상황의 변화에 따라 수정 및 보완이 가능하도록 유연성 있게 계획하여야 한다.

❹ 마케팅계획은 '효과적'보다는 '효율적'으로 작성되어야 한다. 효율적인 마케팅계획이란 계획을 수행하는 데 소요되는 투입비용(인력, 시간, 노력 포함) 대비 수행 후의 효과를 고려한 계획이다.

4. 마케팅의 종류

• 전환적 마케팅   부정적 수요(어느 특정제품, 서비스의 구매를 꺼릴 때)를 긍정적 수요로 전환시키기 위한 마케팅으로 예를 들면 미국 소고기불매운동을 벗어나고자 저렴한 가격에 고품질의 고기를 판매하는 방법도 한 예가 될 수 있겠다.

- 자극적 마케팅　수요가 없는 상황에서 환경 변화를 시도하여 제품이나 서비스의 가치를 인정하도록 한다든지 제품과 그에 관한 정보를 제공과 같은 자극을 주는 마케팅으로 대형마트나 식당에서 실시하고 있는 시식회도 한 예가 되겠다.
- 동시화 마케팅　수요가 불규칙적인 상황(계절적, 공급시기와 차질이 심한 상황)에서 평준화를 모색하여 수요와 공급의 시기를 일치시키는 마케팅으로 삼계탕전문점에서 비수기인 겨울을 극복하기 위한 마케팅을 들 수가 있다.
- 연계 마케팅　일명 제휴마케팅으로 윈윈효과을 위한 방법으로 테이블 매트 제작, 비용이나 물품지원을 해주면서 매트 내에 홍보성 글을 게재하고 포스터나 현수막 등으로 공동 마케팅을 수행하는 것으로 불황기에 저렴한 비용으로 실속을 챙길 수 있는 마케팅기법이다.
- 인터넷 마케팅　개인이나 조직이 인터넷을 이용하여 양방향 의사소통을 바탕으로 마케팅 활동을 하는 것으로 잠재고객에게 마케팅도구로서 활용되는데, 즉 홈페이지 개설로 할인쿠폰 활용, 퀴즈를 통한 설문조사 등을 통해 진행하는 것으로 일방이 아니고 쌍방, 설문하고 주문(맞춤광고)이 가능하다.
- 보고 마케팅　일명 덤 마케팅이라고도 하며, 하나를 사면 하나를 더 끼워주는 기법으로 예를 들면 던킨도너츠를 구매한 고객에게 커피 1잔을 덤으로 주는 경우를 들 수 있으며, 갈빗집의 경우 고기 먹으면 냉면을 무료로 제공하는 것을 말한다.
- 가격 마케팅　가격 할인 행사로 경쟁사와의 경쟁에 대응하기 위해서 또 신규고객창출 등 매출증대를 위해서 가격할인행사를 하는 것과 상류층을 겨냥한 그들만의 메뉴에 플러스알파를 제공하는 가격인상 마케팅으로 저가와 고가의 양극화현상을 보이고 있다고 하겠다.
- 쿠폰 마케팅　쿠폰을 발행하여 할인혜택을 주는 마케팅으로 한때 증가 추세였으나 최근 들어 떨어지고 있는 추세이며, 배포한 전단지의 쿠폰이나 잡지책 쿠폰을 오려오면 일정액을 할인해 주거나 무료로 제공해 주는 마케팅을 말한다.
- 서비스 마케팅　고객서비스 실행제, 불만카드제 등으로 고객만족 실현을 유도하여 고객만족을 통한 매출증대와 이에 따른 우호적인 고객에 의한 구전효과가 큰 마케팅으로 불만족 시 음식값을 공짜로 해주는 좋은 예이다.
- 영수증 마케팅　영수증 뒤 광고문구를 넣어 발행판매업체, 소비자, 영수증에 할인쿠폰 게재업체 등 3자 윈윈전략으로 아파트관리비 영수증 등을 많이 이용하고 있다.

- 향기 마케팅   매장이나 업소에 특수 고안된 향기가 나게 함으로써 소비자들의 구매 욕구를 자극하는 신종 마케팅 기법으로 횟집 같은 식당에는 은은한 바다 향이 나게 해서 손님들의 분위기와 입맛을 돋우는 방법이나 스타벅스의 커피향 등이 좋은 사례이며 애경백화점도 오전에는 오렌지향으로 장기정체 유도하고 오후에는 레몬향, 과일향으로 활력을 유도하여 매출증대효과를 볼 수 있다.

- 감성 마케팅   브랜드의 가치 제안은 제품의 특성이나 가격과 같은 이성적 요소에 대한 강조를 넘어서, 감성적 욕구에 호소할 수 있어야 한다는 마케팅으로, 즉 기본적인 편익이나 기능보다 상품이 나타내는 심벌, 메시지, 이미지를 더 중시하는 것으로(화장품) 인간의 오감을 통해 감성에 호소하는 1 대 1 마케팅으로 특히 스타벅스의 오감마케팅, 민들레영토가 대표적 사례이다.

- 사이버 마케팅   사용자의 연령, 취미, 수준 등 DB화가 기초로 필요한 제품, 서비스 정보 제공하여 인터넷 PC로 상품을 주문·판매하는 방법으로 통신판매나 홈쇼핑이 좋은 사례이다.

- 기후 마케팅   날씨보험, 기상정보 + 마케팅에 직접 연계(에어컨 광고, 눈이 오면 공짜 등), 그리고 비 오는 날에 할인과 우산제공 등을 한다.

- 소리 마케팅   소리를 이용한 마케팅(브랜드 이미지, 기업 이미지, 제품 품질, 사람의 구매 심리 조절)으로 한화유통은 오전에는 클래식을, 12~14시에는 팝송을 들려주어 10% 매출증대 효과를 보았다고 한다.

- 커플 마케팅　커플을 타깃층으로 구매심리를 자극시키는 마케팅으로 휴대폰의 커플요금 제, 식당에서 커플메뉴세트 등이 좋은 사례이다.

- 효도 마케팅　어버이날을 겨냥한 행사, 금강산 관광, 종합건강검진증, 호텔에서의 특별공 연 등을 하는 마케팅으로 효심을 자극하는 마케팅이다.

- 거시 마케팅　국가처럼 대단히 넓은 시각에서 마케팅의 과정, 활동, 관습을 연구하는 것 인데 여기에는 경제적 상호작용뿐만 아니라 정치적, 사회적, 문화적 측면 등도 포함되는 마케팅으로 닭고기파동(조류독감)으로 어려움을 겪자 AI로 바꾸어 자극적인 의미를 희석 시켰고 만약 문제 발생 시 20억 보상을 해주기로 한 덕분에 조류 관련 질병에 대한 소비 자의 우려를 완화시킨 것이 사례이다.

- 공생적 마케팅　같은 유통경로수준에 있는 기업들이 자본, 생산, 마케팅기능 등을 결합 하여 각 기업의 경쟁우위를 공유하려는 마케팅으로서 협력광고 등이 좋은 예이다. 고객, 중간상, 대리점 및 공급자와 장기적으로 신뢰하며 협력적인 관계를 형성하는 마케팅으로 고객관리에 따른 고객확보로 홍보물의 우편발송 시 옆집 사우나전단지를 같이 넣거나 전단지에 표시해 주고 월무료이용 사우나 쿠폰을 스폰받아 식당의 판촉물로 활용하는 방법도 하나의 예가 되겠다.

- 그린 마케팅　고객의 욕구나 수요 충족뿐만 아니라 환경보전, 생태계 균형 등을 중시하 는 마케팅 전략으로 소비자보호운동에 입각하여 공해를 유발하지 않는 상품을 제조하고 판매함으로써 삶의 질을 높이려는 새로운 기업 활동을 의미하는 것으로 환경적으로 건전 한 제품을 생산하거나 촉진하는 마케팅으로 최근 들어 로하스소비가 대표적인 사례이다.

- 내부 마케팅　직원을 고객으로 생각하고 이들 기업구성원과 기업간의 적절한 마케팅의사 전달 체계를 유지함으로써 외부 고객들에게 보다 양질의 서비스를 제공하려는 기업 활 동의 마케팅이다.

- 다이렉트 마케팅　DM의 가장 중요한 점은 리스트의 작성으로 주로 비인적 매체인 우편 이나 텔레마케팅을 이용하여 소비자에게 마케팅 메시지를 직접 전달함으로써 즉각적인 구매반응을 얻어내는 무점포 판매방식의 일종으로 텔레마케팅이 대표적이다.

- DM 광고 마케팅　리스트를 작성하여 각종 축하카드 등을 발송하고 시식권이나 상품교 환권을 발송해 이용을 촉진시키는 마케팅이다.

- D/B 마케팅　고객에 관한 데이터베이스를 구축, 필요한 고객에게 필요한 제품을 직접 판 매하는 것으로, 원 투 원(one-to-one) 마케팅이라고 한다.

- 적소 마케팅   적소(니치)란 틈새라는 뜻으로 이미 타 기업이 점유하고 있는 시장 이외의 빠 뜨려진 곳을 찾아서 경영자원을 집중적으로 투자하는 마케팅으로 구매대행업, 간판청소 대행업 등이 좋은 사례이다.

- 지역 마케팅   전국을 동일한 시장으로 보고 전개하는 마케팅 수법에 대응되는 개념으로 각 지역의 특성을 파악하여 그에 맞는 치밀한 마케팅 수법을 통틀어 일컫는 말로 특정 지역 주거인들의 구체적인 기호, 요구 및 관심에 초점을 두는 마케팅이다. 에어리어마케 팅이라고도 하며 휴가마케팅(휴가고객유치), 자치단체(사업장소마케팅으로 공장개발, 지역생산품을 지역 에서 소비를 호소하는 것) 등이 대표적이다.

- 로열티 마케팅   다양한 욕구를 가진 똑똑한 고객의 니즈를 제대로 파악하고 제품과 서비 스를 판매해야 하는 인터넷 시대에 기업 가치 실현의 열쇠를 쥐고 있으며, 고객 로열티를 획득하고 유지한다. 강화하는 방법으로 불황기에 단골고객을 최고(20대 80% 법칙)로 하는 마케팅으로 그 충성단계로는 ① 잠재고객 ② 한 번 정도 찾아온 고객이나 물건을 산 구 매고객 ③ 정기적으로 구매하는 보통고객 ④ 브랜드에 대한 신뢰도가 높은 고객으로 그 브랜드제품을 모두 구입(단골고객) ⑤ 단골고객 + 주변고객에게 권유(왕 단골)고객으로 고가 냉장고 구입고객에게 냉장고 안을 식료품으로 가득 채워주는 것도 좋은 사례이다.

- 키즈 마케팅   현재 4~12세 연령층의 아동을 표적시장으로 겨냥하고 있는 기업이나, 미래 에 아동들을 충성고객 육성하는 실무적인 마케팅 기법이다. 회사의 미래 수익에 기여하 는 가망고객을 찾아내어 육성하고 이들을 고정 고객화하여 장기적인 거래관계를 유지, 회사의 수익을 극대화하는 데 집중하는 카드사의 마케팅사례이다. 즉, 어린이를 대상으 로 하는 마케팅으로 많이 활용하고 있으며 앞으로 자녀에 대한 각별한 애착으로 더욱 강 화될 마케팅전략으로 롯데리아의 어린이회원제나 어린이세트 등을 들 수가 있다.

- 게릴라 마케팅   공략하는 마케팅으로 끼워 팔기, 교환판매, 공동전시, 샘플제공 등이며 게릴라콘서트도 한 예가 된다.

- 윈윈 마케팅   Win-Win 일정한 금액을 구매하면 다시 일정률의 금액을 되돌려주는 마일 리지 개념의 신유통사업이다. 식당에서 신제품 주류나 음료, 식재료 등을 스폰받아서 사 용하는 것도 한 좋은 사례이다.

- 요일 마케팅   백화점, 카드사용, 호텔, 열차 등 요일별로 가격이나 상품 등을 차별화 전략 을 구사하는 것으로 고객 분산과 인력관리의 효율화를 추구하는 마케팅이다. 평일에 고

객이 많으나 주말에 한산할 경우 주말 이용 시 20% 할인 행사 등을 들 수가 있다.

- 오도 마케팅　신생업체들이 기존의 제품을 잘 활용해 최소의 비용으로 최대 효과를 보는 것으로 솥단지삼겹살의 경우처럼 유사, 모방하는 브랜드들이 많이 생겨서 유행처럼 나타 났다가 사라지듯이 수명을 단축화하는 문제점도 내포하고 있다.
- 시차적용 마케팅　내점 시간에 따른 차등화된 요금을 적용하는 마케팅기법으로 피크타 임과 아이들 타임 때 가격차등과 런치메뉴활용도 좋은 사례이다.
- 포인트 마케팅　이용횟수 또는 금액에 따른 점수부여로 재방문을 유도하여 포인트를 누 적시켜 보너스를 지급하는 마케팅으로 마일리지를 이용한 캐시백 마케팅과 같은 개념의 마케팅이다.
- 복고 마케팅　몇 년 전 가격이나 창업당시의 가격을 적용하는 등의 마케팅이다.
- 스포츠 마케팅　관련된 업무를 대행하는 사업으로 부가가치를 높이고 상품화를 도모하 는 것으로 예로는 프로야구 선수의 사진, 캐릭터, 유니폼 등을 판매하는 것과 월드컵축구 와 같은 스포츠를 활용하는 마케팅이다.
- 인디케이터 마케팅　소비자의 편의를 높이기 위하여 제품 사용 시기나 상태를 알려주는 상품 개발기법으로 맥주를 마시는 최적 온도를 알려주는 특수마크 등이 인디케이터 마 케팅이다.
- 임페리얼 마케팅　가격 파괴와 정반대의 개념으로 높은 가격과 좋은 품질로써 소비자를 공략하는 판매 기법으로 전략은 최근 주류업계에서 고급소주 개발 등에 활용되었으며 다른 업종으로 빠르게 확산되고 있는 마케팅이다.
- 클럽 마케팅　기업체의 제품을 중심으로 회원제개념을 이용하는 마케팅으로 일정량이나 제품을 구매하면 자동으로 회원이 되어 각종혜택을 주는 것으로 SK의 엔크린 카드, 대 한항공의 모닝컴 클럽 등을 말한다.
- 나라사랑 마케팅　애국심에 호소하는 전략으로 이미지쇄신효과와 해외유명브랜드에 대 응전략의 일환으로 하는 마케팅을 말하며 신토불이 등이 되겠다.
- 약속 마케팅　정해진 시간 내에 서비스를 제공하지 못하면 보상해 주는 마케팅으로 고객 과의 신뢰성확보, 호기심을 유발시키는 것으로 피자전문점과 패밀리레스토랑에서 많이 활용하는 마케팅이다.
- 문화 마케팅　영화나 음악회, 기타 전시회 입장권 등을 제공하는 방법 등으로 우수고객 관리와 고객유인효과를 위한 마케팅이다.

- Flash Mob 마케팅   Flash Mob을 활용한 마케팅으로 e-mail 연락을 통해 특정한 날과 시간, 장소에 모여 10여 분이 채 안 된 시간에 약속된 간단한 행동을 한 뒤 뿔뿔이 흩어지는 모임을 뜻하는 마케팅으로 번개팅도 한 예이다.

- Pandora 마케팅   고객으로 하여금 궁금증을 유발시켜 기업이 원하는 소비자 행동을 유발시키는 마케팅 기법이다. 예를 들면 계획적이며 순차적으로 현수막에 물음표만 표시하는 등 궁금증을 유발시켜 관심을 갖게 유도하는 마케팅으로 식당의 신규오픈시 이용하기도 한다.

- Fun 마케팅   고객과 직원에게 즐거움과 entertainment 가치를 높일 수 있도록 디자인되는 하이터치 마케팅으로 인간의 감성, 오감, 즐거움에 호소하는 감성 마케팅, 체험 마케팅으로 Fun 마케팅을 하이터치 마케팅으로 분류하기도 하며 최근 들어 Fun의 중요성이 많이 부각되고 있다.

- Day 마케팅   특별한 날들을 마케팅에 활용하는 판매 방식으로 3월 3일은 삼겹살먹는 날, 11월 11일은 가래떡 먹는날, 9월 9일은 닭고기 먹는 날 등을 말한다.

- VIP 마케팅/부자 마케팅   철저하게 부자만을 공략하는 마케팅으로 부유층 시장과 생활양식 등을 분석하여 부유층을 대상으로 한 마케팅 전략이며, 외식업체의 경우 고급한정식이나 고급일식당에서 활용하고 있다.

- 브랜드 마케팅   소비자가 사는 것은 브랜드인 시대에 기업의 좋은 이미지와 판매상품의 명성을 대변하는 브랜드 지위확보와 세계화에 달려 있다는 마케팅이므로 최근 들어 외식업체에서도 브랜드 이미지강화에 많은 투자를 하고 있다.

- 체험 마케팅   기업이 물건을 팔 때 상품 판매에만 그치지 않고 독특한 서비스나 이벤트 등을 통해 상품과 브랜드 이미지를 꾸준히 심어줌으로써 소비자를 충성고객으로 만드는 21세기형 마케팅이다. 기존 마케팅과는 달리 소비되는 분위기와 이미지나 브랜드를 통해 고객의 감각을 자극하는 체험을 창출하는 데 초점을 맞춘 마케팅으로 시식, 시승이 대표적인 사례이다.

- 래디컬 마케팅 코카콜라, 월트 디즈니와 같은 거대한 브랜드가 구사하는 전통적 마케팅 규범을 내던지고 새로운 방식으로 시도하는 마케팅 유형으로 원칙은 최고 경영자가 직접 뛰어라, 시장조사에 매달리지 마라, 마케팅 믹스를 바꿔라, 소비자중심의 공동체를 만들어라, 처와 자식만 제외하고 다 바꿔라 식의 혁신을 말한다.

- 디지털 마케팅 디지털 수단이 쌍방향 커뮤니케이션을 제공한다는 속성 때문에 디지털과 온라인 기술을 이용해 효과적인 마케팅 프로그램을 개발, 인터넷을 비롯해서 양방향 키오스크, 전자우편, 스마트카드 등 다양한 수단으로 디지털 수단을 이용해 더 많은 잠재고객의 정보를 수집해서, 고객의 취향에 맞는 개별적 마케팅을 진행하는 것을 말한다. 또 기존 마케팅 활동에서 장해 요인으로 작용했던 시간, 공간의 장벽이 허물어지고 기업과 고객이 상호 연결되어 가치를 만들어 가는 통합형 네트워크 마케팅으로 디지털 쿠폰, 팩스, 셀룰러폰, 인터넷, e-메일 등 디지털 기술을 응용한 제품이 이용되는 모든 상업적 활동을 포함한다.

- E-Mail 마케팅 E-Mail을 활용한 마케팅으로 원투원 마케팅에서는 고객 개인에게 특화된 이메일을 발송한다. 퍼미션 마케팅에서는 메일을 받을 것을 허락한 고객에게만 옵트인 마케팅에서는 고객이 스스로 선택한 정보만을 이메일로 발송하며 e-Survey에서는 기존에 설문 DM이나 전화 등을 이용해 하던 설문을 이메일을 통해 진행하는 것으로 Targeting 된 고객에게 설문을 발송하여 응답내용을 다양하게 분석하여 다음 캠페인에 활용하는 마케팅이다.

- MOT 마케팅(Moment of Truth, 진실의 순간) 일상생활 공간을 파고드는 마케팅 기법을 말하는 것으로 "결정적인 순간 또는 진실의 순간을 포착하라."

- POS 마케팅 금전등록기와 컴퓨터 단말기의 기능을 결합한 시스템으로 매상 금액을 정산해 줄 뿐 아니라 동시에 소매경영에 필요한 각종 정보와 자료를 수집, 처리해주는 시스템으로 최근 들어 많이 사용하고 있으나 각종 자료의 활용도가 아직은 낮은 편이다.

- 바이럴 마케팅 바이럴 마케팅(입소문)이란 정보성의 콘텐츠 제작으로 고객에게 정보 전달하는 방식의 마케팅방법으로서 정보 수용자를 중심으로 메시지가 퍼져 나가는 마케팅 방식이라 할 수 있다. 주요한 수단으로는 블로그, 카페, 지식인 등 온라인 매체를 통하여 자사의 제품 및 서비스의 내용을 자연스럽게 홍보하는 것이다.

- 귀족 마케팅 이른바 1%의 상류층 고객을 겨냥한다는 '귀족 마케팅'은 IMF 때 오히

려 대단한 선풍을 불러일으키면서 현재 산업전반에 걸쳐 가장 확실한 마케팅 방법이다. VIP 고객을 대상으로 차별화된 서비스를 제공하는 것으로 e-귀족 마케팅이라고도 하며 온라인상에서의 귀족 마케팅은 철저한 신분 확인을 통해 선발한 특정 계층의 회원을 대상으로 고급 와인, 패션, 자동차 등 상류계층을 위한 정보와 귀족 커뮤니티, 사이버 별장 등의 인터넷 멤버십 서비스와 오프라인의 사교 공간 등을 제공하기도 하는데 삼성카드의 외식업체를 위한 AT 카드도 좋은 사례이다.

· 마이크로 마케팅   소비자의 인구통계적 속성과 라이프 스타일에 관한 정보를 활용, 소비자의 욕구(틈새시장)를 최대한 충족시키는 마케팅 전략으로 비만환자대상의 웰빙식단 프로그램제공 등도 사례이다.

· 선점 마케팅   고객이 선호하거나 기대하는 모델을 사전적으로 파악하여 이를 제품이나 서비스를 통해 홍보하는 마케팅을 말한다. 주로 고객의 온라인 소비 습관을 분석하여 대처하는 방법을 사용으로 레드망고는 나를 사랑하자라는 식으로 건강지향을 추구하는 방식으로 한 사례가 된다.

· 원투원 마케팅   고객에 관한 데이터베이스를 구축, 필요한 고객에게 필요한 제품을 직접 판매하는 것으로 개별 고객의 데이터베이스 분석을 통해 서비스와 제품을 고객의 필요에 맞게 제공해 고객을 유치한다. 장기적으로는 경쟁력을 확보하기 위한 마케팅으로서 1 대 1 마케팅 또는 개별 마케팅이라고도 하며, 개별 고객의 성별, 나이, 소득 등 인구통계 정보와 고객의 취미, 레저 등에 관한 정보 및 구매 패턴을 데이터베이스화하여 고객에게 가장 적절한 상품, 정보, 광고를 제공하는 것이 핵심이다. 이제는 고객의 유치 전쟁이

아닌 고객 유지 전쟁으로 고객 한 사람 한 사람의 입맛을 맞추는 마케팅이다.

- 퍼스널 마케팅   고객 한 사람 한 사람의 개별 욕구에 적합한 마케팅 활동을 통해 차별적인 고객으로 각자의 니즈를 충족시켜줌으로써 만족도를 극대화시키는 기업 활동이다.

- 표적 마케팅   소비자의 인구 통계적 속성과 라이프스타일에 관한 정보를 활용, 소비자 욕구를 최대한 충족시키는 마케팅 전략이다. 13~18세의 Y세대, 79년 이후 출생의 N세대, 월드컵 열풍의 주역인 R세대, 2030세대 등 세분화시켜 마케팅전략을 구사하는 방법으로 불특정다수를 배제한 타깃고객을 대상으로 하는 마케팅이다.

- 프로슈머 마케팅   소비자가 직접 상품의 개발을 요구하며 아이디어를 제안하고 기업이 이를 수용해 신제품을 개발하는 것이며, 고객 만족을 극대화시키는 전략으로 외식업체의 경우 메뉴개발행사에 고객의견을 반영하는 것도 좋은 사례이다.

- 플래그십 마케팅   시장에서 성공을 거둔 특정 상품 브랜드를 중심으로 마케팅 활동을 집중하는 것이며, 이를 통해 다른 관련 상품에도 대표브랜드의 긍정적 이미지를 전파, 매출을 극대화하는 전략이다. 하이트맥주의 성공으로 조선맥주회사를 하이트맥주 회사로 바꾼 것도 한 사례이며 BBQ, 놀부 등을 들 수 있다.

- 선행 마케팅   수익금의 20%를 불우이웃돕기에 기부하는 방법으로 회사입장에서는 매출 신장과 함께 좋은 일을 한다는 만족감과 이미지를 얻을 수 있다. 참여하는 고객측면에서는 같은 값이면 선행을 하는 식당에서 식사를 함으로 상생전략을 추구하는 방법의 마케팅이다.

- PPL 마케팅   PPL은 Product in Placement의 약자로 영상산업의 규모가 커지면서 영화, 드라마 등에 자사의 특정 제품을 등장시켜 홍보하는 것을 의미한다. 외식업계에도 몇 년 전부터 PPL 마케팅을 도입해 브랜드 인지도를 높이거나 제품 판매를 극대화하고 있지만, 역으로 영화나 드라마의 스토리와 자연스럽게 어울리지 못하는 경우 소비자들에게 거부감을 주는 단점도 있다.

- 소셜미디어 마케팅   소셜미디어(social media란: 사람들이 자신의 생각과 의견, 경험, 관점 등을 서로 참여하여 공유하는 개방된 온라인 툴과 미디어 플랫폼)를 활용한 마케팅으로 한 번에 메시지를 전달하는 것이 아니라 지속적인 쌍방향 소통을 필요로 한다. 대표적인 예로 트위터, 애플리케이션을 들 수 있다.

- 소셜커머스 마케팅   소셜커머스는 공동구매를 통해 메뉴 등을 50% 이상 할인받을 수 있

는 마케팅이다. 하루에 한 음식점만 선정해 특정 메뉴를 적게는 50%에서 많게는 80%까지 할인된 가격에 제공하며, 소비자는 파격적인 가격 할인을 받을 수 있고 외식업체는 하루 동안 수많은 잠재 고객에게 자신의 업소를 홍보, 이슈가 될 수 있는 기회를 제공한다. 특히 개인이 운영하는 레스토랑, 새롭게 오픈한 레스토랑일 경우 이와 같은 소셜커머스 마케팅을 활용하면 그 효과를 제대로 볼 수 있다.

· 스토리텔링 마케팅　　감성 마케팅의 일종인 스토리텔링 마케팅은 상품에 얽힌 이야기를 가공, 포장하여 광고, 판촉 등에 활용하는 브랜드 커뮤니케이션 활동이라 정의할 수 있으며 상품특성을 객관적으로 설명하는 것이 아니라 상품에 담긴 '의미'나 개인적인 '이야기'를 제시해 '몰입'과 '재미'를 불러일으키는 마케팅 기법이다. 상품 개발 등 브랜드와 관련된 실제 스토리를 여과 없이 보여줄 수도 있고 신화, 소설, 게임 등에 나오는 스토리를 가공 또는 패러디할 수도 있다.

Chapter *12*

외식사업
경영관리

01 매출계획관리와 점포관리자

1 투자금액에 따른 필요매출액 분석

1. 금융이자비용만을 고려한 필요매출액

L씨가 A점포를 창업하는 데 총 150,000,000원이 소요된다고 할 때, 최소한 일억오천만원에 대한 은행금리 정도는 확보를 해야 한다. 은행금리가 연 10%일 경우 15,000,000원(150,000,000원 ×10%)이 기대예상 이익이 되며, 최소 연간 15,000,000원의 이익을 달성하기 위해 필요매출액을 파악해야 한다. A점포의 식재료비는 35%, 인건비 25%, 판매관리비 20%로 총매출액의 80% 정도로 나타났다. 이에 따라 금융이자 비용인 15,000,000원의 이익을 확보하기 위한 필요 매출액을 구하면 다음과 같다.

$$\frac{예상기대이익}{1-0.8(식재료비 + 인건비 + 판매관리)} = \frac{15,000,000}{1-0.8} = \frac{15,000,000}{0.2} = 75,000,000$$

즉, L씨가 A점포를 경영함에 있어서 1년에 최소한 75,000,000원, 월 6,250,000원의 매출액을 달성해야 할 것이다.

2. 손익분기점 매출액

손익분기점이란 점포의 매출액과 매출을 달성하기 위해 들어간 제비용이 일치하는, 즉 '0'이 되는 것을 말한다. 이때 매출액은 그대로인데 비용이 증가하면 적자, 비용은 그대로인데 매출액이 줄어도 적자가 된다. 반대로 비용을 줄이거나 매출액을 증가시키면 흑자가 된다.

한편 식당경영에 있어서 인건비, 월세, 보험료, 감가상각비, 지불금리(이자) 등 고정적으로 들어가야 하는 비용을 고정비라 하고, 일정하게 이루어지는 것이 아니라 매출액에 따라 수시로 변하는 식재료비, 냉·난방비, 광열용수비, 연료비, 소모품비, 제세공과금, 연구비 등의 비용을 변동비라 한다.

(1) 손익분기점의 필요성

비용과 매출액의 증감을 예측하기 위해 이용하는 방법이 손익분기점 분석으로 원가·이익 분석, 혹은 한계이익 분석이라고 한다.

손익분기점 분석에서 중심이 되는 개념은 '한계이익'이다. 이것은 매출액에서 변동비만을 뺀 것이다. 즉 고정비를 공제하지 않고, 그 기간에 발생한 고정비 총액을 기간비용으로 매출액에 대응시킨다. 이것은 직접원가계산방식과 일치하는데, 한계이익이 조달한 고정비 이상이 되면 이익이 발생하는 경계선인 손익분기점을 활용하여 원가관리의 목적을 달성할 수 있게 된다.

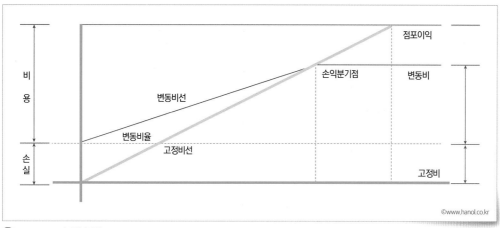

🍔 그림 12-1_ 손익분기점

(2) 손익분기점 산출 방식

· 손익분기점 = 고정비 ÷ 1 - $\dfrac{\text{변동비}}{\text{매출액}}$

· 손익분기점 = $\dfrac{\text{고정비}}{100\% - \text{변동비율}}$

· 고정비 인건비 + 월세 + 보험료 + 감가상각비 + 지불이자

· 변동비 식재료비 + 판매관리비(냉·난방비 + 광열용수비 + 연료비 + 소모품비 + 연구비 등)

> **사 례** L씨의 A점포의 경우 월고정비가 20,000,000원이고 식재료비가 35%, 판매관리비가 20%인 경우로 변동비가 55%일 때
>
> · 손익분기점 = $\dfrac{20,000,000}{1 - 0.55}$
>
> = 20,000,000 ÷ 0.45 = 44,444,450원

　　그래서 A점포는 최소한 월평균 44,444,450원의 매출액을 달성해야만 적자를 면할 수 있으며, 점포를 계속 운영하기 위한 기본 자료가 된다. 점포 개업 후 3~4개월 이내에 손익 분기점을 넘어서면 성공적인 케이스라고 생각할 수 있고, 대형점포의 경우는 4~6개월 정도 걸리고 있으며, 최근 들어 투자비 최소화에 따른 고정비 축소로 손익분기점 달성기간이 짧아지고 있는 추세이다.

(3) 점포운영을 지속시키기 위한 최소 매출액

　　매출액이 손익분기점에 도달하지 못해도 우선 점포에서 영업이 이루어질 수 있도록 식재료비, 인건비, 월세, 수도광열비 등의 비용은 반드시 지급할 수 있는 매출을 달성해야만 점포의 지속 운영이 가능한데, 이렇게 점포운영을 지속시키기 위한 최소한의 매출액을 일명 도산 분기점이라고 한다. 즉, 지속적인 운영이 가능한 수준의 매출액을 말하는데, 이때 점포에서 계산되는 비용 중 감가상각비나 자기자본에 대한 이자에 대해서는 당장에 현금지출이 발생하지 않아도 되므로 이를 제외한 점포운영에 따른 비용만 감당할 수 있는 매출액을 달성하면 된다.

　　도산분기점의 산출 방식은

$$
\cdot \text{도산분기점} = \frac{\text{고정비} - (\text{감가상각비} + \text{자기자본이자})}{100\% - \text{변동비율}}
$$

A점포 사례 고정비 20,000,000원에서 감가상각비 1,500,000원, 자기자본이자 1,500,000원이며 변동비가 55%이다.

$$
\cdot \text{도산분기점} = \frac{20,000,000 - (1,500,000 + 1,500,000)}{100\% - 55\%(1-0.55)} = \frac{17,000,000}{45\%(0.45)}
$$

$$
= 37,777,780원
$$

　　그래서 A점포는 손익분기점 44,444,450원을 달성하지 못해도 현금경비를 충당할 수 있는 월 매출액 37,777,780원은 확보해야만 당분간 점포운영을 지속할 수 있겠다. 소규모 식당의 경우 이 매출액을 최대한 빨리 달성해야 하며, 중규모 이상은 창업 후 3개월 이내에 달성할 수 있다면 양호하다. 창업 시 여유자금 20~30% 정도를 확보하라고 하는 이유가 바로 여기에 있다. 카드나, 사채로 빌려서 개업만 하면 바로 돈이 들어올 것이라는 기대만 가지고서는 2~3개월도 못 버티고 곧 바로 어려움을 당할 수 있음을 알 수 있게 해주는 일면이다.

(4) 목표 이익금 달성을 위한 매출액

A점포의 경우 월 3,000,000원의 목표이익을 확보하려고 하는데 필요매출액을 어느 정도 올리면 될까 알아보는 경우로 그 공식은 다음과 같다.

$$목표이익\ 매출분기점 = \frac{고정비 + 기대이익액}{1 - 변동\ 비율}$$

위의 A 점포 사례 경우, 매출액 51,111,120원을 달성해야지 월 3,000,000원의 이익을 확보할 수 있겠다.

$$\frac{20,000,000 + 3,000,000}{1 - 0.55} = 23,000,000 \div 0.45 = 51,111,120원$$

❶ 목표이익에 의한 산출방법

목표이익에 의한 산출방법이라고 하는 것은 매출예측에서 가장 많이 선호하고 있는 방법 중의 하나로서 목표이익액을 사전에 정하고 예상비용과 예상매출 총이익률을 고려해야 한다. 매출예측을 하는 방법으로 사례를 보면

예상 목표이익: 1,000만원

예상매출총이익률: 20%

부대비용예상액: 1,000만원

예상목표 매출액 × 예상매출총이익률 - 부대비용예상액 = 예상목표이익

그러므로 예상되는 목표 매출액은 다음과 같다.

예상목표 매출액 = (1,000만원 + 1,000만원)/20% = 1억원

주의할 점은 예상목표이익을 세울 때 운영하고 있는 업종의 취급메뉴 가격이나 상권 등에 따라 신중하게 예상목표 이익을 세워야 된다는 것이다.

❷ 직원 1인당 매출액에 의한 산출방법

외식업을 운영하려면 직원을 고용해서 음식을 만들고 서비스를 제공하여야 한다. 이때 일일 매출액을 집계하여 직원 수로 나누게 되면 직원 1인당 매출액을 얻어낼 수가 있는데 직원 매출액이 높은 경우 직원에 대한 생산성이 높다고 한다.

예상 매출액 = 직원의 수 × 직원 1인당 평균매출액

❸ 매장 면적의 평당 면적에 의한 방법

매장의 면적과 매출액은 꼭 비례하지 않는데, 매장의 평당 면적을 기준으로 해서 매출액을 산정할 수 있다. 이 방법은 외식프랜차이즈업체에서 로열티 책정에서 많이 활용하고 있는데, 메뉴의 종류가 유사한 업체가 많이 들어서 있고 메뉴가격이 유사한 외식업체군이 집단으로 밀집되어 있는 곳에서 매장의 평당 면적에 의거하여 예상매출액을 얻어낼 수 있다.

예상매출액 = 매장 평수 × 평당 매출액

❹ 고객 수에 의한 산출법

외식업소에서 일단 매장면적에 고객이 앉을 수 있는 좌석 수와 좌석당 하루 평균회전율이 얼마나 되는지의 여부와 해당 외식업소의 하루 평균이용 고객의 이용률을 근거로하여 계산을 한다.

❺ 고객단가에 의한 산출방법

예를 들어 김밥을 전문으로 판매하는 외식업소와 스테이크를 전문으로 판매하는 외식업소에서는 상호 매출액이 하루 동안 같다고 하더라도 각각의 업소에서는 객단가는 분명히 다르다. 김밥을 전문으로 판매하는 업소에서는 1인당 객단가는 상대적으로 스테이크를 판매하는 업소보다는 낮다고 할 수 있다. 따라서 예상매출액을 집계할 때도 해당지역의 외식업소를 찾는 고객의 1인당 예상메뉴가격을 예측한다면 쉽게 고객단가에 의해서도 예상매출액을 집계할 수 있다.

(월) 예상매출액 = 고객수 × 고객단가 ×(월 영업일수)

2 외식업 원가관리

1. 원가의 개념과 분류

음식점의 성패는 판매와 원가관리를 어떻게 효율적으로 실행하느냐에 달려 있기 때문에 매출증대를 통한 이익 증대를 기대하기 어려울 경우에는 바로 집중적인 원가관리를 통해 이익을 높일 수 있다. 원가가 낮다는 것은 곧 높은 이익을 의미하기 때문에 이익을 내야만 하는 음식점의 입장에서는 매우 절실한 경영기법이라 할 수 있다. 경쟁이 치열한 외식산업시장에서 비용의 증가 없는 매출증대는 사실상 기대하기 어려운 것이 현실이다.

이익의 관점에서 비용을 볼 때 비용은 낮으면 낮을수록 좋다. 그러므로 가능한 한 비용을 줄이고 이익을 높이려고 한다. 그러나 원가율을 줄이면 줄일수록 품질이 저하되고 인건비를 낮추는 만큼 서비스가 저하되는 것은 당연하다. 원가관리는 곧 음식의 질의 관리인 것이다.

원가관리의 대상은 식재료비, 인건비, 수도, 광열비, 가스비, 소모품비, 광고선전비 등이 있다. 외식업에서 원가관리의 대상으로는 대표적으로 식재료비, 인건비, 광고선전비 등이 해당된다.

이러한 원가는 여러 가지 분류기준에 따라 다음과 같은 유형으로 분류해볼 수 있다.

(1) 원가의 형태별 분류

❶ 재료비(Material Costs)

재료비란 제품의 제조에 소요되는 재료의 소비액을 말하는 것으로 재료, 원료, 구입부품, 연료, 소모품, 소모공구 기구비품 등의 소비액이 재료비를 구성한다. 매입한 재료 중 소비된 것만 재료비가 되며 나머지는 이월된다.

❷ 노무비(Labor Costs)

노무비는 제품을 제조하는 데 소요되는 종업원의 노동력에 대하여 지급되는 임금, 급여, 잡급, 종업원 상여금, 수당 등을 말하며 이는 보통 작업시간, 제품의 산출량 등을 기준으로 계산한다.

❸ 제조경비(Factory Overhead Costs)

제조경비란 재료비, 노무비를 제외한 모든 원가요소로서 공장건물 및 기계설비에 대한 감가상각비, 수선비, 보험료 등과 공장건물을 운영하기 위한 수도광열비, 여비교통비 등이 있다.

(2) 제품의 추적가능성에 의한 분류

❶ 직접비(Direct Costs)

직접비란 특정제품 또는 특정 부서별로 추적이 가능한 원가로서 특정제품에 직접 부과하여 그 제품의 원가로서 집계할 수 있는 원가요소를 말한다. 직접재료비, 직접노무비, 직접경비로 분류할 수 있고 이 모두를 합한 것을 제조직접비라 한다.

❷ 간접비(Indirect Costs)

간접비는 여러 제품에 공통적으로 소비되어 특정제품 또는 특정부서별로 추적할 수 없는 원가로서 간접재료비, 간접노무비, 간접경비가 있으며 이 모두를 합한 것을 제조간접비라 한다.

(3) 경영활동 직능에 따른 분류

❶ 제조원가(Manufacturing Cost)

제조원가는 제품을 제조하는 데 발생하는 원가를 말하는 것으로, 제조직접비에 제조간접비를 가산한 원가이다. 생산원가, 공장원가라고도 한다.

❷ 총원가(Total Cost)

총원가란 제조원가에 판매비와 일반관리비를 가산한 원가로 제품의 판매가격을 결정하는 기초자료가 된다.

❸ 판매비(Selling Expense)

판매비는 제조활동이 완료되고 나서 판매가 이루어지기까지에 나타나는 모든 비용을 말한다. 판매원의 급료, 여비교통비, 광고선전비, 견본비, 적송비 등이 있다. 마케팅비(마케팅원가), 분배비(분배원가)라고도 한다.

그림 12-2_ 제품 판매가격의 구성

④ 관리비(Administrative Expense)

관리비는 경영활동과 관련하여 조직 내에서의 전반적인 지시, 통제, 관리 등 제반과정에서 나타나는 원가를 말한다. 관리사원의 급료, 수당, 대손금, 통신비, 사무용품비, 감가상각비 등이 있다. 판매비와 관리비를 합하여 영업비라고 하며, 제조원가에 판매비와 관리비를 합하면 총원가가 된다.

⑤ 판매가격(Selling Price)

판매가격은 총원가에 판매이익을 가산하여 매출되는 제품가격을 말하는 것이다. 프랜차이즈시스템을 운영하면서 역시 판매가격에 대하여 가맹본부와의 계약에 의하여 표준가격을 설정한다.

(4) 조업도에 따른 분류

❶ 변동비(Variable Cost)

조업도의 증감에 따라 원가총액이 비례적으로 증가 또는 감소하는 성격의 원가요소이다. 그러므로 조업도가 0인 경우에 변동비는 전혀 발생하지 않으며, 직접재료비, 직접노무비, 포장재료, 매출액비례 판매수수료 등이 있다. 프랜차이즈 사업에서 매출액 대비 혹은 이익대비 일정비율로 판매수수료를 지급하기로 계약한 경우에 변동비가 된다.

❷ 고정비(Fixed Cost)

일정기간에 있어서 조업도와 관계없이 일정액이 발생하는 비용을 말한다. 지급임차료, 경영자급여, 재산세, 건물이나 기계설비의 감가상각비, 집세, 지대 등이 포함되며 프랜차이즈 사업에서 일정액의 로열티를 지급하기로 계약한 경우 고정비가 된다.

❸ 준변동비(Semi-Variable Costs, Mixed Costs)

변동원가와 고정원가의 두 가지 요소가 모두 포함되어 있는 것으로 조업도가 0인 경우에도 일정액이 발생하고 그 이후로부터 조업도에 따라 비례적으로 증가하는 원가를 말한다. 전기료, 가스료, 수도료, 전화료, 기계수선비 등이 있다.

❹ 준고정비(Semi-Fixed Costs, Step- Costs)

일정한 조업도 내에서는 고정되어 있으나, 그 한계를 넘으면 비례적으로 증가하고 그 후에는

다시 일정한 조업도 내에서 고정되는 원가요소이다. 공장감독자 급여, 간접공임금 등이 이에 해당한다.

2. 외식업의 원가 관리

(1) 표준원가와 실적원가

❶ 표준원가는 점포가 지켜야 할 기준원가로서 표준적인 식재료 사용원가에 의한 표준 레시피로 작성된 원가이다. 같은 의미로 표준적인 조리 매뉴얼 작업에 의해 작성된 기준 원가, 개별 품목원가와 메뉴판매액 백분비에 의해 산출된 기초원가, 점포 관리 및 식재료 관리의 기준과 장기간 점포의 경험과 합리적 작업에 의해 정리된 식재료 사용수율에 기초한 작업 원가이며 이 표준원가의 정확도는 점포 노하우 수준으로 평가되고 있다.

❷ 실적(실제)원가는 점포단위의 실제작업에 의해 작성된 표준원가와의 차이의 원가로서 표준원가와 최소의 차이일 때, 우수한 품질관리가 되었다고 할 수 있다.

🍔 그림 12-3_ 표준원가와 실적원가

(2) FOOD + LABOUR COST(FL Cost)

식재료원가 + 인건비로 구성된 원가로 보통 60~70%로 점포이익관리라고도 한다. FL Cost를 낮추기 위해서는 식재료의 합리적인 수율 관리와 노동생산성을 향상시킴으로 관리가 가능한 원가이다. 최근에는 FL cost를 잘 관리하지 못하면 점포운영의 어려움에 직면하게 될 정도로 중요시되고 있다.

(3) 표준원가 작성 방법

각 메뉴별로 정확한 레시피와 작업수율을 작성하여 이 작업수율에 의한 메뉴별 실제 사용된 식재료량을 산출한다. 이때 메뉴별로 실제 사용된 사용량 × 단위당 구입단가를 해서 전부 합하면 그 메뉴의 원가가 나온다.

메뉴원가 ÷ 순판매가(VAT별도의 매출액) × 100% = 메뉴 원가율이 된다. 전 메뉴를 이런 방법으로 메뉴별 원가를 구해서 그 메뉴별로 판매량을 곱해 주면 메뉴별 총원가가 나온다. 총원가에서 총매출액 중 VAT를 제외한 순매출을 나누어 100%를 곱해 주면 그 점포의 표준원가가 된다. 즉 메뉴별 원가에 메뉴별로 판매량을 곱해서 나온 메뉴별 총 원가를 전부 더해서 나온 합계로 순매출액을 나누어 100%를 곱하여 주면 그 점포의 표준원가가 된다.

(4) 표준원가를 틀리게 하는 요인들

재고조사나 검수관리를 정확하게 하지 않았거나 카운터 계산의 실수, 분실 등과 잘못된 조리나 서빙에 따른 로스로 폐기처분 규정을 무시했든가, 금전사고, 허락이나 기록 없이 지인에게 무료 제공한 경우 등을 들 수가 있겠다.

(5) 원가관리의 범위

관리의 유형들은 서로 중복되기는 하지만, 서로 다르게 명명하여 접근할 수 있다. 오늘날 복잡하고 경쟁적이며 빠르게 변화하는 환경 속에서 조직이 계획을 하지 않으면 많은 어려움에 봉착하게 되기 때문에 일련의 관리가 필요하게 되고 음식서비스업체와 같이 높은 원가의 특징을 보이는 산업에 있어서는 원가관리의 영역을 선정하여 관리하는 것이 중요하다. 보편적으로 음식 서비스업체에 있어 원가관리의 영역은 원가흐름 속에서 통제관리를 할 수 있는데(규격, 분량, 품질, 수량) 메뉴작성 ➜ 시장조사 ➜ 식재료 주문 ➜ 납품 ➜ 검수 ➜ 입고 ➜ 식재료 청구 ➜ 분출 ➜ 조리 ➜ 개당 요리분량 ➜ 판매 ➜ 재고조사 순서로 순환하고 있나.

3. 월차 손익계산서

손익계산서는 한 회계기간에 발생한 모든 비용과 수익을 기재하여 일정기간 매장의 경영성과를 나타내 주는 제무재표이다. 대차대조표가 자산·부채·자본으로 구성된 재무제표라면,

손익계산서는 수익과 비용으로 구성된 재무제표이다.

기업의 경영성과는 이익으로 표현되며, 이익은 수익에서 비용을 차감하여 계산된다. 수익이란 영업활동을 통하여 기업으로 유입된 자산이고, 비용은 그러한 수익을 획득하기 위하여 사용된 자산을 말한다. 일정기간 동안에 기업이 영업활동을 수행하면서 실현된 수익과 이에 대응하는 비용의 차액을 당기순이익이라고 한다. 만약 비용이 수익을 초과할 경우에는 당기순손실이 된다.

현재 자기 점포 위치 파악 및 점포 운영에 있어 효과적인 비용지출을 통한 점포 경영의 성공을 위해 손익계산서의 관리는 필수적이다. 작성된 손익계산서를 바탕으로 재무에 대한 기초자료로 활용이 가능하고 이를 바탕으로 정보로 전환하는 과정을 거치면서 보다 과학적으로 분석하며 체계적인 운영을 할 수 있다. 가능하다면 재고는 주별이나 시기별로 다를 수도 있기 때문에 같은 주의 같은 날에 행해야 한다. 일반적으로 음식점의 경우 재고를 폐기성이나 식사재의 셀프라이프가 각각 다른 경우가 많기 때문에 자주 재고조사를 하기보다 15일 단위의 재고조사를 통해 1개월에 1회 정도의 정산 후 손익계산에 임하는 것이 바람직하다.

(1) 손익계산서 작성 시 체크 사항

❶ 매출액으로 실제 총매출액에서 할인된 금액을 공제한 총매출액에서 부가세(10%)를 공제한 순매출액으로 적용시킨다.

❷ 원재료비
· 대형 점포의 표준원가계산 = 총 식자재 원가율 × 매출총액
· 소규모 점포의 원가 총사용액 =(기초재고액 + 당월 사입액) - 기말 재고액

❸ 인건비는 점포 운영에 직접 투입된 인원에 대한 경비로 월급여, 제수당, 복리후생비, 보너스와 퇴직금을 합해서 12개월 분할 계산한다. 아르바이트의 경우 입사일을 기준으로 하기보다는 손익계산의 일정에 맞춰 1차적으로 정산을 하고, 최초 정산한 날을 기준으로 급여일을 선정하면 인건비를 보다 쉽게 결정할 수 있다.

❹ 감가상각비는 정액법, 또는 정률법으로 하는데 개인 점포는 정액법으로 하면 무난하며, 보통 계산 시 잔존가를 10%로 보고 있는데 품목마다 산정을 해야 하나 일반적으로 50평 이내의 경우 인테리어 부문 5년, 주방기기 5년, 주방비품 5년, 건물을 20년으로 보고 있으나 업종·업태별 사이클이 짧아지면서 산정 연수 또한 줄어들고 있는 추세다.

🍃 **표 12-1_ 손익계산서**

2006년   월분   <단위: 천원>

항 목	전년동월	금 액	구성비	항 목		전년동월	금 액	구성비
(1) 매 출 액				지출내역				
(2) 식재료 구입비				원재료비 (식자재비) (%)	육(어) 류			
식재료					야 채 류			
음·주류					향 신 료			
(3) 식재료 원가공제액(B-A)					곡 류			
재고 / 기초재고(A) / 식재료					음·주류			
음주류(잡류)					소 계			
기말재고(B) / 식재료				인건비 (%)	직원급여			
음주류(잡류)					P.A, A/B 임금			
* (4)매출이익(1-2+3)					상여금, 수당			
(5) 총 인건비					복리후생비			
(6) 제경비					소 계			
수도광열비				수도광열비 (%)	전 기			
비품, 소모품					가 스			
카드·지급수수료					상·하수도			
판 공 비					석 유			
제세공과비 (보험료포함)					소 계			
교통·통신비				비품·소모품				
잡비·수선비				지급(카드)수수료				
연구개발비 (도서, 신문, 교육 등)				접대비(판공비)				
(7) 영업판촉비 (광고선전비)				세금				
(8) 임대 및 관리비				교통·통신비				
* (9) 매출총이익 (4-5-6-7-8)				영업판촉비 (광고선전비)				
(10) 잡수입				잡비 (%)	청소유지비			
(11) 감가상각비					기 타			
(12) 투자비관련 지급이자				합 계				
(13) 세금 전 순이익 (9 + 10 - 11 - 12)				특이사항:				

* 전체 매출액에서 대변의 합계를 뺀 금액이 (13)의 금액과 같다면 올바른 손익계산서를 작성한 것이다.

❺ 지급이자는 총투자금액에 적정 금리를 적용시켜, 12월로 나누면 된다. 이때 특별한 이유가 없는 한 차입금과 자기 자본을 구분할 필요성은 없다.

❻ 이때 관련 기타 영수증을 반드시 모아두어 자료로 활용하고 차후 소득세신고를 위한 근거자료로 활용해야 한다.

이와 같이 작성된 월차 손익계산서를 토대로 월간, 연간 매출액 및 사용경비 흐름을 파악할 수 있으며 또 그에 대한 대비책과 타개책 수립 등을 할 수 있다.

이 월차 손익계산서를 잘 활용하는 점포는 성공적인 외식업경영자가 될 것이다.

4. 운영관리 체크방법

(1) 매출부진 원인 체크리스트

항 목	세부 항목	상	중	하	대책안	실시사항
입지조건의 악화여부	상권내 세대수					
	도로상황					
	교통기관					
	경쟁점포					
	지역 정보 변화					
점포의 이미지 악화여부	점내 불청결					
	상품의 표현력					
	용기의 진부화					
	메뉴판의 보기 나쁨					
	카운터의 응대와 부정확					
	활기가 없다					
	설비의 파손					
	정착률의 악화					
점포운영상태	쇼맨십의 결여					
	오더받는 법의 미숙					
	운반하는 법, 세팅의 미숙					
	P·R 부족					
	정착률의 악화					

항 목	세부 항목	상	중	하	대책안	실시사항
가격적절성	식재료 사입의 결여					
	담는 기술					
	접시 등의 용기					
	타점포와의 비교					
품질관리	사입의 결여					
	보관상황					
	선도유지 설비					
	선입선출					
	일자 관리					
	담당자의 부정					
메뉴구성	객층과 메뉴의 구성					
	입지특성					
	지역특성					
	타사비교					
	맛과 객층					
	품절					
	주력상품의 부재					
	라이프 사이클					
접객응대 (서비스)	기본매너의 문제					
	질문에 대답할 수 있는가					
	상품지식					
	태도					
	기다리는 시간					
	말씨					
	직원끼리의 인사					
	불평처리					
	손님무시					
평 가						

(2) 매출이 목표에 못 미친 원인과 그 처리

	원 인	대 책
객수	점포의 존재나 인지도부재	· 존재의 고지, 인터넷과 홈페이지관리, 광고 선전(소재지, 영업시간, TEL, 메뉴, 가격대, 점포이미지, 기능, 객층, 이용동기)
	미약한 인지도로 내점계기 부재	· 『~축제』나 『행사』 등의 이벤트 축제로 내점동기 유발로 인지도의 증대와 이용방법의 제공(DM, 영업활동, 이메일)
	이용했으나 재방문 부재	· QSC의 레벨 업(트레이닝, 지속적인 교육)
	객석 회전수의 저하	· 체류시간의 단축화, 치우기, 세팅의 트레이닝, 안내~오더받기까지의 스피드화, 상품 제공 시간의 단축화, 피크 시의 팀당 객수(만석률의 증대), 피크 타임 시 한정메뉴 판매(회전율 고려)
	고정객의 부족	· 고객관리 방명록의 설치(또는 명함받기), 앙케트 실시, 직원별 단골고객 만들기 운동, VIP 카드발행, DM 발송, 지속적인 팬고객 만들기
객단가	추가판매·권장요리의 부족	· 점장의 조례에서 지시, 권유 방법의 롤프레잉, 적극적인 활동실시
	이벤트 기획, 판매촉진	· 연 5회 정도의 페스티벌 외에 지역특성을 살린 이벤트를 기획
	예약받기	· DM, CR 활동, 단골고객 만들기 운동

(3) 식재료 원가가 높아지는 원인과 대처방안

원 인	대 처
· 포션 컨트롤상의 문제	조리 레시피의 준수 · 포션컷, 그램 수, 담는 양 등 기준치의 준수
로스 · 예측 로스 · 발주 시 로스 · 납품 시 로스 · 보관 시 로스 · 조리 시 로스(너무 굽거나, 너무 조린 것) · 판매, 제공 시의 로스(오더미스, 제공미스, 전표분실)	매출예측에 준해 적절히 준비 · 매출예측에 따른 적정한 재고량을 유지 · 검품, 검량을 철저 · 선입·선출, 온도, 시간, 상태관리 · 냉동·냉장고관리의 엄수 · 조리 트레이닝 계속 강화(관리상 실수의 방지) · 서비스 트레이닝의 철저

원 인	대 처
· 사입 단가상승	· 납품가격의 협상 · 메뉴 교체는 트렌드체크 1~1년 반마다(대형), 계절 및 6개월마다(소형) · 야채 등은 대체상품 검토
· 상품 구성 비율의 문제(일부상품에 치우침)	· ABC분석을 통한 상품판매의 분석 · C부분 대신 신상품 개발 시 식재원가 낮춤 · 일부상품의 가격인상 · 저원가 상품의 권장판매
· 기타 - 재고조사 작업의 실수 - 대체 재료를 모를 경우	· 재고관리를 위한 선반정리, 단위통일 · 재고관리 방법강화-기준서(5W 1H)작성, 교육·훈련 · 식재료에 대한 연구철저

(4) 인건비가 높아지는 원인과 대처방안

원 인	대 처
매출목표와 실적	· 매일 목표매출액의 재검토 · 워크 스케줄표의 재고
적정인원	· 워크 스케줄표의 재검토 · 인원배치의 재검토
개개인의 능력부족	· 교육훈련에 의한 개개인의 능력을 향상
파트·아르바이트 시간급 설정의 문제	· 파트·아르바이트 시간급료 설정재고
최대의 능력을 발휘	· 작업할당의 재검토 · 작업의 로테이션화 · 레이아웃의 재검토 · 포상제도의 도입(월별 1회)으로 동기부여 · 아르바이트생의 직원 승격제도 도입

(5) 제경비가 높아지는 원인과 대처방안

원 인		대 처
전기·가스·수도	켜진 전등 방치	• 아이들 타임(14:00 ~ 18:00) 사용하지 않는 룸은 반드시 소등(전등, 에어컨 등) • 계량기 체크를 교대로 시켜 관심을 유도 • 냉동, 냉장고 온도의 파악철저
	효율의 악화	• 화장실 변기에 세제 등을 넣는다.(물절약 검토) • 공조기 필터 청소 • 냉동, 냉장고의 성애제거 • 효율이 좋은 불꽃부분을 사용 • 보다 효율이 좋은 기기를 연구
기타	그릇의 파손	• 재질이 다른(철과 유리, 도기) 그릇을 함께 세척 금지 • 치우기, 프레밧싱의 트레이닝 강화
	낭 비	• 상세하게 집계 • 하루 얼마만큼 사용하는가 – 랩, 쓰레기봉지, 일회용 등 • 전 화: 개인전화 금지 • 물수건: 객수와 비교(개인 사용금지) • 수선비: 매일 클린네스, 메인터넌스 지식의 강화

(6) 표준 손익 계산서 비교

단위: %

구 분	매출액	식재원가, 인건비	제경비	초기조건	세전이익
한국	100	60~70	7~8	25	5~10
일본	100	60	13	20	4~7
비고		상품에 관련한 모든 식재 비용, 급료, 보너스, 퇴직금 및 복리후생비	수도광열비, 수선비, 통신비, 세탁비 및 기타	집세, 금리, 감가상각비, 리스료, 보험료	

　　최근 식재료원가 + 인건비 비중이 65~75% 정도를 차지할 정도로 지속적으로 높아지고 있다. 외식업이 과거에는 높은 부가성이 있는 업종이었으나, 음식가격인상억제정책 및 부대비용 증가 등으로 수익성이 점점 낮아지고 있는 추세다.

③ 점포관리자 점장과 주방장

1. 점장

점장은 회사(점포)에서 사람, 금전, 물건 등의 책임을 맡아 이 3요소를 최대한 잘 활용해야 한다. 최대의 이익을 올리는 임무를 가진 점포의 최고책임자로서 경영주(본부)와 파이프라인 역할을 하여 지시내용이나 전달사항을 보고하고 점포 내의 사항을 전달하는 역할을 하고 있다. 점장은 항상 고객에게 만족을 주어야 하며 점포의 목표수치, 즉 매출액, 원가율, 인건비, 제경비, 이익 등을 달성해 나가야 한다.

(1) 점장의 직무

❶ 수치(계수)관리   목표매출, 목표원가, 목표인건비, 일반경비 관리를 통한 이익관리 등

❷ 판매관리   상권, 입지분석, 고객수 UP, 객단가 UP, 매출계획, 판매촉진계획 등

❸ 직원 및 작업관리   근태관리, 시프트계획, 직원·아르바이트 육성계획(모집, 면접, 채용, 교육, 평가, 피드백)과 업무 및 작업관리(업무계획체크, 평가표 등)

❹ 재고관리   적정 재고유지를 위한 구매저장관리로 구매계획수립, 발주, 입고, 검수, 반입, 적온, 선입선출, 정리정돈 등

❺ 금전관리   매출액, 영업용 거스름돈, 소액자금, POS 과부족금 입출금관리, 정산작업 등

❻ 사무보고관리   손익계산서 작성 및 관리, 점포업무 관련 기록, 보고장표류, 영업일보, 사입집계표, 위킹 시프트, 보고, 상담, 연락 등

❼ 정보관리   상권변화, 경쟁점, 매스컴, 경축행사, 인터넷관리 등

❽ 시설물유지 관리   외장, 내장, 기기, 비품 등의 유지보수 관리, 소방관리 등

❾ 고객관리   지역사회와의 밀착(CR활동), 단골고객관리, 앙케트, 커뮤니케이션 등

❿ 자기계발   세미나, 연수 등 적극적 참여 등

(2) 점장의 일과

	출근 전	• 날씨, 신문, 인터넷검색, 전단지 등 　오늘의 영업계획작전, 조례 내용에 대하여 생각
AM 10: 00	출 근	• 사원에게 인사 • 경영주(본부)에서 온 연락사항을 확인 • 오늘의 예약확인 • POP의 점검, 장식품의 체크 • 크린니네스 체크(주차장, 샘플케이스, 의자, 화장실, 테이블, 바닥, 출입구, 간판 등) • 냉난방의 체크 • 잔돈확인(POS에 넣는다) • 비품체크(젓가락, 냅킨, 이쑤시개) 등 • 각 책임자와의 회의 • 영업(직원의 근무상황) 체크
11: 00	조 례	• 직원 시프트 지시 • 어제의 문제점 • 오늘의 목표 • 오늘 예약에 대한 지시 • 직원의 건강체크 • 몸가짐 체크 • 접객 8대 용어 • 점내 각 부분 조명 ON, 음향 스위치 ON • 작업 할당 및 크린니네스 체크
11: 30	개 점	• 조리장, 홀에 개점의 지시 • 진두지휘 • 냉난방 조절 • 유도, 접객 　(주문받는 타이밍 체크, 식후의 차 제공은 완전히 이루어지고 있는가 등의 서비스 체크)

PM 14:00	런치종료 · 아이들 타임	· 런치 정리 지시 · 직원 교대 식사 지시 · 런치 매출 체크 · 비품발주 업무(젓가락, 소모품 등) · 보고서 작성 · 예약인원 등의 예약처에 전화 확인 · 사무처리(작업스케줄〈일계인건비율표〉, 전표, 보고서정리 등) · 크린니네스 체크(주간 크린니네스 지시 등) · 미팅, 카운셀링 · 회의(메뉴, 이벤트) 연구회 · 런치 매상정산(현금 체크) 및 은행업무 · 디너 타임에 대한 예약지시, 시프트 지시
17:00	디너 타임	· 진두지휘 · 유도, 접객, POS · Q.S.C 체크(규정대로 운영되고 있는가) · 냉난방 조절 · 손님과 접촉하여 의견의 수집
22:00	오더 스톱	· 영업종료 표지 · 샘플 케이스의 조명 OFF · 각 테이블의 오더 스톱 지시(조리장에 오더 스톱을 건다) · 각 책임자의 협의(내일의 예정 확인) · 내일의 예약기입 지시(조리장, 1층 홀, 2층 홀)
22:30	폐점	· 불필요한 곳 조명 OFF · POS 관리, 일계매출 정산 · 영업일보작성 · 발주 작업(음료류, 조리관계는 요리장) · 크린니네스 최종 체크 · 화재요인 체크(담배꽁초 확인) · 전기, 가스, 수도 체크
23:00	퇴점	· 창문 점검·야간 금고에 입금·보안경비시스템가동 귀가

*출근해서 퇴근할 때까지 계획성 있게 미리 계획을 세워서 실천한다.

*점포의 책임자인 점장은 주방의 직원도 아니고 홀의 직원도 아닌 중간관리자의 역할로서 주방직원들과 홀직원간의 유대관계 유지 및 상호간의 견제를 유지시켜 주어야 할 의무가 있다. 일반적인 식당의 경우 주방직원의 연령층이 높고 홀직원의 경우 아르바이트를 고용하는 경우가 많으므로 주방의 횡포가 심한 편이고 홀 직원의 경우 점장보다 주방을 높이 평가하는 경향이 많다. 이러한 경우에 전체적인 미팅을 통해 수직관계를 정립시켜 주는 것이 바람직하다.

2. 주방장

주방장의 역할은 조리사나 찬모 등 주방요원 등의 손을 통해 위생관리에 만전을 기하고 안정된 원가율을 지키면서 맛있는 요리가 될 수 있도록 조리해서 고객을 만족시킬 수 있도록 하는 것이다. 또 식당내부의 음식물에 대한 모든 책임감을 가져야 하며 주방의 모든 직원들의 업무를 지원 및 관리하여야 한다. 위생에 대한 철저한 의식을 직원들에게 제고시키고 상시로 관리 및 감독을 하여야 할 책임감을 가져야 한다. 메뉴에 대한 한계성을 극복하기 위해 끊임없는 연구 및 개발로 새로운 메뉴를 추천하고 추천받은 메뉴는 점장과 협의 후 상품성을 파악하여 책임자의 승인 하에 신메뉴를 판매하여야 할 개발의 의무도 가진다.

(1) 주방장의 직무

주방장의 직무는 크게 7항목이 된다.

❶ 주방 관련 인력관리와 교육 직원근태 및 채용, 작업배치, 조정, 조리 숙달 및 육성교육
❷ 제품 관리 및 메뉴개발 맛과 양 관리 및 기준설정, 계절별 신메뉴 개발
❸ 원가 관리 및 재고관리 적정 재고유지 및 원가절감을 위한 신메뉴 개발
❹ 위생 관리 및 작업관리 기기 시설물 청결유지와 개인위생 관리 및 효율적인 작업관리
  (업무기준, 체크, 평가 운용)
❺ 기기·비품 관리 현황파악 및 온도관리, 안전관리
❻ 보고 관리 주방 관련 모든 사항 기록유지, 작업일지 보고관리
❼ 자기 계발 벤치마킹, 음식 관련 박람회 참석, 세미나 등을 통한 능력 향상

(2) 주방장의 일과

	출근 전	· 날씨, 신문, 인터넷검색, 전단지 - 오늘의 매입, 예측, 조례내용에 대해 생각
A M 9 : 30	출근	· 조리사, 찬모, 사원, 파트 요원에게 인사 · 본부에서의 연락사항 확인 · 오늘의 예약확인(요리내용, 인원수, 시간) · 준비지시(포지션마다) · 포지션의 냉장고 온도 확인 · 매입(검품, 체크) · 영업체제(주방요원의 근무상황)체크 · 오늘의 주문 내용에 대한 점장과의 확인

시간	구분	내용
11:00 ~ 11:25	조례	· 오늘의 시프트 지시 · 아이들 타임의 청소 구역 지시 · 전날의 문제점 지시와 확인 · 경영주(본부)에서의 연락사항 연결 · 오늘의 예약확인(요리내용, 인원수, 시간) · 인사 · 직원의 건강 또는 복장상태 체크
11:30	개점	· 포지션마다 런치타임에 있어서의 최종적 지시(기기, 비품, 상품) · 지시와 지휘(주문이 늦는 포지션에 대한 지시 및 도움) · 주문의 제공시간 체크 · 셋터에의 지시
PM 15:00	런치 종료 (식사) 아이들 타임	· 런치 상품 치우기 지시 · 식사, 교대 휴식(1시간~1시간 30분) · 비품, 부족분 상품 발주 지시 · 청소구역의 체크(주간 크린니네스표에 기초하여 필요구역 청소) · 사무(보고서 작성, 필요서류, 재고표 등) · 경영주(본부)에 미팅, 카운슬링, 연구회 · 디너 타임에 대한 예약확인 지시(요리내용, 인원수, 시간)
17:00	디너 타임	· 지시와 지휘(주문이 늦는 포지션의 지시 및 도움) · 예약고객에 대한 요리제공 시간 및 시프트상의 문제점 발견 · 일반고객의 주문 제공시간 체크 · 셋터에게의 지시·내일의 매입, 준비 지시
22:00	주문 스톱	· 각 포지션에게 치우기 지시 · 홀, 점장과 오늘의 문제점에 대한 미팅 · 일보의 작성 · 크린니네스의 최종 체크 · 내일의 예약확인 · 종료(오늘의 문제점, 내일의 시프트 지시 및 휴무자의 확인)
23:00	퇴점	· 화재의 요인이 될 만한 것의 체크 확인(재떨이, 가스, 튀김용기름, 기구류) · 수도 체크 · 냉장고 온도 확인 · 자물쇠 체크(주방 출입구) · 귀가

02 외식업 세무관리

1 세금의 종류

(1) 부가가치세

부가가치세란 사업자가 영업활동을 하는 과정에서 부가된 가치에 대해서 내는 세금으로 부가가치세 = 매출세액(매출액×세율 10%)-매입세액(매입 시 부담한 세액)이다. 즉, 부가가치세는 재화 또는 용역이 공급되는 거래단계마다 이윤(마진)에 대하여 과세하는 간접세이다. 단 가공되지 않은 곡물, 과실, 육류, 생선 등의 식료품 판매는 부가가치세가 면제된다. 결국 사업자 자기 자신의 소득에 대해서 내는 세금이 아니라 세금을 소비자에게 부담시키고 사업자는 소비자가 부담한 세금을 받아서 납부하는 것이다. 사업자 중에는 부가가치세가 너무 무겁다고 불평을 하기도 하나, 이것은 앞뒤가 맞지 않는 논리이다. 부가가치세는 사업자가 부담하는 세금이 아니라 소비자가 부담하는 세금으로 납부를 대행하고 있다고 해도 무방하다. 상품(메뉴) 등에 부가가치세를 별도로 받는다는 표시와 함께 구분하여 받는다면 세법에도 맞는 방법이며, 주로 호텔이나 관광음식점 등으로 구분하여 표시를 하고 있다.

- 음식요금: 1,000원일 때 순수한 식대: 909(1,000 × 100/110)
  부가가치세: 91(1,000 × 10/110)

최근에는 신용카드사용의 보편화와 2005년 1월부터 시행된 현금영수증 제도의 영향 등으로 식당 매출이 95% 이상 고스란히 노출되고 있다.

(2) 소득세

소득세는 여러 가지 경제활동을 통하여 얻은 소득에 대해서 개인사업자가 내는 세금이다.

(3) 특별소비세

과세장소에 입장행위, 특별소비세대상 과세물품, 과세유흥장소(카바레, 나이트클럽, 요정, 살롱 등)에 대해서 부과하는 세금이다. 이 세금은 부가가치세와 마찬가지로 간접세의 특성을 가지고 있다.

(4) 법인세

법인세는 사업주체가 법인인 경우에 법인의 소득에 대해서 과세하는 세금이다.

(5) 세금의 미납으로 인한 불이익

구 분	불이익의 내용
자료제공	· 체납 발생일로부터 1년이 경과하고 체납액이 500만원 이상인 경우 · 1년에 3회 이상 체납하고 체납액이 500만원 이상인 경우 · 결손처분액이 500만원 이상인 경우
자료 미제공	· 체납된 국세와 관련하여 이의신청, 심사·심사청구 및 행정소송이 계류 중인 경우 · 체납처분이 유예된 경우 · 재해 또는 도난으로 재산에 심한 손실을 입은 경우 · 사업에 현저한 손실을 받은 경우 · 사업이 중대한 위기에 처한 경우
자료활용	· 신규 신용카드 발급 불허 · 기존 신용카드의 사용정지 · 신규대출 및 신규보증 불허
기타	· 관허사업제한·출국금지 등

세무서에서는 납부기한이 지나면 15일 이내에 독촉장을 발부하여 세금납부를 독촉하며, 독촉장을 받고서도 세금을 내지 않는 경우에는 소유재산을 압류하는 등 강제집행을 하게 된다. 그래도 계속하여 세금을 내지 않는 경우에는 압류한 재산을 공매 등에 의해 처분하여 세금으로 충당하게 된다. 또한 체납 및 결손처분자료가 신용정보기관(전국은행연합회)에 제공되어 금융거래 시 많은 불이익을 받게 된다.

❷ 부가가치세

먼저 부가세신고는 사업자등록신청 때 일반과세로 했느냐 아니면 간이과세자로 신고를 했느냐에 따라 다른데 일반적으로 외식업에 있어서 사업자등록증신청서 작성에 대해서 먼저 알아보자.

1. 사업자등록증 작성요령

사업자 등록 신청 시에는 부가가치세가 과세되는 사업자의 유형의 선택, 주 업태와 주 종목의 선정, 직원 수의 기재, 사업자금명세서의 기입, 임차내역 등을 하여야 하며 등록신청전일로부터 20일 이내에 매입한 것은 확인된 것에 한하여 매입세액공제를 받을 수 있으므로 각별히 주의하여야 한다.

(1) 유형의 선택

❶ 일반과세자

직전 1년간 재화와 용역의 공급에 대한 대가가 8천만원 이상인 개인사업자

❷ 간이과세자

직전 1년간 재화와 용역의 공급에 대한 대가가 8천만원 미만인 개인사업자

신규로 사업자등록을 신청하는 경우에는 사업 개시일이 속하는 1년에 있어서 공급대가의 합계액이 간이과세 적용금액에 미달될 것으로 예상되는 때에는 사업자등록 신청 시 간이과세 적용 신고서를 제출하거나 사업자등록신청서의 간이과세적용 신고란에 그 내용을 기재한 경우에 적용한다.

> **간이과세 배제업종**
> 특별소비세가 과세되는 과세유흥장소를 영위하는 유흥주점, 외국인 전용 유흥 음식점 및 기타 이와 유사한 장소(서울특별시, 광역시 및 시지역에 한하고 읍, 면지역 제외)는 간이과세 배재업종이므로 간이과세 적용을 받을 수 없다.

(2) 업태 종목의 선정

하고자 하는 업종·업태를 기입하면 된다.

(3) 직원 수의 기재

직원 수의 기재는 근로소득세의 원천징수, 건강보험, 국민연금, 산재보험 및 고용보험의 징수납부와 관련되므로 실제 급여소득자를 정확히 기재하여야 하며, 일용근로자와 시간제 근무자는 기재하지 아니한다.

(4) 사업자금 명세

사업자금명세는 증여세를 부과하는 자료로 활용된다.

특히 미성년자와 부녀자가 사업자인 경우에는 자기자금과 타인자금을 구분하여 명확히 기재하여야 한다.

(5) 매입세액의 공제(환급)

개업 시 시설자금의 투자나 집기·비품 등의 구입과 관련하여 시공자나 판매자로부터 세금계산서를 교부받아 그 세금계산서에 포함된 부가가치세를 공제 또는 환급받기 위해서는 반드시 일반과세자로 사업자등록을 신청해야 한다.

이 경우 시설기간이 장기간 소요되는 경우에는 사업 개시 전에 미리 사업자 등록을 해야만 공제(환급)가 가능하다. 또한 시설투자금액은 조기 환급신고를 하면 조기환급도 가능하다.

2. 사업자 등록정정

사업자등록 사항 중에 다음과 같은 변동사항이 발생되면 지체 없이 사업자등록 정정신청서에 사업자등록증을 첨부하여 관할세무서에 제출신고 하여야 한다.

- 상호, 사업의 종류, 법인의 대표자 변경
- 사업자의 주소 또는 사업장 이전
- 상속으로 인한 사업자의 명의 변경
- 공동사업자의 구성원 또는 출자지분이 변경이 되는 때

사업장을 이전하는 때에는 이전 후의 사업장 관할 세무서장에게 이전사실을 신고하여야 한다.

3. 세금신고와 납부

(1) 부가가치세 납부세액과 신고납부

❶ 부가가치세 납부세액계산

부가가치세는 자진신고, 자진납부제도를 채택하고 있어 납세자는 부가가치세를 스스로 계산하여 신고, 납부하여야 하며 과세유형별로 계산방법이 다르다.

🍴 **표 12-2_ 일반과세자와 간이과세자의 차이점**

구 분	일반과세자	간이과세자
매출세액	공급가액 × 10%	공급가액 × 10% × 업종별 부가가치율
세금계산서발행	의무적으로 발행	일부 적용 • (원칙) 세금계산서 발급 • (예외) 영수증 발급: 신규사업자 및 직전년도 공급대가 합계액이 4,800만원 미만, 주로 사업자가 아닌 자에게 재화·용역을 공급하는 사업자
매입세액공제	전액공제	• 간이과세자가 발급한 신용카드 매출전표 • 세금계산서를 발급하지 못하는 업종 • 간이과세자 중 신규사업자 및 직전년도 공급대가 합계액이 4,800만원 미만
의제매입세액공제	모든 업종에 적용	간이과세자에 대한 면제농산물 등
기장의무	매입·매출장 등 기장의무	• 확정신고시 제출서류 추가 • 매출처별 세금계산서 합계표

* 간이과세자의 1과세기간(6개월)의 매출액이 3,000만원 미만인 경우에는 신고서만 제출하고 부가가치세는 납부하지 않아도 된다.

간이과세자의 범위

연간 매출액(공급대가)이 8,000만원 미만인 사업자로서, 간이과세적용이 배제되는 사업 또는 지역에 해당되지 않는 경우

간이과세자 → 일반과세자로 변경	일반과세자 → 간이과세자로 변경
〈사업자의 신청에 의한 경우〉 • 일반과세자 적용을 받고자 하는 달의 전달 20일까지 '간이과세포기신고서'를 사업장 관할 세무서장에게 제출 • 간이과세를 포기한 사업자는 3년간은 다시 간이과세자의 적용을 받지 못한다.	사업자의 신청에 의해서는 변경할 수 없다.

간이과세자 → 일반과세자로 변경	일반과세자 → 간이과세자로 변경
법에 의해서 변경되는 경우 • 사업규모가 커져 연간 매출액이 8,000만원 이상이 되면 일반과세자로 변경된다. 이때는 관할세무서에서 과세유형이 바뀌기 20일 전에 그 사실을 사업자에게 통지하여주게 된다.	법에 의하여 변경되는 경우 • 사업규모가 작아져 연간 매출액이 업종에 해당하지 않으면 가능하다. 이때는 관할세무서에서 과세유형이 바뀌기 20일 전에 그 사실을 사업자에게 통지하여주게 된다. 계속해서 일반과세자로 적용을 받고자 하면 '과세유형전환통지'를 받은 달 20일(6, 20 또는 12.20)까지 간이과세 포기신고서를 관할세무서에 제출해야 한다.

의제매입세액공제

[의 의]

• 외식업프랜차이즈 등을 경영하는 사업자는 면세로 농·축·수, 임산물을 구입하여 과세재화를 생산하거나 용역을 창출하는 경우에 면세로 구입한 농산물 등의 매입가액에 소정의 율을 곱한 금액을 매입 세액으로 의제하여 매출세액에서 공제하고 있는 제도로서 세금계산서가 없어도 일정액에 대하여 공제하여 주고 있다.

[요 건]

• 과세사업자이어야 한다. – 공제대상업종에 제한이 없으므로 외식프랜차이즈업 등도 적용대상이다.
• 면세로 농산물을 적용받아야 한다. – 농, 축, 수, 임, 1차 단순가공식품
• 농, 축, 수, 임, 소금을 가공하여 음식물로 팔아야 한다.
  – 배추를 사서 그냥 배추로 팔면 의제매입세액공제 대상이 되지 않는다.
• 면세농산물 등을 공급받은 사실을 증명하는 서류를 제출하여야 한다.
  – 매입처별 계산서 합계표
  – 신용카드매출전표 및 직불카드 영수증
  – 의제매입세액 = 면세농산물 등 매입가액 × 8/108(음식업) (제조업은 2/102)
  – 공제 시기: 예정신고 ; 확정신고 시
• 의제매입세액 공제 한도액

구 분	과세표준	음식점	기타업종
개인사업자	1억원 이하	과세표준의 65%	과세표준의 55%
	1억원 초과 2억원 이하	과세표준의 60%	
	2억원 초과	과세표준의 50%	과세표준의 45%
법인사업자	–	과세표준의 40%	과세표준의 40%

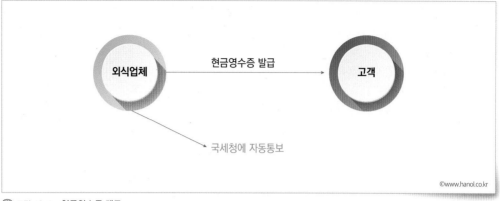

🍔 그림 12-4_ 현금영수증 제도

❷ 부가가치세의 과세기간과 신고, 납부기한

부가가치세의 신고기간은 1기(1~6월), 2기(7~12월)로 나뉘고, 그 기간은 6개월씩이다.

🍳 표 12-3_ 부가세 신고기간

과세기간		과세대상기간	신고기간	신고대상자
제1기 [1.1 ~ 6.30]	예정신고	1.1 ~ 3.31	4.1 ~ 4.25	법인
	확정신고	1.1 ~ 6.31	7.1 ~ 7.25	법인, 개인사업자
제2기 [7.1 ~ 12..31]	예정신고	7.1 ~ 9.30	10.1 ~ 10.25	법인
	확정신고	7.1 ~ 12.31	다음 해 1.1 ~ 1.25	법인, 개인사업자
1.1 ~ 12.31	1.1 ~ 12.31		다음 해 1.1 ~ 1.25	간이과세자

* 단, 개인사업자에 대하여는 예정신고의무를 면제하고 관할세무서장이 직전 과세기간(6개월)의 납부세액의 1/2을 고지하여 그 세액을 납부하게 하고 있다.

❸ 업종별 부가가치율

부가가치율은 다음을 말한다.

$$부가가치율 = \frac{(매출과표 - 매입과표)}{매출과표} \times 100$$

예 매출과표가 1억이고 매입과표가 3천만원이라면 70%가 부가가치율이 된다.

세무조사 등의 객관적인 분석자료로 사용되는 중요한 지표이다.

확인이 용이한 임차료, 인건비, 수도광열비, 재료비 및 기본시설 등에 의하여 수입금액을 추계한다.

참고로 간이과세의 경우로 2002년 30%, 2003년 35%, 2004년 이후는 40%로 정해져 있다. 그리고 부가가치세가 면제되는 재화와 용역은 다음과 같다.

· 가공되지 아니한 식료품(쌀, 채소, 육류, 어류, 건어물 등), 수돗물, 연탄

❹ 신용카드율

국세당국은 신용카드 매출액이 전체 매출액에서 차지하는 비율을 계산하여 신고 성실도 분석이나 수정신고 권장에 활용한다.

$$신용카드\ 매출률 = \frac{신용\ 카드\ 매출액}{전체\ 매출액} \times 100$$

(2) 부가가치세의 신고와 절세

❶ 개업 후 최초의 부가가치세 신고 시 신고서 작성에 유의하여야 하며 실제 거래한 세금계산서만 받아야 한다.

❷ 직원 봉사료를 음식요금과 별도로 표시한 경우 부가가치세 과세와 소득세 수입금액계산에서 제외한다. 봉사료가 요금의 20% 이상인 경우 그 금액의 5%를 원천징수하여 납부하여야 한다.

❸ 유통과정 추적조사 등이 있으므로 위장·가공 세금계산서나 계산서를 받아서는 안 된다. 적발 시 부가가치세와 소득세가 모두 추징되며 높은 비율의 가산세도 부과된다.

❹ 세금계산서 누락주의와 신용카드율, 부가가치율이 적정한가 확인해야 한다.

❺ 신용카드 매출액의 누락 및 헌금매출액의 누락과 외상매출액의 누락이 없는지 확인한다.

❻ 간이과세자는 세금계산서를 교부할 수 없어 간이과세자에게 물건을 구입한 경우에는 매입세액공제를 받지 못하므로 구입은 일반과세자로부터 한다.

❼ 전화요금, 통신요금, 전기료 등의 납부 시 사업자등록번호가 기재될 수 있도록 신청하면 영수증을 세금계산서로 사용할 수 있다.

(3) 부가가치세법상의 불이익

❶ 미등록가산세

사업 개시일부터 20일 이내에 사업등록신청을 하지 아니한 경우에는 공급가액의 1%를 가산세로 부과하는데, 기간 전액에 대해 과세하므로 무거운 가산세이다.

❷ 매입처별 세금계산서 합계표 제출불성실 가산세

공급받은 금액보다 많이 신고하여 공제받은 경우에는 1%를 가산세로 부과한다.

❸ 신고불성실 가산세

납부하여야 할 세액에 미달하게 신고한 경우에는 신고불성실 가산세로 미달세액의 10%를 적용한다.

❹ 납부불성실 가산세

미달하게 납부한 경우에 미납세액 × 미납일수 × 0.05%로 부과한다.

> **사 례** 음식점에서 100만원의 매출누락이 발생하고 1년 후에 발견되었다고 가정하면
>
> (1) 미달세액: 1,000,000 × 0.1 = 100.000원
> (2) 가산세
>   · 신고불성실 가산세: 100,000 × 10% = 10,000원
>   · 납부불성실 가산세: 100,000 × 365 × 5/10,000 = 18,250원
>   결국 총 부담분은 128,250원이 발생하게 된다.

법정증빙 서류인 세금계산서, 계산서, 신용카드의 경우 1회 지출 금액이 10만원 이상일 경우 법정증빙서류를 받지 않으면 사용하지 않는 금액에 가산세로 부과하고 있다.

❸ 종합소득세신고와 법인설립

1. 종합소득세

종합소득세는 1년을 기준으로 발생한 소득에 대하여 납부하는 세금으로 개인이 납부하는 세금이며 법인사업자는 법인세를 납부하게 된다.

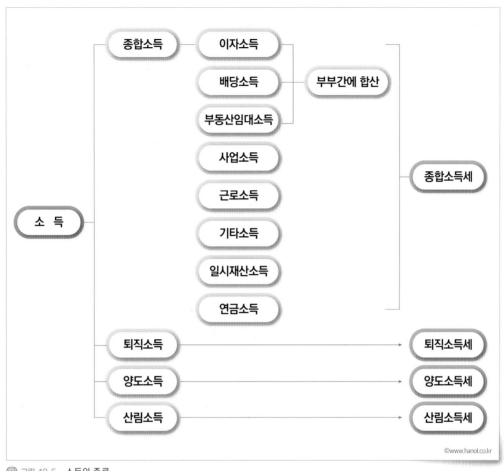

🍔 그림 12-5_ 소득의 종류

(1) 소득의 범위

소득은 총 수입금액(부가가치세 신고금액 + 신용카드발행세액 공제)에서 필요경비(원재료, 부재료비, 인건비, 소모품비, 전기요금, 가스·수도요금 등)를 차감한 순이익을 말하며, 과세소득은 크게 종합소득, 퇴직소득, 양도소득, 산림소득으로 구분된다. 이자소득, 배당소득, 부동산 임대소득, 연금소득, 사업소득, 근로소득, 일시재산소득, 기타소득의 8가지 소득은 종합소득으로 묶어서 과세한다.

- 소득금액 = 연간 총 수입금액 - 필요경비
- 소득금액 = 연간 총 수입금액 × 표준소득률

(2) 종합소득세의 계산

종합소득세는 장부를 기장하는 경우와 그렇지 아니한 경우에 따라 계산방법이 달라진다.

❶ 기장을 한 경우

사업에 관련된 장부를 기장한 경우 계산된 소득금액에 대하여 소득세를 납부한다. 손실이 발생한 경우에는 종합소득세를 납부하지 아니하고, 발생한 이월결손금은 그다음 해 이후에 발생한 소득에서 공제한다.

❷ 기장을 하지 않는 경우

국세청은 모든 사업자가 장부를 갖추기를 바라고 있다. 그러나 현실적으로 영세한 사업주의 경우에는 무리가 있으므로 2003년부터는 종전 표준소득률 제도를 폐지하고 새로이 기준경비율제도를 시행하고 있다.

🍴 표 12-4_ 기준·단순경비율 적용 대상자 기준

업 종	계속사업자 (직전연도기준)	신규사업자 (해당연도기준)
농업, 임업, 어업, 광업, 도매 및 소매업(상품중개업 제외), 부동산 매매업	6천만원 미만	3억원 미만
제조업, 숙박 및 음식점, 전기가스증기 및 공기 조절 공급업, 건설업, 부동산 개발 및 공급업, 운수업 및 창고업, 정보통신업, 금융 및 보험업, 상품중개업	3천6백만원 미만	1억 5천만원 미만
부동산 임대업, 부동산업(부동산매매업 제외), 전문과학 및 기술서비스업, 사업시설관리, 사업지원 및 임대서비스업, 교육서비스업, 예술스포츠 및 여가 관련 서비스업, 기타서비스업	2천4백만원	7천5백만원 미만

기준경비율제도는 사업자가 장부를 기장하지 않더라도 사업을 위해 물건을 매입한 매입비용, 직원에게 지급한 인건비, 사업장 임차료 등 가장 기본적인 비용은 증빙서류가 있어야 필요경비를 인정하고 나머지 소소한 비용은 정부가 정한 비용비율(기준경비율)로 인정하여 소득금액을 계산하는 제도다. 계산식으로 표현하면 다음과 같다.

· 소득금액 = 총 매출액 - 기본적인 경비(매입경비, 인건비, 임차료 등 증빙서류에 의하여 지출되는 금액) - (수입금액 × 기준경비율)

종전의 표준소득률에 의해 소득금액을 계산할 때에는 사업자가 지출한 비용을 밝히지 않아도 되었으나 이제는 장부를 기장하지 않더라도 매입비용, 인건비, 임차료 등 주요경비는 증빙서류가 있어야 비용을 인정받을 수 있으므로 증빙서류를 빠짐없이 챙겨 받아야 한다.

이제 표준소득률과 같은 일률적인 과세방법이 없어졌으므로 소득세를 절세하는 가장 좋은 방법은 자기가 지출한 비용에 의해 소득금액을 계산할 수 있도록 증빙서류를 꼭 챙기고 장부를 기장하는 것이다. 장부를 기장하는 사업자는 기준경비율과 관계없이 자기의 실제 소득에 의해 소득세를 납부하게 되고 중·소규모의 간편장부 대상자는 10%의 세액공제도 받을 수 있다. 반면에 직전 연도 수입금액이 4백만~8백만원 이상인 사업자가 장부를 기장하지 않으면 10%(복식부기 의무자는 20%)의 가산세가 부과된다.

❸ 종합소득세율

종합소득세는 종합소득금액의 크기에 따라서 8~35%의 4단계 초과누진세율을 적용한다.

소득금액 구간	세율(%)	누진공제액(원)
1,200만원 이하	6	없음
1,200만원~4,600만원 이하	15	1,080,000
4,600만원~8,800만원 이하	24	5,220,000
8,800만원~1억 5천만원 이하	35	14,900,000
1억 5천만원~3억원 이하	38	19,400,000
3억원~5억원 이하	40	25,400,000
5억원 초과	42	35,400,000

(3) 기장의무

❶ 복식기장 의무자

연간 수입금액(총 매출액)이 1억 5천만원 이상인 사업자는 복식부기(대차대조표, 손익계산서, 합계잔액시산표)를 작성하여 신고하여야 한다. 복식부기를 작성하여 신고하지 아니한 경우에는 납부세액의 20%의 가산세가 부과된다.

❷ 간편장부 대상자

간편장부란 중·소규모 이하의 개인사업자가 쉽고 간편하게 작성할 수 있으며 소득금액의 계산 및 부가가치세의 신고가 가능하도록 국세청에서 제정·고시한 장부를 말한다. 간편장부대상자가 간편장부를 기장한 경우에는 소득세법의 규정에 의하여 정식장부를 기장한 것으로 인정하고 기장세액공제(10%)의 혜택을 받을 수 있다. 그러나 간편장부를 하지 아니하면 20%의 가산세가 부과된다.

· 당해 연도에 신규로 사업을 개시한 사업자
· 직전 연도의 수입금액의 합계액이 다음의 금액에 미달하는 사업자
  - 농업, 도·소매업, 축산업, 어업, 부동산매매업: 3억원
  - 제조업, 음식점업, 건설업: 1억 5천만원
  - 사업서비스업, 개인서비스업: 7천5백만원

간편장부를 사용하는 경우 혜택

· 산출세액의 10% 공제(연간 100만원 한도)
· 특별한 사유가 없는 한 기장 후 2년간 세무조사 면제
· 기장상 오류나 미비점이 다소 있더라도 장부대로 인정(기장하는 것이 훨씬 유리하도록 배려)
· 결손이 발생할 경우 향후 5년간 이월하여 공제
· 부가가치세 매입매출장 작성의무 면제

---

2. 개인이 법인기업으로의 전환

❶ 규모가 커진 사업을 개인기업 형태로 영위할 경우에는 가계와 기업이 혼동되기 쉬워 합리적인 기업 경영을 하기가 어렵다.

❷ 개인사업을 법인으로 전환하게 되면 대외적인 신용도를 높일 수 있고, 정확한 세무회계 처리로 절세면에서도 유리하다.

🍴 **표 12-5_ 개인기업과 법인기업의 차이점**

구 분	개인사업자	법인사업자
설립 절차 및 비용	• 세무서에 사업자 등록(인허가 필요한 업종인 경우, 관할 관청 인허가 우선) • 별도의 설립 비용 없음	주주 출자, 대표자 확정, 설립등기, 사업자 등록 진행과정에서 설립 비용 소요
설립자본금	별도의 법정자본금이 필요하지 않음	법정 최저 자본금은 폐지되었으나, 통상 100만원~5천만원 정도
법인 존속성·지속성	대표자 변경 시 기존 사업자 폐업 후 다시 사업자등록	대표자 변경해도 법인은 그대로 존속
소득의 귀속	개인이 사업 주체이므로 모두 개인(대표)의 소득	법인귀속으로 주주나 대표자의 소득이 아님
자금의 인출	개인 소득으로 개인명의의 통장에서 자유롭게 인출 가능	• 법인의 계좌에서 인출할 수 없음(임의 인출 시 가지급금) • 대표자는 급여, 주주는 배당으로 자금화 할 수 있음
세금문제	개인소득에 대한 소득세 부과 세율 6~42%(2018년 세법개정기준)	법인소득에 대한 법인세 부과 세율 10~25%(2018년 세법개정기준) * 개인 자금화에 대한 세금은 별도 고려 대상임
기타 이슈	회계 및 세무처리가 간편하여 소규모 사업자 형태에 적합	회계 및 세무처리가 복잡하며 일정규모 이상의 사업자나 회사의 지속성장이 목표인 경우 적합

(1) 법인 설립의 경우

법인의 경우는 먼저 법인 설립등기와 정관작성을 해야 하는데, 다음의 사항들을 사전에 준비하거나 결정하여 법무사에게 위임하면 필요한 절차를 대행해준다.

❶ 발기인 등 3인의 인감 도장과 인감 증명 각 1통
❷ 이사, 감사가 될 사람의 인감도장, 인감증명 및 주민등록등본 각 1통
❸ 사전에 결정해야 할 사항

상호, 임원명단, 주식내용, 본점소재지, 사업목적, 자본금(5천만원 이상), 1주당 금액(100원 이상), 공고 방법, 결산기 등(이사는 3인 이상이 원칙이나 자본금 5억원 미만인 회사는 1인 또는 2인 가능)

법인이 설립되고 나면 세무서에 사업자 등록을 신청해야 하며, 이 업무는 세무사가 대행해 준다.

· 법인설립신고서 및 사업자 등록 신청서 첨부 서류

법인등기부 등본, 정관, 주주명부, 개시 대차대조표, 허가사업인 경우는 허가증 사본, 사무실 임차내용 등을 구비하면 되는데 2001년부터 자본금 50,000,000원의 규정이 폐지되었다.

(2) 폐업 시 세무종결 절차

사업을 그만두는 경우에는 폐업신고를 하여야 한다.

❶ 사업을 시작할 때 사업자등록신청을 하는 등 각종 신청, 신고를 하였듯이 사업을 그만두는 경우에도 그 종결절차를 거쳐야 하며, 그렇지 않을 때에는 커다란 손해를 입는 경우가 있다. 특히 깔끔한 세무정리를 하지 않으면 5년간 국세 부과권이 존재하므로 추후 자료발생시 과세문제가 발생할 수 있다.

❷ 사업을 폐업하면 지체 없이 세무서에 비치된 폐업신고서 1부를 작성하여 사업자등록증과 함께 사업장 관할 세무서에 제출하면 된다.

❸ 폐업신고서를 제출하는 경우에는 부가가치세 확정신고도 같이 하는 것이 절차가 간편하다. 이때 부가가치세 확정신고서에 폐업 년 월 일 및 사유를 기재하고 사업자등록증을 첨부하여 제출하면 폐업신고를 제출한 것으로 본다.

❹ 폐업하는 사업자의 부가가치세 확정신고 대상기간은 폐업일이 속하는 과세기간 개시일(1/1 또는 7/1)로부터 폐업일(양도일)까지이며, 폐업일부터 25일 이내에 이 기간의 영업실적에 대한 부가가치세 확정신고 절차를 이행하고 이에 대한 세금을 내면 세무절차가 종결된다.

❺ 폐업 시 소득세는 1/1~폐업일(양도일)까지 분과 기타소득을 합산하여 다음해 5/31까지 신고·납부함으로써 종결된다.

❹ 외식업 사업장에서 가입해야 할 보험의 종류

사업을 처음 시작해서 직원을 고용하게 되면 관계법령에 따라 사업주는 직원을 대상으로 하여 4대 보험, 즉 고용보험, 국민건강보험(의료보험), 국민연금 및 산업재해보험에 가입하여야 한다. 사업주와 근로자 모두 월급여기준 약 9.32% 정도의 보험료를 세금과는 별도로 납부해야 한다.

1. 산재보험

(1) 성립신고 및 보험료 납부

❶ 사업개시일(직원 1인 이상 고용일) 이후 14일 이내에 관할 근로복지공단에 산재보험관계성립신고서를 제출하여야 한다.

❷ 보험료는 매년 3월 31일까지 당해 연도 임금총액추정액에 보험요율을 곱하여 산정한 '개산보험료'를 보고, 납부하고 다음 연도 3월 31일까지 전년도 실제 지급한 임금총액에 보험요율을 곱하여 산정한 '확정보험료'를 산정하여 기 납부한 개산보험료와 비교, 정산하는 동시에 당해 연도 개산보험료를 보고 납부한다.

❸ 5인 미만 사업장의 경우에는 2005년도부터 '징수특례제도'를 정용하는데 번거로운 개산/확정보험료 절차 없이 업종별 기준임금(음식업의 경우 시·도별 기준임금차등고시)을 적용하여 분기별로 부과 고지한다. 단, 실제 임금이 기준임금보다 월등히 낮은 경우에는 기존 방식대로 개산/확정 보험료를 신고할 수 있다.

(2) 재해보상

❶ 근로자가 업무수행 중 부상, 질병, 사망, 신체장애 발생한 경우 근로복지공단이 해당 근로자에게 재해보상을 하게 된다.

❷ 재해보상은 요양보상(요양비 전액), 휴업보상(지급받던 평균임금의 70%), 장애보상(장애등급에 따라 평균임금의 55일분~1474일분), 유족보상(평균임금의 1300일분), 장의비(평균임금의 120일분)를 보상한다.

❸ 근로복지공단의 재해보상이 된 경우에 사업주는 근로기준법상 재해보상책임이 면제된다.

(3) 시효 등

❶ 보험료의 징수 및 보험급여의 청구할 권리는 3년이 경과하면 시효로 소멸한다.

❷ 1인 이상 사업장이면서 보험관계성립신고를 태만히 한 기간 중에 산재사고가 발생한 경우, 미납 보험료의 추징과 별도로 재해근로자에게 1년간 지급한 보험급여의 50%를 추징한다.

2. 고용보험

(1) 성립신고 및 보험료 납부

❶ 사업개시일(직원 1인 이상 고용일) 이후 14일 이내에 관할 근로복지공단에 고용보험관계성립신고서를 제출하여야 한다.

❷ 고용보험료 보고 및 납부 방식은 산재보험료 방식과 동일하다.

❸ 고용보험의 경우 보험료율은 보험사업별로 근로자 인원수에 따라 각각 요율이 달리 적용되는데 이를 사업별로 보면 다음과 같다.

표 12-6_ **4대 보험료율(2022년 기준)**

구 분		회사부담 요율	본인부담 요율	전체보험료율	비 고
건강보험	건강보험	3.495%	3.495%	6.99%	보수월액 × 요율
	장기요양보험	12.27%	12.27%	12.81%	건강보험료 × 요율
국민연금		4.5%	4.5%	9.0%	소득월액 × 요율 • 상한소득: 553만원 • 하한소득: 35만원
고용보험	150인 미만	1.05%	2022년 7월부터 0.9%	1.85%	
	150인 이상	1.25%		2.05%	우선지원대상기업
	150인 이상 ~1000인 미만	1.45%		2.25%	
	1000인 이상	1.65%		2.45%	국가지방자치단체
산재보험	업종 요율	사업장 업종별 상이	없음		근로자 부담금 없음
	출퇴근재해	1.0%	없음		
	임금채권부담	0.6%	없음		
	석면피해구제	0.03%	없음		

* 인터넷 신고는 4대 보험 포털서비스 www.4insure.or.kr에서 일괄접수 가능하며 서면신고는 관할지사 방문 또는 팩스로 신고하면 된다.

(2) 고용보험 급여제도

❶ 실업급여 지급은 6개월 이상 고용보험에 가입한 근로자가 비자발적인 실업(회사의 폐업, 도산, 경영상해고, 권고사직, 기타 부득이한 사유로 이직)을 당한 경우 실업급여를 지급한다.

❷ 실업급여의 지급액수는 퇴직 전 평균임금의 60% × 소정급여일수, 상한액은 1일 66,000원, 하한액 60,120원으로 산정한다. 수급기간(수령기간)은 만 50세 미만일 경우 120~240일이며, 만 50세 이상 및 장애인에 해당되면 120~270일까지 수급기간이 된다.

❸ 사업주 지원제도로서 사업주에 대하여는 고용창출지원금, 고용유지지원금을 지급하는데, 음식사업주가 신청 가능한 지원금은 휴업지원금, 재고용장려금, 고령자고용촉진장려금, 육아휴직장려금 등이 있다.

❹ 실업급여는 실직으로 인한 위로금의 형태가 아닌 실직자가 고용을 위해 노력하는 비용을 국가적 차원에서 지원을 하는 형태이며 엄밀히 고용촉진장려금의 형태이다. 그리고 실직자의 경우 실업급여를 수령하기 위해서는 정기적으로 이력서를 작성한 업체명과 담당자의 인적사항, 현재 진행상황 등을 상세히 기술하여야 하며 이에 해당하지 않을 시에는 실업급여는 지급되지 않는다.

(3) 피보험자 자격관리

고용보험은 근로자에 대한 실업급여 지급을 위하여 소속 근로자의 인적사항의 신고가 요구되는데 따라서 근로자의 입사 및 퇴사 시에 "고용보험피보험자격취득/상실신고"를 다음 달 15일 까지 하여야 한다.

3. 국민연금

(1) 당연적용사업장 신고 및 보험료 납부

❶ 당연적용사업장의 사업주는 다음 달 15일까지 당연적용사업장해당신고서를 제출하여야 한다.

❷ 연금보험료는 사업장가입자의 경우 보험료율인 소득의 9%에 해당하는 금액을 본인과 사업장의 사용자가 각각 절반, 즉 4.5%씩 부담하여 매월 사용자가 납부하여야 한다. 사업장가입자의 연금보험료는 가입자가 개별적으로 납부할 수 없고, 사용자에 의하여 일

괄적으로 납부한다.(기준소득월액은 1년에 한 번 산정하므로 실제 보수의 4.5%와는 맞지 않을 수 있다.)

   🕙 기준소득월액이 1,060,000원인 봉급자의 경우 매월 95,400원을 연금보험료로 납부해야 하는데 그중 47,700원은 본인이, 47,700원은 사용자가 부담하게 된다.

❸ 표준보수월액은 전년도에 지급받은 소득월평균액을 당해 연도 4월에서 3월까지 적용한다.(사업자는 매년 2월 말까지 근로자의 전년도 소득총액을 신고)

(2) 가입자 자격관리

사용자는 다음 달 15일까지 근로자의 입/퇴사에 따른 가입자 자격 변동내역을 신고하여야 한다.

(3) 연금급여

연금급여의 종류는 노령연금, 장애연금, 유족연금, 반환일시금이 있다.

4. 건강보험

(1) 가입 및 보험료 납부

❶ 적용일로부터 14일 이내에 사업장적용통보서 및 직장가입자 자격취득신고서를 제출해야 한다.

❷ 건강보험료는 근로자의 표준보수월액에 6.99%를 다음 달 10일까지 납부하되, 그중 50%는 근로자의 급여에서 공제한다.

❸ 사용자는 매년 2월 말까지 근로자의 보수총액신고서를 제출하여야 한다.

(2) 가입자 자격관리

사용자는 근로자가 퇴사한 경우 14일 이내에 직장가입자 자격상실·퇴직 시 보수총액통보서를 신고하여야 한다.

(3) 보험급여

가입자 및 피부양자의 질병, 부상에 대한 예방, 진단, 치료, 재활과 출산 등에 대하여 법에서 정하는 바에 의하여 급여한다.

5. 자영업자 고용보험

자영업자가 사업부진 등의 이유로 휴·폐업을 할 때 생활안정 및 재취업을 지원하기 위하여 2012년 1월 22일부터 확대 시행하고 있다.

(1) 가입 대상 및 납부

❶ 혼자 사업하는 자영업자 및 상시근로자 49인 이하를 사용하는 사업주는 자유로이 가입할 수 있다.
❷ 가입신청은 사업을 개시한 날(사업자등록일)로부터 6개월 이내만 허용된다.
❸ 가입 시 고용노동부장관이 고시하는 기준보수를 선택해서 가입해야 한다.

(2) 보험료 산정 및 납부

❶ 가입 시 선택한 기준보수 × 2.25%한 금액을 매월 고지한다.
❷ 기준보수는 5등급으로 구분하며 가입 시 선택하게 되며 이를 토대로 보험료 금액 및 이후 실업급여 금액의 기준이 된다.

(3) 자영업자 실업급여 요건 및 기간

❶ 최소 가입기간이 1년 이상 경과한 상태에서 적자지속, 매출감소, 건강악화 등으로 부득이하게 폐업한 경우에 해당한다.
❷ 가입기간에 따라 기준보수액 50%를 3~6개월까지 수급한다.
❸ 65세 이상인 자영업자는 실업급여 수급대상이 안 된다.

03 ◯ 점포에 필요한 관리 장표류

 표 12-7_ **영업일보**

영 업 일 보

날짜:　　년　　월　　일　　요일　　　　　　　○○○점　작성자:

재적인원(홀/주방)		인 원	성 명		근무 시간		시간합계
오늘근무자	정사원(홀)	명	①	③	(~)	(~)	
			②	④	(~)	(~)	
	정사원(주방)	명	①	③	(~)	(~)	
			②	④	(~)	(~)	
	파트타임(홀)	오전 명	①	②	(~)	(~)	
		오후 명	①	②	(~)	(~)	
	파트타임(주방)	오전 명	①	②	(~)	(~)	
		오후 명	①	②	(~)	(~)	

직원사고내용	사고내용의 설명	내일 휴무자 명단
훈련　　명 / 조퇴　　명 교육　　명 / 휴가　　명 출장　　명 / 결근　　명 　　　 / 기타　　명		1. 2. 3. 4.

1. 매출현황

구분	현금	카드	외상	기타	일일매출액	고객수
일일실적						
월 누 계						
비고 (카드내역,기타)						

2. 보고사항 및 실행사항

3. 고객고충내용(크레임 발생)

4. 기기고장 유무

5. 메뉴(식재료) 관련 사항

6. **기타**(예약사항 및 특이사항 등)

🍳 **표 12-8_ 메뉴판매관리계획표**

( )월 요일대 메뉴판매관리계획

(점)   (금액: 천원)

품 명	구 분		공휴일(일)		토요일(일)		평일(일)		합 계(일)	
	가격	전산 CODE	1일 판매량	월간 판매량	1일 판매량	월간 판매량	1일 판매량	월간 판매량	월간 판매량	월간 판매액
소 계										
소 계										
소 계										
소 계										
합 계										

표 12-9_ 월 운영계획서

월 운 영 계 획 서

점포명: 점장: 인

1. 판매목표   (단위: 천원)

전년 동월 실적	당월목표	증 감 %	실 천 내 용

2. 판촉계획

항 목	내 용
목 적	
기 간	
판 촉 물	
고 지 방 법	
판 촉 방 법	

3. 손익계획   (단위: 천원)

구분 과목	전년동월실적		금년당월목표		비 고	금년당월실적	
	금 액	%	금 액	%		금 액	%
I. 매 출 액							
II. 매출원가							
III. 매출총이익							
IV. 판매비							
1. 급 료							
2. 파트 인건비					전 기:		
3. 광열용수비					수 도:		
4. 통 신 비					가 스:		
5. 소모품비							
6. 기타							
V. 영업이익							

4. 정보 및 고객관리(상권, 경쟁사 동향, 고객성향, 신규출점, 경쟁사 판촉 등)

5. 제안 및 기타 점포관리 건의사항(원재료, M/T, 작업관리 등)

☙ 표 12-10_ 재고조사표

재 고 조 사 표

년   월   일 _____ 식당   작성자 _____인

구분(냉동, 냉장, 일반식품, 어패류, 야채, 소모품, 음료, 주류 등)											
품 명	규격	단위	BOX	단수	금액	품명	규격	단위	BOX	단수	금 액

🍴 표 12-11_ 점포별 손익계산서

점포별 손익계산서

과 목	사업장별 손익계산서 당기 200 년 월 일- 월 일 전년 200 년 월 일- 월 일		담당	점장	사장	사업장별손익계산서 200 년 월 일- 월 일 200 년 월 일- 월 일			
	당기		전년		전기대비				
	금 액	구성비	금액	구성비	구성비차	증감액	증감율	비고
1. 매출액								
1) 현금매출								
2) 카드매출								
2. 매출원가								
1) 제품매출원가								
2) 직접소모품비								
3. 매출총이익								
4. 판매비와 일반관리비								
1) 급 료								
2) 상여금								
3) 파트·아르바이트 급여								
4) 퇴직급여충당금전입액								
5) 복리후생비								
6) 여비·교통비								
7) 통신비								
8) 수도광열비								
9) 제세공과금								
10) 임차료								
11) 감가상각비								
12) 수선비								
13) 매출운임(택배)								
14) 카드수수료								
15) 소모품비								
16) 교육훈련비								
17) 보험료								
18) 판매촉진비								
19) 지급수수료								
20) 도서·신문비								
21) 광고선전비								
22) 연구개발비								
23) 매장관리비								
24) 잡 비								
5. 영업이익								
1) 잡수익								
2) 잡지출								
3) 고정자산처분이익								
4) 고정자산처분손실								
5) 고정자산제각손실								
법인세 공제전 순이익								

🥄 표 12-12_ QSC 인스팩션 시트

QSC 인스팩션 시트

점포형태: _____
점 장 명: _____

맛내기 항목	○ . X
1. 원재료의 특성을 지키고, 선입선출을 시행하기 위해 원재료 납품일을 기입하고 있다.	
2. 냉동·냉장고의 보관상태는 올바르고, 온도관리도 기준대로이다.	
3. 각 기기의 설정온도는 기준대로이다.(그리들·후라이어·토스터·warmer)	
4. 고기의 배열법, 반전 작업은 기준대로 행해지고 있다.	
5. 각 소스류의 정량은 기준대로이고 드레싱도 깨끗하다.	
6. 포테이토의 소스작업은 정확하고, 포테이토의 정량은 기준대로이며, 즉시 포재에 넣고 있다.	
7. 각 원재료의 튀김색은 좋고, 기름떨이 시간은 지켜지고 있다.	
8. 각 드링크의 드렁크레벨은 올바르고, 얼음의 양, 온도는 기준대로이다.	
9. 품질관리카드를 사용하고 있고, 홀딩타임 지켜지고 있다.	
10. 손 씻는 습관과 매회의 크롤린 시험지 검사는 확실히 실시되고 있다.	

빛내기 항목	○ . X
1. 전면간판은 파손, 오염, 먼지가 없다.	
2. 점포앞 입구의 유리문, 손잡이, 샷시는 오염, 먼지, 손자국이 없다.	
3. 테이블, 의자에 파손, 긁힌 자국이 없이 오염, 먼지가 없다.	
4. 바닥에 쓰레기가 없고, 기둥부를 포함해 파손, 오염, 먼지가 없다.	
5. 화장실(수도, 비누, 변기, 탱크)의 파손, 오염, 먼지가 없다.	
6. 카운터 위에 불필요한 물건이 없고, 오염, 먼지가 없다.	

서비스 항목	○ . X
1. 몸가짐은 규정대로이고, 전원이 지키고 있다.	
2. 고객의 출입에 주의하고, 인사는 확실히 실시되고 있다.	
3. 스마일과 눈인사는 확실히 실시되고 있다.	
4. 제품 서빙시, 신속한 움직임과 상품체크는 확실히 행해지고 있다.	
5. 플로어 라운드의 타이밍은 터득하고 있고, 플로어의 일은 확실히 실시하고 있다.	

기입방법
- 되어 있는 항목은 ○ 그렇지 않은 경우는 X
- 해당하지 않는 항목은 「/」를 기입하시오.
- 채점은 소수점 제2자리에서 사사오입.

A. 대상항목 수		
B. O의 수		
채점(B ÷ A × 100)		
체크 일시	월 일:	
체크자名		

🍳 **표 12-13_ 업소체크리스트**

업소체크리스트

업소명: _____

평가 항목	세부 내용	A	B	C	F	비 고
1. 입 구 (간판, 주변포함)	시설, 분위기					
	고객흡입력					
	청결, 위생					
2. 실 내	시설, 분위기					
	색상, 조명					
	청결, 위생					
	서비스용품(가구, 기물, 접시류) 정리정돈 상태					
	화장실					
3. 주 방	청결, 위생					
	시설, 분위기					
	주방설비 배치적정 여부/효율적 동선					
	조리사위생복, 위생모착용/청결상태					
4. 직원 접객자세	복장, 용모					
	고객응대(영접태도)/언행, 예절, 표정, 미소 여부					
	입구/담당(간부)직원 영접, 환송 여부					
	주문태도(상품숙지, 메모지준비)					
	음식서브 숙달 여부					
5. 메뉴판	구성의 적절함					
	디자인					
	종류					
6. 음 식	모양새					
	위생, 청결성					
	주문 후 제공시간 준수 여부					
	맛					
	판매가격					
	(한식)기본찬류					
7. 케셔(계산) 신속, 정확, 친절성	계산서 홀더를 사용하는가					
	카운터에서					
	테이블에서					
	카드사용 시					
기타사항 및 도움말씀						

참고문헌

- 강병남의 음식장사 성공전략, 강병남, 서민사, 2001, pp.16~18.
- 강병남의 음식장사 성공전략, 강병남, 서민사, 2000, pp.77~78, 100.
- 그래도 음식장사가 승부가 빠르다, 이상화 · 김철호, 푸른솔, 2000, pp.24~25.
- 산업자원부/한국프랜차이즈협회, 프랜차이즈 경영가이드 총서 3, 프랜차이즈 인적자원관리, 2004, p.10.
- 성공창업을 위한 음식점 마케팅, 김영갑, 교문사, 2015, p.44 발췌.
- 식당경영론(上), 사까끼요시오, 지문사, 1997, pp.79~80.
- 외식사업과 창업론, 정봉원, 형설출판사, 2000, pp.270~271.
- 외식사업길라잡이, 임붕영, 형설출판사, 2000, pp.309~310.
- 외식사업길라잡이, 임붕영, 형설출판사, 2004, p.142.
- 외식창업 · 경영 벤치마킹, 진양호 · 이선희, 대왕사, 2000, p.144.
- 외식창업마케팅, 김동승, 백산출판사, 1998, pp.96~116.
- 외식창업실무론, 김헌희 · 이대홍, 백산출판사, 1999, p.18~19, 25~53, 57~69, 70, 145~163, 220~228, 292, 317~330.
- 이정실, 외식기업경영론, 기문사, 2002, pp.39~41.
- 일억 버는 음식점, 일억 날리는 음식점, 푸른솔, 2001, pp.59~60.
- 2015 한국프랜차이즈연감, 한국프랜차이즈 연구원, 2015, pp.106-107.
- J. E. Miller, Jack E. Miller, Menu: Pricing&Strategy, 2nd ed. (N·Y: VNR. 1987), p.29.

| 웹사이트

- 고용노동부(https://www.moel.go.kr)
- 공정거래위원회(http://www.ftc.go.kr)
- 국민건강보험(www.nhis.or.kr)
- 국세청(www.nts.go.kr)
- 국토교통부(http://www.molit.go.kr)
- 메뉴 식재료 관리 - 식재료 관리의 개요: 넵튜너스시점 (tistory.com)
- 배달의 민족(https://www.baemin.com)
- 법제처(http://www.moleg.go.kr)
- 소상공인시장진흥공단(https://www.semas.or.kr)

- [신운철의 세무전략] 외식업 정직원 급여정산하기 (hotelrestaurant.co.kr)302p 창간31주년의 국내 유일 호텔산업 전문지-호텔앤레스토랑
- 외국인 근로자 고용절차(https://eps.hrdkorea.or.kr/)
- 외식 경영 노하우, 박진우, 플랜비 다지인, 2019, pp.92-95.
- 월간식당(http://month.foodbank.co.kr)
- 정보통신기획평가원(https://www.iitp.kr/kr)
- 중소벤처기업부(https://www.mss.go.kr)
- 통계분류포털(https://kssc.kostat.go.kr:8443)
- 특허정보넷 키프리스(http://www.kipris.or.kr)
- aT한국농수산식품유통공사(https://www.atfis.or.kr)
- 기타 인터넷 저작물은 본문에 직접 표기
- https://neptunuseyes.tistory.com/
- https://mbanote2.tistory.com/entry/4P-전략---마케팅-믹스-Marketing-Mix-그리고-4C [담덕의 경영학노트: 티스토리]
- https://neptunuseyes.tistory.com/157
- https://racksikdang.tistory.com/entry/음식점-인건비의-구성요소-직접-인건비와-간접-인건비 [율현영의 즐거운 식당만들기:티스토리]

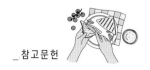

외식창업
실무지침서

저자 소개

임현철_

- 대구가톨릭대학교 외식조리학과 교수(현)
- (사)한국프랜차이즈경영학회 부회장(현)
- (사)한국외식경영학과 부회장(현)
- 경상북도 식품진흥기금심의위원회 위원(현)
- 경상북도 향토음식육성위원회 위원(현)
- ㈜핀연구소 대표(전)
- ㈜이월드(우방랜드) 근무(전)
- ㈜롯데리아 근무(전)
- 세븐일레븐 근무(전)

|저서| 외식창업실무지침서 등

강승묵_

- 대구가톨릭대학교 식품가공학 박사수료
- 대구가톨릭대학교 외식산업학 석사졸업
- 이런연구소(E_RUN Lab) 대표(현)
- 대구가톨릭대학교 창업성장학과 겸임교수(현)
- 소상공인시장진흥공단 상권육성 전문가 1기(현)
- 소상공인시장진흥공단 상인·소상공인 교육강사(현)
- 경남신용보증재단 컨설턴트(현)
- 경상북도6차산업 컨설턴트(현)
- 한국관광공사 관광두레 컨설턴트(현)
- 소상공인시장진흥공단 컨설턴트(현)
- 삼방시장 문화관광형시장육성사업단
- ㈜핀연구소 컨설팅사업부 차장(전)

|저서| 외식산업컨설팅 실무와 사례 등

손영준_

- 대구가톨릭대학교 식품가공학 박사수료
- 대구가톨릭대학교 외식산업학 석사졸업
- 대구가톨릭대학교 산학협력교수
- 외식창업 플랫폼 '레시피코리아' 대표
- 서울국제푸드그랑프리 요리대회 대상수상
- 장류제조사, 수제맥주제조사, 평생교육사
- 음식대가[한식 부문] 선정
- 외식경영자의 모임 '나는사장이다' 네이버 카페 운영

|저서| 외식창업 성공비책' 공저

임한웅_

- 대구가톨릭대학교 식품가공학과 박사과정 중
- 청운대학교 호텔외식경영학과 석사졸업
- 2013 일본 오사카츠지 요리전문학교 수료
- 대보그룹 대보유통 휴게소 운영팀 근무(전)
- 시카고 관광개발 휴게소 운영팀 근무(전)
- SPC파리크라상 휴게소 운영팀 근무(전)
- 불똑 세계맥주 전문점 운영(전)
- 브라운 버즈 운영(전)
- 브런치카페 프라한 운영(현)
- 풍미당 꽈베기 전문점 이사(현)

외식창업 **실무지침서**

초판 1쇄 발행	2011년 2월 10일
2판 1쇄 발행	2018년 8월 10일
3판 1쇄 발행	2023년 2월 15일

저　자　임현철·강승묵·손영준·임한웅
펴낸이　임순재
펴낸곳　(주)한올출판사
등　록　제11-403호
주　소　서울시 마포구 모래내로 83(성산동 한올빌딩 3층)
전　화　(02) 376-4298(대표)
팩　스　(02) 302-8073
홈페이지　www.hanol.co.kr
e-메일　hanol@hanol.co.kr
ISBN　**979-11-6647-315-9**

• 이 책의 내용은 저작권법의 보호를 받고 있습니다.
• 잘못 만들어진 책은 본사나 구입하신 서점에서 바꾸어 드립니다.
• 저자와의 협의하에 인지가 생략되었습니다.
• 책값은 뒤표지에 있습니다.

외식창업
실무지침서